출제기준 정비자료 12-01

국가기술자격 출제기준 Ⅰ (2013적용)

02 경영·회계·사무 / 06 보건·의료
07 사회복지·종교
08 문화·예술·디자인·방송
10 영업·판매 / 13 음식서비스
14 건설 / 16 기계 / 17 재료

한국산업인력공단

2014년 11월 20일 1판 1쇄 인쇄
2014년 11월 20일 1판 1쇄 발행

지 은 이   한국산업인력공단
발 행 인   이헌숙
표   지   김학용
발 행 처   생각쉼표 & 주)휴먼컬처아리랑
          서울특별시 영등포구 여의도동 45-13 코오롱포레스텔 309
전   화   070) 8866 - 2220 FAX • 02) 784-4111
등 록 번 호 제 2009 - 000008호
등 록 일 자 2009년 12월 29일

www.휴먼컬처아리랑.kr
ISBN 979-11-5565-129-2

contents 국가기술자격 출제기준 I

02 경영·회계·사무 / 1
- 사회조사분석사 1급 ······················ 3
- 사회조사분석사 2급 ······················ 13
- 소비자전문상담사 1급 ···················· 21
- 소비자전문상담사 2급 ···················· 31
- 컨벤션기획사 1급 ························ 41
- 컨벤션기획사 2급 ························ 51
- 포장기사 ································· 59
- 포장산업기사 ····························· 69

06 보건·의료 / 79
- 국제의료관광코디네이터 ··················· 81

07 사회복지·종교 / 95
- 직업상담사 1급 ·························· 97
- 직업상담사 2급 ·························· 109

08 문화·예술·디자인·방송 / 121
- 시각디자인기사 ·························· 123
- 시각디자인산업기사 ······················ 133
- 제품디자인기사 ·························· 143
- 제품디자인산업기사 ······················ 155
- 제품응용모델링기능사 ···················· 167
- 컬러리스트기사 ·························· 173
- 컬러리스트산업기사 ······················ 185

10 영업·판매 / 197
- 텔레마케팅관리사 ························ 199

13 음식서비스 / 209
- 조주기능사 ······························ 211

14 건설 / 219
- 방수산업기사 ····························· 221
- 응용지질기사 ····························· 239
- 항로표지기사 ····························· 255
- 항로표지산업기사 ························ 269
- 항로표지기능사 ·························· 283
- 해양공학기사 ····························· 293
- 해양자원개발기사 ························ 303
- 해양조사산업기사 ························ 313
- 해양환경기사 ····························· 323
- 교통기사 ································· 337
- 교통산업기사 ····························· 365
- 도시계획기사 ····························· 385
- 항공사진기능사 ·························· 399

16 기계 / 403
- 승강기사 ································· 405
- 승강기산업기사 ·························· 433
- 승강기기능사 ····························· 459
- 농기계정비기능사 ························ 477
- 농업기계기사 ····························· 483
- 농업기계산업기사 ························ 495
- 자동차보수도장기능사 ···················· 503
- 자동차차체수리기능사 ···················· 513

17 재료 / 521
- 열처리기능사 ····························· 523
- 압연기능장 ······························· 533
- 제선기능장 ······························· 555
- 제선기능사 ······························· 569
- 축로기능사 ······························· 577
- 광고도장기능사 ·························· 585
- 금속도장기능사 ·························· 593

국가기술자격 출제기준 I

02 경영·회계·사무

사회조사분석사 1급 ········· 3
사회조사분석사 2급 ········· 13
소비자전문상담사 1급 ········ 21
소비자전문상담사 2급 ········ 31
컨벤션기획사 1급 ·········· 41
컨벤션기획사 2급 ·········· 51
포장기사 ············· 59
포장산업기사 ··········· 69

02. 경영·회계·사무

사회조사분석사 1급

출제기준(필기)

직무분야	경영·회계·사무	중직무분야	경영	자격종목	사회조사분석사 1급	적용기간	2013. 1. 1~2017. 12. 31

○직무내용 : 기업, 정당, 정부 등 각종단체에 시장조사 및 여론조사 등에 대한 계획을 수립하여 조사를 수행하고 그 결과를 통계처리 및 분석보고서를 작성하는 업무

필기검정방법	객관식	문제수	100	시험시간	2시간 30분

필기과목명	문제수	주요항목	세부항목	세세항목
고급조사방법론 I	30	1. 과학적 연구의 제개념	1. 과학적 연구의 의미	1. 과학적 연구의 의미 2. 과학적 연구의 논리체계
			2. 과학적 연구의 목적과 유형	1. 과학적 연구의 목적과 접근방법 2. 과학적 연구의 유형
			3. 과학적 연구의 절차와 계획	1. 과학적 연구의 절차 2. 과학적 연구의 분석단위
			4. 연구문제 및 가설	1. 연구문제의 의미와 유형 2. 이론 및 가설의 개념
		2. 조사설계의 이해	1. 설명적 조사 설계	1. 설명적 조사설계의 기본원리
			2. 기술적 조사 설계	1. 기술적 조사설계의 개념 2. 횡단면적 조사설계의 개념과 유형 3. 내용분석의 의미
			3. 질적 연구의 조사 설계	1. 질적 연구의 개념과 목적 2. 행위연구 설계의 의미 3. 사례연구 설계의 의미
		3. 자료수집방법	1. 자료의 종류와 수집방법의 분류	1. 자료의 종류 2. 자료수집방법의 분류
			2. 질문지법의 이해	1. 질문지법의 의의 2. 질문지 작성 3. 질문지 적용방법
			3. 관찰법의 이해	1. 관찰법의 이해 2. 관찰법의 유형 3. 관찰법의 장단점

필기과목명	문제수	주요항목	세부항목	세세항목
			4. 면접법의 이해	1. 면접법의 의미 2. 면접법의 종류 3. 집단면접 및 심층면접의 개념
		4. 조사의 이용	1. 조사평가	1. 조사평가의 중요성 2. 조사평가의 절차
			2. 보고서 작성	1. 보고서의 의의 2. 보고서 작성의 사전작업 3. 보고서 작성시 유의점 4. 보고서 내용 5. 자료의 제시와 도표화

필기과목명	문제수	주요항목	세부항목	세세항목
고급조사방법론 II	30	1. 개념과 측정	1. 개념, 구성개념, 개념적 정의	1. 개념 및 구성개념 2. 개념적 정의
			2. 변수와 조작적 정의	1. 변수의 개념 및 종류 2. 개념적, 조작적 정의
			3. 변수의 측정	1. 측정의 개념 2. 측정의 수준과 척도
			4. 측정도구와 척도의 구성	1. 측정도구 및 척도의 의미 2. 척도구성방법 3. 척도분석의 방법
			5. 지수(index)의 의미	1. 지수(index)의 의미와 작성방법 2. 사회지표의 종류
		2. 측정의 타당성과 신뢰성	1. 측정오차의 의미	1. 측정오차의 개념 2. 측정오차의 종류
			2. 타당성의 의미	1. 타당성의 개념 2. 타당성의 종류
			3. 신뢰성의 의미	1. 신뢰성의 개념 2. 신뢰성 추정방법 3. 신뢰성 제고방안
		3. 표본추출의 설계	1. 표본추출의 의미	1. 표본추출의 기초개념 2. 표본추출의 이점
			2. 표본추출의 설계	1. 표본추출설계의 의의 2. 확률표본추출방법 3. 비확률표본추출방법
			3. 표본추출오차와 표본크기의 결정	1. 표본추출오차와 비표본추출오차의 개념 2. 표본추출오차의 크기 및 적정 표본크기의 결정
		4. 자료의 처리	1. 자료의 코딩 및 입력	1. 코딩의 개념 2. 코드범주 만들기 3. 코드북 만들기
			2. 데이터클리닝	1. 유효코드 클리닝 2. 상황적 클리닝

필기과목명	문제수	주요항목	세부항목	세세항목
고급통계 처리 및 분석	40	1. 추정	1. 점추정	1. 모평균의 추정 2. 모비율의 추정 3. 모분산의 추정
			2. 구간추정	1. 모평균의 구간추정 2. 모비율의 구간추정 3. 모분산의 구간추정 4. 두 모집단의 평균차의 추정 5. 대응모집단의 평균차의 추정 6. 표본크기의 결정
		2. 가설검정	1. 가설검정의 기초	1. 가설검정의 개념 2. 가설검정의 오류
			2. 단일모집단의 가설검정	1. 모평균의 가설검정 2. 모비율의 가설검정 3. 모분산의 가설검정
			3. 두 모집단의 가설검정	1. 두 모집단평균의 가설검정 2. 대응 모집단의 평균차의 가설검정 3. 두 모집단비율의 가설검정 4. 두 모분산 비의 가설검정
		3. 분산분석	1. 분산분석의 개념	1. 분산분석의 기본가정 2. 변량모형 및 혼합모형과 다원배치법
			2. 일원분산분석	1. 일원분산분석의 의의 2. 일원분산분석의 전개과정
			3. 이원분산분석	1. 이원분산분석의 의의 2. 이원분산분석의 전개과정
			4. 교차분석	1. 교차분석의 의의
		4. 회귀분석	1. 회귀분석의 개념	1. 회귀모형 2. 회귀식
			2. 단순회귀분석	1. 단순회귀식의 적합도 추정 2. 적합도 측정방법 3. 단순회귀분석의 검정

필기과목명	문제수	주요항목	세부항목	세세항목
			3. 중회귀분석	1. 표본의 중회귀식 2. 중회귀식의 적합도 검정 3. 중회귀분석의 검정 4. 변수의 선택 방법
			4. 상관분석	1. 상관계수의 의미 2. 상관계수의 검정
		5. 다변량분석	1. 요인분석	1. 요인분석의 의의 2. 요인분석의 절차
			2. 군집분석	1. 군집분석의 의의 2. 군집분석의 절차
			3. 판별분석	1. 판별분석의 의의 2. 판별분석의 절차
			4. 경로분석	1. 경로분석의 의의 2. 경로분석의 절차
		6. 비모수통계	1. 비모수적 추론	1. 윌콕슨 순위합 검정 2. 대응비교 3. 부호검정 4. 무작위의 검정

출제기준(실기)

직무 분야	경영·회계·사무	중직무 분야	경영	자격 종목	사회조사분석사 1급	적용 기간	2013. 1. 1~2017. 12. 31

○직무내용 : 기업, 정당, 정부 등 각종단체에 시장조사 및 여론조사 등에 대한 계획을 수립하여 조사를 수행하고 그 결과를 통계처리 및 분석보고서를 작성하는 직무

○수행준거 : 1. 조사기획서를 작성할 수 있다.
          2. 각종 척도를 활용하여 질문지를 작성할 수 있다.
          3. 조사결과보고서를 작성할 수 있다.
          4. 통계프로그램을 활용하여 통계처리를 하고 그 결과를 해석할 수 있다.

실기검정방법	작업형	시험시간	4시간 정도

실기과목명	주요항목	세부항목	세세항목
사회조사분석 실무	1. 조사연구기획 및 보고	1. 조사기획서 작성하기	1. 조사배경 및 목적을 작성할 수 있다. 2. 설문항목을 구성할 수 있다. 3. 자료수집방법을 결정할 수 있다. 4. 표본을 설계할 수 있다. 5. 표본추출방법을 결정할 수 있다. 6. 조사일정 및 비용을 산출할 수 있다.
		2. 질문지 작성	1. 척도를 활용할 수 있다. 2. 질문순서를 결정할 수 있다. 3. 질문지를 구성할 수 있다.
		3. 조사결과 보고서 작성	1. 조사보고서의 목적을 작성할 수 있다. 2. 조사보고서를 구성할 수 있다. 3. 자료분석 및 해석결과를 검토할 수 있다. 4. 최종 결론을 제시할 수 있다.
	2. 통계처리 및 분석	1. 상관 및 회귀분석하기	1. 단순선형회귀분석을 할 수 있다. 2. 적합도 검정을 할 수 있다. 3. 회귀계수를 추론할 수 있다. 4. 상관계수에 대한 가설을 검정할 수 있다.
		2. 분산분석하기	1. 일원분산분석을 할 수 있다. 2. 이원분산분석을 할 수 있다. 3. 분산분석 결과를 해석할 수 있다.
		3. 판별분석하기	1. 판별분석을 할 수 있다. 2. 판별분석결과를 해석할 수 있다.

실기과목명	주요항목	세부항목	세세항목
		4. 군집분석하기	1. 군집분석을 할 수 있다. 2. 군집분석결과를 해석할 수 있다.
		5. 경로분석하기	1. 경로분석을 할 수 있다. 2. 경로분석결과를 해석할 수 있다.
		6. 요인분석하기	1. 요인분석을 할 수 있다. 2. 요인분석결과를 해석할 수 있다.
		7. 비모수통계 처리하기	1. 부호를 검정할 수 있다. 2. 순위를 검정할 수 있다. 3. 동질성 검정을 할 수 있다. 4. 결과를 해석할 수 있다.

02. 경영·회계·사무

사회조사분석사 2급

출제기준(필기)

직무분야	경영·회계·사무	중직무분야	경영	자격종목	사회조사분석사 2급	적용기간	2013. 1. 1~2017. 12. 31

○직무내용 : 기업, 정당, 정부 등 각종단체에 시장조사 및 여론조사 등에 대한 계획을 수립하여 조사를 수행하고 그 결과를 통계처리 및 분석보고서를 작성하는 직무

필기검정방법	객관식	문제수	100	시험시간	2시간 30분

필기과목명	문제수	주요항목	세부항목	세세항목
조사방법론 I	30	1. 과학적 연구의 제개념	1. 과학적 연구의 의미	1. 과학적 연구의 의미 2. 과학적 연구의 논리체계
			2. 과학적 연구의 목적과 유형	1. 과학적 연구의 목적과 접근방법 2. 과학적 연구의 유형
			3. 과학적 연구의 절차와 계획	1. 과학적 연구의 절차 2. 과학적 연구의 분석단위
			4. 연구문제 및 가설	1. 연구문제의 의미와 유형 2. 이론 및 가설의 개념
		2. 조사설계의 이해	1. 설명적 조사설계	1. 설명적 조사설계의 기본원리
			2. 기술적 조사설계	1. 기술적 조사설계의 개념 2. 횡단면적 조사설계의 개념과 유형 3. 내용분석의 의미
			3. 질적 연구의 조사설계	1. 질적 연구의 개념과 목적 2. 행위연구 설계의 의미 3. 사례연구 설계의 의미
		3. 자료수집방법	1. 자료의 종류와 수집방법의 분류	1. 자료의 종류 2. 자료수집방법의 분류
			2. 질문지법의 이해	1. 질문지법의 의의 2. 질문지 작성 3. 질문지 적용방법

필기과목명	문제수	주요항목	세부항목	세세항목
			3. 관찰법의 이해	1. 관찰법의 이해 2. 관찰법의 유형 3. 관찰법의 장·단점
			4. 면접법의 이해	1. 면접법의 의미 2. 면접법의 종류 3. 집단면접 및 심층면접의 개념

필기과목명	문제수	주요항목	세부항목	세세항목
조사방법론Ⅱ	30	1. 개념과 측정	1. 개념, 구성개념, 개념적 정의	1. 개념 및 구성개념 2. 개념적 정의
			2. 변수와 조작적 정의	1. 변수의 개념 및 종류 2. 개념적, 조작적 정의
			3. 변수의 측정	1. 측정의 개념 2. 측정의 수준과 척도
			4. 측정도구와 척도의 구성	1. 측정도구 및 척도의 의미 2. 척도구성방법 3. 척도분석의 방법
			5. 지수(index)의 의미	1. 지수(index)의 의미와 작성방법 2. 사회지표의 종류
		2. 측정의 타당성과 신뢰성	1. 측정오차의 의미	1. 측정오차의 개념 2. 측정오차의 종류
			2. 타당성의 의미	1. 타당성의 개념 2. 타당성의 종류
			3. 신뢰성의 의미	1. 신뢰성의 개념 2. 신뢰성 추정방법 3. 신뢰성 제고방안
		3. 표본추출의 설계	1. 표본추출의 의미	1. 표본추출의 기초개념 2. 표본추출의 이점
			2. 표본추출의 설계	1. 표본추출설계의 의의 2. 확률표본추출방법 3. 비확률표본추출방법
			3. 표본추출오차와 표본크기의 결정	1. 표본추출오차와 비표본추출오차의 개념 2. 표본추출오차의 크기 및 적정 표본 크기의 결정

필기과목명	문제수	주요항목	세부항목	세세항목
사회통계	40	1. 기초통계량	1. 중심경향측정치	1. 평균, 중앙값, 최빈값
			2. 산포의 정도	1. 범위, 평균편차, 분산, 표준편차
			3. 비대칭도	1. 피어슨의 비대칭도 2. 분포의 모양과 평균, 분산, 비대칭도
		2. 확률이론 및 확률분포	1. 확률이론의 의미	1. 사건과 확률법칙
			2. 확률분포의 의미	1. 확률변수와 확률분포 2. 이산확률변수와 연속확률변수 3. 확률분포의 기댓값과 분산
			3. 이산확률분포의 의미	1. 이항분포의 개념
			4. 연속확률분포의 의미	1. 정규분포의 의미 2. 표준정규분포
			5. 표본분포의 의미	1. 평균의 표본분포 2. 비율의 표본분포
		3. 추정	1. 점추정	1. 모평균의 추정 2. 모비율의 추정 3. 모분산의 추정
			2. 구간추정	1. 모평균의 구간추정 2. 모비율의 구간추정 3. 모분산의 구간추정 4. 두 모집단의 평균차의 추정 5. 대응모집단의 평균차의 추정 6. 표본크기의 결정
		4. 가설검정	1. 가설검정의 기초	1. 가설검정의 개념 2. 가설검정의 오류
			2. 단일모집단의 가설검정	1. 모평균의 가설검정 2. 모비율의 가설검정

필기과목명	문제수	주요항목	세부항목	세세항목
			3. 두 모집단의 가설검정	1. 두 모집단평균의 가설검정 2. 대응모집단의 평균차의 가설검정 3. 두 모집단비율의 가설검정
		5. 분산분석	1. 분산분석의 개념	1. 분산분석의 기본가정
			2. 일원분산분석	1. 일원분산분석의 의의 2. 일원분산분석의 전개과정
			3. 교차분석	1. 교차분석의 의의
		6. 회귀분석	1. 회귀분석의 개념	1. 회귀모형 2. 회귀식
			2. 단순회귀분석	1. 단순회귀식의 적합도 추정 2. 적합도 측정방법 3. 단순회귀분석의 검정
			3. 중회귀분석	1. 중회귀식 2. 중회귀식의 적합도 검정 3. 중회귀분석의 검정 4. 변수의 선택방법
			4. 상관분석	1. 상관계수의 의미 2. 상관계수의 검정

출제기준(실기)

직무분야	경영·회계·사무	중직무분야	경영	자격종목	사회조사분석사 2급	적용기간	2007. 1. 1~ 2012. 12. 31

○직무내용 : 기업, 정당, 정부 등 각종단체에 시장조사 및 여론조사 등에 대한 계획을 수립하여 조사를 수행하고 그 결과를 통계처리 및 분석보고서를 작성하는 직무

○수행준거 : 1. 각종 자료수집방법을 통해 자료를 수집할 수 있다.
           2. 질문지를 작성할 수 있다.
           3. 표본을 설계할 수 있다.
           4. 통계프로그램을 활용하여 통계처리 및 그 결과를 해석할 수 있다.

실기검정방법	복합형	시험시간	4시간 정도 (필답형 2시간, 작업형 2시간정도)

실기과목명	주요항목	세부항목	세세항목
사회조사분석실무 (설문작성, 단순 통계처리 및 분석)	1. 과학적 연구 방법	1. 자료 수집하기	1. 자료수집방법을 결정할 수 있다. 2. 자료를 수집할 수 있다.
		2. 질문지 작성하기	1. 질문지를 작성할 수 있다. 2. 사전검사를 할 수 있다. 3. 측정의 수준을 결정할 수 있다. 4. 척도를 구성할 수 있다.
		3. 표본 추출하기	1. 표본을 설계할 수 있다. 2. 표본추출방법을 결정할 수 있다. 3. 적정 표본을 선정할 수 있다.
	2. 통계처리 및 해석	1. 기술통계 분석하기	1. 평균, 중앙값, 최빈값, 범위, 평균편차, 분산, 표준편차를 구할 수 있다.
		2. 분산분석하기	1. 일원분산분석을 할 수 있다. 2. 분석결과를 해석할 수 있다. 3. 교차분석을 할 수 있다.
		3. 추정 및 가설검정하기	1. 점추정 및 신뢰구간을 추정할 수 있다. 2. 가설검정을 할 수 있다.
		4. 회귀분석하기	1. 회귀식을 구할 수 있다. 2. 회귀분석을 할 수 있다. 3. 분석결과를 해석할 수 있다.
		5. 상관분석하기	1. 상관분석을 할 수 있다. 2. 분석결과를 해석할 수 있다.

02. 경영·회계·사무

소비자전문상담사 1급

출제기준(필기)

직무분야	경영·회계·사무	중직무분야	경영	자격종목	소비자전문상담사 1급	적용기간	2013. 1. 1~2017. 12. 31

○직무내용 : 소비생활에 관한 정보 제공, 불만처리 상담 및 피해구제, 기업에 대한 제품 개발 및 조언, 소비자, 기업, 소비자단체, 관련행정기관 등 상호간의 의사소통을 위한 각종 직무 등을 전문적으로 수행

필기검정방법	객관식	문제수	100	시험시간	2시간 30분

필기과목명	문제수	주요항목	세부항목	세세항목
소비자법과 정책	30	1. 소비자문제와 소비자정책	1. 소비자문제의 배경과 본질	1. 소비자의 개념 2. 현대사회에서의 소비자의 지위 3. 소비자문제의 본질 4. 소비자문제의 현황
			2. 소비자정책의 필요성과 방법	1. 소비자정책의 필요성과 이론적 근거 2. 소비자문제해결의 주체별 역할 3. 소비자정책의 내용
			3. 소비자관련 법과 정책기구	1. 소비자관련 법의 기능별 체계와 분류 2. 소비자행정의 유형과 성격 3. 우리나라 소비자정책기구 4. 외국의 소비자정책기구
		2. 영역별 소비자 정책 및 법제	1. 소비자안전 확보 정책 및 법제	1. 제조물 책임법 2. 제품안전기본법, 시행령
			2. 계량 규격의 적정화 정책 및 법제	1. 계량에 관한 법률, 시행령, 시행규칙
			3. 표시 및 광고의 적정화 정책 및 법제	1. 표시·광고의 공정화에 관한 법률, 시행령
			4. 거래의 적정화 정책 및 법제	1. 독점규제 및 공정거래에 관한 법률, 시행령(불공정거래행위의 금지)

필기과목명	문제수	주요항목	세부항목	세세항목
			5. 소비자상담 및 피해 구제 정책 및 법제	1. 소비자기본법, 시행령 2. 약관의 규제에 관한 법률, 시행령 3. 방문판매 등에 관한 법률, 시행령, 시행규칙 4. 할부거래에 관한 법률, 시행령, 시행규칙 5. 전자상거래 등에서의 소비자보호에 관한 법률, 시행령, 시행규칙
		3. 소비자교육과 소비자 정보 정책	1. 소비자교육정책	1. 소비자교육의 효과 2. 소비자교육정책의 분야 3. 소비자교육정책의 방향
			2. 소비자정보정책	1. 소비자정보정책의 필요성과 시행 원칙 2. 상품품질정보와 상품검사 3. 정보정책의 방향

필기과목명	문제수	주요항목	세부항목	세세항목
소비자상담론	30	1. 소비자단체의 소비자상담	1. 소비자단체의 조직	1. 부서조직 2. 예산 확보 및 할당
			2. 소비자단체의 업무운영	1. 업무기획 및 분장 2. 업무처리 기획 및 표준화 3. 부서 업무 관리 및 평가
		2. 정부 및 지방 소비자 관련기관의 소비자상담	1. 정부 및 지방 소비자 관련기관의 조직	1. 부서조직 2. 예산 확보 및 할당
			2. 정부 및 지방 소비자 관련기관의 업무 운영	1. 업무기획 및 분장 2. 업무처리 기획 및 표준화 3. 부서 업무 관리 및 평가
		3. 고객만족과 소비자상담	1. 고객만족향상을 위한 고객서비스	1. 서비스의 특징과 품질모형 2. 고객서비스의 기획, 수행, 평가
			2. 소비자상담 부서의 설치와 운영	1. 소비자상담부서 조직 2. 소비자상담부서 업무계획 및 예산 3. 소비자상담부서 수행업무 기준 4. 소비자상담부서 설비 5. 소비자상담부서 업무평가
		4. 소비자상담 기관 네트워크 및 협력	1. 소비자상담 기관 업무협조	1. 기업, 소비자단체, 행정기관의 소비자상담 업무 관련 공조활동(OCAP 활동, PL센터, 소비자단체협의회, 공정위의 신문고 제도) 2. 미해결된 상담의 이관 및 처리
			2. 해결하기 어려운 소비자상담의 처리 및 방안	1. 악덕 소비자 유형 및 상담 전략 2. 복잡한 소비자상담의 해결 및 처리
			3. 미래 소비자상담 기관 업무협조 및 대응	1. 인터넷 활용 상담 및 상담공조 2. 소비자상담업무의 표준화 3. 소비자상담 정보의 공유화 4. 소비자상담 창구의 일원화

필기과목명	문제수	주요항목	세부항목	세세항목
소비자정보 관리 및 조사분석	40	1. 소비자 정보의 기초	1. 소비자 정보의 개념 등	1. 소비자정보의 내용 2. 소비자정보의 기능 3. 소비자정보의 분류 기준 4. 소비자정보의 유형
			2. 온라인, 오프라인 소비자정보	1. 온라인 소비자정보(사이트)의 비교 2. 온라인 소비자정보(사이트)의 분석 및 평가 3. 오프라인 소비자정보의 비교 4. 오프라인 소비자정보의 분석 및 평가 5. 온라인 오프라인 비교 분석
			3. 이용 주체별 소비자정보	1. 기업과 소비자정보 2. 소비자와 소비자정보 3. 소비자단체와 소비자정보 4. 정부와 소비자정보
		2. 소비자개인 정보보호	1. 개인정보 보호 및 방지를 위한 국내외 관련 제도	1. 개인정보 침해 유형 2. 개인정보침해 방지 국내 제도.
			2. 개인정보 보호 및 방지를 위한 관련 법	1. 개인정보보호법, 시행령, 시행규칙 2. 정보통신망 이용촉진 및 정보보호 등에 관한 법률, 시행령, 시행규칙 등)
		3. 소비자정보 시스템의 구축과 활용	1. 소비자DB구축	1. 소비자정보 조사 및 수집 2. 소비자정보 DB 3. 전문자료조사DB
			2. 소비자DB 활용	1. 소비자고객만족 증진 활용 2. 고객관리 활용 3. 기업 이익 향상 활동
			3. 상담 관련 소비자정보	1. 상담관련 소비자정보의 수집과 가공 2. 상담관련 소비자정보 제공
			4. 언론, 대중매체 활용 소비자정보	1. 언론, 대중매체 활용과 소비자정보 수집 및 가공 2. 언론, 대중매체 활용과 소비자정보 제공

필기과목명	문제수	주요항목	세부항목	세세항목
			5. 소비자단체와 정부, 기업의 소비자정보	1. 소비자단체와 소비자정보 2. 정부와 소비자정보 3. 기업의 소비자정보
			6. 소비자정보제공 형태 및 방법	1. 온라인 유형 2. 오프라인 유형
		4. 소비자조사의 필요성과 내용	1. 소비자조사의 목적과 설계	1. 소비자 조사의 의의와 목적 2. 소비자 조사 내용 (소비자조사단위 내용 포함) 3. 소비자 조사 설계
			2. 소비자상담 관련 조사의 설계와 활용계획	1. 소비자 만족 조사 2. 소비자 문제예측과 해결조사 3. 소비자 반응조사(신제품, 광고, 정책) 4. 소비자상담 기관별 소비자조사의 설계와 활용사례
		5. 소비자조사의 방법	1. 양적조사의 방법	1. 소비자조사의 방법 2. 소비자양적조사 절차와 과정 3. 소비자평가척도 4. 소비자조사지작성 5. 소비자표본선정
			2. 양적자료처리와 분석	1. 소비자만족 기초분석 2. 소비자문제 기초분석 3. 소비자반응 기초분석 4. 소비자 집단별 특성분석 5. 소비자영향요인 분석
			3. 소비자질적조사의 방법	1. 탐색적 소비자조사 2. 소비자면접조사 3. 소비자관찰조사

출제기준(실기)

직무분야	경영·회계·사무	중직무분야	경영	자격종목	소비자전문상담사 1급	적용기간	2013. 1. 1 ~ 2017. 12. 31

○ 직무내용 : 소비생활에 관한 정보 제공, 불만처리 상담 및 피해구제, 기업에 대한 제품 개발 및 조언, 소비자, 기업, 소비자단체, 관련행정기관 등 상호간의 의사소통을 위한 각종 직무 등을 전문적으로 수행

○ 수행준거 : 1. 소비자 조사에 필요한 조사방법을 이해할 수 있다.
2. 소비자정보를 관리할 수 있다.
3. 소비자조사를 기획할 수 있다.
4. 소비자 관련 자료를 활용할 수 있다.
5. 효과적인 고난도의 소비자상담을 할 수 있다.

실기검정방법	필답형	시험시간	2시간 30분

실기과목명	주요항목	세부항목	세세항목
고급소비자 상담실무	1. 비전설정 및 전략수립	1. 소비자 마케팅 기획하기	1. 기존고객이탈을 방지하며, 신규고객을 창출할 수 있는 마케팅 프로그램을 기획할 수 있다.
	2. 소비자 정보 구축하기	1. 업무 분석하기	1. 각 조직의 업무분장, 업무의 내용을 파악할 수 있다. 2. 소비자 상담 관련 조직관리 체계도 및 업무분장 분석표, 의사결정 프로세스 등을 평가할 수 있다.
		2. 업무정보모델 분석하기	1. 소비자 모니터 제도를 기획하고 관리할 수 있다.
		3. 소비자 정보 분석하기	1. 통계 프로그램을 활용하여 고객 데이터를 효율적으로 분석하고 해석할 수 있다.
	3. 소비자 자료 수집	1. 자료 수집하기	1. 소비자 의식을 조사할 수 있다. 2. 필요한 데이터가 무엇인지 파악하고 이를 획득하기 위해서 설문항목을 구성할 수 있다. 3. 수집된 정보를 분석하여 의미 있는 정보를 추출할 수 있다.
	4. 소비자 상담	1. 소비자 의사소통하기	1. 소비자 행동에 대한 충분한 지식을 갖고 응대하여 고객과 원활한 의사소통을 할 수 있다. 2. 소비자 정보에 대한 제작과 가공을 할 수 있다.
		2. 소비자 불만처리	1. 제조물책임법 등 소비자 관련 제도 및 법에 대한 지식을 갖고 응대하여 고객 불평불만을 처리할 수 있다.

실기과목명	주요항목	세부항목	세세항목
		3. 소비자 관계 강화하기	1. 일반고객을 충성고객으로 전환할 수 있다.
		4. 아웃바운드 정보 제공하기	1. 소비자제안제도를 기획하고 관리할 수 있다.
	5. 피드백	1. 피드백사항 정리하기	1. 계획된 목표와 실제 결과와의 차이 요인을 분석할 수 있다. 2. 분석된 자료를 최종 고객별로 표준화하여 정리하고 피드백할 수 있다.

02. 경영·회계·사무

소비자전문상담사 2급

출제기준(필기)

직무 분야	경영·회계·사무	중직무 분야	경영	자격 종목	소비자전문상담사 2급	적용 기간	2013. 1. 1~2017. 12. 31

○직무내용 : 소비자 관련법과 보호제도를 토대로 물품·서비스 등에 관한 소비자의 불만을 상담, 해결하고 물품·서비스 등의 구매·사용·관리방법을 상담하며 모니터링, 시장조사 및 각종 정보를 수집, 분석·가공·제공하고 소비자교육용 자료를 수집, 제작, 시행하는 직무수행

필기검정방법	객관식	문제수	100	시험시간	2시간 30분

필기과목명	문제수	주요항목	세부항목	세세항목
소비자상담 및 피해구제	25	1. 소비자상담의 개요	1. 소비자상담의 필요성 등	1. 소비자상담의 필요성 및 특성 2. 소비자상담의 영역과 기능
			2. 소비자상담사의 역할과 능력	1. 소비자상담사의 역할 및 업무내용 2. 소비자상담사의 요구능력
		2. 소비자단체와 행정기관의 소비자 상담	1. 소비자단체 소비자 상담의 특성과 현황	1. 소비자단체의 상담현황 및 기능 2. 소비자단체의 상담 활성화 방향
			2. 행정기관의 소비자 상담의 특성과 현황	1. 소비자상담 행정기구 2. 행정기구의 소비자상담 특성, 현황, 개선방향
		3. 기업의 소비자 상담	1. 기업의 소비자 상담과 고객만족	1. 고객만족경영과 소비자상담 2. 소비자상담실의 조직, 업무, 평가, 개선 방향 3. 고객만족경영전략 수립과 소비자 상담
			2. 기업의 소비자 상담과 고객관계 관리	1. 고객관계관리와 소비자상담 전략 2. 고객관계관리를 위한 상담전략 및 상담 활성화 방안
			3. 기업의 소비자 상담 결과의 활용	1. 소비자상담실 업무의 표준화 및 평가 2. 소비자상담결과의 피드백 및 활용
		4. 구매 단계별 소비자 상담	1. 구매 전 상담	1. 구매 전 상담의 필요성과 역할 2. 각 기관별 구매 전 상담의 특성 3. 구매 전 상담과 피해예방 전략

필기과목명	문제수	주요항목	세부항목	세세항목
			2. 구매 시 상담	1. 구매 시 상담의 필요성과 역할 2. 구매 시 상담원에게 요구되는 능력과 상담내용
			3. 구매 후 상담	1. 구매 후 상담의 필요성과 역할 2. 구매 후 상담내용과 상담기관 3. 기관별 구매 후 상담 활성화 방안
		5. 효율적인 상담을 위한 기술	1. 소비자심리의 이해와 상담	1. 상담의 핵심원리 2. 소비심리의 이해 3. 소비자설득전략과 소비자저항
			2. 의사소통능력	1. 언어적 소통기술 2. 비언어적 소통기술
		6. 소비자를 이해하기 위한 기술	1. 소비자욕구파악	1. 소비자의 일반적인 욕구 2. 소비자의 구체적인 욕구 파악
			2. 소비자의 행동 스타일 이해	1. 소비자 행동스타일 파악 2. 소비자 행동스타일에 따른 소비자 상담전략
			3. 소비자유형별 상담기술	1. 다양한 소비자 유형별 상담기술
		7. 상담접수와 처리기술	1. 매체별 상담의 특성 및 상담기술	1. 매체별 상담의 특성, 현황, 상담기술 2. 전화상담의 현황, 표준화, 평가, 활용 3. 온라인 상담의 현황, 표준화, 평가, 활용, 활성화 방안
			2. 콜센터의 소비자 상담	1. 콜센터의 인바운드 상담과 아웃바운드 상담 2. 콜센터 운영의 현황, 평가, 개선방향
			3. 상담처리 순서 및 방법	1. 상담처리 순서 및 방법 2. 내용증명작성 및 처리 3. 소비자 스스로의 문제해결방법 4. 상담자료 수집 및 처리결과자료 구축
		8. 소비자분쟁해결 기준과 상품 및 서비스의 피해구제	1. 소비자분쟁해결 기준	1. 목적과 성격 2. 일반적 소비자분쟁해결기준 3. 품목별 소비자분쟁해결기준

필기과목명	문제수	주요항목	세부항목	세세항목
			2. 상품과 서비스의 피해구제	1. 식품, 건강보조/다이어트 식품, 가구, 가전, 자동차, 중고차, 화장품 등의 피해구제 2. 세탁, 여행사, 부동산중개, 이사, 예식업, 교통, 견인, 학원, 택배 등의 피해구제
			3. 전문서비스의 피해구제	1. 의료, 법률, 금융, 보험의 피해구제
			4. 거래 관련 피해구제	1. 광고 관련 피해구제 2. 약관 관련 피해구제 3. 신용카드 관련 피해구제 4. 특수판매방법과 피해구제 5. 전자상거래와 피해구제

필기과목명	문제수	주요항목	세부항목	세세항목
소비자관련법	25	1. 민법기초	1. 민법의 의의와 총칙편	1. 민법의 기본원리와 효력 2. 법률관계의 권리·의무 3. 권리의 주체 및 객체 4. 권리의 변동 5. 기간 및 소멸시효
			2. 채권편	1. 계약총론 2. 전형 계약 3. 법정채권관계
		2. 소비자보호 관련 법률	1. 소비자기본법	1. 소비자기본법, 시행령
			2. 약관의 규제에 관한 법률	1. 약관의 규제에 관한 법률, 시행령
			3. 방문판매 등에 관한 법률	1. 방문판매 등에 관한 법률, 시행령, 시행규칙
			4. 할부거래에 관한 법률	1. 할부거래에 관한 법률, 시행령, 시행규칙
			5. 전자상거래 등에서의 소비자보호에 관한 법률	1. 전자상거래 등에서의 소비자보호에 관한 법률, 시행령, 시행규칙
			6. 표시·광고의 공정화에 관한 법률	1. 표시·광고의 공정화에 관한 법률, 시행령
			7. 제조물책임법	1. 제조물책임법

필기과목명	문제수	주요항목	세부항목	세세항목
소비자교육 및 정보제공	25	1. 소비자교육의 의의와 방법	1. 소비자교육과 능력개발	1. 소비자교육의 개념과 필요성 2. 소비자능력개발의 의의 3. 소비자능력개발 방안 4. 각국의 소비자교육 전개와 현황
			2. 소비자교육 내용과 방법	1. 소비자요구조사 2. 소비자교육내용의 구성 3. 소비자교육의 구체적 방법
		2. 유형별 소비자 문제와 교육	1. 소비자유형별 특성, 소비자 문제, 교육 방안	1. 아동소비자의 특성, 소비자문제, 교육방안 2. 청소년소비자의 특성, 소비자문제, 교육방안 3. 성인소비자의 특성, 소비자문제, 교육방안 4. 특수소비자(노인, 장애인, 외국인 등)의 특성, 소비자문제, 교육방안
		3. 소비자교육 프로그램 설계의 원리와 적용	1. 소비자교육 프로그램 설계의 의의	1. 소비자교육 요구조사 2. 소비자교육 프로그램의 목적과 특성 3. 소비자교육 프로그램의 내용선정과 설계
			2. 소비자교육 프로그램의 실행과 평가	1. 소비자교육 프로그램의 실행방법 2. 상담원 전화모니터링 및 교육훈련 프로그램의 개발과 평가
		4. 소비자정보의 이해	1. 소비자정보에 관한 의의 및 이론	1. 소비자정보의 필요성 2. 소비자정보의 의의 3. 소비자정보의 기초이론
		5. 소비자정보제공과 고객관계 유지를 위한 교육	1. 소비생활관련 정보의 수집과 제공	1. 소비생활관련 정보의 수집과 제공 2. 소비생활 향상을 위한 정보제공 자료 제작
			2. 고객에 대한 정보 제공 자료의 검토 및 작성	1. 고객에 대한 주기적인 제품 및 서비스 정보제공 2. 고객을 위한 제품 팜플렛, 사용 설명서 등 자료검토 및 작성
			3. 고객관계유지를 위한 다양한 교육	1. 다양한 이벤트 기획 및 시행을 위한 교육 2. 고객접점 종사 직원에 대한 소비자 동향 파악 및 업무지침 교육

필기과목명	문제수	주요항목	세부항목	세세항목
소비자와 시장	25	1. 시장환경의 이해	1. 시장구조와 시장환경	1. 시장의 개념과 시장구조 2. 시장구조와 소비자권익 3. 소비자와 유통환경
		2. 기업의 마케팅활동과 소비자 주권	1. 마케팅전략	1. 광고 2. 제품 3. 가격 4. 촉진
			2. 소비자주권	1. 경쟁 상태와 소비자주권 2. 전자상거래의 발전과 소비자주권
		3. 소비자의사 결정의 이해	1. 의사결정의 이해	1. 의사결정의 필요성 2. 의사결정의 제단계
			2. 의사결정이론	1. 경제적 이론 2. 심리적 이론 3. 행동과학적 이론
			3. 소비자의사결정	1. 문제인식 2. 정보탐색 3. 대안평가 및 선택 4. 구매 5. 구매 후 평가
			4. 소비자의사결정 영향 요인	1. 개인적 영향요인 2. 사회적 영향요인
			5. 소비자의사결정의 합리성과 효율성	1. 합리적 소비자 의사결정 2. 효율적 소비자 의사결정
		4. 소비문화와 환경문제	1. 소비문화와 트렌드	1. 소비문화와 소비자 2. 현대 소비문화의 특성
			2. 비이성적 소비행동	1. 충동구매 2. 과시소비 3. 보상구매 4. 중독구매
			3. 소비자와 지속가능한 소비	1. 환경소비자문제와 지속가능한 소비 2. 구매행동 단계별 지속가능한 소비 3. 환경친화적 소비자행동

출제기준(실기)

직무 분야	경영·회계·사무	중직무 분야	경영	자격 종목	소비자전문상담사 2급	적용 기간	2013. 1. 1~2017. 12. 31

○직무내용 : 소비자 관련법과 보호제도를 토대로 물품·서비스 등에 관한 소비자의 불만을 상담, 해결하고 물품·서비스 등의 구매·사용·관리방법을 상담하며 모니터링, 시장조사 및 각종 정보를 수집, 분석·가공·제공하고 소비자교육용 자료를 수집, 제작, 시행하는 직무수행

○수행준거 : 1. 소비자 욕구 등을 파악할 수 있다.
　　　　　　 2. 소비자교육 프로그램을 제작할 수 있다.
　　　　　　 3. 소비자 의사결정을 이해할 수 있다.
　　　　　　 4. 효과적인 소비자상담을 할 수 있다.

실기검정방법	필답형	시험시간	2시간 30분

실기과목명	주요항목	세부항목	세세항목
소비자 상담실무	1. 비전설정 및 전략 　수립	1. 소비자마케팅 기획하기	1. 기존고객이탈을 방지하며, 신규고객을 창출할 수 있는 마케팅 프로그램을 기획할 수 있다.
	2. 소비자 정보 　구축하기	1. 업무 분석하기	1. 각 조직의 업무분장, 업무의 내용을 파악할 수 있다. 2. 소비자 상담 관련 조직관리 체계도 및 업무 분장 분석표, 의사결정 프로세스 등을 평가할 수 있다.
		2. 업무정보모델 　분석하기	1. 소비자 모니터 제도를 기획하고 관리할 수 있다.
		3. 소비자 정보 　분석하기	1. 통계 프로그램을 활용하여 고객 데이터를 효율적으로 분석하고 해석할 수 있다.
	3. 소비자 자료 수집	1. 자료 수집하기	1. 소비자 의식을 조사할 수 있다. 2. 필요한 데이터가 무엇인지 파악하고 이를 획득하기 위해서 설문항목을 구성할 수 있다. 3. 수집된 정보를 분석하여 의미 있는 정보를 추출할 수 있다.
	4. 소비자 상담	1. 소비자 의사소통하기	1. 소비자 행동에 대한 충분한 지식을 갖고 응대하여 고객과 원활한 의사소통을 할 수 있다. 2. 소비자 정보에 대한 제작과 가공을 할 수 있다.
		2. 소비자 불만처리	1. 제조물책임법 등 소비자 관련 제도 및 법에 대한 지식을 갖고 응대하여 고객 불평불만을 처리할 수 있다.

실기과목명	주요항목	세부항목	세세항목
		3. 소비자 관계 강화하기	1. 일반고객을 충성고객으로 전환할 수 있다.
		4. 아웃바운드 정보 제공하기	1. 소비자제안제도를 기획하고 관리할 수 있다.
		5. 소비자 교육	1. 소비자 유형별 특성과 주요 소비자 문제를 파악할 수 있다. 2. 녹색소비생활의 의의와 실천방안을 제시할 수 있다. 3. 소비자 교육 계획을 수립할 수 있다. 4. 소비자 교육내용을 구성하고 실행할 수 있다. 5. 소비자 교육 결과를 평가하고 피드백 할 수 있다.
	5. 피드백	1. 피드백사항 정리하기	1. 계획된 목표와 실제 결과와의 차이 요인을 분석할 수 있다. 2. 분석된 자료를 최종 고객별로 표준화하여 정리하고 피드백할 수 있다.

02. 경영·회계·사무

컨벤션기획사 1급

출제기준(필기)

직무 분야	경영·회계·사무	중직무 분야	경영	자격 종목	컨벤션기획사 1급	적용 기간	2013.1.1~2017.12.31

○직무내용 : 회의유치에서부터 사후평가에 이르기까지 제반업무를 총괄적으로 관리할 수 있는 경영능력을 갖춘 자로 회의기획/운영을 수행하고 2급 자격자를 관리·감독하는 업무를 수행

필기검정방법	객관식	문제수	100	시험시간	2시간 30분

필기과목명	문제수	주요항목	세부항목	세세항목
컨벤션기획 실무론	40	1. 컨벤션 산업의 이해	1. 컨벤션산업의 의의	1. 컨벤션의 개념 2. 컨벤션의 역사적 배경 3. 컨벤션의 유형별 분류
			2. 컨벤션산업의 구조	1. 컨벤션 주체 및 이해관계자 2. 개최장소 및 시설 3. 서비스 제공자 및 수혜자 분석 4. 컨벤션 산업의 파급효과 5. 컨벤션참가 의사결정
			3. 세계 컨벤션산업의 실태와 전망	1. 해외 주요국의 컨벤션산업 현황 2. 컨벤션 관련 주요 국제기구 현황
			4. 우리나라 컨벤션 산업의 실태와 육성방향	1. 우리나라 컨벤션 실태 2. 우리나라 컨벤션센터 현황 3. 우리나라 컨벤션 산업의 육성방향 4. 우리나라 컨벤션 산업 관련법·제도적 사항(국제회의산업육성에관한법률, 시행령, 시행규칙 등)
		2. 컨벤션 유치기획	1. 목표설정	1. 유치조건 검토 2. 자료수집 및 분석 3. 목표설정
			2. 유치방침결정 및 유치신청	1. 사전협의 2. 기본계획서 작성 3. 유치제안서 작성 4. 유치활동 5. 개최지 결정 6. 사무국 설치

필기과목명	문제수	주요항목	세부항목	세세항목
			3. 개최 사전준비	1. 회의성격 등 파악 2. 개최일자 결정 3. 지원기관 검토 4. 재정확보 5. 행사요원 확보 6. 홍보활동 강구
			4. 회의개최 준비 위원회 구성	1. 준비위원회 2. 분과위원회
			5. 프로그램 디자인	1. 회의구성의 핵심요소 2. 프로그램 전개
			6. 예산수립 및 운영	1. 재정목표의 설정 2. 지출수입계획 수립
		3. 컨벤션 운영 기획	1. 컨벤션 행사운영 및 서비스	1. 등록 2. 숙박 3. 회의와 커뮤니케이션 4. 광고와 홍보 5. 관광 6. 공식·사교행사 및 의전 7. 통역 8. 수송 9. 식음료 계획 10. 회의 준비 11. 행사진행 및 사후관리 12. 위기관리
			2. 전시회 기획 및 관리	1. 전시회의 의의 및 특성 2. 전시회의 구성요소 및 종류 3. 국내외 전시산업 현황 4. 전시회 기획 및 운영 5. 전시회와 마케팅 전략 6. 전시산업의 경제적 효과 추정
			3. 이벤트 기획 및 운영	1. 이벤트 기획 2. 공연 및 프로그램 운영
			4. IT와 컨벤션 산업의 관계	1. IT기술 적용 전략 2. 국내외 컨벤션 산업의 IT 추진 현황

필기과목명	문제수	주요항목	세부항목	세세항목
			5. 그린 컨벤션 운영	1. 그린 컨벤션의 개념과 필요성 2. 그린 컨벤션의 적용 방법
		4. 컨벤션 평가	1. 컨벤션 평가내용	1. 프로그램 평가 2. 개최지 및 서비스 평가 3. 부대행사 평가
			2. 서비스 품질 평가 모형	1. 갭모형 2. 서비스품질 모형 3. SERVPERF 모형 4. 컨벤션서비스의 품질평가 과정 5. 중요도-실행도 분석
			3. 컨벤션 서비스 품질의 평가 결과	1. 국내외 평가사례 2. 컨벤션 서비스 품질 제고방안

필기과목명	문제수	주요항목	세부항목	세세항목
재무회계론	30	1. 재무회계의 기본이해	1. 재무회계의 개념 및 원칙	1. 재무회계의 본질 2. 회계원칙 3. 개념적 체계
			2. 재무제표의 이해	1. 재무제표의 이해 2. 손익계산서와 경영성과 3. 대차대조표와 재무상태 4. 대차대조표와 손익계산서의 관계 5. 현금흐름표와 이익잉여금처분계산서 6. 자산평가와 이익측정 7. 현재가치
			3. 회계정보의 활용	1. 회계처리절차 2. 복식부기제도 3. 회계순환과정
		2. 컨벤션 재무관리	1. 컨벤션 수익시스템 흐름	1. 기초환경의 설정 2. 컨벤션 계약협상 및 관리 3. 참가업체 관리 4. 청구 및 입금관리
			2. 컨벤션 회계	1. 컨벤션 회계의 본질 2. 재무제표 및 계정과목 3. 손익계산서의 계정과목
			3. 컨벤션 재무관리	1. 컨벤션 세무문제 2. 컨벤션 예산수립 및 운영 3. 컨벤션 재무의사결정 4. 컨벤션 재무상 유의사항
			4. 컨벤션 재무분석	1. 재무분석 2. 레버리지 분석 3. 손익분기점 분석
			5. 컨벤션 구매관리	1. 컨벤션서비스 협력업체 관리 2. 견적서 요청 및 검토

필기과목명	문제수	주요항목	세부항목	세세항목
컨벤션마케팅	30	1. 컨벤션 마케팅의 기본이해	1. 컨벤션 마케팅 개요	1. 마케팅과 컨벤션 2. 컨벤션 서비스 이해 3. 컨벤션 마케팅 기능 4. 컨벤션 마케팅 연구모형
			2. 컨벤션 마케팅 믹스	1. 상품 2. 가격 3. 장소 4. 촉진
			3. 컨벤션 마케팅 계획 수립	1. 전략계획 과정 2. 마케팅 계획 수립 3. 마케팅 계획 실행 4. 컨벤션에서의 마케팅 계획
		2. 컨벤션 유치 촉진	1. 컨벤션 마케팅 시장 조사	1. SWOT(환경분석) 2. STP(시장세분화, 표적시장 포지셔닝) 3. 컨벤션 개최 시 시장조사의 역할
			2. 컨벤션 시장의 포지셔닝	1. 포지셔닝의 개념 2. 서비스 포지셔닝의 중요성 3. 서비스 포지셔닝 전략의 개발 4. 컨벤션서비스 포지셔닝의 전략
			3. 컨벤션 서비스 고객 관리	1. 고객관리의 중요성 2. 고객관리 마케팅의 발전 3. CRM의 발전 4. 회의 기획가의 관계마케팅적 행동 5. 고객관리의 전략적 과제 6. 고객 불평 행동의 이해
			4. 컨벤션 서비스의 만족도 제고	1. 컨벤션 서비스의 중요성 2. 컨벤션 참가동기 분석 3. 서비스와 고객만족도
		3. 홍보 및 스폰서	1. 홍보	1. 단계별 홍보활동 2. 홍보물 제작 3. 보도
			2. 스폰서	1. 스폰서의 본질 2. 스폰서의 배경 3. 스폰서십의 특성

필기과목명	문제수	주요항목	세부항목	세세항목
		4. CVB 운영과 활용	1. CVB 운영전략	1. CVB 등장배경 2. CVB의 역할과 업무영역 3. CVB의 유형 4. 국내외 CVB 운영현황 5. CVB 운영전략

출제기준(실기)

직무 분야	경영·회계·사무	중직무 분야	경영	자격 종목	컨벤션기획사 1급	적용 기간	2013.1.1~2017.12.31

○ 직무내용 : 회의유치에서부터 사후평가에 이르기까지 제반업무를 총괄적으로 관리할 수 있는 경영능력을 갖춘 자로 회의기획/운영을 수행하고 2급 자격자를 관리·감독하는 업무를 수행

○수행준거 : 1. 행사기본계획을 수립할 수 있다.
     2. 행사 세부추진계획을 수립할 수 있다.
     3. 영문서신을 작성할 수 있다.
     4. 행사의 개요를 영문으로 작성할 수 있다.

실기검정방법	작업형	시험시간	6시간 정도

실기과목명	주요항목	세부항목	세세항목
컨벤션 실무	1. 컨벤션 유치 제안서 작성	1. 유치제안서 작성하기	1. 개최목표가 회의주제에 부합할 수 있다. 2. 외국문화와의 교류내용이 개최목표에 포함할 수 있다. 3. 회의 기본방향과 행사 목표가 일관성 있게 설정할 수 있다. 4. 행사목표를 측정가능 하도록 작성할 수 있다. 5. 일정표 등이 회의 기본방향과 일치하도록 작성할 수 있다. 6. 홍보방침이 목적 등에 포함할 수 있다. 7. 제안서를 논리적이고 체계적으로 작성할 수 있다. 8. 관광 등 세부 프로그램을 작성할 수 있다. 9. 행사계획에 맞추어 적정하게 예산을 수립할 수 있다.
	2. 영어 프레젠테이션	1. 유치제안서 영문으로 작성하기	1. 유치제안서가 종합적, 체계적으로 작성할 수 있다. 2. 유치제안서 발표시간이 규정시간 이내가 되도록 작성할 수 있다.
		2. 영문서신 작성하기	1. 참여권유 서신을 영문으로 작성할 수 있다. 2. 등록정보를 영문으로 작성할 수 있어야 한다. 3. 기타 행사에 관한 정보를 영문으로 작성할 수 있다.

02. 경영·회계·사무

컨벤션기획사 2급

출제기준(필기)

직무 분야	경영·회계·사무	중직무 분야	경영	자격 종목	컨벤션기획사 2급	적용 기간	2013.1.1~2017.12.31

○직무내용 : 컨벤션기획사 1급 자격자의 지휘 하에 회의기획/운용 관련 제반업무를 수행하는 자로 회의목표 설정, 예산관리, 등록기획, 계약, 협상, 현장관리, 회의평가 업무에 대해 전문적 지식을 갖고 업무를 수행

필기검정방법	객관식	문제수	100	시험시간	2시간 30분

필기과목명	문제수	주요항목	세부항목	세세항목
컨벤션산업론	40	1. 컨벤션 산업의 이해	1. 컨벤션 산업의 의의	1. 컨벤션 산업의 개념 2. 컨벤션 산업의 발전과정 3. 컨벤션의 유형별 분류
			2. 컨벤션산업의 구조	1. 컨벤션 주체 및 이해관계자 2. 개최장소 및 시설 3. 서비스 제공자 및 수혜자 분석 4. 컨벤션 산업의 파급효과 5. 컨벤션참가 의사결정
			3. 컨벤션 마케팅의 전략적 기초	1. 컨벤션마케팅의 기본적 이해 2. 컨벤션서비스의 만족도 제고 3. 컨벤션경쟁전략 4. 컨벤션마케팅 계획 수립 5. 컨벤션마케팅 시장조사 6. 컨벤션시장의 포지셔닝 7. 컨벤션마케팅 믹스
			4. 세계 컨벤션산업의 현황과 전망	1. 해외 주요국의 컨벤션산업 현황 2. 컨벤션 관련 주요 국제기구 현황
			5. 우리나라 컨벤션 산업의 현황과 육성 방향	1. 우리나라 컨벤션 현황 2. 우리나라 컨벤션센터 현황 3. 우리나라 컨벤션 산업의 육성방향 4. 우리나라 컨벤션 산업 관련 법규와 제도(국제회의산업육성에관한법률, 시행령, 시행규칙 등)
		2. 컨벤션 기획 실무	1. 컨벤션 장소선정	1. 개최지 선정모형 2. 개최지 선정과정 3. 개최지 선정기준 4. 개최지 선정전략

필기과목명	문제수	주요항목	세부항목	세세항목
			2. 컨벤션 유치 및 기획	1. 컨벤션 유치절차 2. 목표설정 3. 프로그램 디자인 4. 예산 수립 및 운영
			3. 컨벤션 행사운영 및 서비스	1. 등록 2. 숙박 3. 회의와 커뮤니케이션 4. 광고와 홍보 5. 관광 6. 사교행사 7. 통역 8. 수송 9. 식음료 계획 10. 현장운영 11. IT 솔루션 12. 그린컨벤션
			4. 컨벤션 평가	1. 컨벤션서비스의 평가내용 2. 서비스 품질평가 모형 3. 컨벤션서비스 품질의 평가결과 4. 컨벤션서비스 품질 제고 방안
			5. 컨벤션 위기관리	1. 위기와 위기관리의 개념 2. 행사단계별 위기관리 3. 컨벤션의 위기관리 4. 컨벤션의 안전대책 방안
			6. 컨벤션 사후관리	1. 결과보고서 작성 2. 예산집행 결산
		3. 전시·이벤트 실무	1. 전시 산업의 이해	1. 전시 산업의 개념 2. 전시 기획과 실무
			2. 이벤트 산업의 이해	1. 이벤트의 개념과 유형 2. 이벤트의 연출과 운영

필기과목명	문제수	주요항목	세부항목	세세항목
호텔관광 실무론	30	1. 호텔실무	1. 호텔의 기본적 이해	1. 호텔의 발전사 및 현황 2. 호텔의 정의와 분류 3. 호텔의 경영형태 4. 호텔조직에 대한 이해 5. 주요 호텔용어의 이해
			2. 주요 호텔업무	1. 객실관리부문 업무 2. 현관부문 업무 3. 식음료 관리부문 업무 4. 부대시설부문 업무
		2. 관광실무	1. 관광산업 및 정책의 이해	1. 관광의 기초개념 2. 관광자원 개발 3. 관광사업 경영 4. 관광관련법규(관광기본법, 관광진흥법, 시행령, 시행규칙) 5. 여행실무

필기과목명	문제수	주요항목	세부항목	세세항목
컨벤션영어	30	1. 어휘 및 문법	1. 어휘의 이해	1. 기본 어휘 2. 상황별 전문 어휘
			2. 문법의 이해	1. 기본 문법 2. 문법 오류 파악
		2. 독해	1. 상황별 독해	1. 초청, 영접 및 수송 2. 등록 및 회의 3. 전시 및 상담 4. 관광 프로그램 5. 사교 프로그램 6. 기타
			2. 독해력	1. 문장 이해 2. 문맥 흐름 및 요지파악 3. 적절한 어휘선택
		3. 회화	1. 상황별 회화	1. 초청, 영접 및 수송 2. 등록 및 회의 3. 전시 및 상담 4. 관광 프로그램 5. 사교 프로그램 6. 기타
		4. 각종 문서	1. 문서작성 및 이해	1. 컨벤션 서한 2. 컨벤션 서류

출제기준(실기)

직무분야	경영·회계·사무	중직무분야	경영	자격종목	컨벤션기획사 2급	적용기간	2013.1.1~2017.12.31

○직무내용 : 컨벤션기획사 1급 자격자의 지휘 하에 회의기획/운용 관련 제반업무를 수행하는 자로 회의목표 설정, 예산관리, 등록기획, 계약, 협상, 현장관리, 회의평가 업무에 대해 전문적 지식을 갖고 업무를 수행

○수행준거 : 1. 행사기본계획을 수립할 수 있다.
           2. 행사 세부추진계획을 수립할 수 있다.
           3. 영문서신을 작성할 수 있다.
           4. 행사의 개요를 영문으로 작성할 수 있다.

실기검정방법	작업형	시험시간	6시간 정도

실기과목명	주요항목	세부항목	세세항목
컨벤션 실무	1. 컨벤션 기획서 작성	1. 행사의 기본계획 수립하기	1. 개최목표가 회의주제에 부합할 수 있다. 2. 기대효과가 개최목표에 포함될 수 있다.
		2. 행사의 세부추진계획 수립하기	1. 회의 기본방향과 행사 목표가 일관성 있게 설정할 수 있다. 2. 행사목표를 측정가능 하도록 작성할 수 있다. 3. 일정표 등이 회의 기본방향과 일치하도록 작성할 수 있다. 4. 홍보방침이 목적 등에 포함할 수 있다. 5. 기획서를 논리적이고 체계적으로 작성할 수 있다. 6. 관광 등 세부 프로그램을 작성할 수 있다. 7. 행사계획에 맞추어 적정하게 예산을 수립할 수 있다.
	2. 영문서신 작성 능력	1. 영문서신 작성하기	1. 참여권유 서신을 영문으로 작성할 수 있다. 2. 등록정보를 영문으로 작성할 수 있어야 한다. 3. 기타 행사에 관한 정보를 영문으로 작성할 수 있다.

02. 경영·회계·사무

포장기사

출제기준(필기)

직무 분야	경영·회계·사무	중직무 분야	생산관리	자격 종목	포장기사	적용 기간	2013. 1. 1~2017. 12. 31

○직무내용 : 산업분야에서 생산 및 가공되어진 각 상품의 포장에 필요한 세부사항과 요구되는 재료와 용기의 형상을 결정하여, 상품의 유통과정을 이해하고 제품보호성향상과 물류비절감을 위한 포장의 설계, 관리 및 개발 등 관련된 활동들을 수행하는 직무

필기검정방법	객관식	문제수	100문항	시험시간	2시간 30분

필기과목명	문제수	주요항목	세부항목	세세항목
포장일반	20	1. 포장개론과 환경	1. 포장	1. 포장의 목적 2. 포장의 기능 3. 포장분류 및 표시
			2. 환경	1. 포장폐기물 재활용과 포장재 사용규제 2. 포장폐기물 처리방법 3. 전과정평가(LCA) 4. 친환경포장 설계 5. 친환경포장재 종류 및 특성
		2. 포장기계	1. 포장기계	1. 일반포장기계 종류와 용도 2. 경포장기계의 종류와 용도 3. 평판 및 그라비아 인쇄기의 구조 및 특징 4. 플렉소 및 잉크젯 인쇄기의 구조 및 특징 5. 계량기의 종류 및 용도 6. 충전기의 종류 및 용도 7. 접착기의 종류 및 용도
		3. 포장디자인 및 마케팅	1. 포장디자인	1. 포장디자인의 개념, 목적과 기능 2. 포장디자인의 상품화계획 3. 포장디자인 개발요건
			2. 마케팅	1. 상품전략과 포장 2. 브랜드의 개념과 분류

필기과목명	문제수	주요항목	세부항목	세세항목
포장재료	20	1. 지류	1. 종이 및 판지	1. 종이, 판지 포장재의 종류 및 특성 2. 종이, 판지의 제조방법
			2. 골판지	1. 골판지의 특성 2. 골판지의 용도 3. 특수 골판지의 종류 및 특성
		2. 플라스틱	1. 플라스틱	1. 플라스틱의 제조 및 일반적인 특성 2. 플라스틱 필름의 종류 및 특성 3. 연포장재 가공방법 4. 플라스틱 용기의 종류 및 특성 5. 플라스틱 용기의 가공방법
		3. 유리, 도자기, 금속 및 목재	1. 유리 및 도자기	1. 유리 및 도자기의 제조방법 및 특성 2. 유리 및 도자기 용기의 종류 및 용도
			2. 금속	1. 금속 캔의 종류 및 특성 2. 기타 금속용기(에어로졸, 튜브)
			3. 목재	1. 목재의 개요 2. 목상자의 종류 및 용도
		4. 포장 부자재 및 기타 포장재	1. 포장 부자재	1. 마개 및 클로저의 종류 및 용도 2. 접착제, 봉함, 결속재의 종류 및 용도
			2. 기타 포장재	1. 포장용 완충재의 종류 및 특성 2. 기능성 필름의 종류 및 특성

필기과목명	문제수	주요항목	세부항목	세세항목
포장기법	20	1. 식품포장	1. 무균포장 및 레토르트 포장	1. 무균포장 2. 레토르트포장
			2. MA 및 선도유지 포장	1. MA포장 2. 선도유지 포장
			3. 진공, 가스치환 포장	1. 진공포장 2. 가스치환포장
			4. 기타 식품포장 기법	1. 가열 살균 포장 2. 냉동 포장
		2. 완충포장	1. 완충포장	1. 완충포장개론 2. 수송환경 3. 파손성의 설계와 평가 4. 완충곡선과 완충재의 특성 평가
			2. 골판지 설계기법	1. 골판지 상자의 개요 2. 골판지 상자의 설계 (치수 및 강도)
		3. 특수 포장	1. 방수, 방습, 방청 포장	1. 방수 및 방습포장 2. 방청포장
			2. 기타 특수포장	1. 어린이 보호포장 2. 의약품 포장 3. Active 및 smart 포장 4. 변조방지포장

필기과목명	문제수	주요항목	세부항목	세세항목
포장시험 및 평가	20	1. 품질관리	1. 품질관리	1. 품질관리 일반 2. 샘플링 및 검사의 종류와 방법 3. 관리도의 종류와 방법 4. 식품용기의 밀봉검사법
		2. 포장시험법	1. 포장재료시험	1. 시험용지 채취방법 및 전처리 2. 시험장소의 표준상태 및 수치의 맺음법 3. 종이 및 판지의 평량, 두께, 밀도의 시험법 4. 인장 및 인열강도, 내절도 시험법 5. 압축 및 파열, 타공강도 시험법 6. 발수 및 흡수도 시험법 7. 종이의 내유도 및 사이즈도 시험법 8. 방습포장재료 및 용기의 투습도 시험법 9. 플라스틱필름 및 시트의 가스 투과도 시험법 10. 폴리에틸렌필름의 기계적 성질 시험법
			2. 포장유통시험	1. 포장완충재의 동적, 정적압축시험법 2. 포장화물의 평가시험방법 통칙 3. 포장화물의 낙하시험 방법 4. 포장화물 및 용기의 압축시험 방법 5. 포장화물의 진동시험법 6. 포장화물 및 용기의 충격시험법

출제기준(실기)

직무분야	경영·회계·사무	중직무분야	생산관리	자격종목	포장기사	적용기간	2013. 1. 1 ~ 2017. 12. 31

○직무내용 : 산업분야에서 생산 및 가공되어진 각 상품의 포장에 필요한 세부사항과 요구되는 재료와 용기의 형상을 결정하여, 상품의 유통과정을 이해하고 제품보호성향상과 물류비절감을 위한 포장의 설계, 관리 및 개발 등 관련된 활동들을 수행하는 직무

○수행준거 : 1. 포장계획을 할 수 있다.
2. 포장원가 계산을 할 수 있다.
3. 물류 및 환경관련 업무를 할 수 있다.
4. 포장재료 및 화물에 대한 적정 시험을 할 수 있다.
5. 포장규격 작성에 관한 업무를 할 수 있다.
6. 포장공정에 대한 업무를 할 수 있다.

실기검정방법	필답형	시험시간	2시간 30분

실기과목명	주요항목	세부항목	세세항목
포장실무	1. 포장분석	1. 관련법규 검토하기	1. 국내 포장관련 법규들을 조사할 수 있다. 2. 해외 포장관련 법규들을 조사할 수 있다. 3. 포장관련 규제 및 클레임 사례를 조사할 수 있다.
		2. 물류환경 분석하기	1. 생산 및 물류능력을 조사할 수 있다. 2. 거래처 동향을 조사할 수 있다. 3. 물류관련 법규 및 정책방향을 조사할 수 있다. 4. 물류환경 및 여건을 조사할 수 있다.
		3. 유통환경 분석하기	1. 조사 양식표를 작성할 수 있다. 2. 제품의 특성을 파악하여 양식표에 기록할 수 있다. 3. 창고여건 및 제품 보관 상태를 파악할 수 있다. 4. 사용되는 운송기기 및 운송경로를 파악할 수 있다. 5. 필요한 포장강도를 산출할 수 있다. 6. 유통용기에 대한 적재패턴을 분석할 수 있다. 7. 개략적인 겉포장 규격을 설정할 수 있다.
		4. 경제성 분석하기	1. 타사의 제품샘플을 수집할 수 있다. 2. 포장 제조공정 표준안을 작성할 수 있다. 3. 예상되는 포장 재료비를 산출할 수 있다. 4. 예상되는 가공비와 적정이윤을 산출할 수 있다. 5. 물류비 등 기타 부가비용을 산출할 수 있다. 6. 견적을 비교할 수 있다. 7. 적정원가를 계산할 수 있다.

실기과목명	주요항목	세부항목	세세항목
	2. 포장 설계	1. 제품 분석하기	1. 제품의 크기, 무게, 취약부위, 내충격 강도 등 물리적 특성을 조사할 수 있다. 2. 제품의 화학적 특성을 조사할 수 있다. 3. 제품의 미생물학적 특성을 조사할 수 있다.
		2. 친환경 포장 설계하기	1. 원천감량을 고려하여 설계할 수 있다. 2. 포장재에 대한 재활용(물질 재활용, 에너지 회수, 화학적 회수 등)을 고려하여 설계할 수 있다. 3. 친환경 포장 설계에 대한 적합성 여부를 검토할 수 있다. 4. 유해물질 함유량을 최소화할 수 있다. 5. 친환경 포장 재료를 선택할 수 있다.
		3. 포장재료 선택하기	1. 제품을 포장하는데 요구되는 포장재료에 대한 시험에 대해 숙지할 수 있다. 2. 포장재료 관련 시험을 실시할 수 있다. 3. 겉포장 재질을 선택할 수 있다. 4. 속포장 재질을 선택할 수 있다. 5. 낱포장 재질을 선택할 수 있다. 6. 선택한 결과를 정리할 수 있다.
		4. 포장기법 선택하기	1. 피포장물과 포장재료, 유통환경에 대한 정보를 분석할 수 있다. 2. 자사 및 타사 포장 전략을 검토할 수 있다. 3. 자사 생산기술능력에 대해 조사할 수 있다. 4. 적합한 포장기법을 적용할 수 있다.
		5. 포장치수 결정하기	1. 제품의 물류환경을 검토할 수 있다. 2. 포장작업 편이성을 검토할 수 있다. 3. 겉포장 치수를 결정할 수 있다. 4. 속포장 치수를 결정할 수 있다. 5. 입수 및 배열, 적입방법을 결정할 수 있다. 6. 내용물의 완충고정, 공간비율 등을 검토할 수 있다. 7. 표준 치수 규격을 확정할 수 있다.
		6. 포장강도 설정하기	1. 제품의 물류환경을 검토할 수 있다. 2. 제품의 강도 및 물리적 특성을 검토할 수 있다. 3. 포장재의 완충특성을 검토할 수 있다. 4. 필요한 경우 포장 및 완충재에 대한 압축, 낙하, 충격, 진동시험을 수행할 수 있다. 5. 내용물의 완충고정, 공간비율 등을 검토할 수 있다. 6. 표준강도규격을 확정할 수 있다.

실기과목명	주요항목	세부항목	세세항목
	3. 작업관리 및 규격작성	1. 포장규격서 승인하기	1. 최초 규격서와 대조하여 검토할 수 있다. 2. 검토결과를 승인하고 재발송할 수 있다.
	4. 품질관리	1. 검수하기	1. 포장재 및 용기검수조서 양식을 작성할 수 있다. 2. 포장재 및 용기 입고 시 주문사양과 일치여부를 확인할 수 있다. 3. 필요시 포장재 및 용기 성능시험을 실시할 수 있다. 4. 검수결과에 대한 조치를 시행할 수 있다.
		2. 유통품질관리하기	1. 유통 중인 포장재 및 용기를 샘플링 할 수 있다. 2. 포장재 및 용기가 요구되는 품질기준에 일치하는지 확인할 수 있다. 3. 필요시 포장재 및 용기를 회수하여 성능시험을 실시할 수 있다. 4. 검수결과에 대한 조치를 시행할 수 있다.

02. 경영·회계·사무

포장산업기사

출제기준(필기)

직무 분야	경영·회계·사무	중직무 분야	생산관리	자격 종목	포장산업기사	적용 기간	2013. 1. 1 ~ 2017.12.31

○직무내용 : 산업분야에서 생산 및 가공되어진 각 상품의 포장에 필요한 세부사항과 요구되는 재료 용기의 형상을 결정하여, 상품의 유통과정을 이해하고 제품 보호성 향상을 위한 포장의 설계, 관리 및 개발 등 관련된 활동들을 수행하는 직무

필기검정방법	객관식	문제수	80문제	시험시간	2시간

필기과목명	문제수	주요항목	세부항목	세세항목
포장일반	20	1. 포장개론과 환경	1. 포장	1. 포장의 목적과 정의 2. 포장분류 3. 포장 표시 4. 포장인쇄의 종류 5. 포장 인쇄 재료 및 용도
			2. 환경	1. 포장과 환경 2. 포장의 재활용 3. 포장의 폐기물 관리 4. 친환경 포장설계 5. 친환경포장재 종류 및 특성
		2. 포장기계 및 포장 표준화	1. 포장기계	1. 일반포장기계 종류와 용도 2. 계량기의 종류 및 용도 3. 충전기의 종류 및 용도 4. 접착기의 종류 및 용도
			2. 포장표준화	1. 포장표준화의 요소 및 범위 2. 포장표준화 추진방법
		3. 포장디자인	1. 포장디자인	1. 포장디자인의 개념, 목적과 기능 2. 포장디자인의 상품화계획 3. 포장디자인 개발요건

필기과목명	문제수	주요항목	세부항목	세세항목
포장재료	20	1. 지류	1. 종이 및 판지	1. 종이, 판지 포장재의 종류 및 특성 2. 종이, 판지의 제조방법
			2. 골판지	1. 골판지의 특성 2. 골판지의 용도 3. 특수 골판지의 종류 및 특성
		2. 플라스틱	1. 플라스틱	1. 플라스틱의 제조 및 일반적인 특성 2. 플라스틱 필름의 종류 및 특성 3. 연포장재 가공방법 4. 플라스틱 용기의 종류 및 특성 5. 플라스틱 용기의 가공방법
		3. 유리, 금속 및 목재	1. 유리	1. 유리의 제조방법 및 특성 2. 유리용기의 종류 및 용도
			2. 금속	1. 금속 캔의 종류 및 특성 2. 기타 금속용기(에어로졸, 튜브)
			3. 목재	1. 목재의 개요 2. 목상자의 종류 및 용도
		4. 포장 부자재 및 기타 포장재	1. 포장 부자재	1. 마개 및 클로저의 종류 및 용도 2. 접착제, 봉함, 결속재의 종류 및 용도
			2. 기타 포장재	1. 포장용 완충재의 종류 및 특성 2. 기능성 필름의 종류 및 특성

필기과목명	문제수	주요항목	세부항목	세세항목
포장기법	20	1. 식품 포장	1. 무균포장 및 레토르트 포장	1. 무균 포장 2. 레토르트 포장
			2. MA 및 선도유지 포장	1. MA 포장 2. 선도유지 포장
			3. 진공, 가스치환 포장	1. 진공 포장 2. 가스치환 포장
			4. 기타 식품 포장기법	1. 가열 살균 포장 2. 냉동 포장
		2. 완충 포장	1. 완충포장	1. 완충포장개론 2. 수송환경 3. 파손성의 설계와 평가 4. 완충곡선과 완충재의 특성 평가
			2. 골판지 설계기법	1. 골판지 상자의 개요 2. 골판지 상자의 설계 (치수 및 강도)
		3. 특수 포장	1. 방수, 방습, 방청 포장	1. 방수 및 방습포장 2. 방청포장
			2. 기타 특수 포장	1. 어린이 보호 포장 2. 의약품 포장 3. Active 및 smart 포장 4. 변조방지 포장

필기과목명	문제수	주요항목	세부항목	세세항목
포장시험 및 평가	20	1. 품질관리	1. 품질관리	1. 품질관리 일반 2. 샘플링 및 검사의 종류와 방법 3. 관리도의 종류와 방법 4. 식품용기의 밀봉검사법
		2. 포장시험법	1. 포장재료시험	1. 시험용지 채취방법 및 전처리 2. 시험장소의 표준상태 및 수치의 맺음법 3. 종이 및 판지의 평량, 두께, 밀도의 시험법 4. 인장 및 인열강도, 내절도 시험법 5. 압축 및 파열, 타공강도 시험법 6. 발수 및 흡수도 시험법 7. 종이의 내유도 및 사이즈도 시험법 8. 방습포장재료 및 용기의 투습도 시험법 9. 플라스틱필름 및 시트의 가스투과도 시험법 10. 폴리에틸렌필름의 기계적 성질 시험법
			2. 포장유통시험	1. 포장완충재의 동적, 정적압축 시험법 2. 포장화물의 평가시험방법 통칙 3. 포장화물의 낙하시험 방법 4. 포장화물 및 용기의 압축시험방법 5. 포장화물의 진동시험법 6. 포장화물 및 용기의 충격시험법

출제기준(실기)

직무 분야	경영·회계·사무	중직무 분야	생산관리	자격 종목	포장산업기사	적용 기간	2013. 1. 1 ~ 2017.12.31

○직무내용 : 산업분야에서 생산 및 가공되어진 각 상품의 포장에 필요한 세부사항과 요구되는 재료와 용기의 형상을 결정하여, 상품의 유통과정을 이해하고 제품 보호성 향상을 위한 포장의 설계, 관리 및 개발 등 관련된 활동들을 수행하는 직무

○수행준거 : 1. 포장계획을 할 수 있다.
          2. 포장원가 계산을 할 수 있다.
          3. 환경관련 업무를 할 수 있다.
          4. 포장시험 및 포장기기에 관한 업무를 할 수 있다.
          5. 포장표준화에 관한 업무를 할 수 있다.

실기검정방법	필답형	시험시간	2시간

실기과목명	주요항목	세부항목	세세항목
포장실무	1. 포장분석	1. 관련법규 검토하기	1. 국내 포장관련 법규들을 조사할 수 있다. 2. 해외 포장관련 법규들을 조사할 수 있다. 3. 포장관련 규제 및 클레임 사례를 조사할 수 있다.
		2. 물류환경 분석하기	1. 생산 및 물류능력을 조사할 수 있다. 2. 거래처 동향을 조사할 수 있다. 3. 물류관련 법규 및 정책방향을 조사할 수 있다. 4. 물류환경 및 여건을 조사할 수 있다.
		3. 유통환경 분석하기	1. 조사 양식표를 작성할 수 있다. 2. 제품의 특성을 파악하여 양식표에 기록할 수 있다. 3. 창고여건 및 제품 보관 상태를 파악할 수 있다. 4. 사용되는 운송기기 및 운송경로를 파악할 수 있다. 5. 필요한 포장강도를 산출할 수 있다. 6. 유통용기에 대한 적재패턴을 분석할 수 있다. 7. 개략적인 겉포장 규격을 설정할 수 있다.
	2. 포장 설계	1. 제품 분석하기	1. 제품의 크기, 무게, 취약부위, 내충격 강도 등 물리적 특성을 조사할 수 있다. 2. 제품의 화학적 특성을 조사할 수 있다. 3. 제품의 미생물학적 특성을 조사할 수 있다.

실기과목명	주요항목	세부항목	세세항목
		2. 친환경 포장 설계하기	1. 원천감량을 고려하여 설계할 수 있다. 2. 포장재에 대한 재활용(물질 재활용, 에너지 회수, 화학적 회수 등)을 고려하여 설계할 수 있다. 3. 친환경 포장 설계에 대한 적합성 여부를 검토할 수 있다. 4. 유해물질 함유량을 최소화할 수 있다. 5. 친환경 포장 재료를 선택할 수 있다.
		3. 포장재료 선택하기	1. 제품을 포장하는데 요구되는 포장재료에 대한 시험에 대해 숙지할 수 있다. 2. 포장재료 관련 시험을 실시할 수 있다. 3. 겉포장 재질을 선택할 수 있다. 4. 속포장 재질을 선택할 수 있다. 5. 낱포장 재질을 선택할 수 있다. 6. 선택한 결과를 정리할 수 있다.
		4. 포장기법 선택하기	1. 피포장물과 포장재료, 유통환경에 대한 정보를 분석할 수 있다. 2. 자사 및 타사 포장 전략을 검토할 수 있다. 3. 자사 생산기술능력에 대해 조사할 수 있다. 4. 적합한 포장기법을 적용할 수 있다.
		5. 포장치수 결정하기	1. 제품의 물류환경을 검토할 수 있다. 2. 포장작업 편이성을 검토할 수 있다. 3. 겉포장 치수를 결정할 수 있다. 4. 속포장 치수를 결정할 수 있다. 5. 입수 및 배열, 적입방법을 결정할 수 있다. 6. 내용물의 완충고정, 공간비율 등을 검토할 수 있다. 7. 표준 치수 규격을 확정할 수 있다.
		6. 포장강도 설정하기	1. 제품의 물류환경을 검토할 수 있다. 2. 제품의 강도 및 물리적 특성을 검토할 수 있다. 3. 포장재의 완충특성을 검토할 수 있다. 4. 필요한 경우 포장 및 완충재에 대한 압축, 낙하, 충격, 진동시험을 수행할 수 있다. 5. 내용물의 완충고정, 공간비율 등을 검토할 수 있다. 6. 표준강도규격을 확정할 수 있다.

실기과목명	주요항목	세부항목	세세항목
	3. 작업관리 및 규격작성	1. 포장규격서 승인하기	1. 최초 규격서와 대조하여 검토할 수 있다. 2. 검토결과를 승인하고 재발송할 수 있다.
	4. 품질관리	1. 검수하기	1. 포장재 및 용기검수조서 양식을 작성할 수 있다. 2. 포장재 및 용기 입고 시 주문사양과 일치여부를 확인할 수 있다. 3. 필요시 포장재 및 용기 성능시험을 실시할 수 있다. 4. 검수결과에 대한 조치를 시행할 수 있다.

국가기술자격 출제기준 I

06 보건·의료

국제의료관광코디네이터 81

06. 보건·의료

국제의료관광코디네이터

출제기준(필기)

직무 분야	보건·의료	중직무 분야	보건·의료	자격 종목	국제의료관광 코디네이터	적용 기간	2013. 1. 1.~ 2018. 12. 31.

○직무내용 : 국제의료관광 코디네이터는 국제화되는 의료시장에서 외국인환자를 유치하고 관리하기 위한 구체적인 진료서비스지원, 관광지원, 국내외 의료기관의 국가 간 진출을 지원할 수 있는 의료관광 마케팅, 의료관광 상담, 리스크관리 및 행정업무 등을 담당함으로써 우리나라의 글로벌헬스케어산업의 발전 및 대외경쟁력을 향상시키는 직무

필기검정방법	객관식	문제수	100	시험시간	2시간30분

필기과목명	문제수	주요항목	세부항목	세세항목
보건의료 관광행정	20	1. 의료관광의 이해	1. 의료관광의 개념	1. 의료관광(의료관광객)의 정의 및 역사 2. 국제 협정과 의료관광 3. 의료관광의 유형 및 특성 4. 의료관광코디네이터의 역할
			2. 의료관광의 구조	1. 의료관광의 메커니즘 2. 의료관광의 이해관계자 3. 의료 관광의 효과
			3. 의료관광 현황	1. 의료관광의 국내외 환경 2. 의료관광의 현황 및 문제점
		2. 원무관리	1. 원무관리의 이해	1. 원무관리의 개념 2. 원무관리의 필요성
			2. 환자관리	1. 외래관리/예약관리 2. 입·퇴원관리 3. 진료비 관리
			3. 의료보험	1. 의료보험에 대한 이해 2. 보험청구업무 3. 국제 의료보험 청구 사례 및 실무
			4. 의료정보관리	1. 의료정보관리의 이해 2. 병원통계관리
		3. 리스크관리	1. 리스크관리의 개념	1. 리스크의 정의 2. 리스크 관리의 개념
			2. 리스크관리의 체계	1. 리스크관리 정책 수립 2. 리스크관리 시스템 구축

필기과목명	문제수	주요항목	세부항목	세세항목
		4. 의료 관광법규	1. 의료 관련법규	1. 의료법 2. 의료분쟁 사례
			2. 관광관련법규	1. 관광진흥법 2. 출입국관리법(출입국 절차 및 비자 발급 등) 3. 재외동포의 출입국과 법적 지위에 관한 법률

필기과목명	문제수	주요항목	세부항목	세세항목
보건의료서비스 지원관리	20	1. 의료의 이해	1. 건강과 질병관리에 대한 이해	1. 공중보건의 정의 및 역사 2. 건강의 이해 3. 사고 및 질병관리의 이해 4. 건강증진의 개념과 전략 5. 전염병 및 만성질환의 이해
			2. 의료체계와 의료전달 체계	1. 의료체계에 대한 개념 2. 의료전달체계의 개념
		2. 병원서비스 관리	1. 병원의 이해	1. 병원의 정의 및 분류 2. 병원조직의 기능과 역할 3. 병원업무의 특성
			2. 진료서비스의 이해	1. 환자관리 서비스 2. 진료지원 서비스(약무, 진단방사선, 진단검사, 검사실, 재활의학실, 영양관리 등) 3. 종합검진 서비스
		3. 의료서비스의 이해	1. 의료 서비스 개념	1. 의료서비스의 정의 및 유형 2. 의료서비스의 특성 3. 국가별 의료와 문화 특성
			2. 의료 서비스 과정	1. 의료관광 프로세스 2. 초기접촉과정 3. 확인과정 4. 서비스과정 5. 매뉴얼작성법
		4. 의료 커뮤니케이션	1. 의료 커뮤니케이션의 개념	1. 의료 커뮤니케이션의 정의 2. 의료 커뮤니케이션의 이론 3. 의료 커뮤니케이션과 문화
			2. 의료 커뮤니케이션의 유형	1. 환자와의 커뮤니케이션 2. 보호자와의 커뮤니케이션 3. 동선별 커뮤니케이션

필기과목명	문제수	주요항목	세부항목	세세항목
보건의료 관광 마케팅	20	1. 마케팅의 이해	1. 의료관광 마케팅의 이해	1. 의료서비스 마케팅의 이해 2. 관광 마케팅의 이해
			2. 환경분석	1. 거시환경 분석 2. 산업분석 3. 내부환경 분석
			3. 시장분석	1. 시장 크기 분석 2. 잠재성장력 분석 3. 경쟁자 분석
			4. 고객분석	1. 고객행동 영향요인 분석 2. 고객 정보처리과정 분석 3. 구매의사 결정과정 분석
			5. STP(시장세분화, 표적시장, 포지셔닝) 및 마케팅 믹스	1. 시장 세분화 2. 세분시장 별 프로파일 생성 3. 각 세분시장 매력도 분석 4. 표적시장 선정 5. 마케팅 믹스
		2. 상품개발하기 (의료, 관광)	1. 신상품 아이디어 창출	1. 신상품 아이디어 창출 2. 기존 상품 개선방안 3. 신상품 아이디어 수집
			2. 상품 콘셉트 개발 및 평가	1. 신상품 콘셉트 개발 2. 신상품 콘셉트 평가 3. 신상품 테스트 및 사후평가
			3. 수요예측	1. 판매예측 2. 재무매력도 평가 3. 기존상품 잠식 가능성 분석
		3. 가격 및 유통 관리	1. 가격결정	1. 신제품 가격전략 2. 유사상품의 가격 분석 3. 가격조정전략 4. 공공정책과 가격결정
			2. 마케팅 경로와 공급망 관리	1. 마케팅경로 설계 2. 마케팅경로 관리 3. 공공정책과 유통경로 결정

필기과목명	문제수	주요항목	세부항목	세세항목
		4. 통합적 커뮤니케이션	1. 통합적 커뮤니케이션 이해하기	1. 커뮤니케이션 과정 2. 효과적인 커뮤니케이션 개발 3. 커뮤니케이션 예산 4. 커뮤니케이션믹스 결정
			2. 광고와 홍보	1. 의료광고의 규제와 허용 2. 광고 메시지 개발 3. 광고 및 홍보 미디어 선정
			3. 인적판매와 판매촉진	1. 인적판매 및 촉진전략 2. 인적판매자원 관리 3. 인적판매 과정 4. 판매촉진 도구 선정 5. 판매촉진 프로그램 개발
			4. 마케팅 기법	1. 마케팅 모델과 유형(다이렉트, 온라인 등) 2. 웹사이트 구축
		5. 고객만족도 관리	1. 고객만족도 조사	1. 조사계획 수립 2. 자료 수집 3. 자료 분석 4. 결과해석 및 보고서 작성
			2. 고객관계 구축	1. 고객 데이터베이스 구축 2. 고객 분석 3. 구매연관성 분석 4. 유형별 고객관계 구축전략

필기과목명	문제수	주요항목	세부항목	세세항목
관광서비스 지원관리	20	1. 관광과 산업의 이해	1. 관광의 이해	1. 관광의 정의와 관련용어 2. 관광동기와 욕구
			2. 관광객의 이해	1. 관광객의 정의 2. 관광객의 유형
			3. 관광 서비스 이해	1. 관광 서비스의 정의 2. 관광 서비스의 특성 3. 관광 서비스 활동의 유형과 역할
			4. 관광 활동의 이해	1. 관광 활동의 정의 2. 관광 활동의 특성
			5. 관광 산업의 이해	1. 관광 산업의 정의 2. 관광 산업의 유형 3. 관광 산업의 시스템 4. 관광 산업의 효과
		2. 항공 서비스의 이해	1. 항공 산업의 이해	1. 항공운송업의 정의 2. 항공운송업의 현황과 유형
			2. 항공수배업무의 이해	1. 항공수배업무의 정의 2. 항공수배업무의 특성
		3. 지상업무 수배 서비스의 이해	1. 숙박시설의 이해	1. 숙박업(호텔, 리조트 등)의 정의 2. 숙박업(호텔, 리조트 등)의 종류와 특성 3. 숙박업(호텔, 리조트 등)의 조직 구성과 기능 4. 숙박업(호텔, 리조트 등)의 예약 시스템 이해
			2. 관광교통의 이해	1. 관광교통 정의 2. 관광교통의 유형과 특성 3. 관광교통 예약시스템
			3. 외식업의 이해	1. 외식업의 정의 2. 외식업의 유형과 특성 3. 국가별 외식문화의 특성
			4. 관광쇼핑과 공연 안내 서비스의 이해	1. 관광쇼핑 서비스의 이해 2. 공연안내 서비스의 이해

필기과목명	문제수	주요항목	세부항목	세세항목
		4. 관광자원 및 이벤트의 이해	5. 관광안내와 정보 이해	1. 관광정보의 정의 2. 관광정보의 매체유형 3. 관광지 안내와 예약시스템
			1. 관광종사원에 대한 이해	1. 관광종사원의 정의 2. 관광종사원의 역할
			2. 관광자원의 이해	1. 관광자원의 정의와 개념 2. 관광자원의 유형과 특성
			3. 관광이벤트의 이해	1. 관광이벤트의 정의와 개념 2. 관광이벤트의 유형과 특성

필기과목명	문제수	주요항목	세부항목	세세항목
의학용어 및 질환의 이해	20	1. 의학용어 및 질환	1. 기본구조 및 신체구조	1. 의학용어의 어근 2. 의학용어의 접두사 3. 의학용어의 접미사 4. 신체의 구분 및 방향
			2. 심혈관 및 조혈 계통	1. 해부 생리학적 용어 2. 증상용어 3. 진단용어 4. 수술 처치용어 5. 약어
			3. 호흡계통	1. 해부 생리학적 용어 2. 증상용어 3. 진단용어 4. 수술 처치용어 5. 약어
			4. 소화계통	1. 해부 생리학적 용어 2. 증상용어 3. 진단용어 4. 수술 처치용어 5. 약어
			5. 비뇨계통	1. 해부 생리학적 용어 2. 증상용어 3. 진단용어 4. 수술 처치용어 5. 약어
			6. 여성생식계통	1. 해부 생리학적 용어 2. 증상용어 3. 진단용어 4. 수술 처치용어 5. 약어
			7. 남성생식계통	1. 해부 생리학적 용어 2. 증상용어 3. 진단용어 4. 수술 처치용어 5. 약어

필기과목명	문제수	주요항목	세부항목	세세항목
			8. 신경계통	1. 해부 생리학적 용어 2. 증상용어 3. 진단용어 4. 수술 처치용어 5. 약어
			9. 근골격계통	1. 해부 생리학적 용어 2. 증상용어 3. 진단용어 4. 수술 처치용어 5. 약어
			10. 외피계통	1. 해부 생리학적 용어 2. 증상용어 3. 진단용어 4. 수술 처치용어 5. 약어
			11. 감각계통	1. 해부 생리학적 용어 2. 증상용어 3. 진단용어 4. 수술 처치용어 5. 약어
			12. 내분비계통	1. 해부 생리학적 용어 2. 증상용어 3. 진단용어 4. 수술 처치용어 5. 약어
			13. 면역계통	1. 해부 생리학적 용어 2. 증상용어 3. 진단용어 4. 수술 처치용어 5. 약어
			14. 정신의학	1. 기본용어 2. 증상용어 3. 진단용어 4. 치료용어 5. 약어

필기과목명	문제수	주요항목	세부항목	세세항목
			15. 방사선학	1. 기본용어 2. 약어
			16. 종양학	1. 기본용어 2. 약어
			17. 약리학	1. 기본용어 2. 약어

출제기준(실기)

직무분야	보건·의료	중직무분야	보건·의료	자격종목	국제의료관광 코디네이터	적용기간	2013. 1. 1~2018. 12. 31.

○직무내용 : 국제의료관광 코디네이터는 국제화되는 의료시장에서 외국인환자를 유치하고 관리하기 위한 구체적인 진료서비스지원, 관광지원, 국내외 의료기관의 국가 간 진출을 지원할 수 있는 의료관광 마케팅, 의료관광 상담, 리스크관리 및 행정업무 등을 담당함으로써 우리나라의 글로벌헬스케어산업의 발전 및 대외경쟁력을 향상시키는 직무

○수행준거 : 1. 의료관광마케팅, 관광상담 등 의료관광을 기획할 수 있다.
           2. 진료서비스 관리, 관광관리 등 의료관광을 실행할 수 있다.
           3. 고객만족서비스를 실시하고 관리할 수 있다.

실기검정방법	필답형	시험시간	2시간 30분

실기과목명	주요항목	세부항목	세세항목
보건의료관광실무	1. 의료관광 기획	1. 의료관광 마케팅기획하기	1. 의료관광 상품 기획 및 개발 할 수 있다. 2. 가격 및 유통관리를 할 수 있다. 3. 통합적 커뮤니케이션을 할 수 있다.
		2. 의료관광 상담하기	1. 의료관광 상담기법을 적용할 수 있다. 2. 문화별 커뮤니케이션을 할 수 있다.
		3. 의료관광 사전관리하기	1. 의료관광 상품을 관리할 수 있다. 2. 진료를 사전관리 할 수 있다. 3. 관광을 사전관리 할 수 있다.
	2. 의료관광실행	1. 진료서비스 관리하기	1. 진료서비스 관리를 할 수 있다. 2. 진료비 및 보험관리를 할 수 있다. 3. 병원생활을 관리할 수 있다.
		2. 리스크 관리하기	1. 리스크 확인 및 분석할 수 있다. 2. 의료리스크를 확인 및 관리할 수 있다. 3. 관광리스크를 확인 및 관리할 수 있다.
		3. 관광 관리하기	1. 지상업무 수배서비스를 할 수 있다. 2. 고객별로 관광서비스 유형을 알고 관리할 수 있다.
		4. 상담 관리하기	1. 의료관광서비스 단계별커뮤니케이션을 할 수 있다. 2. 환자 및 보호자와 커뮤니케이션을 할 수 있다.

실기과목명	주요항목	세부항목	세세항목
	3. 고객만족 서비스	1. 고객만족도 관리하기	1. 고객만족도 관리를 할 수 있다. 2. 의료관광상품 만족도 관리를 할 수 있다.
		2. 리스크 사후관리하기	1. 리스크 유형에 따른 관리를 할 수 있다. 2. 리스크 사후관리를 할 수 있다. 3. 의료분쟁 처리를 할 수 있다.
		3. 네트워크 구축하기	1. 의료관광 관련 업체와 협력을 구축할 수 있다.

국가기술자격 출제기준 I

07 사회복지·종교

직업상담사 1급 ·················· 97
직업상담사 2급 ·················· 109

07. 사회복지·종교

직업상담사 1급

출제기준(필기)

직무 분야	사회복지·종교	중직무 분야	사회복지·종교	자격 종목	직업상담사 1급	적용 기간	2013. 1. 1~2017.12.31

○직무내용 : 구직자, 구인자 및 실업자를 위한 취업, 직업능력개발 상담을 제공하거나 초·중·고등학교, 전문대학 및 대학의 학생을 위한 진학지도, 취업상담 등의 진로지도를 담당하며, 이와 관련한 직업정보를 수집 및 관리하며, 진로지도 프로그램 개발, 운영하거나 직업상담 관련 행정업무를 수행하는 직무

필기검정방법	객관식	문제수	100	시험시간	2시간 30분

필기과목명	문제수	주요항목	세부항목	세세항목
고급 직업 상담학	20	1. 직업상담의 개념	1. 직업상담의 기초	1. 직업상담의 정의 2. 직업상담의 목적 3. 직업상담자의 역할 및 영역 4. 집단직업상담의 의미
			2. 직업상담의 문제유형	1. 윌리암슨의 분류 2. 보딘의 분류 3. 크릿츠의 분류 4. 직업의사결정상태에 따른 분류
		2. 직업상담의 이론	1. 기초상담 이론의 종류	1. 정신분석적 상담 2. 아들러의 개인주의 상담 3. 실존주의 상담 4. 내담자중심상담 5. 형태주의 상담 6. 교류분석적 상담 7. 행동주의 상담 8. 인지적-정서적 상담
		3. 직업상담 접근방법	1. 특성-요인 직업 상담	1. 특성-요인 직업상담 모형, 방법, 평가
			2. 내담자 중심 직업 상담	1. 내담자 중심 직업상담 모형, 방법, 평가
			3. 정신역동적 직업 상담	1. 정신역동적 직업상담 모형, 방법, 평가
			4. 발달적 직업 상담	1. 발달적 직업상담 모형, 방법, 평가

필기과목명	문제수	주요항목	세부항목	세세항목
			5. 행동주의 직업 상담	1. 행동주의 직업상담 모형, 방법, 평가
			6. 포괄적 직업상담	1. 포괄적 직업상담 모형, 방법, 평가
		4. 직업상담의 기법	1. 초기면담의 의미	1. 초기면담의 유형과 요소 2. 초기면담의 단계
			2. 구조화된 면담법의 의미	1. 생애진로사정의 의미 2. 생애진로사정의 구조 3. 생애진로사정의 적용
			3. 내담자 사정의 의미	1. 동기, 역할 사정하기 2. 가치사정하기 3. 흥미사정하기 4. 성격사정하기
			4. 목표설정 및 진로 시간 전망	1. 목표설정의 의미 및 특성 2. 진로시간 전망의 의미
			5. 내담자의 인지적 명확성 사정	1. 면담의존 사정과 사정 시의 가정 2. 사정과 가설발달의 의미
			6. 내담자의 정보 및 행동에 대한 이해	1. 내담자의 정보 및 행동에 대한 이해기법
			7. 대안개발과 의사결정	1. 대안선택 및 문제해결
		5. 직업상담 행정	1. 각종 행사운영	1. 행사기획 및 관리 2. 행사관련홍보 및 업체섭외
			2. 취업지원 관련보고	1. 정기보고 2. 수시보고
			3. 직업상담사의 윤리	1. 직업상담시 윤리적 문제

필기과목명	문제수	주요항목	세부항목	세세항목
고급 직업심리학	20	1. 직업발달 이론	1. 특성-요인 이론 제개념	1. 특성-요인이론의 특징 2. 특성-요인이론의 주요내용 3. 홀랜드의 직업선택이론
			2. 직업적응 이론 제개념	1. 롭퀴스트와 데이비스의 이론 2. 직업적응에 대한 제연구
			3. 발달적 이론	1. 긴즈버그의 발달이론 2. 슈퍼의 발달이론 3. 고트프레드슨 이론
			4. 욕구이론	1. 욕구이론의 특성 2. 욕구이론의의 주요내용
			5. 진로선택의 사회학습 이론	1. 진로발달과정의 특성과 내용 2. 사회학습모형과 진로선택
			6. 새로운 진로 발달이론	1. 인지적 정보처리 접근 2. 사회인지적 조망접근 3. 가치중심적 진로접근 모형
		2. 직업심리 검사	1. 직업심리 검사의 이해	1. 심리검사의 특성 2. 심리검사의 용도 3. 심리검사의 분류
			2. 규준과 점수해석	1. 규준의 개념 및 필요성 2. 규준의 종류 3. 규준해석의 유의점
			3. 신뢰도와 타당도	1. 신뢰도의 개념 2. 타당도의 개념
			4. 주요 심리검사	1. 성인지능검사 2. 직업적성검사 3. 직업선호도검사 4. 진로성숙검사 5. 직업흥미검사
		3. 직무분석 및 평가	1. 직무분석의 제개념	1. 직무분석의 의미 2. 직무분석의 방법 3. 직무분석의 원칙 4. 직무분석의 단계

필기과목명	문제수	주요항목	세부항목	세세항목
			2. 직무평가	1. 직무평가의 방법 2. 직무평가 연구
			3. 직무수행준거	1. 객관적 준거 2. 주관적 준거 3. 직무수행에 관한 준거의 관계
		4. 경력개발과 직업전환	1. 경력개발	1. 경력개발의 정의 2. 경력개발 프로그램 3. 경력개발의 단계
			2. 직업전환	1. 직업전환과 직업상담 2. 고령계층의 경력개발 3. 경력단절여성의 경력 개발
		5. 직업과 스트레스	1. 스트레스의 의미	1. 스트레스의 특성 2. 스트레스의 작용원리
			2. 스트레스의 원인	1. 직업관련 스트레스 요인
			3. 스트레스의 결과 및 예방	1. 개인적 결과 2. 조직의 결과 3. 대처를 위한 조건 4. 예방 및 대처전략
		6. 작업동기	1. 동기의 이해	1. 동기의 개념
			2. 작업동기 이론	1. 욕구위계이론 2. 형평이론 3. 기대이론 4. 강화이론 5. 목표설정이론
			3. 작업동기 이론의 적용	1. 동기전략의 적용 2. 작업동기이론의 통합

필기과목명	문제수	주요항목	세부항목	세세항목
고급 직업정보론	20	1. 직업정보의 제공	1. 직업정보의 이해	1. 직업정보의 의의 2. 직업정보의 기능
			2. 직업정보의 종류	1. 민간직업정보 2. 공공직업정보
			3. 직업정보 제공 자료	1. 한국직업사전 2. 한국직업전망서 3. 학과정보 4. 자격정보 5. 훈련정보 6. 직업정보시스템
		2. 직업 및 산업 분류의 활용	1. 직업분류의 이해	1. 직업분류의 개요 2. 직업분류의 기준과 원칙 3. 직업분류의 체계와 구조
			2. 산업분류의 이해	1. 산업분류의 개요 2. 산업분류의 기준과 원칙 3. 산업분류의 체계와 구조
		3. 직업 관련 정보의 이해	1. 직업훈련 정보의 이해	1. 직업훈련제도의 개요 및 훈련기관
			2. 워크넷의 이해	1. 워크넷의 내용 및 활용 2. 기타 취업사이트 활용
			3. 자격제도의 이해	1. 국가자격종목의 이해
			4. 고용지원정책의 이해	1. 고용지원정책 및 제도
		4. 직업정보의 수집, 분석	1. 고용정보의 수집	1. 정보수집방법 2. 정보수집활동 3. 정보수집시 유의사항
			2. 고용정보의 분석	1. 정보의 분석 2. 분석시 유의점 3. 고용정보의 주요 용어

필기과목명	문제수	주요항목	세부항목	세세항목
노동시장론	20	1. 노동시장의 이해	1. 노동의 수요	1. 노동수요의 의의 2. 노동수요의 결정요인 3. 노동의 수요곡선 4. 노동수요의 탄력성
			2. 노동의 공급	1. 노동공급의 의의 2. 노동공급의 결정요인 3. 노동의 공급곡선 4. 노동공급의 탄력성
			3. 노동시장의 균형	1. 노동시장의 의의와 특징 2. 노동시장의 균형분석 3. 한국의 노동시장의 구조와 특징
		2. 임금의 제개념	1. 임금의 의의와 결정이론	1. 임금의 의의와 법적 성격 2. 임금의 범위 3. 임금의 경제적 기능 4. 최저임금제도
			2. 임금체계	1. 임금체계의 의의 2. 임금체계의 결정 3. 임금체계의 유형
			3. 임금형태	1. 시간임금 2. 능률급 3. 연봉제 등
			4. 임금격차	1. 임금격차이론 2. 임금격차의 실태 및 특징
		3. 실업의 제개념	1. 실업의 이론과 형태	1. 실업의 제이론 2. 자발적 실업 3. 비자발적 실업 4. 마찰적 실업 5. 구조적 실업 6. 경기적 실업 7. 잠재적 실업
			2. 실업의 원인과 대책	1. 한국의 실업률 추이와 실업구조 2. 실업대책

필기과목명	문제수	주요항목	세부항목	세세항목
		4. 노사관계 이론	1. 노사관계의 의의와 특성	1. 노사관계의 의의 2. 노사관계의 유형
			2. 노동조합의 이해	1. 노동조합의 형태 2. 노동조합의 교섭력 3. 노동조합의 운영 4. 조직률의 개념과 결정요인 5. 파업의 이론과 기능

필기과목명	문제수	주요항목	세부항목	세세항목
노동관계법규	20	1. 노동기본권과 개별근로관계법규, 고용관련 법규	1. 노동기본권의 이해	1. 헌법상의 노동기본권
			2. 개별근로 관계법규의 이해	1. 근로기준법 및 시행령 2. 남녀고용평등과 일·가정 양립 지원에 관한 법률 및 시행령, 시행규칙 3. 고용상 연령차별금지 및 고령자 고용촉진에 관한 법률 및 시행령, 시행규칙 4. 파견근로자보호 등에 관한 법률 및 시행령, 시행규칙
			3. 고용관련법규	1. 고용정책기본법 및 시행령, 시행규칙 2. 직업안정법 및 시행령, 시행규칙 3. 고용보험법 및 시행령, 시행규칙 4. 근로자직업능력개발법 및 시행령, 시행규칙 5. 장애인고용촉진 및 직업재활법 및 시행령, 시행규칙

출제기준(실기)

직무분야	사회복지·종교	중직무분야	사회복지·종교	자격종목	직업상담사 1급	적용기간	2013. 1. 1~2017.12.31

○직무내용 : 구직자, 구인자 및 실업자를 위한 취업, 직업능력개발상담을 제공하거나 초·중·고등학교, 전문대학 및 대학의 학생을 위한 진학지도, 취업상담 등의 진로지도를 담당하며, 이와 관련한 직업정보를 수집 및 관리하며, 진로지도 프로그램 개발, 운영하거나 직업상담 관련 행정업무를 수행하는 직무

○수행준거 : 1. 각종 심리평가도구를 사용하여 직업상담을 할 수 있다.
　　　　　　2. 직업심리검사를 시행하고 그 결과를 해석할 수 있다.
　　　　　　3. 노동시장 분석 등을 통해 취업박람회 등의 각종 행사를 위한 기획서를 작성할 수 있다.

실기검정방법	작업형	시험시간	3시간 정도

실기과목명	주요항목	세부항목	세세항목
직업상담실무	1. 직업상담 관련업무	1. 직업상담하기	1. 평가도구를 만들 수 있다. 2. 직업 상담을 진행할 수 있다.
		2. 직업심리 검사하기	1. 심리검사를 시행할 수 있다. 2. 심리검사 결과를 해석할 수 있다.
		3. 각종 기획서작성하기	1. 노동시장을 분석할 수 있다. 2. 행사목적을 수립할 수 있다. 3. 행사 추진계획을 수립할 수 있다. 4. 행사를 사전 준비할 수 있다. 5. 행사를 진행할 수 있다. 6. 행사 사후조치를 할 수 있다.

07. 사회복지·종교

직업상담사 2급

출제기준(필기)

직무 분야	사회복지·종교	중직무 분야	사회복지·종교	자격 종목	직업상담사 2급	적용 기간	2013. 1. 1~2017.12.31

○직무내용 : 구직자, 구인자 및 실업자를 위한 취업, 직업능력개발상담을 제공하거나 초·중·고등학교, 전문대학 및 대학의 학생을 위한 진학지도, 취업상담 등의 진로지도를 담당하며, 이와 관련한 직업정보를 수집 및 관리하며, 진로지도 프로그램 개발, 운영하거나 직업상담 관련 행정업무를 수행하는 직무

필기검정방법	객관식	문제수	100	시험시간	2시간 30분

필기과목명	문제수	주요항목	세부항목	세세항목
직업 상담학	20	1. 직업상담의 개념	1. 직업상담의 기초	1. 직업상담의 정의 2. 직업상담의 목적 3. 직업상담자의 역할 및 영역 4. 집단직업상담의 의미
			2. 직업상담의 문제유형	1. 윌리암슨의 분류 2. 보딘의 분류 3. 크릿츠의 분류 4. 직업의사결정상태에 따른 분류
		2. 직업상담의 이론	1. 기초상담 이론의 종류	1. 정신분석적 상담 2. 아들러의 개인주의 상담 3. 실존주의 상담 4. 내담자중심상담 5. 형태주의 상담 6. 교류분석적 상담 7. 행동주의 상담 8. 인지적-정서적 상담
		3. 직업상담 접근방법	1. 특성-요인 직업 상담	1. 특성-요인 직업상담 모형, 방법, 평가
			2. 내담자 중심 직업상담	1. 내담자 중심 직업상담 모형, 방법, 평가
			3. 정신역동적 직업상담	1. 정신역동적 직업상담 모형, 방법, 평가
			4. 발달적 직업 상담	1. 발달적 직업상담 모형, 방법, 평가

필기과목명	문제수	주요항목	세부항목	세세항목
			5. 행동주의 직업 상담	1. 행동주의 직업상담 모형, 방법, 평가
			6. 포괄적 직업상담	1. 포괄적 직업상담 모형, 방법, 평가
		4. 직업상담의 기법	1. 초기면담의 의미	1. 초기면담의 유형과 요소 2. 초기면담의 단계
			2. 구조화된 면담법의 의미	1. 생애진로사정의 의미 2. 생애진로사정의 구조 3. 생애진로사정의 적용
			3. 내담자 사정의 의미	1. 동기, 역할 사정하기 2. 가치사정하기 3. 흥미사정하기 4. 성격사정하기
			4. 목표설정 및 진로시간 전망	1. 목표설정의 의미 및 특성 2. 진로시간 전망의 의미
			5. 내담자의 인지적 명확성 사정	1. 면담의존 사정과 사정 시의 가정 2. 사정과 가설발달의 의미
			6. 내담자의 정보 및 행동에 대한 이해	1. 내담자의 정보 및 행동에 대한 이해기법
			7. 대안개발과 의사결정	1. 대안선택 및 문제해결
		5. 직업상담 행정	1. 취업지원 관련보고	1. 정기보고 2. 수시보고
			2. 직업상담사의 윤리	직업상담시 윤리적 문제

필기과목명	문제수	주요항목	세부항목	세세항목
직업심리학	20	1. 직업발달 이론	1. 특성-요인 이론 제개념	1. 특성-요인이론의 특징 2. 특성-요인이론의 주요내용 3. 홀랜드의 직업선택이론
			2. 직업적응 이론 제개념	1. 롭퀴스트와 데이비스의 이론 2. 직업적응에 대한 제연구
			3. 발달적 이론	1. 긴즈버그의 발달이론 2. 슈퍼의 발달이론 3. 고트프레드슨 이론
			4. 욕구이론	1. 욕구이론의 특성 2. 욕구이론의의 주요내용
			5. 진로선택의 사회학습 이론	1. 진로발달과정의 특성과 내용 2. 사회학습모형과 진로선택
			6. 새로운 진로 발달 이론	1. 인지적 정보처리 접근 2. 사회인지적 조망접근 3. 가치중심적 진로접근 모형
		2. 직업심리 검사	1. 직업심리 검사의 이해	1. 심리검사의 특성 2. 심리검사의 용도 3. 심리검사의 분류
			2. 규준과 점수해석	1. 규준의 개념 및 필요성 2. 규준의 종류 3. 규준해석의 유의점
			3. 신뢰도와 타당도	1. 신뢰도의 개념 2. 타당도의 개념
			4. 주요 심리검사	1. 성인지능검사 2. 직업적성검사 3. 직업선호도검사 4. 진로성숙검사 5. 직업흥미검사
		3. 직무분석	1. 직무분석의 제개념	1. 직무분석의 의미 2. 직무분석의 방법 3. 직무분석의 원칙 4. 직무분석의 단계

필기과목명	문제수	주요항목	세부항목	세세항목
		4. 경력개발과 직업전환	1. 경력개발	1. 경력개발의 정의 2. 경력개발 프로그램 3. 경력개발의 단계
			2. 직업전환	1. 직업전환과 직업상담
		5. 직업과 스트레스	1. 스트레스의 의미	1. 스트레스의 특성 2. 스트레스의 작용원리
			2. 스트레스의 원인	1. 직업관련 스트레스 요인
			3. 스트레스의 결과 및 예방	1. 개인적 결과 2. 조직의 결과 3. 대처를 위한 조건 4. 예방 및 대처전략

필기과목명	문제수	주요항목	세부항목	세세항목
직업정보론	20	1. 직업정보의 제공	1. 직업정보의 이해	1. 직업정보의 의의 2. 직업정보의 기능
			2. 직업정보의 종류	1. 민간직업정보 2. 공공직업정보
			3. 직업정보 제공 자료	1. 한국직업사전 2. 한국직업전망서 3. 학과정보 4. 자격정보 5. 훈련정보 6. 직업정보시스템
		2. 직업 및 산업 분류의 활용	1. 직업분류의 이해	1. 직업분류의 개요 2. 직업분류의 기준과 원칙 3. 직업분류의 체계와 구조
			2. 산업분류의 이해	1. 산업분류의 개요 2. 산업분류의 기준과 원칙 3. 산업분류의 체계와 구조
		3. 직업 관련 정보의 이해	1. 직업훈련 정보의 이해	1. 직업훈련제도의 개요 및 훈련기관
			2. 워크넷의 이해	1. 워크넷의 내용 및 활용 2. 기타 취업사이트 활용
			3. 자격제도의 이해	1. 국가자격종목의 이해
			4. 고용지원정책의 이해	1. 고용지원정책 및 제도
		4. 직업정보의 수집, 분석	1. 고용정보의 수집	1. 정보수집방법 2. 정보수집활동 3. 정보수집시 유의사항
			2. 고용정보의 분석	1. 정보의 분석 2. 분석시 유의점 3. 고용정보의 주요 용어

필기과목명	문제수	주요항목	세부항목	세세항목
노동시장론	20	1. 노동시장의 이해	1. 노동의 수요	1. 노동수요의 의의 2. 노동수요의 결정요인 3. 노동의 수요곡선 4. 노동수요의 탄력성
			2. 노동의 공급	1. 노동공급의 의의 2. 노동공급의 결정요인 3. 노동의 공급곡선 4. 노동공급의 탄력성
			3. 노동시장의 균형	1. 노동시장의 의의와 특징 2. 노동시장의 균형분석 3. 한국의 노동시장의 구조와 특징
		2. 임금의 제개념	1. 임금의 의의와 결정이론	1. 임금의 의의와 법적 성격 2. 임금의 범위 3. 임금의 경제적 기능 4. 최저임금제도
			2. 임금체계	1. 임금체계의 의의 2. 임금체계의 결정 3. 임금체계의 유형
			3. 임금형태	1. 시간임금 2. 능률급 3. 연봉제 등
			4. 임금격차	1. 임금격차이론 2. 임금격차의 실태 및 특징
		3. 실업의 제개념	1. 실업의 이론과 형태	1. 실업의 제이론 2. 자발적 실업 3. 비자발적 실업 4. 마찰적 실업 5. 구조적 실업 6. 경기적 실업 7. 잠재적 실업
			2. 실업의 원인과 대책	1. 한국의 실업률 추이와 실업구조 2. 실업대책

필기과목명	문제수	주요항목	세부항목	세세항목
		4. 노사관계 이론	1. 노사관계의 의의와 특성	1. 노사관계의 의의 2. 노사관계의 유형
			2. 노동조합의 이해	1. 노동조합의 형태 2. 노동조합의 교섭력 3. 노동조합의 운영

필기과목명	문제수	주요항목	세부항목	세세항목
노동관계법규	20	1. 노동기본권과 개별근로관계법규, 고용관련 법규	1. 노동기본권의 이해	1. 헌법상의 노동기본권
			2. 개별근로 관계법규의 이해	1. 근로기준법 및 시행령 2. 남녀고용평등과 일·가정 양립 지원에 관한 법률 및 시행령, 시행규칙 3. 고용상 연령차별금지 및 고령자 고용촉진에 관한 법률 및 시행령, 시행규칙
			3. 고용관련법규	1. 고용정책기본법 및 시행령, 시행규칙 2. 직업안정법 및 시행령, 시행규칙 3. 고용보험법 및 시행령, 시행규칙 4. 근로자직업능력개발법 및 시행령, 시행규칙

출제기준(실기)

직무분야	사회복지·종교	중직무분야	사회복지·종교	자격종목	직업상담사 2급	적용기간	2013.1.1~2017.12.31

○직무내용 : 구직자, 구인자 및 실업자를 위한 취업, 직업능력개발 상담을 제공하거나 초·중·고등학교, 전문대학 및 대학의 학생을 위한 진학지도, 취업상담 등의 진로지도를 담당하며, 이와 관련한 직업정보를 수집 및 관리, 진로지도 프로그램 개발, 운영하거나 직업상담 관련 행정업무를 수행하는 직무

○수행준거 : 1. 구직자, 구인자 및 실업자를 위한 취업, 직업능력개발 상담을 할 수 있다.
　　　　　　 2. 학생을 위한 진학지도, 취업상담을 할 수 있다.
　　　　　　 3. 직업관련 정보를 수집하여 제공할 수 있다.

실기검정방법	필답형	시험시간	2시간 30분

실기과목명	주요항목	세부항목	세세항목
직업상담 실무	1. 직업상담 관련업무	1. 직업심리검사하기	1. 심리검사를 분류할 수 있다. 2. 각종 심리검사를 시행할 수 있다. 3. 각종 심리검사 결과를 해석할 수 있다. 4. 각종 심리검사 결과를 활용할 수 있다.
		2. 직업상담기법 활용하기	1. 초기면담을 할 수 있다. 2. 생애진로사정을 할 수 있다. 3. 동기, 역할 사정을 할 수 있다. 4. 가치사정을 할 수 있다. 5. 흥미사정을 할 수 있다. 6. 성격사정을 할 수 있다. 7. 목표설정을 할 수 있다. 8. 진로시간을 전망할 수 있다. 9. 내담자의 정보 및 행동 이해할 수 있다. 10. 대안선택 및 문제해결을 할 수 있다.
		3. 직업정보 분석하기	1. 노동시장 현황을 분석할 수 있다. 2. 직업분류를 활용할 수 있다. 3. 산업분류를 활용할 수 있다. 4. 각종 직업관련 자료 활용할 수 있다. 5. 직업정보를 분석 및 해석할 수 있다.

국가기술자격 출제기준 I

08 문화·예술·디자인·방송

시각디자인기사 ·················· 123
시각디자인산업기사 ············· 133
제품디자인기사 ·················· 143
제품디자인산업기사 ············· 155
제품응용모델링기능사 ··········· 167
컬러리스트기사 ·················· 173
컬러리스트산업기사 ············· 185

08. 문화·예술·디자인·방송

시각디자인기사

출제기준(필기)

직무분야	문화·예술·디자인·방송	중직무분야	디자인	자격종목	시각디자인기사	적용기간	2013. 1. 1 ~ 2016. 12. 31

○직무내용 : 광고, 편집, 아이덴티티, 패키지, 미디어 등 시각전달 디자인 전반에 관한 기획, 계획, 정보분석, 디자인 실무 등

필기검정방법	객관식	문제수	100	시험시간	2시간 30분

필기과목명	문제수	주요항목	세부항목	세세항목
시각디자인론	20	1. 디자인 개요	1. 디자인 일반	1. 시각디자인의 개념, 정의 2. 디자인의 분류 및 특성, 영역
			2. 디자인사	1. 근대 디자인사 2. 현대 디자인사
		2. 시각디자인과 매체	1. 매체의 분류	1. 인쇄매체 디자인 2. 전파매체 디자인 등
			2. 타이포그래피와 편집디자인	1. 한글, 영문 등 각종 서체 2. 타이포그래피와 편집디자인 등
			3. 그래픽(평면) 디자인 영역	1. 광고, 편집, 일러스트레이션 등 2. 포스터, 캘린더 디자인, CI, BI 등 3. 심볼 및 다이어그램 등
			4. 준입체 디자인 영역	1. 옥외광고디자인, 교통광고디자인, 슈퍼그래픽 2. 포장디자인, P.O.P. 디자인, 디스플레이 등 3. 뉴미디어 디자인 4. 환경디자인 등
			5. 컴퓨터그래픽 영역	1. 전자출판, 컴퓨터그래픽스 2. 컴퓨터애니메이션 3. 인터렉션 디자인(GUI)
		3. 기업과 디자인	1. 기업과 디자인	1. 디자인 정책과 과정 2. 기업이미지와 세일즈 프로모션
			2. 디자인과 생산	1. 디자인 관리 2. 생산 관리

필기과목명	문제수	주요항목	세부항목	세세항목
		4. 디자인 방법론	1. 디자인발상	1. 디자인 콘셉트와 아이디어 발상 2. 아이디어 발상법 3. 아이디어의 평가 등
		5. 관련 법규	1. 디자인 관련 소유권 및 디자인 관련법규	1. 상표법 2. 디자인 보호법 3. 실용신안법

필기과목명	문제수	주요항목	세부항목	세세항목
조형심리학	20	1. 미학	1. 미학일반	1. 미와 인간생활(인간과 환경) 2. 감정과 이해, 미적 사물과 목적, 감성적 인식 3. 자연미와 예술미 등
		2. 디자인의 요소와 원리	1. 디자인의 요소	1. 점, 선, 면, 입체, 질감, 색채 등 2. 점, 선, 면의 상관관계 등
			2. 디자인의 원리	1. 리듬, 강조, 대비, 대칭 등 2. 변화와 통일 및 조화 등 3. 균형, 형태, 공간, 규모와 비례 등
		3. 조형심리	1. 시각 및 지각 일반	1. 지각 및 시각의 특성 2. 시각의 원리 등 3. 착시 및 착시의 이유 등
		4. 도법	1. 평면도학	1. 선, 각, 다각형 작도 2. 원과 원호, 접촉형, 연접형 등 면적 작도 3. 난형, 타원, 와선 등 작도

필기과목명	문제수	주요항목	세부항목	세세항목
광고학	20	1. 광고의 개요	1. 광고일반	1. 광고의 개념, 종류 및 특성 2. 광고의 소구방법 등
		2. 광고와 마케팅	1. 마케팅 개요	1. 마케팅의 정의, 기능, 전략 2. 마케팅 믹스 등 3. 시장조사 및 자료분석기법, 평가 등
		3. 광고와 커뮤니케이션	1. 커뮤니케이션의 이해	1. 커뮤니케이션의 정의, 종류 및 특성 2. 현대 매스커뮤니케이션의 성립 배경과 이론 3. 중시적(中視的), 미시적(微視的) 커뮤니케이션 이론
		4. 광고와 소비자 행동론	1. 광고의 소비자 행동론적 기초	1. 고객분석, 소비자 생활유형 2. 학습과 행동, 태도 3. 소비자 정보처리 4. 관여도와 소비자 의사결정과정 등
		5. 광고전략	1. 크리에이티브 전략	1. Brand Image 전략 2. Positioning 전략, U.S.P. 전략 등
		6. 광고제작	1. 인쇄매체 제작의 구성 요소	1. 카피와 카피 작성법 2. 시각표현과 레이아웃
			2. 전파매체(TV)의 제작	1. TV CM 2. Storyboard 제작요령 등 3. 편집 4. 음악과 시간 배분 5. 세트와 소품 6. PD와 감독의 역할
			3. 광고매체	1. 광고매체의 분류 2. 매체별 특성 및 광고 효율 등
			4. 광고관련 조직	1. 광고대행사 및 기업 광고부서의 조직 일반 2. Creative Team 등

필기과목명	문제수	주요항목	세부항목	세세항목
색채학	20	1. 색채지각	1. 색을 지각하는 기본원리	1. 빛과 색 2. 색지각의 학설과 색맹 등
		2. 색의 분류, 성질, 혼합	1. 색의 삼속성과 색입체	1. 색의 분류 2. 색의 삼속성과 색입체
			2. 색의 혼합	1. 가산혼합 2. 감산혼합 3. 중간혼합
		3. 색의 표시	1. 색체계	1. 현색계와 혼색계 2. 먼셀색체계 3. 오스트발트 색체계 등
			2. 색명	1. 관용색명 2. 일반색명
		4. 색의 심리	1. 색의 지각적인 효과	1. 색의 대비, 색의 동화, 잔상, 항상성, 명시도와 주목성, 진출과 후퇴 등
			2. 색의 감정적인 효과	1. 수반감정, 색의 연상과 상징 등
		5. 색채조화	1. 색채조화	1. 색채 조화론의 배경, 의미, 성립과 발달 2. 먼셀의 색채조화론 3. 오스트발트의 색채조화론 4. 문, 스펜서의 색채조화론
			2. 배색	1. 색의 3속성에 의한 기본배색과 조화, 전체색조 및 면적에 의한 배색효과 등
		6. 색채관리	1. 생활과 색채	1. 색채관리 및 색채조절 2. 색채계획(색채디자인) 3. 산업과 색채 등 4. 디지털 색채

필기과목명	문제수	주요항목	세부항목	세세항목
사진 및 인쇄제판론	20	1. 광학	1. 반사 및 굴절의 법칙	1. 반사 2. 굴절 3. 회절 4. 기타
			2. 광원의 종류 및 성질	1. 자연광의 종류 및 성질 2. 인공광의 종류 및 성질
		2. 카메라	1. 카메라	1. 카메라의 종류 및 특성
			2. 부속기기	1. 렌즈, 필터, 셔터 등 부속기기 등
		3. 사진재료	1. 감광재료	1. 감광재료의 종류, 성질, 용도, 구조, 취급 및 보관 등
			2. 현상 및 표백 약품	1. 현상약품 및 표백 정착 약품의 종류, 성질, 용도 등
		4. 촬영조건	1. 흑백사진	1. 흑백사진 촬영 방법 2. 흑백사진의 화상재현 방법
			2. 컬러사진	1. 컬러사진의 색표현 원리 2. 컬러사진 촬영방법 등
		5. 현상 및 인화	1. 현상	1. 현상의 원리, 조건, 방법 및 특성 2. 흑백컬러 인화 및 현상 등
			2. 후처리 및 인화수정법	1. 사진 후처리 및 수정, 인화수정법 등
		6. 상업사진	1. 상업사진 촬영기법	1. 상품재질별 촬영기법 2. 사진이용 광고기법 등 3. 디지털 사진의 원리 4. 디지털 사진의 프로세스
		7. 인쇄의 개요	1. 인쇄의 역사, 정의, 요소 등	1. 인쇄의 역사 2. 인쇄의 정의 3. 인쇄의 구성 요소
			2. 인쇄의 발달과정 등에 관한 지식	1. 인쇄방법별 인쇄의 발달과정 2. 특수 인쇄의 발달과정

필기과목명	문제수	주요항목	세부항목	세세항목
		8. 인쇄재료	1. 제판재료	1. 제판재료의 종류 및 특성 등
			2. 인쇄잉크 및 인쇄용지	1. 인쇄잉크 및 인쇄용지의 종류 및 특성 등
		9. 인쇄제판	1. 사진제판 및 전자편집	1. 사진제판법의 원리 및 공정 2. 전자편집 방법
			2. 제판법의 분류 및 특징	1. 제판법의 분류 2. 제판법의 특징 및 공정
			3. 교정쇄	1. 교정인쇄 확인
		10. 인쇄 및 인쇄물 가공	1. 인쇄	1. 인쇄방법의 분류 및 특징 2. 디지털 인쇄기법
			2. 인쇄물 가공	1. 인쇄 후 가공

출제기준(실기)

직무 분야	문화·예술· 디자인·방송	중직무 분야	디자인	자격 종목	시각디자인기사	적용 기간	2013. 1. 1 ~ 2016. 12. 31

○직무내용 : 디자인에 필요한 이론 및 자료를 분석하고 디자인 도구와 컴퓨터시스템을 이용하여 광고디자인, 편집디자인 등의 업무를 수행

○수행준거 : 1. 매체를 제작하기 위해 디자인 계획서를 작성할 수 있다.
     2. 디자인 컨셉에 따른 스케치를 할 수 있다.
     3. 디자인 완성형을 제작할 수 있다.
     4. 컴퓨터와 그래픽 프로그램을 이용한 그래픽작업을 할 수 있다.
     5. 컴퓨터 주변기기를 운용할 수 있다.

실기검정방법	작업형	시험시간	7시간 정도

실기과목명	주요항목	세부항목	세세항목
시각디자인 계획 및 실무	1. 시각디자인 계획	1. 크리에이티브 브리프 (Creative Brief) 작성하기	1. 목적 및 목표를 설정할 수 있다. 2. 환경분석(시장, 제품)을 할 수 있다. 3. 소구대상(main target, sub target)을 설정할 수 있다. 4. 표현 콘셉트(Concept)를 설정할 수 있다. 5. 표현전략 및 전술계획을 수립할 수 있다. 6. 매체특성을 파악할 수 있다. 7. Key Copy를 작성할 수 있다.
	2. 시각디자인 실무	1. 기본디자인 표현하기	1. 섬네일 스케치(Thumbnail Sketch)를 할 수 있다. 2. 러프 스케치(Rough Sketch)를 할 수 있다. 3. 디자인 완성형(Comprehensive Design)을 제작할 수 있다.
		2. 컴퓨터를 이용한 표현하기	1. 컴퓨터를 이용한 2차원 및 3차원 그래픽 작업을 할 수 있다.
	3. 과제범위	1. 평면 디자인하기	1. 일러스트레이션, 심볼, 캘린더, 포스터, 인쇄매체 광고 및 편집디자인 등을 할 수 있다. 2. CI 및 BI(Brand Identity)를 할 수 있다.
		2. 준입체 디자인하기	1. 포장디자인, P.O.P., 광고디자인 등을 할 수 있다. 2. 교통광고 및 옥외광고 디자인 등을 할 수 있다.

08. 문화·예술·디자인·방송

시각디자인산업기사

출제기준(필기)

직무 분야	문화·예술· 디자인·방송	중직무 분야	디자인	자격 종목	시각디자인산업기사	적용 기간	2013. 1. 1 ~ 2016. 12. 31

○직무내용 : 디자인에 필요한 이론 및 자료를 분석하고 디자인 도구와 컴퓨터시스템을 이용하여 광고디자인, 편집디자인 등의 업무를 수행

필기검정방법	객관식	문제수	80	시험시간	2시간

필기과목명	문제수	주요항목	세부항목	세세항목
색채학	20	1. 색채지각	1. 색을 지각하는 기본 원리	1. 빛과 색 2. 색지각의 학설과 색맹
		2. 색의 분류, 성질, 혼합	1. 색의 3속성과 색입체	1. 색의 분류 2. 색의 3속성과 색입체
			2. 색의 혼합	1. 가산혼합 2. 감산혼합 3. 중간혼합
		3. 색의 표시	1. 색체계	1. 현색계와 혼색계 2. 먼셀색체계 3. 오스트발트 색체계
			2. 색명	1. 관용색명 2. 일반색명
		4. 색의 심리	1. 색의 지각적인 효과	1. 색의 대비, 색의 동화, 잔상, 항상성, 명시도와 주목성, 진출과 후퇴 등
			2. 색의 감정적인 효과	1. 수반감정 2. 색의 연상과 상징
		5. 색채조화	1. 색채조화	1. 색채조화론의 배경, 의미, 성립과 발달 등 2. 오스트발트의 색채조화론 3. 문과 스펜서의 색채조화론

필기과목명	문제수	주요항목	세부항목	세세항목
			2. 배색	1. 색의 3속성에 의한 기본배색과 조화, 전체 색조 및 면적에 의한 배색효과
		6. 색채관리	1. 생활과 색채	1. 색채관리 및 색채조절 2. 색채계획(색채디자인) 3. 디지털 색채

필기과목명	문제수	주요항목	세부항목	세세항목
인쇄 및 사진기법	20	1. 인쇄의 개요	1. 인쇄의 역사, 정의, 요소	1. 인쇄의 역사 2. 인쇄의 정의 3. 인쇄의 구성요소
			2. 인쇄의 발달 과정	1. 인쇄방법별 인쇄의 발달과정 2. 특수 인쇄의 발달과정
		2. 인쇄재료	1. 인쇄잉크 및 인쇄용지의 종류 및 특징	1. 인쇄잉크의 종류 및 특징 2. 인쇄용지의 종류 및 특징 3. 기타 인쇄재료의 종류 및 특징
		3. 제판의 기초	1. 사진제판 및 전자편집	1. 사진제판법의 원리 및 공정 2. 전자편집 방법
			2. 제판법의 분류 및 특징	1. 제판법의 분류 2. 제판법의 특징 및 공정
		4. 인쇄방법	1. 인쇄방법의 분류 및 특징	1. 인쇄방법의 분류 2. 인쇄방법의 특징 및 공정
		5. 인쇄물 가공	1. 제책의 종류와 공정	1. 제책의 종류 2. 제책공정
			2. 표면가공	1. 표면가공의 목적 2. 표면가공방법 3. 지기가공 및 박찍기
		6. 문자 및 문자사용	1. 문자	1. 문자의 크기 및 단위
			2. 서체의 종류 및 특징	1. 서체의 종류 2. 서체의 특징
		7. 사진의 역사	1. 사진의 발달 과정	1. 사진기계의 발달사 2. 감광재료의 발달사 3. 현상이론의 발달사
		8. 광학의 기초	1. 반사 및 굴절의 법칙	1. 반사 2. 굴절 3. 회절 4. 기타
			2. 광원의 종류 및 성질	1. 자연광의 종류 및 성질 2. 인공광의 종류 및 성질

필기과목명	문제수	주요항목	세부항목	세세항목
		9. 컬러사진 기초	1. 컬러사진의 색표현 원리	1. 감색법에 의한 색표현 원리 2. 가색법에 의한 색표현 원리
			2. 컬러필름 및 컬러페이퍼의 종류 및 구조	1. 컬러필름의 종류 및 구조 2. 컬러페이퍼의 종류 및 구조
		10. 카메라	1. 카메라의 종류 및 특징법	1. 카메라의 종류 및 특징 2. 카메라의 사용법
			2. 렌즈, 필터, 셔터의 종류 및 특징	1. 렌즈의 종류 및 특징 2. 필터의 종류 및 특징 3. 셔터의 종류 및 특징 4. 기타 부속기기의 종류 및 특징
		11. 촬영조건의 결정	1. 촬영조건 및 방법	1. 피사체의 특징에 따른 촬영조건 및 방법
			2. 부속기기의 선정 및 사용법	1. 촬영 목적에 적합한 부속기기의 선정 및 사용법
		12. 사진재료	1. 감광재료	1. 감광재료의 종류, 성질, 용도, 구조, 취급 및 보관
			2. 현상약품	1. 현상약품의 종류, 성질, 용도
			3. 표백정착 약품	1. 표백정착 약품의 종류, 성질, 용도
		13. 현상	1. 현상	1. 현상의 원리 및 조건 2. 현상액의 조성 및 특성
		14. 인화	1. 인화	1. 흑백, 컬러 인화 및 현상
			2. 후처리 및 인화 수정법	1. 사진 후처리 및 수정, 인화 수정법
		15. 상업사진	1. 상업사진 촬영기법	1. 상품재질별 촬영기법 2. 광고사진기법

필기과목명	문제수	주요항목	세부항목	세세항목
시각디자인론	20	1. 디자인의 개요	1. 디자인 일반	1. 시각디자인의 개념, 정의 2. 디자인의 분류 및 특성, 영역
		2. 디자인사	1. 근대디자인사	1. 산업혁명 2. 미술공예운동 3. 아르누보 4. 독일공작연맹 5. 바우하우스 6. 그 외 디자인 사조의 역사적 의미, 현대 디자인에 미친 영향
			2. 현대디자인사	1. 유럽의 현대디자인사 2. 미국의 현대디자인사 3. 일본의 현대디자인사 4. 한국의 현대디자인사
		3. 디자인 요소와 원리	1. 디자인의 요소	1. 점, 선, 면, 입체, 질감, 색채 등
			2. 디자인의 원리	1. 리듬, 균형, 조화, 통일과 변화 등 2. 형태의 분류 및 특징 3. 형태의 생리와 심리 (착시, 착시의 이유, 시각의 법칙 등)
		4. 디자인제도	1. 도법	1. 평면도법 및 투상도법
		5. 디자인관리	1. 기업과 디자인	1. 디자인 정책 2. 디자인 경영 3. 디자인의 사회적 기능과 활동

필기과목명	문제수	주요항목	세부항목	세세항목
시각디자인 실무이론	20	1. 디자인과 마케팅	1. 디자이너의 경영지식	1. 신상품기획과 제품의 이미지 메이킹 2. 상품런칭 및 포지셔닝
			2. 마케팅	1. 마케팅의 정의, 기능, 전략 2. 시장조사 및 자료분석 3. 고객분석 4. 소비자 생활유형(Life style) 5. 상품수명주기(Product Life Cycle)
		2. 시각 커뮤니케이션	1. 시각 커뮤니케이션의 이해	1. 시각 커뮤니케이션의 정의와 기능 2. 시각 커뮤니케이션의 방법
		3. 매체의 특성	1. 주요광고매체의 특성	1. TV 광고 2. 라디오 광고 3. 신문 광고 4. 잡지 광고 5. 인터넷 광고
			2. 평면 디자인 분야	1. 심볼마크디자인 2. 일러스트레이션 3. 편집디자인 4. 타이포그래피와 레터링 5. 캘린더 디자인 6. 캐릭터 디자인
			3. 준입체디자인분야	1. CI, BI 2. 포장디자인 3. POP디자인 4. 교통광고디자인 5. 옥외광고디자인 6. 환경디자인 등
		4. 디자인과 컴퓨터 그래픽스	1. 컴퓨터그래픽스의 이해	1. 컴퓨터그래픽스의 개념 및 역사 2. 컴퓨터그래픽스 시스템
			2. 컴퓨터그래픽스의 원리	1. 컬러와 컴퓨터그래픽 2. 벡터방식 및 비트맵 방식 3. 그래픽 파일 포맷 4. 환경디자인 등

출제기준(실기)

직무분야	문화·예술·디자인·방송	중직무분야	디자인	자격종목	시각디자인산업기사	적용기간	2013. 1. 1 ~ 2016. 12. 31

○직무내용 : 디자인에 필요한 이론 및 자료를 분석하고 디자인 도구와 컴퓨터시스템을 이용하여 광고디자인, 편집디자인 등의 업무를 수행

○수행준거 : 1. 콘셉트에 따른 스케치를 할 수 있다.
2. 디자인 완성형을 제작할 수 있다.
3. 컴퓨터와 그래픽 프로그램을 이용한 그래픽 작업을 할 수 있다.
4. 컴퓨터 주변기기를 운용할 수 있다.

실기검정방법	작업형	시험시간	7시간

실기과목명	주요항목	세부항목	세세항목
시각디자인 실무	1. 시각디자인 실무	1. 기본 디자인 표현하기	1. 섬네일 스케치(Thumbnail Sketch)를 할 수 있다. 2. 러프 스케치(Rough Sketch)를 할 수 있다. 3. 디자인 완성형(Comprehensive Design)을 제작할 수 있다.
		2. 컴퓨터를 이용한 표현하기	1. 컴퓨터를 이용한 그래픽 작업을 할 수 있다.
	2. 과제 범위	1. 시각디자인하기	1. 일러스트레이션, 심볼, 캘린더, 포스터, 인쇄매체 광고 및 편집디자인 등을 할 수 있다. 2. CI 및 BI(Brend Identity)를 할 수 있다.
		2. 준 입체디자인하기	1. 포장디자인, POP광고 디자인을 할 수 있다. 2. 교통광고 및 옥외광고 디자인 등을 할 수 있다.

08. 문화·예술·디자인·방송

제품디자인기사

출제기준(필기)

직무 분야	문화·예술· 디자인·방송	중직무 분야	디자인	자격 종목	제품디자인기사	적용 기간	2013. 1. 1~2016.12.31

○직무내용 : 소비자의 물리적, 심리적 욕구를 충족시킬 수 있도록 다양한 조사·분석을 통해 각종 제품 전반에 관한 계획, 개발, 디자인 실무 등의 직무를 수행

필기검정방법	객관식	문제수	100문제	시험시간	2시간 30분

필기과목명	문제수	주요항목	세부항목	세세항목
제품디자인론	20	1. 디자인 개요	1. 디자인 일반	1. 산업디자인의 분류 및 특성, 영역 2. 제품디자인의 개념, 정의
		2. 디자인사	1. 근대디자인사	1. 아트앤드크라프트운동 　(Art and Craft Movement) 2. 아르누보(Art Nouveau) 3. 독일 공작연맹(DWB) 4. 바우하우스(Bauhaus) 5. 그 외 디자인 사조의 역사적 의미, 현대 산업디자인에 미친 영향
			2. 현대디자인사	1. 유럽의 현대디자인사 2. 미국의 현대디자인사 3. 일본의 현대디자인사 4. 한국의 현대디자인사
		3. 디자인의 구성요소와 원리	1. 디자인의 요소	1. 점, 선, 면, 입체, 질감, 색채 등
			2. 디자인의 원리	1. 리듬, 균형, 조화, 통일과 변화 등 2. 형태의 분류 및 특징 3. 형태의 생리와 심리(착시, 착시의 이유, 시각의 법칙 등)
		4. 디자인 전략	1. 기업과 산업디자인	1. 기업의 디자인 전략 2. 기업에 있어서 디자인 부서의 조직, 위치, 역할 등에 관한 사항 3. 제품디자인관리(Product Design management) 4. 가치공학과 디자인, 디자인료의 결정 방법 등에 관한 사항 5. 산업디자인의 사회적 기능과 윤리

필기과목명	문제수	주요항목	세부항목	세세항목
			2. 제품디자인 프로세스	1. 디자인 발상방법 및 아이디어(Idea) 전개방법 2. 제품디자인 계획 및 프로세스 (Process)
			3. 신제품개발을 위한 제품디자인 지식	1. 신제품개발의 디자인역할 등에 관한 사항 (신기술과 디자인의 관계 등 포함) 2. 엔지니어(Engineer), 마케팅 담당자와 제품 디자이너의 관계 및 디자이너의 위치와 책임 3. 국제 경쟁력과 제품디자인에 관한 사항 4. 제품디자인과 CAD와 관련된 지식
		5. 관련법규	1. 디자인 관련법규	1. 상표법 2. 디자인 보호법 3. 실용신안법 4. 특허법 5. 산업디자인진흥법

필기과목명	문제수	주요항목	세부항목	세세항목
인간공학	20	1. 인간공학 일반	1. 인간공학의 정의 및 배경	1. 인간공학의 정의와 목적 2. 인간공학의 철학적 배경
			2. 인간-기계 시스템과 인간요소	1. 인간-기계시스템의 정의 및 유형 2. 인간의 정보처리와 입력 3. 인터페이스 개요
			3. 시스템 설계와 인간요소	1. 시스템 정의와 분류 2. 시스템의 특성
			4. 인간공학 연구방법 및 실험계획	1. 인간변수 및 기준 2. 기본설계 3. 사용자 중심설계 4. 시험 및 평가 5. 감성공학
		2. 인체계측	1. 신체활동의 생리적 배경	1. 인체의 구성 2. 대사 작용 3. 순환계 및 호흡계 4. 근골격계 해부학적 구조
			2. 신체반응의 측정 및 신체역학	1. 신체활동의 측정원리 2. 생체신호와 측정 장비 3. 생리적 부담척도 4. 심리적 부담척도 5. 신체동작의 유형과 범위 6. 힘과 모멘트
			3. 근력 및 지구력, 신체활동의 에너지 소비, 동작의 속도와 정확성	1. 생체 역학적 모형 2. 근력과 지구력 3. 신체활동의 부하측정 4. 작업부하 및 휴식시간
			4. 신체계측	1. 인체 치수의 분류 및 측정원리 2. 인체측정 자료의 응용원칙
		3. 인간의 감각기능	1. 시각	1. 눈의 구조 및 기능 2. 시각과정 3. 시식별 요소(입체감각, 단일상과 이중상, 외관의 운동, 착각, 잔상 등)
			2. 청각	1. 소리와 청각 2. 소리와 능률 3. 음량의 측정 4. 대화와 대화이해도 5. 합성음성

필기과목명	문제수	주요항목	세부항목	세세항목
			3. 지각	1. 지각과 인지공학에 관한 사항
			4. 촉각 및 후각	1. 촉각에 관한 사항 2. 후각에 관한 사항
		4. 작업환경 조건	1. 빛과 조명	1. 조도와 광도 2. 반사율과 휘광 3. 조명기계 및 조명수준 4. 작업장 조명관리
			2. 온열조건, 소음, 진동, 공기오염도, 기압	1. 소음 2. 진동 3. 온열조건 4. 기압 5. 실내공기 및 공기오염도
			3. 피로와 능률	1. 피로의 정의 및 종류 2. 피로의 원인 및 증상 3. 피로의 측정법 4. 피로의 예방과 대책 5. 작업강도와 피로 6. 생체리듬
		5. 장치설계 및 개선	1. 표시장치	1. 시각적 표시장치 2. 청각적 표시장치 3. 촉각적 표시장치
			2. 제어, 제어 테이블 및 패널의 설계	1. 조정장치 2. 부품의 위치와 배치 3. 작업방법 및 효율성 4. 작업대의 설계
			3. 가구와 동작범위, 통로(동선관계 등)	1. 동작경제의 원칙 2. 공간이용 및 배치 3. 작업공간의 설계 및 개선 4. 사무/VDT 작업설계
			4. 디자인의 인간공학 적용에 관한 사항	1. 인지특성을 고려한 설계원리 및 절차 2. 중량물 취급원리 3. 수공구 및 설비의 설계 및 개선 4. 기타 디자인 프로세스

필기과목명	문제수	주요항목	세부항목	세세항목
공업재료 및 모형 제작론	20	1. 재료의 개요	1. 재료일반	1. 재료의 구비조건 및 분류방법 2. 재료의 일반적 성질
		2. 재료의 분류	1. 목재	1. 목재의 종류 및 특성, 용도 등 2. 목재의 구조, 조직 및 시험 등 3. 목재질 재료의 종류 및 특성, 용도 등 4. 목재의 성형방법과 표면처리 일반
			2. 종이	1. 종이원료, 펄프 제조방법 등 2. 종이의 종류 및 특성, 용도 등
			3. 플라스틱	1. 플라스틱의 종류 및 특성, 용도 등 2. 열가소성수지와 열경화성수지의 종류 및 특성 3. 플라스틱의 성형 방법과 표면처리 일반
			4. 금속	1. 금속의 분류방법, 구조, 일반적 성질 2. 금속의 종류 및 특성, 합금 등 3. 금속의 성형방법과 표면처리 일반
			5. 점토, 석고, 석재	1. 점토 및 석고의 종류 및 특성 2. 석재의 종류 및 특성
			6. 섬유, 유리	1. 섬유의 종류 및 특성 2. 유리의 종류 및 특성
			7. 도장재료	1. 안료, 전색제, 보조제, 용제의 종류 및 특성과 도장 지식 2. 도금의 종류 및 특성
			8. 연마, 광택, 접착제	1. 연마 및 광택제의 종류 및 특성 2. 접착제의 종류 및 특성
			9. 기타 친환경 신소재	1. 기타 친환경 신소재
		3. 디자인 표현	1. 도법	1. 제도의 개념, 제도기호, 표시 등 2. 정투상법, 사투상법, 등각투상법 등 3. 투시도법
			2. 표현기법	1. 빛과 그림자에 관한 지식, 각종 재질감 표현 방법 등 2. 스케치 및 렌더링기법

필기과목명	문제수	주요항목	세부항목	세세항목
		4. 모형제작	1. 모형제작의 개념	1. 모형제작의 의미, 종류 및 특성 2. 디자인 프로세스와 디자인 모델과의 관계
			2. 모형제작기공구	1. 모형제작공구 및 측정공구의 종류, 특징과 표준 사용방법 2. 모형제작기계류의 종류 및 특성
			3. 재료별 모형의 특성 및 제작기법	1. 점토 모형과 석고 모형 2. 목재 모형 3. 플라스틱 모형 4. 금속 모형 5. 종이 모형 6. 복합 모형
			4. 인쇄	1. 인쇄의 종류 및 특성 2. 제품과 관련된 인쇄에 관한 지식
			5. 금형	1. 금형의 종류 및 특성 2. 금형제작방법

필기과목명	문제수	주요항목	세부항목	세세항목
색채학	20	1. 색채지각	1. 색을 지각하는 기본 원리	1. 빛과 색 2. 색지각의 학설과 색맹 등
		2. 색의 분류, 성질, 혼합	1. 색의 삼속성과 색입체	1. 색의 분류 2. 색의 삼속성과 색입체
			2. 색의 혼합	1. 가산혼합 2. 감산혼합 3. 중간혼합
		3. 색의 표시	1. 색체계	1. 현색계와 혼색계 2. 먼셀색체계 3. 오스트발트 색체계 등
			2. 색명	1. 관용색명 2. 일반색명
		4. 색의 심리	1. 색의 지각적인 효과	1. 색의 대비, 색의 동화, 잔상, 항상성, 명시도와 주목성, 진출과 후퇴 등
			2. 색의 감정적인 효과	1. 수반감정, 색의 연상과 상징 등
		5. 색채조화	1. 색채조화	1. 색채조화론의 배경, 의미, 성립과 발달 2. 먼셀의 색채조화론 3. 오스트발트의 색채조화론 4. 문과 스펜서의 색채조화론
			2. 배색	1. 색의 3속성에 의한 기본배색과 조화, 전체색조 및 면적에 의한 배색효과 등
		6. 색채관리	1. 생활과 색채	1. 색채관리 및 색채조절 2. 색채계획(색채디자인) 3. 산업과 색채 등 4. 디지털 색채

필기과목명	문제수	주요항목	세부항목	세세항목
제품관리	20	1. 산업디자인과 마케팅	1. 마케팅 기초	1. 마케팅의 정의, 기능, 전략 2. 마케팅 환경 3. 마케팅 전략 수립과 통제 4. 디자인관련 마케팅기법의 종류 5. 광고 및 홍보 판매촉진방법
			2. 시장환경 변화와 소비자구매행동	1. 시장조사방법과 자료수집기법 2. 소비자 및 사회경향 분석 3. 소비자 생활유형(Life style) 4. 소비자 구매행동
			3. 시장분석	1. 시장세분화 2. 표적시장, 틈새시장, 대체시장 등의 개념 3. 시장 포지셔닝(제품 및 사용자)
		2. 제품관리	1. 제품관리	1. 제품의 분류 및 특성 2. 제품수명주기(Product life cycle)의 단계별 특성 3. 마케팅 믹스 중 제품에 관한 사항
			2. 디자인평가	1. 디자인경영의 개념과 확장 2. 디자인 평가시스템
			3. 유통기술	1. 유통경로의 개념과 구성 2. 포장의 개념과 포장의 종류 및 특성
			4. 품질관리	1. 품질관리의 목적, 개념, 프로세스 2. 기업의 사회적 책임 　(기업윤리, 제품과 환경 등)

출제기준(실기)

직무 분야	문화·예술· 디자인·방송	중직무 분야	디자인	자격 종목	제품디자인기사	적용 기간	2013. 1. 1~2016.12.31

○직무내용 : 소비자의 물리적, 심리적 욕구를 충족시킬 수 있도록 다양한 조사·분석을 통해 각종 제품 전반에 관한 계획, 개발, 디자인 실무 등의 직무를 수행

○수행준거 : 1. 제품을 디자인하기 위한 계획서를 작성할 수 있다.
          2. 목적에 맞는 제품을 창의적으로 개발할 수 있다.
          3. 디자인 콘셉트에 따른 스케치를 할 수 있다.
          4. 컴퓨터와 그래픽 프로그램을 이용한 2D 및 3D 도면 작업을 할 수 있다.
          5. 컴퓨터와 주변기기를 운용할 수 있다.

실기검정방법	작업형	시험시간	7시간 정도

실기과목명	주요항목	세부항목	세세항목
제품 디자인 계획 및 실무	1. 디자인 기획	1. 디자인 전략 수립하기	1. 제품(상품)개발의 특성과 이해도를 증진시키기 위해 목적을 명확히 할 수 있다. 2. 사회 환경 변화와 시장환경, 자사 개발력(기술 수준, 시장지배력)에 대한 지속적인 자료 수집과 객관적인 분석을 할 수 있다. 3. 기업의 영속적인 이윤재창출을 위한 포괄적인 디자인 개발전략을 기획할 수 있다. 4. 디자인 트렌드 변화를 예측하고 소비자의 잠재된 욕구와 라이프스타일을 반영한 차기 주력모델개발계획을 제안할 수 있다.(장기 제품개발) 5. 시장 환경 변화와 기존 제품의 문제점 파악을 통한 신제품 디자인 개발 계획을 수립할 수 있다.(단기 제품개발)
	2. 디자인 개발	1. 아이디어 스케치하기	1. 간단한 필기구와 용지를 사용하여 아이디어를 시각적으로 표현할 수 있다. 2. 전체적인 형상과 함께 다양한 각도, 상세한 부분을 선과 기호, 문자 등으로 표현할 수 있다. * 목적에 따라 전체와 부분에 대한 형상, 재질, 패턴, 색상과 같은 사항을 고려하여 스케치가 이루어진다.(Thumbnail Sketch (Scratch Sketch), Rough Sketch, Style Sketch)

실기과목명	주요항목	세부항목	세세항목
		2. 렌더링 및 도면 작업하기	1. 표현재료와 기법의 제약 없이 수작업과 컴퓨터를 이용하여 표현할 수 있다. 2. 개발 콘셉트에 부합하는 제품형상과 크기, 색상, 기능을 가졌는지 렌더링(가상 완성도)을 통하여 검토할 수 있다. 3. 2D와 3D프로그램을 이용하여 제품의 완성도를 높일 수 있다. 4. 제3자와의 의사소통과 제작을 위하여 도면은 KS규격에 따르고 제작순서, 재질, 표면처리 방법들을 명확하게 표기할 수 있다.

08. 문화·예술·디자인·방송

제품디자인산업기사

출제기준(필기)

직무분야	문화·예술·디자인·방송	중직무분야	디자인	자격종목	제품디자인산업기사	적용기간	2013. 1. 1~2016.12.31

○직무내용 : 제품 디자인에 필요한 이론을 갖추고 각종 제품 전반에 관한 디자인 개발 및 개선, 디자인 실무 등의 직무를 수행

필기검정방법	객관식	문제수	80문제	시험시간	2시간

필기과목명	문제수	주요항목	세부항목	세세항목
제품 디자인론	20	1. 디자인 개요	1. 디자인 일반	1. 산업디자인의 분류 및 특성, 영역 2. 제품디자인의 개념, 정의
		2. 디자인사	1. 근대디자인사	1. 아트앤드크라프트운동 (Art and Craft Movement) 2. 아르누보(Art Nouveau) 3. 독일 공작연맹(DWB) 4. 바우하우스(Bauhaus) 5. 그 외 디자인 사조의 역사적 의미, 현대 산업디자인에 미친 영향
			2. 현대디자인사	1. 유럽의 현대디자인사 2. 미국의 현대디자인사 3. 일본의 현대디자인사 4. 한국의 현대디자인사
		3. 디자인의 구성요소와 원리	1. 디자인의 요소	1. 점, 선, 면, 입체, 질감, 색채 등
			2. 디자인의 원리	1. 리듬, 균형, 조화, 통일과 변화 등 2. 형태의 분류 및 특징 3. 형태의 생리와 심리 (착시, 착시의 이유, 시각의 법칙 등)
		4. 디자인 전략	1. 기업과 산업디자인	1. 기업의 디자인 전략 2. 기업에 있어서 디자인 부서의 조직, 위치, 역할 등에 관한 사항 3. 제품디자인관리 (Product Design management) 4. 가치공학과 디자인, 디자인료의 결정 방법 등에 관한 사항 5. 산업디자인의 사회적 기능과 윤리

필기과목명	문제수	주요항목	세부항목	세세항목
			2. 제품디자인 프로세스	1. 디자인 발상방법 및 아이디어(Idea) 전개방법 2. 제품디자인 계획 및 프로세스(Process)
			3. 신제품개발을 위한 제품디자인 지식	1. 신제품개발의 디자인역할 등에 관한 사항(신기술과 디자인의 관계 등 포함) 2. 엔지니어(Engineer), 마케팅 담당자와 제품 디자이너의 관계 및 디자이너의 위치와 책임 3. 제품디자인과 CAD와 관련된 지식

필기과목명	문제수	주요항목	세부항목	세세항목
인간공학	20	1. 인간공학 일반	1. 인간공학의 정의 및 배경	1. 인간공학의 정의와 목적 2. 인간공학의 철학적 배경
			2. 인간-기계 시스템과 인간요소	1. 인간-기계시스템의 정의 및 유형 2. 인간의 정보처리와 입력 3. 인터페이스 개요
			3. 시스템 설계와 인간요소	1. 시스템 정의와 분류 2. 시스템의 특성
			4. 인간공학 연구방법 및 실험계획	1. 인간변수 및 기준 2. 기본설계 3. 사용자 중심설계 4. 시험 및 평가 5. 감성공학
		2. 인체계측	1. 신체활동의 생리적 배경	1. 인체의 구성 2. 대사 작용 3. 순환계 및 호흡계 4. 근골격계 해부학적 구조
			2. 신체반응의 측정 및 신체역학	1. 신체활동의 측정원리 2. 생체신호와 측정 장비 3. 생리적 부담척도 4. 심리적 부담척도 5. 신체동작의 유형과 범위 6. 힘과 모멘트
			3. 근력 및 지구력, 신체활동의 에너지 소비, 동작의 속도와 정확성	1. 생체 역학적 모형 2. 근력과 지구력 3. 신체활동의 부하측정 4. 작업부하 및 휴식시간
			4. 신체계측	1. 인체 치수의 분류 및 측정원리 2. 인체측정 자료의 응용원칙
		3. 인간의 감각기능	1. 시각	1. 눈의 구조 및 기능 2. 시각과정 3. 시식별 요소(입체감각, 단일상과 이중상, 외관의 운동, 착각, 잔상 등)

필기과목명	문제수	주요항목	세부항목	세세항목
			2. 청각	1. 소리와 청각 2. 소리와 능률 3. 음량의 측정 4. 대화와 대화이해도 5. 합성음성
			3. 지각	1. 지각과 인지공학에 관한 사항
			4. 촉각 및 후각	1. 촉각에 관한 사항 2. 후각에 관한 사항
		4. 작업환경 조건	1. 빛과 조명	1. 조도와 광도 2. 반사율과 휘광 3. 조명기계 및 조명수준 4. 작업장 조명관리
			2. 온열조건, 소음, 진동, 공기오염도, 기압	1. 소음 2. 진동 3. 온열조건 4. 기압 5. 실내공기 및 공기오염도
			3. 피로와 능률	1. 피로의 정의 및 종류 2. 피로의 원인 및 증상 3. 피로의 측정법 4. 피로의 예방과 대책 5. 작업강도와 피로 6. 생체리듬
		5. 장치 설계 및 개선	1. 표시장치	1. 시각적 표시장치 2. 청각적 표시장치 3. 촉각적 표시장치
			2. 제어, 제어 테이블 및 패널의 설계	1. 조정장치 2. 부품의 위치와 배치 3. 작업방법 및 효율성 4. 작업대의 설계

필기과목명	문제수	주요항목	세부항목	세세항목
			3. 가구와 동작범위, 통로(동선관계 등)	1. 동작경제의 원칙 2. 공간이용 및 배치 3. 작업공간의 설계 및 개선 4. 사무/VDT 작업설계
			4. 디자인의 인간공학 적용에 관한 사항	1. 인지특성을 고려한 설계원리 및 절차 2. 중량물 취급원리 3. 수공구 및 설비의 설계 및 개선 4. 기타 디자인 프로세스

필기과목명	문제수	주요항목	세부항목	세세항목
공업재료 및 모형 제작론	20	1. 재료의 개요	1. 재료일반	1. 재료의 구비조건 및 분류방법 2. 재료의 일반적 성질
		2. 재료의 분류	1. 목재	1. 목재의 종류 및 특성, 용도 등 2. 목재의 구조, 조직 및 시험 등 3. 목재질 재료의 종류 및 특성, 용도 등 4. 목재의 성형방법과 표면처리 일반
			2. 종이	1. 종이의 종류 및 특성, 용도 등
			3. 플라스틱	1. 플라스틱의 종류 및 특성, 용도 등 2. 열가소성수지와 열경화성수지의 종류 및 특성 3. 플라스틱의 성형 방법과 표면처리 일반
			4. 금속	1. 금속의 분류방법, 구조, 일반적성질 2. 금속의 종류 및 특성, 합금 등 3. 금속의 성형방법과 표면처리 일반
			5. 점토, 석고, 석재	1. 점토 및 석고의 종류 및 특성 2. 석재의 종류 및 특성
			6. 섬유, 유리	1. 섬유의 종류 및 특성 2. 유리의 종류 및 특성
			7. 도장재료	1. 안료, 전색제, 보조제, 용제의 종류 및 특성 2. 도금의 종류 및 특성
			8. 연마, 광택, 접착제	1. 연마 및 광택제의 종류 및 특성 2. 접착제의 종류 및 특성
			9. 기타 친환경 신소재	1. 기타 친환경 신소재
		3. 디자인 표현	1. 도법	1. 제도의 개념, 제도기호, 표시 등 2. 정투상법, 사투상법, 등각투상법 및 투시도법 등
			2. 표현기법	1. 빛과 그림자에 관한 지식, 각종 재질감 표현 방법 등 2. 스케치 및 렌더링기법

필기과목명	문제수	주요항목	세부항목	세세항목
		4. 모형제작	1. 모형제작의 개념	1. 모형제작의 의미, 종류 및 특성 2. 디자인 프로세스와 디자인 모델과의 관계
			2. 모형제작기공구	1. 모형제작공구 및 측정공구의 종류, 특징과 표준 사용 방법
			3. 재료별 모형의 특성 및 제작기법	1. 점토 모형과 석고 모형 2. 목재 모형 3. 플라스틱 모형 4. 금속 모형 5. 종이 모형 6. 복합 모형
			4. 인쇄	1. 인쇄의 종류 및 특성
			5. 금형	1. 금형의 종류 및 특성 2. 금형제작방법

필기과목명	문제수	주요항목	세부항목	세세항목
색채학	20	1. 색채지각	1. 색을 지각하는 기본 원리	1. 빛과 색 2. 색지각의 학설과 색맹 등
		2. 색의 분류, 성질, 혼합	1. 색의 삼속성과 색입체	1. 색의 분류 2. 색의 삼속성과 색입체
			2. 색의 혼합	1. 가산혼합 2. 감산혼합 3. 중간혼합
		3. 색의 표시	1. 색체계	1. 현색계와 혼색계 2. 먼셀색체계 3. 오스트발트 색체계 등
			2. 색명	1. 관용색명 2. 일반색명
		4. 색의 심리	1. 색의 지각적인 효과	1. 색의 대비, 색의 동화, 잔상, 항상성, 명시도와 주목성, 진출과 후퇴 등
			2. 색의 감정적인 효과	1. 수반감정 2. 색의 연상과 상징
		5. 색채조화	1. 색채조화	1. 색채조화론의 배경, 의미, 성립과 발달 등 2. 오스트발트의 색채조화론 3. 문과 스펜서의 색채 조화론
			2. 배색	1. 색의 3속성에 의한 기본배색과 조화, 전체색조 및 면적에 의한 배색효과
		6. 색채관리	1. 생활과 색채	1. 색채관리 및 색채조절 2. 색채계획(색채디자인) 3. 디지털 색채

출제기준(실기)

직무분야	문화·예술·디자인·방송	중직무분야	디자인	자격종목	제품디자인산업기사	적용기간	2013. 1. 1~2016.12.31

○직무내용 : 제품 디자인에 필요한 이론을 갖추고 각종 제품 전반에 관한 디자인 개발 및 개선, 디자인 실무 등의 직무를 수행

○수행준거 : 1. 디자인 콘셉트에 따른 스케치 및 렌더링을 할 수 있다.
           2. 요구사항에 부합되도록 디자인을 개선할 수 있다.
           3. 컴퓨터와 그래픽 프로그램을 이용한 2D 및 3D 도면 작업을 할 수 있다.
           4. 컴퓨터와 주변기기를 운용할 수 있다.

실기검정방법	작업형	시험시간	7시간 정도

실기과목명	주요항목	세부항목	세세항목
제품 디자인 계획 및 실무	1. 디자인 개발	1. 아이디어 스케치하기	1. 간단한 필기구와 용지를 사용하여 아이디어를 시각적으로 표현할 수 있다. 2. 전체적인 형상과 함께 다양한 각도, 상세한 부분을 선과 기호, 문자 등으로 표현할 수 있다. * 목적에 따라 전체와 부분에 대한 형상, 재질, 패턴, 색상과 같은 사항을 고려하여 스케치가 이루어진다. {Thumbnail Sketch (Scratch Sketch), Rough Sketch, Style Sketch}
		2. 렌더링 및 도면 작업하기	1. 표현재료와 기법의 제약 없이 수작업과 컴퓨터를 이용하여 표현할 수 있다. 2. 개발 콘셉트에 부합하는 제품형상과 크기, 색상, 기능을 가졌는지 렌더링(가상완성도)을 통하여 검토할 수 있다. 3. 2D와 3D프로그램을 이용하여 제품의 완성도를 높일 수 있다. 4. 제3자와의 의사소통과 제작을 위하여 도면은 KS규격에 따르고 제작순서, 재질, 표면처리 방법들을 명확하게 표기할 수 있다.

08. 문화·예술·디자인·방송

제품응용모델링기능사

출제기준(필기)

직무 분야	문화·예술· 디자인·방송	중직무 분야	디자인	자격 종목	제품응용모델링기능사	적용 기간	2013. 1. 1~2016.12.31

○직무내용 : 제품에 대한 기능, 구조, 재질, 기계장치 등 기술적 원리를 이해하고 디자인 의도를 반영한 실제품과 같은 모델을 각종 기기, 공구류 및 컴퓨터 등을 사용하여 제작하는 직무를 수행

필기검정방법	객관식	문제수	60문제	시험시간	1시간

필기과목명	문제수	주요항목	세부항목	세세항목
제품 디자인일반, 제도와 CAD, 모델링 재료, 제품응용모델링	60	1. 디자인 개요	1. 디자인 일반	1. 디자인의 정의 및 개념 2. 디자인의 분류 및 특성 3. 제품디자인의 정의 및 분류
			2. 디자인사	1. 근대 디자인사 2. 현대 디자인사
		2. 디자인의 요소와 원리	1. 디자인의 요소	1. 점, 선, 면 2. 형태와 질감 3. 빛과 색채 4. 운동감과 시공간
			2. 디자인의 원리	1. 조화 2. 균형 3. 율동 4. 통일 등
			3. 색채	1. 색채의 기본원리 2. 색의 표시 및 혼합 3. 색의 지각 및 감정적 효과 4. 색의 조화
		3. 제품디자인 이론	1. 디자인과 마케팅	1. 제품디자인의 발상방법 및 아이디어 전개과정 2. 제품계획 및 개발 3. 제품의 수명주기 4. 제품디자인프로세스
			2. 인간공학	1. 인간공학 일반 2. 사용자인터페이스

필기과목명	문제수	주요항목	세부항목	세세항목
		4. 제도	1. 제도일반	1. 제도통칙에 관한 사항 2. 선의 종류와 용도 3. 척도 및 제도기호
			2. 평면도법	1. 평면도법에 관한 사항 2. 전개도
			3. 투상도법	1. 투상도법의 종류, 특성 및 작도법 2. 투시투상도법의 원리, 종류 및 작도법
		5. CAD	1. 컴퓨터응용모델링	1. 컴퓨터 기초 2. 2D 그래픽스 3. 3D 그래픽스 4. 프린팅 및 플로팅
		6. 재료의 개요	1. 모델링재료 일반	1. 재료의 구비조건 2. 재료의 물리적 성질 3. 재료의 화학적 성질 4. 재료의 표준형태
		7. 재료의 분류	1. 플라스틱 재료 (합성수지)	1. 플라스틱 정의 및 개념 2. 플라스틱 분류 및 특성 3. 발포성수지 4. 친환경복합소재 등
			2. 목재	1. 목재의 성질 및 용도 2. 목재의 식별 및 선택 3. 목재의 건조법 4. 합성목재의 종류 및 특성
			3. 석고와 점토	1. 석고 2. 점토(Industrial Clay)
			4. 용제 및 접착제	1. 용제의 종류 및 특성 2. 접착제의 종류 및 특성
			5. 도장재료	1. 도료의 분류 2. 도료의 구성 3. 안료 및 염료 4. 착색 및 염색

필기과목명	문제수	주요항목	세부항목	세세항목
		8. 모델링의 개요	1. 모델링 일반	1. 모델링의 개념 및 목적 2. 모형의 종류 및 특성 3. 모델링 전개과정
		9. 모델링 제작	1. 모델링용 공구 및 기계의 종류, 특성 및 사용법	1. 수공구 2. 측정기기 3. 톱기계 4. 조각기 5. 연삭기 6. 연마기 7. N/C기기 8. RP 기기
			2. 모델링 실제	1. 모델링 공정설계 2. 형판(template) 제작 3. 기계가공(machining) 4. 열성형(thermoforming) 5. 열처리(heat treatment) 6. 후가공(finishing)
			3. 표면처리 기법	1. 도장(painting) 2. 그래픽(silk screen)기법

출제기준(실기)

직무 분야	문화·예술· 디자인·방송	중직무 분야	디자인	자격 종목	제품응용모델링기능사	적용 기간	2013. 1. 1~2016.12.31

○직무내용 : 제품에 대한 기능, 구조, 재질, 기계장치 등 기술적 원리를 이해하고 디자인 의도를 반영한 실제품과 같은 모델을 각종 기기, 공구류 및 컴퓨터 등을 사용하여 제작하는 직무를 수행

○수행준거 : 1. 컴퓨터를 사용하여 2D 도면을 작성할 수 있다.
     2. 컴퓨터를 사용하여 3D 모델링 작업을 할 수 있다.
     3. 컴퓨터 주변기기를 사용할 수 있다.
     4. 공구를 사용하여 모형제작을 할 수 있다.
     5. 도장작업을 할 수 있다.

실기검정방법	작업형	시험시간	7시간 정도

실기과목명	주요항목	세부항목	세세항목
제품응용 모델링실무	1. 디자인 분석 및 이해	1. 도면이해 및 작업하기	1. 컴퓨터를 이용하여 KS규격에 준한 도면 작업을 할 수 있다. 2. 컴퓨터를 이용하여 2D 도면 및 3D 모델링을 할 수 있다. 3. 제3자와의 의사소통과 제작을 위하여 도면을 KS규격에 따르고 제작순서, 재질, 표면처리 방법들을 명확하게 표기할 수 있다.
	2. 제품응용 모델링 작업	1. 제품 모형 제작	1. 모델제작 도면의 치수를 확인할 수 있다. 2. 2D 도면과 주어진 재료 및 공구를 사용하여 수작업으로 모형을 제작할 수 있다.
	3. 도장	1. 도장하기	1. 모델의 표면을 완벽하게 정리하여 칠바탕을 정리할 수 있다. 2. 흠집이나 구멍 등은 퍼티(putty)로 메우고 사포 작업을 할 수 있다. 3. 마무리 도장을 할 수 있다.

08. 문화·예술·디자인·방송

컬러리스트 기사

출제기준(필기)

직무 분야	문화·예술· 디자인·방송	중직무 분야	디자인	자격 종목	컬러리스트 기사	적용 기간	2013. 1. 1~2016.12.31

○직무내용 : 색채관련 상품기획, 소비자 조사, 색채표준, 색채디자인, 색채관리 등 종합적 업무를 전문적인 지식과 기술을 통해 상품의 부가가치를 높이는 직무 수행

필기검정방법	객관식	문제수	100	시험시간	2시간 30분

필기과목명	문제수	주요항목	세부항목	세세항목
색채 심리·마케팅	20	1. 색채심리	1. 색채의 정서적 반응	1. 색채와 심리 2. 색채의 일반적 반응 3. 색채와 공감각(촉각, 미각, 후각, 청각, 시각) 4. 색채 연상과 상징
			2. 색채와 문화	1. 색채문화사 2. 색채와 자연환경(지역색, 풍토색) 3. 색채와 인문환경(의미와 상징) 4. 색채선호의 원리와 유형
			3. 색채의 기능	1. 색채의 기능 2. 안전과 색채 3. 색채치료
		2. 색채마케팅	1. 색채마케팅의 개념	1. 마케팅의 이해 2. 색채마케팅의 기능
			2. 색채 시장조사	1. 색채 시장조사기법 2. 설문작성 및 수행 3. 정보 및 유행색 수집
			3. 소비자행동	1. 소비자욕구 및 행동분석 2. 생활유형 3. 정보 분석 및 처리 4. 소비자의사결정
			4. 색채마케팅 전략	1. 시장세분화 전략 2. 브랜드색채 전략 3. 색채포지셔닝 4. 색채 Life Cycle

필기과목명	문제수	주요항목	세부항목	세세항목
색채 디자인	20	1. 디자인일반	1. 디자인 개요	1. 디자인의 정의 및 목적 2. 디자인의 방법 3. 디자인 용어
			2. 디자인사	1. 조형예술사 2. 디자인사(근대, 현대)
			3. 디자인성격	1. 디자인의 요소 및 원리 2. 시지각적 특징 3. 디자인의 조건(합목적성, 경제성 등) 4. 기타 디자인의 조건 　　(유니버셜 디자인, 그린 디자인 등)
		2. 색채디자인 실무	1. 색채계획	1. 색채계획의 목적과 정의 2. 색채계획 및 디자인의 프로세스 3. 색채 디자인의 평가 4. 매체의 종류 및 전략
			2. 디자인 영역별 색채계획	1. 환경디자인 2. 실내디자인 3. 패션디자인 4. 미용디자인 5. 시각디자인 6. 제품디자인 7. 멀티미디어디자인 8. 공공디자인 9. 기타 디자인

필기과목명	문제수	주요항목	세부항목	세세항목
색채 관리	20	1. 색채와 소재	1. 색채의 원료	1. 염료, 안료의 분류와 특성 2. 색채와 소재의 관계 3. 특수재료 4. 도료와 잉크
			2. 소재의 이해	1. 금속소재 2. 직물소재 3. 플라스틱 소재 4. 목재 및 종이소재 5. 기타 특수소재
			3. 표면처리	1. 재질 및 광택 2. 표면처리기술
		2. 측색	1. 색채측정기	1. 색채측정기의 용도 및 종류, 특성 2. 색채측정기의 구조 및 사용법
			2. 측색	1. 측색원리와 조건 2. 측색방법 3. 측색 데이터 종류와 표기법 4. 색채표준과 소급성 5. 색차관리
		3. 색채와 조명	1. 광원의 이해와 활용	1. 조명용 광원의 종류 및 특징 2. 조명방식 3. 색채와 조명의 관계
			2. 육안검색	1. 육안검색방법
		4. 디지털색채	1. 디지털색채의 기초	1. 디지털색채의 정의 및 특징 2. 디지털색채체계 3. 디지털색채 관련 용어 및 기능
			2. 디지털색채시스템 및 관리	1. 입·출력시스템 2. 디스플레이시스템 3. 디지털색채조절 (Color Gamut Mapping) 4. 디지털색채관리
		5. 조색	1. 조색기초	1. 조색의 개요

필기과목명	문제수	주요항목	세부항목	세세항목
			2. 조색방법	1. CCM (Computer Color Matching) 2. 육안조색 3. 색료 4. 색역 (Color Gamut)
		6. 색채품질 관리 규정	1. 색에 관한 용어	1. 측광, 측색, 시각에 관한 용어 2. 기타 색에 관한 용어
			2. 색채품질관리 규정	1. KS 색채품질관리 규정 2. ISO-CIE 색채품질관리 규정

필기과목명	문제수	주요항목	세부항목	세세항목
색채지각론	20	1. 색지각의 원리	1. 빛과 색	1. 색의 정의 2. 광원색과 물체색 3. 색채 현상 4. 색의 분류
			2. 색채지각	1. 눈의 구조와 특성 2. 색채자극과 인간반응 3. 색채지각설
		2. 색의 혼합	1. 혼색	1. 색채혼합의 원리 2. 가법혼색 3. 감법혼색 4. 중간혼색(병치혼색, 회전혼색 등) 5. 디지털혼색 6. 기타 혼색기법
		3. 색채의 감각	1. 색채의 지각적 특성	1. 색의 대비 2. 색의 동화 3. 색의 잔상 4. 기타 지각적 특성
			2. 색채지각과 감정효과	1. 온도감, 중량감, 경연감 2. 진출, 후퇴, 팽창, 수축 3. 주목성, 시인성 4. 기타 감정효과

필기과목명	문제수	주요항목	세부항목	세세항목
색채 체계론	20	1. 색채체계	1. 색채의 표준화	1. 색채표준의 개념 및 발전 2. 현색계, 혼색계 3. 색채표준의 조건 및 속성
			2. CIE(국제조명위원회) 시스템	1. CIE 색채규정 2. CIE 색체계 　(XYZ, Yxy, L*a*b* 색체계 등)
			3. 먼셀 색체계	1. 먼셀 색체계의 구조, 속성 2. 먼셀 색체계의 활용 및 조화
			4. NCS(Natural Color System)	1. NCS의 구조, 속성 2. NCS의 활용 및 조화
			5. 기타 색체계	1. 오스트발트 색체계 2. PCCS 색체계 3. DIN 색체계 4. RAL 색체계 5. 기타 색체계
		2. 색명	1. 색명체계	1. 색명에 의한 분류 2. 색명법(KS, ISCC-NIST)
		3. 한국의 전통색	1. 한국의 전통색	1. 정색과 간색 2. 한국의 전통색명
		4. 색채조화이론	1. 색채조화	1. 색채조화와 배색
			2. 색채조화론	1. 쉐뷰럴의 조화론 2. 저드의 조화론 3. 파버비렌의 조화론 4. 요한네스이텐의 조화론 5. 기타 색채조화론

출제기준(실기)

직무 분야	문화·예술· 디자인·방송	중직무 분 야	디자인	자격 종목	컬러리스트 기사	적용 기간	2013. 1. 1~2016.12.31

○직무내용 : 색채관련 상품기획, 소비자 조사, 색채표준, 색채디자인, 색채관리 등 종합적 업무를 전문적인 지식과 기술을 통해 상품의 부가가치를 높이는 직무 수행

○수행준거 : 1. 기준색과 비교·검사하여 변화에 따른 단계를 표현할 수 있다.
     2. 제시된 색을 보고 조색할 수 있다.
     3. 콘셉트에 따른 계획을 세워 계획서를 작성할 수 있다.
     4. 색채계획에 따른 색채디자인을 할 수 있다.

실기검정방법	작업형		시험시간	6시간 정도

실기과목명	주요항목	세부항목	세세항목
색채 계획 실무	1. 색채활용 및 분석	1. 국내·외 시장 파악하기	1. 국내·외 업체를 통해 색채동향을 파악할 수 있다. 2. 국내·외 마케팅 및 판매 현황을 파악할 수 있다. 3. 파악한 내용을 바탕으로 색채 분포도를 작성하고 유행색, 선호색, 기피색을 예측하여 활용할 수 있다.
		2. 사회 인문환경 자료 활용하기	1. 문화, 사회, 환경 등의 간접자료를 활용할 수 있다. 2. 파악한 자료와 색채를 결합시켜 데이터베이스를 작성할 수 있다.
		3. 소비자 관련 색채 파악하기	1. 소비자 분석용 색채팔레트와 색표 등을 이용할 수 있다. 2. 목적에 맞는 색채 관련 정보를 활용할 수 있다. 3. 소비자의 요구사항을 파악할 수 있다.
		4. 색채팔레트 범위 분석하기	1. 상품의 색체계를 구성하고 배열할 수 있다. 2. 색채팔레트를 제작하고 그 범위를 설정할 수 있다.
	2. 색채계획	1. 소재의 특성 파악하기	1. 시편에 따른 원료의 특성을 분석할 수 있다. 2. 소재에 따른 기능적 특성을 파악할 수 있다. 3. 소재에 따른 색채 표현의 특성을 파악할 수 있다.

실기과목명	주요항목	세부항목	세세항목
		2. 환경적 장애요소 파악하기	1. 색채의 환경적 요소를 파악할 수 있다. 2. 정확한 색채 표현을 방해하는 환경적 요소를 파악할 수 있다. 3. 계절별 색채의 특성을 파악할 수 있다. 4. 광원별 색채의 특성을 파악할 수 있다. 5. 주야간 광원의 특성을 파악할 수 있다.
		3. 국내·외 규정 파악하기	1. 국내 표준색을 대입할 수 있다. 2. 국제 표준색을 대입할 수 있다. 3. ISO, JIS, KS, ASTM 등을 파악하고 적합한 표준 체계를 계획할 수 있다.
		4. 시각적·생리적·심리적 요인 파악하기	1. 색채의 시각적 요인을 검토할 수 있다. 2. 색채의 생리적 요인을 검토할 수 있다. 3. 색채의 심리적 요인을 검토할 수 있다.
		5. 색채계획안 수립하기	1. 색채계획의 기본 목적을 검토할 수 있다. 2. 수집한 색채정보를 분석하여 목적에 부합하는 정보를 추출해내고 가공할 수 있다. 3. 색채계획의 방향성을 제안할 수 있다. 4. 색채계획의 목적, 방향, 방법 등을 담은 색채계획안을 작성할 수 있다.
	3. 색채디자인	1. 색채 콘셉트 설정하기	1. 유행사조 및 유행색을 활용할 수 있다. 2. 스타일링 및 스케치를 통해 색채 콘셉트를 설정할 수 있다.
		2. 주조색과 보조색의 선정하기	1. 주조색을 선정할 수 있다. 2. 보조색 및 강조색을 선정할 수 있다. 3. 색채디자인의 이미지를 일관성 있게 적용할 수 있다.
		3. 색채 코디네이션하기	1. 색채 코디네이션표를 작성할 수 있다. 2. 색채팔레트를 제작할 수 있다. 3. 색채 이미지 콘셉트를 전개할 수 있다.
		4. 시제품 제작하기	1. 시안을 제작할 수 있다. 2. 색표를 제작할 수 있다.

실기과목명	주요항목	세부항목	세세항목
	4. 색채관리	1. 색채 데이터 작성하기	1. 샘플을 확인할 수 있다. 2. 색채 범위를 판정할 수 있다. 3. 색채 데이터를 작성할 수 있다.
		2. 조색 및 색표 제작하기	1. 기준색을 측정할 수 있다. 2. 적절한 배합 방법을 선택할 수 있다. 3. 기준색을 바탕으로 조색할 수 있다. 4. 기준색을 바탕으로 보정할 수 있다. 5. 기준색과 조색을 비교검사(육안/수치)할 수 있다. 6. 색표를 제작할 수 있다.
		3. 검사 및 수정하기	1. 기준색과 시료색을 검사할 수 있다. 2. 오차 범위를 확인할 수 있다.

08. 문화·예술·디자인·방송

컬러리스트 산업기사

출제기준(필기)

직무 분야	문화·예술·디자인·방송	중직무 분야	디자인	자격 종목	컬러리스트 산업기사	적용 기간	2013. 1. 1~2016.12.31

○직무내용 : 색채관련 상품기획, 소비자 조사, 색채표준, 색채디자인, 색채관리 등 색채분야 업무 전반에 걸쳐 기초적인 지식과 기술을 수행하는 직무 수행

필기검정방법	객관식	문제수	100	시험시간	2시간 30분

필기과목명	문제수	주요항목	세부항목	세세항목
색채 심리	20	1. 색채심리	1. 색채의 정서적 반응	1. 색채와 심리 2. 색채의 일반적 반응 3. 색채와 공감각(촉각, 미각, 후각, 청각, 시각)
			2. 색채의 연상, 상징	1. 색채의 연상 2. 색채의 상징
			3. 색채와 문화	1. 색채 선호의 원리와 유형 2. 색채와 자연환경(지역색, 풍토색) 3. 색채와 인문환경(의미와 상징)
			4. 색채의 기능	1. 색채의 기능 2. 안전과 색채 3. 색채치료
		2. 색채마케팅	1. 색채마케팅의 개념	1. 색채마케팅의 이해 2. 색채시장조사 3. 소비자행동 4. 색채마케팅 전략

필기과목명	문제수	주요항목	세부항목	세세항목
색채 디자인	20	1. 디자인일반	1. 디자인 개요	1. 디자인의 정의 및 목적 2. 디자인의 방법 3. 디자인 용어
			2. 디자인사	1. 근대 디자인사 2. 현대 디자인사
			3. 디자인 성격	1. 디자인의 요소 및 원리 2. 디자인의 조건(합목적성, 경제성 등) 3. 기타 디자인의 조건 (유니버설 디자인, 그린 디자인 등)
		2. 색채디자인 실무	1. 색채계획	1. 색채계획의 목적과 정의 2. 색채계획 및 디자인의 프로세스
			2. 디자인 영역별 색채계획	1. 환경디자인 2. 실내디자인 3. 패션디자인 4. 미용디자인 5. 시각디자인 6. 제품디자인 7. 멀티미디어디자인 8. 공공디자인 9. 기타 디자인

필기과목명	문제수	주요항목	세부항목	세세항목
색채 관리	20	1. 색채와 소재	1. 색채의 원료	1. 염료, 안료의 분류와 특성 2. 색채와 소재와의 관계 3. 특수색료 4. 도료와 잉크
			2. 소재	1. 금속소재 2. 직물소재 3. 플라스틱 소재 4. 목재 및 종이소재 5. 기타 특수소재
		2. 측색	1. 색채측정기	1. 색채측정기의 용도 및 종류, 특성 2. 색채측정기의 구조 및 사용법
			2. 측색	1. 측색원리와 조건 2. 측색방법 3. 측색 데이터 종류와 표기법 4. 색차관리
		3. 색채와 조명	1. 광원의 이해	1. 조명용 광원의 종류 및 특징 2. 조명방식 3. 색채와 조명의 관계
			2. 육안검색	1. 육안검색방법
		4. 디지털색채	1. 디지털색채 기초	1. 디지털색채의 이해 2. 디지털색채체계 3. 디지털색채 관련 용어 및 기능
			2. 디지털색채시스템 및 관리	1. 입·출력시스템 2. 디스플레이시스템 3. 디지털색채조절 (Color Gamut Mapping) 4. 디지털색채관리
		5. 조색	1. 조색기초	1. 조색의 개요
			2. 조색방법	1. CCM (Computer Color Matching) 2. 육안조색 3. 색료(Colorant) 4. 색역 (Color Gamut)

필기과목명	문제수	주요항목	세부항목	세세항목
		6. 색채품질 관리 규정	1. 색에 관한 용어	1. 측광, 측색, 시각에 관한 용어 2. 기타 색에 관한 용어
			2. 색채품질관리 규정	1. KS 색채품질관리 규정 2. ISO-CIE 색채품질관리 규정

필기과목명	문제수	주요항목	세부항목	세세항목
색채지각의 이해	20	1. 색지각의 원리	1. 빛과 색	1. 빛과 색 2. 색채 현상 3. 광원색과 물체색
			2. 색채지각	1. 눈의 구조와 특성 2. 시지각과 인간의 반응 3. 색채지각설
		2. 색의 혼합	1. 색의 혼합	1. 색채혼합의 원리 2. 가법혼색 3. 감법혼색 4. 중간혼색(병치혼색, 회전혼색 등) 5. 디지털혼색 6. 기타 혼색기법
		3. 색채의 감각	1. 색채의 지각적 특성	1. 색의 대비 2. 색의 동화 3. 색의 잔상 4. 기타 지각적 특성
			2. 색채지각과 감정효과	1. 온도감, 중량감, 경연감 2. 진출, 후퇴, 팽창, 수축 3. 주목성, 시인성 4. 기타 감정효과

필기과목명	문제수	주요항목	세부항목	세세항목
색채 체계의 이해	20	1. 색채체계	1. 색채의 표준화	1. 색표준의 개념 및 조건 2. 현색계, 혼색계
			2. CIE(국제조명위원회) 시스템	1. CIE 색채규정 2. CIE 색체계(XYZ, Yxy, L*a*b* 색체계 등)
			3. 먼셀 색체계	1. 먼셀 색체계의 구조, 속성 2. 먼셀 색체계의 활용 및 조화
			4. NCS(Natural Color System)	1. NCS의 구조, 속성 2. NCS의 활용 및 조화
			5. 기타 색체계	1. 오스트발트 색체계 2. PCCS 색체계 3. DIN 색체계 4. RAL 색체계 5. 기타 색체계
		2. 색명	1. 색명체계	1. 색명에 의한 분류 2. 색명법(KS, ISCC-NIST) 3. 한국의 전통색
		3. 색채조화 및 배색	1. 색채조화론	1. 색채조화의 목적 2. 전통적 조화론(쉐브럴, 저드, 파버비렌, 요한네스이텐)
			2. 배색 효과	1. 배색의 분리효과 2. 강조색배색의 효과 3. 연속배색의 효과 4. 반복배색의 효과 5. 기타 배색 효과

출제기준(실기)

직무 분야	문화·예술· 디자인·방송	중직무 분야	디자인	자격 종목	컬러리스트 산업기사	적용 기간	2013. 1. 1~2016.12.31

○직무내용 : 색채관련 상품기획, 소비자 조사, 색채표준, 색채디자인, 색채관리 등 색채분야 업무 전반에 걸쳐 기초적인 지식과 기술을 수행하는 직무 수행

○수행준거 : 1. 기준색과 비교·검사하여 변화에 따른 단계를 표현할 수 있다.
2. 제시된 색을 보고 조색할 수 있다.
3. 색채심리적 기능을 적용하여 배색할 수 있다.
4. 배색의도를 표현할 수 있다.

실기검정방법	작업형	시험시간	5시간 정도

실기과목명	주요항목	세부항목	세세항목
색채 계획 실무	1. 색채활용 및 분석	1. 국내·외 시장 파악하기	1. 국내·외 업체를 통해 색채동향을 파악할 수 있다. 2. 국내·외 마케팅 및 판매 현황을 파악할 수 있다. 3. 파악한 내용을 바탕으로 색채 분포도를 작성하고 유행색, 선호색, 기피색을 예측하여 활용할 수 있다.
		2. 사회 인문환경 자료 활용하기	1. 문화, 사회, 환경 등의 간접자료를 활용할 수 있다. 2. 파악한 자료와 색채를 결합시켜 데이터베이스를 작성할 수 있다.
		3. 소비자 관련 색채 파악하기	1. 소비자 분석용 색채팔레트와 색표 등을 이용할 수 있다. 2. 목적에 맞는 색채 관련 정보를 활용할 수 있다. 3. 소비자의 요구사항을 파악할 수 있다.
		4. 색채팔레트 범위 분석하기	1. 상품의 색체계를 구성하고 배열할 수 있다. 2. 색채팔레트를 제작하고 그 범위를 설정할 수 있다.
	2. 색채계획	1. 소재의 특성 파악하기	1. 시편에 따른 원료의 특성을 분석할 수 있다. 2. 소재에 따른 기능적 특성을 파악할 수 있다. 3. 소재에 따른 색채 표현의 특성을 파악할 수 있다.

실기과목명	주요항목	세부항목	세세항목
		2. 환경적 장애요소 파악하기	1. 색채의 환경적 요소를 파악할 수 있다. 2. 정확한 색채 표현을 방해하는 환경적 요소를 파악할 수 있다. 3. 계절별 색채의 특성을 파악할 수 있다. 4. 광원별 색채의 특성을 파악할 수 있다. 5. 주야간 광원의 특성을 파악할 수 있다.
		3. 국내·외 규정 파악하기	1. 국내 표준색을 대입할 수 있다. 2. 국제 표준색을 대입할 수 있다. 3. ISO, JIS, KS, ASTM 등을 파악하고 적합한 표준 체계를 계획할 수 있다.
		4. 시각적·생리적·심리적 요인 파악하기	1. 색채의 시각적 요인을 검토할 수 있다. 2. 색채의 생리적 요인을 검토할 수 있다. 3. 색채의 심리적 요인을 검토할 수 있다.
		5. 색채계획안 수립하기	1. 색채계획의 기본 목적을 검토할 수 있다. 2. 수집한 색채정보를 분석하여 목적에 부합하는 정보를 추출해내고 가공할 수 있다. 3. 색채계획의 방향성을 제안할 수 있다. 4. 색채계획의 목적, 방향, 방법 등을 담은 색채계획안을 작성할 수 있다.
	3. 색채디자인	1. 색채 콘셉트 설정하기	1. 유행사조 및 유행색을 활용할 수 있다. 2. 스타일링 및 스케치를 통해 색채 콘셉트를 설정할 수 있다.
		2. 주조색과 보조색의 선정하기	1. 주조색을 선정할 수 있다. 2. 보조색 및 강조색을 선정할 수 있다. 3. 색채디자인의 이미지를 일관성 있게 적용할 수 있다.
		3. 색채 코디네이션하기	1. 색채 코디네이션표를 작성할 수 있다. 2. 색채팔레트를 제작할 수 있다. 3. 색채 이미지 콘셉트를 전개할 수 있다.
		4. 시제품 제작하기	1. 시안을 제작할 수 있다. 2. 색표를 제작할 수 있다.

실기과목명	주요항목	세부항목	세세항목
	4. 색채관리	1. 색채 데이터 작성하기	1. 샘플을 확인할 수 있다. 2. 색채 범위를 판정할 수 있다. 3. 색채 데이터를 작성할 수 있다.
		2. 조색 및 색표 제작하기	1. 기준색을 측정할 수 있다. 2. 적절한 배합 방법을 선택할 수 있다. 3. 기준색을 바탕으로 조색할 수 있다. 4. 기준색을 바탕으로 보정할 수 있다. 5. 기준색과 조색을 비교검사(육안/수치)할 수 있다. 6. 색표를 제작할 수 있다.
		3. 검사 및 수정하기	1. 기준색과 시료색을 검사할 수 있다. 2. 오차 범위를 확인할 수 있다.

국가기술자격 출제기준 I

10 영업·판매

텔레마케팅관리사 ·················· 199

10. 영업·판매

텔레마케팅관리사

출제기준(필기)

직무 분야	영업·판매	중직무 분야	영업·판매	자격 종목	텔레마케팅관리사	적용 기간	2013. 1. 1 ~ 2015.12.31

○직무내용 : 각종 전화 서비스 즉, 전화판촉, 기업의 시장조사, 정치홍보 등의 업무를 수행한다. 전화할 대상을 선정하고 스크립터를 작성하며, 전화를 통하여 여러 가지 상품이나 서비스 내용, 판매회사의 조건 등의 정보를 제공한다. 또한 판매권유, 판촉물에 대한 추가적인 설명, 특정지역의 전화방문 등 발신업무와 고객의 상품 및 서비스 상담에 응하는 일, 클레임 접수 등의 업무를 수행

필기검정방법	객관식	문제수	100	시험시간	2시간 30분

필기과목명	문제수	주요항목	세부항목	세세항목
판매 관리	25	1. 아웃바운드 및 인바운드 텔레마케팅	1. 아웃바운드 텔레마케팅	1. 아웃바운드 텔레마케팅개념 2. 아웃바운드 텔레마케팅성공요소 3. 아웃바운드 텔레마케팅활용 4. 시스템을 활용한 아웃바운드 업무처리 5. 아웃바운드 업무 시 주의사항
			2. 인바운드 텔레마케팅	1. 인바운드 텔레마케팅 개념 2. 인바운드 텔레마케팅 활용 3. 인바운드 텔레마케팅업무의 중요사항 4. 인바운드 업무처리방식 5. 인바운드 업무 시 주의사항
		2. 마케팅믹스	1. 제품전략	1. 제품의 개념과 구성요소 2. 제품의 분류 3. 제품의사결정
			2. 가격전략	1. 가격의 개념 및 특성 2. 가격결정에 영향을 미치는 요인 3. 가격의 유형
			3. 유통전략	1. 유통관리의 개념 2. 유통경로의 구조 3. 유통경로 설계과정 4. 물적유통관리 5. 소매상과 도매상의 개념
			4. 촉진전략	1. 촉진의 의의와 목적 2. 촉진체계의 유형 3. 촉진방법 4. 경쟁우위를 위한 촉진전략

필기과목명	문제수	주요항목	세부항목	세세항목
		3. 마케팅기회의 분석	1. 마케팅정보시스템	1. 내부정보시스템 2. 고객정보시스템 3. 마케팅인텔리젼스 시스템 4. 마케팅조사시스템 5. 마케팅의사결정 지원시스템
		4. 시장세분화, 표적시장 선정 및 포지셔닝	1. 시장세분화	1. 시장세분화의 의의 2. 시장세분화의 단계 3. 시장세분화의 기준
			2. 표적시장 선택	1. 세분시장의 평가 2. 표적시장 선택 3. 시장공략전략의 선택
			3. 포지셔닝	1. 포지셔닝의 의의 2. 포지셔닝 전략 3. 포지셔닝 전략의 수립과정

필기과목명	문제수	주요항목	세부항목	세세항목
시장 조사	25	1. 시장조사의 이해	1. 시장조사의 의의	1. 시장조사의 역할 2. 과학적 조사로써 마케팅 조사
			2. 시장조사의 절차	1. 문제의 정의 2. 문제해결을 위한 체계의 정립 3. 조사의 설계 4. 조사의 실시 5. 자료의 분석과 내용
			3. 시장조사의 주체	1. 시장조사의 수행주체 2. 시장조사의 이용주체
			4. 시장조사의 윤리	1. 조사자가 지켜야 할 사항 2. 조사결과 이용자가 지켜야 할 윤리 3. 면접자가 지켜야 할 사항 4. 응답자 권리의 보호
		2. 자료수집	1. 2차 자료	1. 2차 자료의 종류 2. 2차 자료의 수집절차 3. 2차 자료의 유용성과 한계 4. 2차 자료의 평가
			2. 1차 자료	1. 1차 자료의 종류 2. 질적조사 3. 관찰법 4. 서베이 5. 실험법
			3. 설문지	1. 설문지의 구성 및 내용 2. 설문지 작성 요령(과정)
		3. 자료수집방법	1. 면접조사	1. 면접조사의 특성 2. 면접조사의 장·단점
			2. 전화조사	1. 전화조사의 특성 2. 전화조사의 장·단점
			3. 우편조사	1. 우편조사의 특성 2. 우편조사의 장·단점
		4. 자료의 측정	1. 자료의 측정과 척도	1. 측정의 의미와 과정 2. 척도의 종류 3. 측정의 신뢰성과 타당성

필기과목명	문제수	주요항목	세부항목	세세항목
텔레마케팅 관리	25	1. 텔레마케팅 일반	1. 텔레마케팅의 이해	1. 텔레마케팅의 기초 2. 텔레마케팅의 분류 3. 국내 텔레마케팅 시장 4. 텔레마케팅 도입
		2. 조직관리	1. 조직의 구성	1. 조직화의 과정 2. 조직설계 3. 조직구조의 형태
			2. 조직의 활성화	1. 기업문화 2. 조직의 변화 3. 조직개발 4. 조직의 갈등관리
			3. 리더십의 이해	1. 리더십의 개요 2. 리더십의 특성이론 3. 리더십의 상황이론
		3. 인사관리	1. 인사관리의 의의	1. 인사관리의 의의 2. 인사관리의 주체 3. 인사관리의 내용
			2. 인적자원의 계획과 충원	1. 인적자원계획 2. 직무분석 3. 모집과 선발
			3. 인적자원의 유지와 활용	1. 배치와 이동 2. 승진 3. 인사고과 4. 보상
			4. 인적자원의 개발	1. 교육훈련 2. 경력개발
		4. 성과관리	1. 콜센터 운영관리	1. 콜센터의 역할 2. 아웃바운드 콜센터 3. 인바운드 콜센터
			2. 텔레마케팅 예산편성 및 성과분석	1. 콜량 예측 등 2. 콜센터 운영성과 분석

필기과목명	문제수	주요항목	세부항목	세세항목
고객 응대	25	1. 고객관계관리(CRM)의 기본적 이해	1. 고객관계관리(CRM)의 등장배경	1. 시장의 변화 2. 기술의 변화 3. 고객의 변화 4. 마케팅커뮤니케이션의 변화
			2. 고객관계관리(CRM)의 이해	1. 고객관계관리(CRM)의 정의 2. 고객관계관리(CRM)의 필요성 3. 고객관계관리(CRM)의 특성 4. 고객관계관리(CRM)의 분류 5. 고객관계관리(CRM)의 성공전략
		2. 고객상담기술	1. 효율적인 상담을 위한 기술	1. 의사소통능력 2. 복장과 태도 3. 자료를 다루는 기술
			2. 고객을 이해하기 위한 기술	1. 고객의 욕구파악 2. 고객의 행동스타일 이해 3. 고객유형별 상담기술
			3. 상담처리기술	1. 효과적인 고객상담기술 2. 상담처리 순서 및 방법
			4. 의사소통기법	1. 의사소통의 구성요소 2. 언어적 의사소통 3. 비언어적 의사소통 4. 효과적인 의사소통의 지침

출제기준(실기)

직무 분야	영업·판매	중직무 분야	영업·판매	자격 종목	텔레마케팅관리사	적용 기간	2013. 1. 1 ~ 2015.12.31

○직무내용 : 각종 전화 서비스 즉, 전화판촉, 기업의 시장조사, 정치홍보 등의 업무를 수행한다. 전화할 대상을 선정하고 스크립터를 작성하며, 전화를 통하여 여러 가지 상품이나 서비스 내용, 판매회사의 조건 등의 정보를 제공한다. 또한 판매권유, 판촉물에 대한 추가적인 설명, 특정지역의 전화방문 등 발신업무와 고객의 상품 및 서비스 상담에 응하는 일, 클레임 접수 등의 업무를 수행

○수행준거 : 1. 스크립트를 작성할 수 있다.
              2. 마케팅전략을 수립할 수 있다.
              3. 마케팅 의사결정에 필요한 조사방법을 이해할 수 있다.
              4. 효과적인 고객상담을 할 수 있다.

실기검정방법	복합형	시험시간	3시간정도 (필답형 1시간30분, 작업형 1시간30분정도)

실기과목명	주요항목	세부항목	세세항목
텔레마케팅 실무	1. 스크립트 작성	1. 스크립터 개념 이해하기	1. 스크립트를 정의할 수 있다. 2. 스크립트 작성의 필요성을 이해할 수 있다. 3. 스크립트의 유용성을 이해할 수 있다.
		2. 스크립터 작성 방법 이해하기	1. 스크립터를 작성할 수 있다.
	2. 고객관계관리 (CRM : Customer Relationship Management)	1. 고객관계관리(CRM) 비전 설정하기	1. 소비자, 경쟁사 등에 대한 외부환경을 분석할 수 있다. 2. 자사의 고객에 대한 내부환경을 분석할 수 있다. 3. CRM 비전을 완성할 수 있다.
		2. 고객관계관리(CRM) 전략수립하기	1. 고객필터링을 할 수 있다. 2. 고객 마케팅 기획을 할 수 있다.
		3. 고객정보구축 계획수립하기	1. 고객의 현행업무를 분석할 수 있다. 2. IT기술에 대한 현행 정보시스템을 분석할 수 있다.
		4. 고객자료 수집하기	1. 자료수집 방법을 선택할 수 있다. 2. 고객관계 마케팅 자료를 수집할 수 있다.

실기과목명	주요항목	세부항목	세세항목
		5. 고객정보 분석하기	1. 고객의 정보를 분석 목적에 따라 구분하여 정리할 수 있다. 2. 고객의 정보에서 추출해야 할 중요 요소를 구분 짓고 결정할 수 있다. 3. 시계열 분석, 분산분석 등 다양한 경영 통계 분석기법을 통해서 기존 고객 데이터를 분석하고 해석할 수 있다.
		6. 고객응대 관리하기	1. 소비자 문제에 대한 해결책을 가지고, 고객과 의사소통을 할 수 있다. 2. 상담을 통해 소비자를 설득시켜 고객의 불평, 불만 처리를 할 수 있다.
		7. 고객육성하기	1. 고객을 잠재고객, 신규고객, 일반고객, 우량고객, 불량고객 등으로 세분화할 수 있다. 2. 지속적인 가치제공을 통해 잠재고객을 신규고객으로, 신규고객을 일반고객으로 일반고객을 우량고객으로 전환시키는 등 관계를 유지, 강화할 수 있다.
		8. 고객관련정보 제공하기	1. 인바운드(In-bound) 정보를 처리할 수 있다. 2. 아웃바운드(Out-bound) 정보를 제공할 수 있다.
	3. 마케팅 전략기획	1. STP 전략 수립하기	1. 고객의 인구통계적 기준, 제품에 대한 편익기준, 생활양식, 가치관 등의 기준으로 시장을 세분화할 수 있다. 2. 표적시장을 선정할 수 있다. 3. 통계적인 방법 활용, 소비자조사 등을 통하여 포지셔닝을 위한 도식화를 할 수 있다. 4. 포지셔닝을 수립할 수 있다.
		2. 제품전략 수립하기	1. 제품특징을 파악할 수 있다. 2. 제품수명주기를 파악할 수 있다. 3. 제품별 포트폴리오 분석을 할 수 있다. 4. 포지셔닝에 부합된 제품전략을 수립할 수 있다.
		3. 가격전략 수립하기	1. 제품원가 요인을 분석할 수 있다. 2. 가격 민감성에 대해 분석할 수 있다. 3. 손익분석과 가격설정을 할 수 있다. 4. 경쟁사 대비 가격 포지셔닝을 할 수 있다. 5. 가격구조를 관리할 수 있다.

실기과목명	주요항목	세부항목	세세항목
		4. 유통전략 수립하기	1. 유통채널을 분석할 수 있다. 2. 유통경로를 설계할 수 있다. 3. 유통경로를 관리할 수 있다.
		5. 촉진전략 수립하기	1. 매체분석을 분석할 수 있다. 2. 포지셔닝에 따른 광고매체를 선정할 수 있다. 3. 판매촉진기법을 적용할 수 있다. 4. 효율적으로 예산을 배분할 수 있다.
	4. 시장조사	1. 시장조사계획 수립하기	1. 표본추출 설계를 할 수 있다. 2. 조사방법을 결정 할 수 있다. 3. 조사내용을 결정할 수 있다. 4. 비용/일정을 계획할 수 있다.
		2. 설문지/가이드 라인 작성하기	1. 설문형식 및 내용을 구성할 수 있다. 2. 척도 선택과 적합성을 판단 할 수 있다. 3. 적합한 글쓰기를 할 수 있다.
		3. 자료수집 및 관리하기	1. 면접원을 대상으로 조사대상, 조사방법에 대한 교육을 수행할 수 있다. 2. 정해진 기간내에 조사가 완료될 수 있도록 일정관리를 할 수 있다. 3. 질문지 에디팅(editing)을 할 수 있다.
	5. 텔레마케팅관리	1. 인사 및 성과관리하기	1. 인사관리에 대해 이해할 수 있다. 2. 인사관리의 주체에 대해 이해할 수 있다. 3. 인사관리의 내용을 이해할 수 있다. 4. 인적자원 계획 및 직무분석을 할 수 있다. 5. 모집, 선발, 배치와 이동에 대해 이해할 수 있다. 6. 승진과 인사고과, 보상을 적절히 할 수 있다.
		2. 조직관리하기	1. 조직화의 과정을 이해할 수 있다. 2. 조직을 설계할 수 있다. 3. 조직구조의 형태를 이해할 수 있다. 4. 기업문화를 이해할 수 있다. 5. 조직의 변화를 이해할 수 있다. 6. 조직개발을 할 수 있다. 7. 조직의 갈등관리를 할 수 있다. 8. 리더십에 대해 이해할 수 있다. 9. 리더십의 특성이론 및 상황이론을 이해할 수 있다.

국가기술자격 출제기준 I

13 음식서비스

조주기능사 ·································· 211

13. 음식서비스

조주기능사

출제기준(필기)

직무분야	음식서비스	중직무분야	조리	자격종목	조주기능사	적용기간	2013. 1. 1 ~ 2017. 12. 31

○직무내용 : 주류, 비주류, 다류 등 음료 전반에 대한 재료 및 제법의 지식을 바탕으로 칵테일을 조주하고 호텔과 외식업체의 주장관리, 고객관리, 고객서비스, 경영관리, 케이터링 등의 업무를 수행하는 직무

필기검정방법	객관식	문제수	60	시험시간	1시간

필기과목명	문제수	주요항목	세부항목	세세항목
양주학개론, 주장관리개론, 기초영어	60	1. 음료론	1. 음료의 개념	1. 음료의 개념
			2. 음료의 역사	1. 음료의 역사
			3. 음료의 분류	1. 음료의 분류
		2. 양조주	1. 양조주의 개념	1. 양조주의 개념
			2. 양조주의 분류 및 특징	1. 양조주의 분류 및 특징 2. 양조주의 제조방법
			3. 와인	1. 각국 와인의 특징 2. 각국 와인의 등급 3. 각종 와인의 제조방법
			4. 맥주	1. 각국 맥주의 특징 2. 맥주의 제조방법
		3. 증류주	1. 증류주의 개념	1. 증류주의 개념
			2. 증류주의 분류 및 특징	1. 증류주의 분류 및 특징 2. 증류주의 제조방법
		4. 혼성주	1. 혼성주의 개념	1. 혼성주의 개념
			2. 혼성주의 분류 및 특징	1. 혼성주의 분류 및 특징 2. 혼성주의 제조방법
		5. 전통주	1. 전통주의 특징	1. 전통주의 역사와 특징
			2. 지역별 전통주	1. 지역별 전통주의 종류, 특징 및 제조법

필기과목명	문제수	주요항목	세부항목	세세항목
		6. 비알코올성 음료	1. 기호음료	1. 차 2. 커피
			2. 영양음료	1. 과실·채소 등 주스류 2. 우유 및 발효음료
			3. 청량음료	1. 탄산음료 2. 무탄산음료
		7. 칵테일	1. 칵테일의 개론	1. 칵테일의 개론
			2. 칵테일 만드는 기법	1. 칵테일 만드는 기법
			3. 칵테일 부재료	1. 칵테일 부재료
			4. 칵테일 장식법	1. 칵테일 장식법
			5. 칵테일 잔과 기구	1. 칵테일 잔과 기구
			6. 칵테일 계량 및 단위	1. 칵테일 계량 및 단위
		8. 주장관리	1. 주장의 개요	1. 주장의 개요
			2. 주장의 조직과 직무	1. 주장의 조직과 직무
			3. 주장 운영 관리	1. 구매 2. 검수 3. 저장과 출고 4. 바의 시설과 기물관리 5. 바의 경영관리
			4. 식품위생 및 관련법규	1. 위생적인 주류 취급 방법 2. 주류판매 관련 법규
			5. 고객서비스	1. 테이블매너 2. 바 종사원의 자세 3. 주문받는 요령 4. 음료별 적정 서비스
		9. 술과 건강	1. 술과 건강	1. 술이 인체에 미치는 영향

필기과목명	문제수	주요항목	세부항목	세세항목
		10. 고객서비스영어	1. 음료	1. 양조주 2. 증류주 3. 혼성주 4. 칵테일 5. 비알콜성 음료 6. 전통주 7. 기타 주류 영어
			2. 주장 관련 영어	1. 주장 서비스 영어 2. 호텔외식관련 영어

출제기준(실기)

직무분야	음식서비스	중직무분야	조리	자격종목	조주기능사	적용기간	2013. 1. 1 ~ 2017. 12. 31

○직무내용 : 주류, 비주류, 다류 등 음료 전반에 대한 재료 및 제법의 지식을 바탕으로 칵테일을 조주하고 호텔과 외식업체의 주장관리, 고객관리, 고객서비스, 경영관리, 케이터링 등의 업무를 수행하는 직무

○수행준거 : 1. 숙련된 조주기법으로 칵테일에 필요한 알맞은 재료 및 도구를 선정할 수 있다.
2. 칵테일의 제조에 필요한 레시피를 정확하게 숙지하여 칵테일을 만들 수 있다.
3. 칵테일을 만드는 기구를 정확하게 사용할 수 있다.
4. 고객에 대하여 최상의 서비스를 제공할 수 있다.
5. 개인위생 및 주장위생을 위생적으로 관리할 수 있다.

실기검정방법	작업형	시험시간	7시간 정도

실기과목명	주요항목	세부항목	세세항목
칵테일 조주 작업	1. 칵테일조주	1. 직접넣기(Building)	1. 알맞은 글라스를 선택할 수 있다. 2. 알맞은 도구를 선정하여 능숙하게 다룰 수 있다. 3. 알맞은 양의 재료를 선택할 수 있다. 4. 정확한 순서로 만들 수 있다. 5. 알맞은 장식을 할 수 있다.
		2. 휘젓기(Stirring)	1. 알맞은 글라스를 선택할 수 있다. 2. 알맞은 도구를 선정하여 능숙하게 다룰 수 있다. 3. 알맞은 양의 재료를 선택할 수 있다. 4. 정확한 순서로 만들 수 있다. 5. 알맞은 장식을 할 수 있다.
		3. 흔들기(Shaking)	1. 알맞은 글라스를 선택할 수 있다. 2. 알맞은 도구를 선정하여 능숙하게 다룰 수 있다. 3. 알맞은 양의 재료를 선택할 수 있다. 4. 정확한 순서로 만들 수 있다. 5. 알맞은 장식을 할 수 있다.
		4. 블렌딩(Blending)	1. 알맞은 글라스를 선택할 수 있다. 2. 알맞은 도구를 선정하여 능숙하게 다룰 수 있다. 3. 알맞은 양의 재료를 선택할 수 있다. 4. 정확한 순서로 만들 수 있다. 5. 알맞은 장식을 할 수 있다.

실기과목명	주요항목	세부항목	세세항목
		5. 띄우기(Floating)	1. 알맞은 글라스를 선택할 수 있다. 2. 알맞은 도구를 선정하여 능숙하게 다룰 수 있다. 3. 알맞은 양의 재료를 선택할 수 있다. 4. 정확한 순서로 만들 수 있다. 5. 알맞은 장식을 할 수 있다.
		6. 프로즌칵테일(Frozen) 만들기	1. 알맞은 재료와 도구를 선정하여 프로즌(Frozen) 칵테일을 만들 수 있다.
		7. 프로스팅칵테일(Frosting) 만들기	1. 알맞은 재료와 도구를 선정하여 프로스팅(Frosting) 칵테일을 만들 수 있다.
	2. 고객 서비스	1. 바른 태도로 칵테일 만들기	1. 바른 태도로 칵테일을 만들 수 있다.
		2. 위생관리하기	1. 개인위생관리 및 주장위생관리를 할 수 있다.
		3. 복장관리하기	1. 칵테일 조주 및 서비스에 적합한 복장을 갖추어야 한다.
		4. 기타 서비스 제공	1. 서비스 마인드로 고객서비스를 제공할 수 있다.

국가기술자격 출제기준 I

14 건설

방수산업기사 ·················· 221
응용지질기사 ·················· 239
항로표지기사 ·················· 255
항로표지산업기사 ·················· 269
항로표지기능사 ·················· 283
해양공학기사 ·················· 293
해양자원개발기사 ·················· 303
해양조사산업기사 ·················· 313
해양환경기사 ·················· 323
교통기사 ·················· 337
교통산업기사 ·················· 365
도시계획기사 ·················· 385
항공사진기능사 ·················· 399

14. 건설

방수산업기사

출제기준(필기)

직무 분야	건설	중직무 분야	건축	자격 종목	방수산업기사	적용 기간	2013. 1. 1 ~ 2018. 12. 31

○직무내용 : 건설구조물의 건설일반에 관한 기초지식과 방수재료 및 방수시공 등에 대한 전문 지식 및 실무를 습득하여 합리적인 현장 관리 방법으로 방수공사의 안전과 품질을 확보하고, 시공 과정에서 발생하는 방수공사의 문제점 및 하자 원인 등을 이해하여, 이를 방지하도록 시공 지도, 관리, 감독 등의 업무를 수행하는 직무

필기검정방법	객관식	문제수	80	시험시간	2시간

필기과목명	문제수	주요항목	세부항목	세세항목
방수일반	20	1. 건설구조물의 이해	1. 건설구조물의 개요	1. 건설구조물의 정의, 개념 2. 건설구조물의 구비조건
			2. 건설구조의 분류	1. 구조 형식별 분류 2. 구조 재료별 분류
			3. 설계도면의 이해	1. 제도용어 및 용구 2. 각종 제도 규약 3. 설계도면의 종류 및 작도법 4. 건축물의 묘사 및 표현
		2. 방수 기본지식	1. 구조물에 미치는 물의 영향	1. 목재의 부패 2. 금속계 재료의 부식 3. 철근콘크리트의 내구성 저하 4. 마감재의 박리, 부풀음 5. 백화, 누수, 곰팡이, 외벽의 오염
			2. 방수설계시 고려사항	1. 기후조건 2. 환경조건 3. 바탕조건 4. 시공성 5. 보수 및 유지관리
			3. 방수와 관련된 각종공사	1. 기초공사 2. 구조물공사 3. 지붕 및 홈통공사 4. 창호 및 커튼월공사 5. 각종 설비공사

필기과목명	문제수	주요항목	세부항목	세세항목
			4. 건설재료의 이해	1. 시멘트 및 콘크리트 2. 점토재료 3. 철골 및 금속재료 4. 목재 5. 석재
		3. 안전관리	1. 재해예방 및 조치	1. 산업재해 원인 분류, 요인 2. 산업재해 조사 및 통계 3. 재해예방 대책 4. 안전관리 조직, 교육
			2. 산업시설의 안전	1. 건설공사의 안전 2. 소방안전 3. 안전보호구 4. 물질안전
		4. 환경관리	1. 환경관리	1. 소음 및 진동관리 2. 비산먼지 및 오염관리
			2. 폐기물관리 및 자원 재활용	1. 산업폐기물 관리 2. 폐기물 재활용

필기과목명	문제수	주요항목	세부항목	세세항목
방수재료	20	1. 방수재료의 기본지식	1. 방수재료의 분류	1. 적용부위 및 사용용도에 따른 분류 2. 재료에 따른 분류
			2. 방수부위별 재료의 요구성능	1. 공통 요구성능 2. 지붕방수의 요구성능 3. 실내방수의 요구성능 4. 지하방수의 요구성능 5. 옥외방수의 요구성능
			3. 방수재료의 특성	1. 아스팔트계 방수재료 2. 합성고분자계 시트 방수재료 3. 도막계 방수재료 4. 시멘트계 방수재료 5. 복합방수재 6. 자착형시트 방수재료 7. 실링계 방수재 8. 녹화용방수 및 방근재 9. 벤토나이트계 방수재료
		2. 방수재료의 시험	1. 방수재료의 성능시험	1. 흡수 및 투수성시험 2. 인장·인열시험 3. 굴곡저항성능시험 4. 내움푹패인성능시험 5. 부착성능시험 6. 내충격성능시험 7. 내화학성능시험
			2. 방수재료의 시험기준	1. 건설용도막방수재 2. 합성고분자시트방수재 3. 개량아스팔트시트방수재 4. 규산질계분말형도포방수재 5. 시멘트혼입폴리머계방수재 6. 폴리우레아수지도막방수재 7. 시멘트액체형방수재 8. 자착식고무화아스팔트시트 9. 아스팔트펠트 10. 아스팔트루핑

필기과목명	문제수	주요항목	세부항목	세세항목
방수시공	20	1. 방수시공 기본	1. 방수바탕처리	1. 바탕의 종류 2. 물매와 배수 3. 바탕의 형상 4. 바탕의 상태
			2. 방수부위의 이해	1. 방수턱, 난간벽 2. 배관류, 관통부, 드레인 주위 3. 신축줄눈 부위 4. 설비기기류 기초부위 시공 5. 저수조, 정화조 주위
			3. 방수시공 장비 및 도구	1. 방수시공 장비 2. 방수시공 도구
		2. 각종 방수공사	1. 재료별 방수공사	1. 아스팔트계 방수공사 2. 합성고분자계 시트 방수공사 3. 자착식 시트 방수공사 4. 도막계 방수공사 5. 시멘트계 방수공사 6. 시멘트혼입폴리머계 방수공사 7. 규산질계분말형도포 방수공사 8. 복합방수공사 9. 벤토나이트계 방수공사
			2. 부위별 방수공사	1. 지붕방수공사 2. 실내방수공사 3. 외벽방수공사 4. 지하방수공사 5. 토목구조물의 방수공사

필기과목명	문제수	주요항목	세부항목	세세항목
방수유지관리	20	1 방수유지 관리개요	1. 유지관리의 일반사항	1. 유지관리의 필요성 2. 유지관리 기본지침 3. 방수 점검부위 및 점검방법
			2. 방수하자 원인 및 방지대책	1. 방수하자 유형 2. 방수하자 원인 3. 방수하자 방지 대책
		2 누수보수공사	1. 방수부위별 누수원인	1. 지붕부위 2. 내·외벽부위 3. 실내부위 4. 지하부위
			2. 누수보수시공	1. 누수조사 및 진단방법 2. 누수보수 재료 3. 누수 보수 시공방법

출제기준(실기)

직무분야	건설	중직무분야	건축	자격종목	방수산업기사	적용기간	2013. 1. 1 ~ 2018. 12. 31

○직무내용 : 건설구조물의 건설일반에 관한 기초지식과 방수재료 및 방수시공 등에 대한 전문 지식 및 실무를 습득하여 합리적인 현장 관리 방법으로 방수공사의 안전과 품질을 확보하고, 시공 과정에서 발생하는 방수공사의 문제점 및 하자 원인 등을 이해하여, 이를 방지하도록 시공 지도, 관리, 감독 등의 업무를 수행하는 직무

○수행준거 : 1. 공사내역, 설계도면 검토 등을 통해 공정관리 및 작업인원, 자재투입, 가설, 안전관리, 환경관리, 품질관리 등 방수공사 시공계획을 수립할 수 있다.
2. 각종 방수공사를 위한 작업준비를 지시하고 감독할 수 있다.
3. 아스팔트 방수, 시트방수, 도막방수, 실링방수, 규산질계도포, 시멘트 모르타르방수 등 공법으로 시공할 수 있으며 지도 및 관리감독 업무를 수행할 수 있다.
4. 모르타르 바르기 및 보호재 부착을 통해 보호층 시공을 위한 지도 및 관리감독을 업무를 수행할 수 있다.

실기검정방법	복합형	시험시간	5시간30분 정도 (필답형 1시간30분, 작업형 4시간 정도)

실기과목명	주요항목	세부항목	세세항목
방수시공실무	1. 도면보기	1. 도면 기본지식 이해하기	1. 도면의 기능과 용도를 파악할 수 있다. 2. 도면에서 지시하는 내용들을 파악할 수 있다. 3. 도면에 표기된 각종 기호들의 의미를 파악할 수 있다.
		2. 기본도면 판독하기	1. 도면을 보고 구조물의 평면도, 입면도를 구분할 수 있다. 2. 도면을 보고 시공해야 될 위치를 파악할 수 있다. 3. 도면을 보고 재료의 종류를 선택하고 가공위치 및 가공방법을 파악할 수 있다.
	2. 현장안전	1. 안전보호구 착용하기	1. 현장안전수칙에 따라 안전보호 장구를 올바르게 착용할 수 있다.
		2. 안전시설물 설치하기	1. 산업안전보건법에서 정한 안전시설물 설치기준을 준수하여 안전시설물을 설치할 수 있다. 2. 안전보호구를 유용하게 사용할 수 있는 필요장치를 설치할 수 있다.
		3. 불안전시설물 개선하기	1. 기 설치된 시설물을 관리자 지시대로 정기적 점검을 통해 개선할 수 있다. 2. 측정장비를 사용하여 안전 시설물이 제대로 유지되고 있는지를 확인하고, 유지되지 않았을 때는 교체할 수 있다.

실기과목명	주요항목	세부항목	세세항목
	3. 방수공사 시공계획	1. 내역 검토하기	1. 계약서 내역에 따라 공사규모를 파악하여 공사의 계약범위, 공사의 한계 및 범위를 분석할 수 있다. 2. 계약서에 따라 시공관리상의 특수조건을 확인할 수 있다.
		2. 설계도서 검토하기	1. 설계도서에 따라 주요 시공부위와 시공방법을 파악할 수 있다. 2. 설계도서를 검토하여 방수방법이 적합하지 않을시 대안 및 개선안을 제시할 수 있다.
		3. 공정관리 계획하기	1. 전체 공정표에 따라 선공사 및 후공사 관계를 고려하여 방수공사 공정표를 작성할 수 있다. 2. 공법에 따른 요소작업을 구분하여 분할할 수 있다. 3. 설계도서에 따라 도출된 작업 량에 의거하여 요소 작업 공기를 산출할 수 있다.
		4. 작업인원투입 계획하기	1. 산출된 작업량을 기준으로 실행내역에 따라 인원을 조직하고 구성할 수 있다. 2. 공정에 필요한 인원을 배치할 수 있다.
		5. 자재 투입하기	1. 설계도서에 따라 공사에 필요한 자재를 선정하고 소요량을 산출할 수 있다. 2. 각 자재를 시공관리계획에 따라 투입날짜를 계획할 수 있다.
	4. 바탕처리	1. 바탕 청소하기	1. 작업계획서에 따라 공구를 사용하여 바탕면 요철, 들뜸, 레이턴스, 단차, 흠 등이 없도록 평활하고 깨끗하게 바탕을 정리할 수 있다. 2. 작업계획서에 따라 청소도구를 사용하여 바탕면에 이물질(거푸집, 박리제, 얼룩, 녹 등)이 없도록 청소하고 건조시킬 수 있다.
		2. 취약부분 보강하기	1. 연마기 사용방법에 따라 코너 및 모서리 부위가 R면 또는 각 면이 되도록 만들 수 있다. 2. 노출된 철근, 골재, 철선 등의 처리방법에 따라 그 부위를 파취하여 제거하고 모르타르로 보수할 수 있다. 3. 각종 보강재를 사용방법에 따라 방수턱과 벽체의 이음부 등에 누수가 되지 않도록 선보강 할 수 있다. 4. 절단기 사용방법에 따라 콘크리트 이음 타설부 및 균열부위의 경우 누수가 되지 않도록 양쪽으로 V커팅할 수 있다. 5. **충전기** 사용방법에 따라 콘크리트 이음 타설부 및 균열부위의 경우 누수가 되지 않도록 수지 모르타르를 **충전**할 수 있다.

실기과목명	주요항목	세부항목	세세항목
	5. 아스팔트 방수공사	1. 프라이머 도포하기	1. 함수율 측정기를 이용하여 시공면 건조 상태를 확인할 수 있다. 2. 시방서에 따라 솔, 롤러, 뿜칠기 등을 이용하여 규정량을 균일하게 도포할 수 있다.
		2. 용융 아스팔트 바르기	1. 용융된 아스팔트를 전용 기구를 사용하여 바탕에 적정 두께로 도포한 후 그 위에 아스팔트 펠트를 시공할 수 있다. 2. 용융 아스팔트의 운반 전 미리 장애물을 확인하고, 운반 도중 화상을 입지 않도록 주의하여 시공할 수 있다.
		3. 아스팔트 펠트 및 루핑 등 시트재 깔기	1. 특수 부위에 대한 보강 붙이기와 평탄부에서의 아스팔트 방수시트 깔기를 구분하여 시행할 수 있다. 2. 특수 부위에 대한 보강 붙이기를 선 시공 한 후 평탄부에서의 방수 시트 깔기를 시공할 수 있다.
		4. 특수 부위 보강 붙이기	1. 모서리부분, 콘크리트 이어치기부 및 균열부, 패널류 이음줄눈부의 처리 부위, 루프 드레인 주변, 파이프 주변 등 특수 부위에 보강 붙이기를 시공할 수 있다. 2. 특수부의 보강포 붙이기가 끝난 후 프라이머의 건조상태를 확인하고, 일반 평탄부에 루핑 시트를 시공할 수 있다.
		5. 방수층 끝단부 처리하기	1. 각층의 루핑류를 같은 위치에 가지런히 붙이고, 가장자리부를 각층마다 나무주걱 등으로 잘 눌러 들뜸이나 밀착 불량이 되지 않도록 하고, 치켜올림 끝단부에 보강 붙이기를 시공 할 수 있다. 2. 접합 부분을 고무아스팔트계 실링재로 충전할 수 있다.
		6. 양생하기	1. 방수 시공 완료 후 방수층을 손상 시킬 우려가 있는 중량 물 등은 두지 않도록 조치할 수 있다. 2. 필요시에는 보호 양생 시트를 덮어 보양할 수 있다.

실기과목명	주요항목	세부항목	세세항목
		7. 보호 및 마감하기	1. 시방서 규정에 따라 보호 모르타르를 시공하여 방수층을 보호할 수 있다. 2. 지붕방수의 경우 현장타설 보호 콘크리트, 아스팔트 콘크리트, 콘크리트 블록, 자갈, 마감 도료 등을 적용하여 보호 마감할 수 있다. 3. 실내방수의 경우 현장타설 보호 콘크리트나 시멘트 모르타르를 적용하여 보호 마감할 수 있다.
	6. 합성고분자 시트방수공사	1. 프라이머 도포하기	1. 롤러, 솔, 뿜칠기를 사용하여 시트 부착 작업 면적 범위 내로 균일하게 도포할 수 있다. 2. ALC 패널 등 표면에 요철이 있는 바탕재는 먼저 바탕 처리재를 바른 후 프라이머를 도포할 수 있다.
		2. 접착제 도포하기	1. 선 시공된 프라이머의 적정한 건조를 확인한 후 시트의 부착 작업이 가능한 범위 내에서 접착제를 바를 수 있다. 2. 접착제는 솔, 롤러 등을 사용하여 균일하게 도포할 수 있다.
		3. 합성 고분자계 시트붙이기	1. 합성고무계 전면접착 공법에 따라 일반부분의 시트를 붙이기 전에 바탕의 오목 모서리에 일정한 넓이의 비가황고무계 시트를 덧붙임 할 수 있다. 2. 합성고무계 전면접착 및 합성수지계 기계적 공법에 따라 일반부분의 시트를 붙인 후 오목·볼록모서리부에 맞춰 성형 고정물을 붙일 수 있다. 3. 합성고무계 전면접착·합성수지계 전면접착 공법에 따라 ALC 패널 단면 접합부에는 접착제를 바르기 전에 일정한 폭의 절연용 테이프를 붙일 수 있다. 4. 합성고무계 전면접착 공법에 따라 비가황 고무계 시트를 사용할 경우의 ALC패널의 모서리부의 일반부분의 시트를 붙이기 전에 일정한 폭으로 비가황고무계 시트로 덧붙임 할 수 있다. 5. 고무롤러를 사용하여 합성고무계 전면접착 및 합성수지계 전면접착 공법에 따라 시트 붙임은 도포한 접착제의 적정 건조시간을 고려하여 공기 또는 이물질이 들어가지 않도록 전압하여 접착할 수 있다.

실기과목명	주요항목	세부항목	세세항목
			6. 고정철물을 사용하여 합성수지계 기계고정 공법에 따라 염화비닐수지 시트는 설계도서에 명시된 위치에 고정시킬 수 있다. 7. 시트접합부는 시방서의 규정에 따라 물매 위쪽의 시트가 물매 아래쪽 시트의 위에 오도록 겹칠 수 있다. 8. 시트의 재질에 따라 상호간의 겹침 폭을 종·횡으로 일정한 폭이 되도록 할 수 있다. 9. 전열용성 접합방법에 따라 시트 상호간의 일정한 접합폭이 되도록 할 수 있다.
		4. 확인 및 점검하기	1. 치켜올림부, 시트 겹침부 등의 방수층 끝단부의 실링재 및 보강 테이프처리를 확인할 수 있다. 2. 방수층 들뜸, 찢김, 패임, 조인트부의 미접착 부분의 유무확인 후, 필요시 즉시 보수 할 수 있다.
	7. 자착식 시트방수공사	1. 프라이머 도포하기	1. 바탕을 충분히 청소한 후, 프라이머를 솔 및 고무주걱 등으로 균일하게 얼룩이 없도록 도포할 수 있다.
		2. 자착형 방수시트 붙이기	1. 자착형 방수시트는 들뜸 현상이 발생되지 않도록 완전 밀착시켜 시공할 수 있다. 2. ALC 패널의 단면접합부 등 큰 움직임이 예상되는 부위는 덧 붙임용 시트를 적용하여 시공할 수 있다. 3. 치켜올림부의 자착형 방수시트의 끝부분은 누름철물을 이용하여 고정하고, 실링재 처리 할 수 있다.
		3. 특수 부위 처리하기	1. 오목모서리, 볼록모서리, 드레인 주변, 파이프 주변은 부위에 보강 붙이기를 시공할 수 있다.
		4. 보호 및 마감하기	1. 시방서 규정에 따라 보호 모르타르를 시공하여 방수층을 보호 할 수 있다. 2. 보호 및 마감 시공전 방수층의 결함을 점검 및 보수하고, 건조 상태를 점검 할 수 있다.

실기과목명	주요항목	세부항목	세세항목
	8. 시멘트 모르타르계 방수	1. 방수재 배합하기	1. 방수재 제조사가 지정하는 방법에 따라 전동비빔기 또는 손비빔으로 불순물 등이 포함되지 않도록 혼합할 수 있다. 2. 믹서를 사용하여 시방서에 규정한 시간만큼 충분히 비빌 수 있다. 3. 재령의 초기에는 충격·진동 등의 영향을 주지 않도록 방수층을 보호할 수 있다. 4. 저온시 동결을 방지하도록 보온 또는 시트 등으로 방수층을 보호할 수 있다.
	9. 규산질계 도포 방수공사	1. 재료 혼합하기	1. 방수재 제조사가 지정하는 방법에 따라 전동비빔기 또는 손비빔으로 불순물 등이 포함되지 않도록 혼합할 수 있다. 2. 시방서에 따른 일정량의 물을 혼입한 후 재료들이 균질해질 때까지 비빔할 수 있다. 3. 방수재 제조사가 정한 시간에 따라 배합된 방수재를 응결되지 않도록 사용할 수 있다.
		2. 방수재 도포하기	1. 바탕 건조상태에 따라 방수층 내부의 수분이 과도하게 바탕에 흡수되지 않도록 살수할 수 있다. 2. 시방서에 규정된 두께에 따라 솔·흙손·로울러·뿜칠기 등을 사용하여 방수층을 균일하게 바를 수 있다. 3. 미리 지수제 등을 발라 둔 치켜 올림 부분이나 취약 및 보수부위에 충분하게 겹쳐지도록 바를 수 있다. 4. 시방서에 따라 지정한 도포횟수를 준수하여 적정한 두께로 도포할 수 있다.
		3. 양생하기	1. 시방서에서 규정된 방수재료의 특성 및 시공장소에 따라 양생을 할 수 있다. 2. 환경조건(직사일광이나 바람, 고온 등)에 따라 균열이 발생하지 않도록 살수 또는 시트 등으로 보호할 수 있다. 3. 재령의 초기에는 충격·진동 등의 영향을 주지 않도록 방수층을 보호할 수 있다. 4. 저온시 동결을 방지하도록 보온 또는 시트 등으로 방수층을 보호할 수 있다.

실기과목명	주요항목	세부항목	세세항목
	10. 시트방수	1. 프라이머 도포하기	1. 시공면 건조상태 확인방법에 따라 수분에 의한 부풀음을 방지할 수 있는 시공면 적정 함수율을 확인할 수 있다. 2. 프라이머 도포방법에 따라 솔·롤러 등을 사용하여 바탕에 프라이머를 균일하게 도포할 수 있다.
		2. 개량아스팔트 시트 붙이기	1. 작업대상 장소, 여건(코너, 모서리, 익스펜션 조인트, 파라펫 드레인, 환기구 돌출파이프 등)에 따라 누수가 되지 않도록 보강시트를 붙일 수 있다. 2. 시트부착 방법(낮은 곳에서 높은 곳으로)에 따라 작업장소에 부합하게 시트를 붙일 수 있다. 3. 아스팔트시트 종류에 따라 겹침폭을 정하여 접합시킬 수 있다. 4. 시트의 접합부는 원칙적으로 물매 위쪽의 시트가 물매 아래쪽 시트의 위에 오도록 겹칠 수 있다. 5. 적층 시공시에는 접합부가 동일 장소에 중첩되지 않도록 붙일 수 있다.
	11. 도막방수	1. 방수액 혼합하기	1. 제조자가 지정하는 방법에 따라 전동비빔기를 사용하여 방수액을 혼합할 수 있다. 2. 이액형 재료인 경우 시공시기, 면적, 능률 및 재료의 사용 기간 등의 조건에 따라 1회 혼합량을 결정할 수 있다. 3. 방수액 혼합제한시간에 따라 단 시간(3분~5분) 내에 마칠 수 있다.
		2. 프라이머 도포하기	1. 시공면 건조상태 확인방법에 따라 수분에 의한 부풀음을 방지할 수 있는 시공면 건조상태(적정 함수율)를 확인할 수 있다. 2. 프라이머 도포방법에 따라 솔·롤러·뿜칠 기구 등을 사용하여 바탕에 프라이머를 균일하게 도포할 수 있다.
		3. 보강포 붙이기	1. 치켜올림부·오목모서리·볼록모서리·드레인 주변 및 돌출부 주위에 보강포를 붙일 수 있다. 2. 거동이 예상되는 콘크리트 이어치기 부위, 균열부 위에 절연처리를 할 수 있다. 3. 보강포는 밑바탕에 붙여 주름이나 구김살이 생기지 않도록 방수재 또는 접착제로 붙일 수 있다. 4. 보강포 겹침 폭은 적정치수(50mm 정도)를 준수하며 붙일 수 있다.

실기과목명	주요항목	세부항목	세세항목
		4. 방수액 도포하기	1. 솔·롤러·고무주걱·뿜칠기구 등을 사용하여 핀홀이 생기지 않도록 치켜올림부와 평면부의 순서로 균일하게 도포할 수 있다. 2. 보강포 위에 도포할 경우는 불침투 부분이 생기지 않도록 방수재를 도포할 수 있다. 3. 방수재의 겹쳐 바르기는 앞 공정에서의 칠 방향과 직교하도록 바를 수 있다. 4. 겹쳐바르기 또는 이어바르기의 폭은 적정치수(100mm) 내외가 되도록 도포할 수 있다. 5. 겹쳐바르기는 시방서에 규정된 시간간격과 최장시간에 따라 도포할 수 있다. 6. 방수재 1차 바름 후 핀홀, 들뜸, 기타 하자 부위는 완전히 보수 후 방수재 2차 바름을 할 수 있다.
	12. 복합방수	1. 프라이머 도포하기	1. 프라이머 도포의 시방서를 숙지하고, 시공할 수 있다. 2. 방수재료별 프라이머의 종류 및 도포방법을 숙지하고, 시공할 수 있다.
		2. 보강포 시공하기	1. 보강포의 종류를 파악하고, 각각의 장점 및 단점을 숙지하고, 시공할 수 있다. 2. 접합부, 균열 및 콘크리트 이어치기 부분의 보강 방법을 숙지하고, 시공할 수 있다. 3. 모서리부, 드레인 주변, 파이프 주변, 특수부위 보강 방법을 숙지하고, 시공할 수 있다.
		3. 복합방수 시공하기	1. 복합방수의 종류를 파악하고, 시공할 수 있다. 2. 복합방수의 특징을 이해하고, 시공할 수 있다. 3. 재료별 복합 형태를 숙지하고, 시공할 수 있다. 4. 바탕 콘크리트에 대한 부착방식 유형을 숙지하고, 시공할 수 있다. 5. 복합방수 접합부 처리 방법을 숙지하고, 시공할 수 있다. 6. 복합방수공법별 시공 순서를 정확히 숙지하고, 시공할 수 있다. 7. 복합방수 시공에서 사용되는 장비에 대하여 숙지하고, 시공할 수 있다.

실기과목명	주요항목	세부항목	세세항목
		4. 절연테이프 고정하기	1. 절연테이프의 종류를 파악하고, 시공할 수 있다. 2. 방수공사에 있어 절연테이프의 기능을 숙지하고, 시공할 수 있다. 3. 절연테이프의 시공방법을 숙지하고, 시공할 수 있다.
		5. 접합부 시공하기	1. 접합부 시공 방법을 숙지하고, 시공할 수 있다. 2. 접합부 시공에 있어 방수층에 미치는 영향을 분석하고, 시공 할 수 있다. 3. 접합부 시공에서 발생되는 다양한 하자원인을 파악하고, 시공할 수 있다. 4. 접합부 시공에서 발생되는 하자 원인에 대한 대처 방안을 숙지하고, 시공할 수 있다.
	13. 옥상 녹화 방수	1. 방근·방수층 이해하기	1. 옥상 녹화 방수에 사용되어지는 재료에 대한 방근 및 방수 성능 확인 방법을 숙지한다. 2. 옥상 녹화 방수에 적용되는 재료에 대한 방근 및 방수성능 기준을 이해한다. 3. 식물의 생장에 따른 뿌리의 내근성에 대한 성능을 이해한다.
		2. 방근·방수층 시공하기	1. 방근·방수의 정의와 기능에 대하여 명확히 숙지하고, 시공할 수 있다. 2. 방근·방수 재료의 종류에 대하여 숙지하고, 재료별 장단점을 시공할 수 있다. 3. 방근층 시공시 주의 사항에 대하여 숙지하고, 시공할 수 있다. 4. 토심과 식종에 따른 옥상녹화의 유형과 적합한 옥상녹화 시스템의 구성에 대하여 숙지하고, 시공할 수 있다.
	14. 실링방수	1. 본드 브레이크 바르기	1. 줄눈형상계수를 계산하는 법법에 따라 줄눈 폭 및 깊이를 산정할 수 있다. 2. 시방서에 따라 백업재는 줄눈깊이가 규정된 깊이가 되도록 충진할 수 있다. 3. 본드브레이커 설치 방법에 따라 줄눈바닥에 일정하게 붙일 수 있다.
		2. 매스킹 테이프 붙이기	1. 매스킹 테이프 바르기 방법에 따라 줄눈주변의 구성재에 이물질이 침투되지 않도록 붙일 수 있다. 2. 실링재를 선에 맞추어 시공 가능하도록 붙일 수 있다.

실기과목명	주요항목	세부항목	세세항목
		3. 피착면 청소 및 프라이머 도포하기	1. 피착면 청소방법에 따라 피착면의 접착에 유해한 수분이나 물질을 제거할 수 있다. 2. 프라이머 도포방법에 따라 도구(솔)를 사용하여 피착면에 프라이머를 균일하게 도포할 수 있다.
		4. 실링재 충전하기	1. 실링재 특성에 따라 실링되는 부위별 적정한 실링재를 선정할 수 있다. 2. 실링재 제조자가 지정하는 충전방법에 따라 프라이머 건조시간이 경과한 다음에 틈새, 타설 남김, 기포가 생기지 않도록 충전할 수 있다. 3. 실링재 충전기법에 따라 이음타설 적정장소(줄눈의 교차부, 코너부 회피)를 정하여 경사이음을 할 수 있다.
		5. 주걱 마감하기 및 청소하기	1. 평활마감기법에 따라 실링마감 전용 주걱으로 충전되어진 실링재가 피착면에 잘 접착될 수 있도록 눌러 평활하게 마감할 수 있다. 2. 실링방수마감 청소기법에 따라 매스킹 테이프를 제거하고 피착면 이외 오염부분을 청소할 수 있다.
	15. 보호층시공	1. 모르타르 바르기	1. 보호모르타르 혼합 적정비율에 따라 믹서를 사용하여 혼합할 수 있다. 2. 모르타르 바르기 기법에 따라 바름도구를 사용하여 보호모르타르를 벽체 또는 바닥면에 적정 두께로 시공할 수 있다.
		2. 보호재 부착하기	1. 도료마감 및 각종 방수층 보호재 사용기법에 따라 방수층에 대한 보호층을 형성할 수 있다. 2. 접착제가 도포된 고밀도 폴리에틸렌 방수 보호재로 공사 대상 장소에 부합한 두께로 방수층을 1차 보호할 수 있다. 3. 방수 보호벽돌쌓기(수직부), 무근콘크리트 타설(수평부)을 통해 방수층에 대한 2차 보호를 할 수 있다.

14. 건설

응용지질기사

출제기준(필기)

직무 분야	건설	중직무 분야	토목	자격 종목	응용지질기사	적용 기간	2013.1.1~2017.12.31

○직무내용 : 지각의 성분 및 특성, 구조 등의 정보를 활용하여 터널 및 사면 등과 같은 토목구조물의 설계에 요구되는 지질 및 지반 자료의 획득 및 분석, 지진이나 산사태 등과 같은 지질재해의 예측, 자원 탐사 및 개발, 지하수의 거동 분석 등에 대한 업무를 수행하는 직무

필기검정방법	객관식	문제수	100	시험시간	2시간30분

필기과목명	문제수	주요항목	세부항목	세세항목
암석학 및 광물학	20	(암석학 일반) 1. 화성암	1. 화성암의 산상	1. 분출암과 관입암 2. 화성암의 화학 성분 3. 화성암의 광물 성분
			2. 화성암의 성인	1. 화성암과 마그마 2. 근원암 3. 마그마의 이동 4. 마그마의 변화 5. 암석의 형성
			3. 화성암의 구조 및 조직	1. 화성암의 식별 2. 화성암의 구조 3. 화성암의 조직 4. 화성 조직의 기원
			4. 화성암의 분류	1. 조직과 광물에 의한 분류 2. 화학적 분류 3. 복합기준에 의한 분류
		2. 퇴적암	1. 퇴적암의 생성과정	1. 퇴적환경의 종류와 퇴적물 2. 풍화 작용과 근원지 3. 퇴적물의 운반작용 4. 속성 작용
			2. 퇴적암의 특징	1. 퇴적암의 구조 2. 퇴적암의 조직 3. 퇴적암의 광물 성분 4. 퇴적암의 화학 성분
			3. 퇴적암의 종류	1. 쇄설성 퇴적암 2. 탄산염암 3. 화학적 퇴적암 4. 유기적 퇴적암

필기과목명	문제수	주요항목	세부항목	세세항목
		3. 변성암	1. 변성암의 구조	1. 변성암의 구조 2. 변성암의 조직 3. 변성분화작용
			2. 변성암의 종류	1. 파쇄암 2. 광역변성암 3. 접촉변성암 4. 다른 퇴적암과 화성암의 변성암
			3. 암석의 윤회	1. 암석의 윤회
		(광물학 일반) 1. 기초광물학	1. 원자와 분자	1. 원자모델 2. 원자와 분자의 표기법
			2. 원자의 구성	1. 원자의 구조 2. 원자번호 3. 원자내 전자의 배열 4. 원자량과 분자량 5. 이온
			3. 원자의 결합	1. 이온결합 2. 공유결합 3. 금속결합 4. 반데르 바알스결합 5. 수소결합
			4. 원자의 분류	1. 주기율표 2. 알칼리금속 3. 알칼리토금속 4. 희토류원소 5. 반금속 6. 비금속
		2. 결정형태와 대칭	1. 결정 및 결정의 형성	1. 결정의 정의 2. 결정의 요소 3. 결정의 형성
			2. 결정의 대칭	1. 대칭조작 2. 대칭요소 3. 결정의 대칭 기재법 4. 결정축과 결정면의 표기
			3. 결정형 및 투영	1. 결정형의 표기 2. 결정형의 여러 형태 3. 결정의 투영

필기과목명	문제수	주요항목	세부항목	세세항목
			4. 쌍정 및 정벽, 정상	1. 쌍정의 종류 2. 정벽과 정상
		3. 광물의 물리적 성질	1. 빛에 의한 성질	1. 벽개와 열개 2. 단구 3. 경도 4. 점착성
			2. 응집력에 의한 성질	1. 벽개와 열개 2. 단구 3. 경도 4. 점착성
			3. 열에 의한 성질	1. 열전도와 열팽창 2. 용융과 해리 3. 상변화
			4. 광물광학적 성질	1. 등방체와 이방체 2. 불투명광물의 광학적 성질
			5. 기타 물리적 성질	1. 비중 2. 전기적 성질 3. 자기적 성질 4. 기타 물리적 성질
		4. 광물의 분류 및 감정	1. 광물의 분류	1. 광물의 결정화학적 분류
			2. 광물의 식별	1. 광물의 화학조성 2. 광물의 화학식 3. 광물의 안정한 구조
			3. 광물의 감정	1. 광물의 성분분석 2. 광물 내부구조의 분석 3. 동위원소 분석 4. 포유물 분석
		5. 광물의 생성과 집합	1. 결정의 성장	1. 결정성장이론 2. 결정의 외형 3. 교대작용과 재결정작용
			2. 광물의 생성	1. 광물생성의 조건 2. 상평형도
			3. 광물의 집합	1. 광물의 조직

필기과목명	문제수	주요항목	세부항목	세세항목
구조 지질학	20	1 지질구조	1. 암석의 변형형태	1. 암석 내 응력과 변형 2. 암석의 변위와 변형 3. 변형량의 측정
			2. 습곡구조	1. 습곡구조의 형태 2. 습곡 구조의 분류 3. 습곡 작용과 변형 4. 습곡구조의 중첩
			3. 균열과 단층	1. 절리의 분류 2. 절리와 다른 구조와의 관계 3. 단층의 분류와 변위 4. 정단층의 특징 5. 주향이동단층의 특징 6. 역단층 및 충상 단층의 특징 7. 전단대의 특징 8. 단층암
		2. 침식과 지표면의 모양	1. 지표면의 변화	1. 지표 변화 작용 2. 매스무브먼트
			2. 우식 및 토양침식	1. 지표유출과 우세 2. 우식 지형의 종류 3. 토양 투수성과 침식
			3. 하곡 및 침식사면	1. 하곡의 발달 2. 침식 사면
			4. 침식윤회	1. 침식윤회와 지형특성 2. 기후와 지형
			5. 지질구조와 관련된 지형	1. 암석의 종류와 지형 특성 2. 습곡 구조와 지형 특성 3. 단층과 지형 특성
		3. 지진과 지구 내부의 구조	1. 지진 및 지진계	1. 지진의 원인과 성질 2. 지진의 규모와 발생 빈도 3. 지진의 피해 4. 지진계
			2. 지진파의 형태	1. 지진파의 종류 2. P파와 S파 3. 표면파

필기과목명	문제수	주요항목	세부항목	세세항목
			3. 지구의 내부구조	1. 지진파에 의한 내권 탐사 2. 지구 내권의 구조와 성분
			4. 지진의 분포와 응력의 형태	1. 지진의 발생지 2. 진앙의 위치 3. 응력의 형태
		4. 지구구조	1. 대륙지각 및 해양지각	1. 대륙 지각의 특성 2. 해양 지각의 특성
			2. 판구조론	1. 판구조론과 대륙이동설 2. 지판의 경계와 운동 3. 판구조론과 조산운동
			3. 맨 틀	1. 맨틀의 구성물질 2. 맨틀 대류와 판구조운동
		5. 지 사	1. 지사학의 방법	1. 지사학의 원리 2. 상대연령과 측정방법 3. 절대연령과 측정방법
			2. 지질시대의 구분	1. 지질시대의 단위와 시층서 2. 암층서 단위와 생층서 단위 3. 지질 시대의 구분
			3. 한국의 지사	1. 한국의 지질계통 2. 한국의 지구조구 3. 한국의 지각변동

필기과목명	문제수	주요항목	세부항목	세세항목
탐사공학	20	1. 지구물리탐사	1. 전기탐사 및 전자탐사	1. 기초이론 2. 조사 및 측정법 3. 해 석 법 4. 적용범위
			2. 중력탐사 및 자력탐사	1. 기초이론 2. 조사 및 측정법 3. 해 석 법 4. 적용범위
			3. 탄성파탐사	1. 기초이론 2. 조사 및 측정법 3. 해 석 법 4. 적용범위
			4. 지오레이다 탐사	1. 기초이론 2. 조사 및 측정법 3. 해 석 법 4. 적용범위
			5. 방사능 및 지열탐사	1. 기초이론 2. 조사 및 측정법 3. 해 석 법 4. 적용범위
		2. 물리검층	1. 물리검층	1. 기초이론 2. 조사 및 측정법 3. 해 석 법 4. 적용범위
		3. 지화학 탐사	1. 지화학 탐사	1. 기초이론 2. 조사 및 측정법 3. 해 석 법 4. 적용범위

필기과목명	문제수	주요항목	세부항목	세세항목
지질공학	20	1. 흙과 암석의 공학적 특성	1. 흙의 공학적 특성	1. 흙의 공학적 분류 및 특성 2. 흙의 삼상구조 3. 지중응력 및 강도 특성
			2. 암석과 암반의 공학적 특성	1. 암석의 물리적 특성 및 풍화 2. 암석 및 암반의 역학적 특성 3. 암반분류법 4. 불연속면의 종류 및 공학적 특성 5. 불연속면의 지질공학적 조사, 기재 및 해석(평사투영해석 등)
			3. 지하수	1. 대수층의 수리특성 2. 대수층의 지하수 거동 3. 투수시험
		2. 지질재해	1. 산사태	1. 산사태의 종류 및 발생원인 2. 산사태의 해석 및 계측 3. 산사태 안정화 대책
			2. 지반침하	1. 지반침하의 종류 2. 지반침하의 발생원인(석회암지형, 폐광산, 흙의 압밀, 지하수의 변화 등) 3. 지반침하 피해경감 대책
		3. 지반의 지질공학적 조사 및 특성시험	1. 실내시험	1. 기본물성시험 2. 강도 및 변형특성시험
			2. 현장시험	1. 강도특성시험 2. 변형특성시험 3. 초기응력과 측정법
			3. 공학적 지질조사	1. 공학적 지질도 작성(사면, 터널의 구조물 매핑) 2. 시추조사
		4. 지반구조물의 해석 및 보강	1. 터널	1. 지중응력과 유효응력 2. 터널의 안정성 해석 3. 지보대책의 종류 및 적용
			2. 사면	1. 사면붕괴의 기본 역학 2. 사면의 안정성 해석 3. 사면보강대책의 종류 및 적용
			3. 기초지반	1. 기초지반의 지지력 2. 기초지반의 침하 3. 지반보강대책의 종류 및 적용

필기과목명	문제수	주요항목	세부항목	세세항목
광상학	20	1. 광상학 일반	1. 광상학의 기본 및 원칙	1. 자원경제 및 탐사일반 2. 광화유체 및 이동 3. 광석광물의 침전 4. 모암변질 및 맥석광물 5. 공생관계 및 대상분포 6. 지질온도계, 지질압력계, 동위원소
		2. 광상성인론	1. 광상의 생성원리 및 과정	1. 마그마 농집작용 2. 접촉교대작용 3. 열수작용 4. 퇴적작용 5. 박테리아 작용 6. 해저분기 및 화산작용 7. 증발작용 8. 잔류 및 기계적 농집작용 9. 산화작용 및 2차부화작용 10. 변성작용 11. 광상의 분류
		3. 금속광상학	1. 금속광상개요 및 사례연구	1. 귀금속 2. 비철금속 3. 미량 및 희유금속
		4. 비금속·에너지 자원광상학	1. 비금속·에너지 자원광상 및 사례연구	1. 화석연료 2. 함우라늄광물 3. 요업광물 4. 석골재 5. 야금 및 내화광물 6. 산업원료 광물
		5. 국내 광화작용 개관	1. 한반도의 광화작용 개관	1. 한반도의 광물자원 2. 한반도의 광상구와 광상생성기
			2. 선캄브리아기의 광화작용	1. 선캄브리아기의 화성광상 2. 선캄브리아기의 퇴적광상 3. 선캄브리아기의 변성광상
			3. 고생대의 광화작용	1. 고생대의 화성광상 2. 고생대의 퇴적광상
			4. 중생대의 광화작용	1. 중생대의 화성광상 2. 중생대의 퇴적광상
			5. 신생대의 광화작용	1. 신생대의 화성광상 2. 신생대의 퇴적광상

출제기준(실기)

직무 분야	건설	중직무 분야	토목	자격 종목	응용지질기사	적용 기간	2013.1.1~2017.12.31

○직무내용 : 지각의 성분 및 특성, 구조 등의 정보를 활용하여 터널 및 사면 등과 같은 토목구조물의 설계에 요구되는 지질 및 지반 자료의 획득 및 분석, 지진이나 산사태 등과 같은 지질재해의 예측, 자원 탐사 및 개발, 지하수의 거동 분석 등에 대한 업무를 수행하는 직무

○수행준거 : 1. 지질 및 지반에 대한 전문지식을 바탕으로 지질 및 지반조사를 수행할 수 있다.
　　　　　　2. 지질 및 지반에 대한 전문지식을 바탕으로 지반의 공학적 특성을 파악할 수 있다.
　　　　　　3. 지질 및 지반에 대한 전문지식을 바탕으로 지질재해와 지반구조물에 대한 해석 및 응용을 할 수 있다.
　　　　　　4. 지질 및 지반에 대한 전문지식을 바탕으로 지반의 각종 특성시험을 수행할 수 있다.
　　　　　　5. 지질 및 지반에 대한 전문지식을 바탕으로 지하자원 탐사 및 개발을 수행할 수 있다.

실기검정방법	복합형	시험시간	3시간 정도 (필답형 2시간, 작업형 1시간 정도)

실기과목명	주요항목	세부항목	세세항목
응용 지질 조사 평가 실무	1. 지질자료 획득 및 분석	1. 광물 및 암석의 이해하기	1. 입자 크기가 큰 광물에 대해 육안 관찰 및 루페 등의 간이 장비를 통해 주요 광물을 판별할 수 있다. 2. 편광 현미경을 통하여 광물을 판별할 수 있다. 3. 제반 암석의 광물-암석학적 특성에 따른 물리적, 역학적 특성을 연관 지어 이해할 수 있다. 4. 암석에 대한 지질학적인 분류와 공학적인 분류를 이해하고 연관성을 규명할 수 있다. 5. 암석의 풍화 변질에 따른 특성 및 광물의 변화과정을 이해할 수 있다.
		2. 실내시험의 이해 및 응용하기	1. 지질 및 지반조사와 관련한 세부 실내시험 이론 및 방법을 이해할 수 있다. 2. 실내시험 기기의 종류 및 사용법을 알 수 있다. 3. 실내시험 결과 자료를 분석하고 해석할 수 있다. 4. 현장조사결과와 실내시험 결과의 차이를 알 수 있다. 5. 다양한 실내시험 결과들을 통합 분석할 수 있다. 6. 실내시험 분석 결과를 바탕으로 향후 조사 및 사업 계획을 수립할 수 있다.

실기과목명	주요항목	세부항목	세세항목
		3. 탐사의 원리 및 적용하기	1. 현장 여건에 따라 적합한 물리탐사법을 적용할 수 있다. 2. 건설 현장 등에 적합한 탐사방법과 수행과정을 기술할 수 있다. 3. 지구내부구조를 이해할 수 있다.
		4. 지하수 조사 분석하기	1. 대수층의 종류 및 특성을 이해할 수 있다. 2. 지하수 개발을 위한 조사 및 분석방법을 기술할 수 있다. 3. 지하수의 지하 거동 특성을 설명할 수 있다. 4. 대수성 시험 등 지하수 자료를 해석할 수 있다. 5. 정수두 및 변수두 투수시험을 통해 투수계수를 계산할 수 있다. 6. 시추 결과를 기재할 수 있다
		5. 현장조사의 이해 및 응용하기	1. 지질 및 지반조사의 세부 현장조사 이론 및 방법을 숙지할 수 있다. 2. 조사 목적에 맞는 현장조사 방법을 선택하고 자료를 획득할 수 있다. 3. 현장조사와 관련한 공정별 세부 조사방법에 대해 알고 있다. 4. 현장조사를 통해 획득한 자료를 분석할 수 있다. 5. 다양한 현장조사 결과들을 통합 분석할 수 있다. 6. 현장조사 분석 결과를 바탕으로 향후 조사 및 사업 계획을 수립할 수 있다.
		6. 지반의 기본물성과 공학적 분류 이해하기	1. 흙의 기본 물성과 그 측정방법에 대해 이해할 수 있다. 2. 흙의 공학적인 분류법을 이해하고 분류를 수행할 수 있다. 3. 암석의 기본 물성과 그 측정방법에 대해 이해할 수 있다 4. 암반분류법의 의미와 목적을 이해할 수 있다. 5. RMR 및 Q-system 을 이용하여 공학적 암반분류를 수행할 수 있다.

실기과목명	주요항목	세부항목	세세항목
		7. 지질구조 특성분석하기	1. 암석 내 형성된 지질구조요소를 이해하고 구분할 수 있다. 2. 지질구조 요소에 대한 지구조적인 연관성에 따른 분류 및 특성을 이해할 수 있다. 3. 습곡과 단층, 부정합 등의 다양한 변형작용을 받은 지역의 지층의 선, 후 관계를 파악 및 지질도와 지질단면도를 해석 할 수 있다. 4. 층리, 엽리, 습곡, 단층 등의 다양한 지질구조 요소들에 대한 지질공학적 특성을 이해할 수 있다. 5. 지질구조와 광상의 형성 및 배태특성 등을 이해할 수 있다.
	2. 지하자원 탐사 및 개발	1. 광물자원의 정의 및 산출특성과 용도 구분하기	1. 광물자원의 정의를 이해하고, 광석광물과 맥석광물의 차이를 구분할 수 있다. 2. 광물자원을 성인에 따라 대분하고, 각 범주별로 세분할 수 있다. 3. 광물자원의 산출상태를 기술하고, 각각의 특징을 이해할 수 있다. 4. 성인, 산출상태 등 다양한 요소에 의한 분류체계를 이해할 수 있다. 5. 광물자원분류의 목적을 이해하고, 활용방안을 이해할 수 있다. 6. 국내 광물자원의 종류와 부존특성을 설명할 수 있다
		2. 에너지자원의 정의 및 분류하기	1. 에너지자원의 정의를 이해할수 있다. 2. 에너지자원을 성인에 따라 대분하고, 각 범주별로 세분할 수 있다. 3. 에너지자원의 산출상태를 기술하고, 각각의 특징을 이해할 수 있다. 4. 성인, 산출상태 등 다양한 요소에 의한 분류체계를 이해할 수 있다. 5. 에너지자원분류의 목적을 이해하고, 활용방안을 이해할 수 있다. 6. 국내외 에너지자원의 종류와 부존특성을 설명할 수 있다.

실기과목명	주요항목	세부항목	세세항목
		3. 광물자원의 산출유형별 성인과 특성	1. 성인별 광상의 특징과 산출 광물조합을 기술할 수 있다. 2. 성인별 광상 형성기구(mechanism)를 이해하고, 지화학적 메커니즘을 설명할 수 있다. 3. 금속 및 비금속광상의 생성기구를 이해하고, 각각의 특징과 부존형태, 품위 또는 화학조성, 산출환경 등을 규명할 수 있다. 4. 주요 금속광상의 종류와 각각의 용도를 설명할 수 있다. 5. 비금속광상의 종류와 각각의 용도를 기술할 수 있다. 6. 국내부존 금속 및 비금속광상의 종류와 용도를 설명할 수 있다.
		4. 광물 및 에너지자원에 따른 적정탐사법 활용하기	1. 광상의 종류와 성인에 따라 적합한 물리탐사법을 적용할 수 있다. 2. 원격탐사를 통해 예상할 수 있는 광상의 종류를 나열할 수 있다. 3. 금속광상 탐사에 적합한 탐사방법과 수행과정을 기술할 수 있다. 4. 비금속광 탐사에 적합한 탐사방법과 수행과정을 기술할 수 있다. 5. 에너지자원 탐사에 적합한 탐사방법과 수행과정을 기술할 수 있다. 6. 수자원 개발에 적합한 탐사방법과 수행과정을 기술할 수 있다.
		5. 단계별 탐사 및 개발 방법, 내장량 산출하기	1. 광상탐사의 일반적 방법과 단계별 탐사기법을 기술할 수 있다. 2. 광역 → 준정밀/추적 → 정밀탐사의 의미를 이해하고, 각 단계별 특징과 적용가능 탐사방법을 기술할 수 있다. 3. 광상에 따른 각 단계별 탐사결과를 추론하고, 광상부존 가능성에 대한 증거를 서술할 수 있다. 4. 광상부존양상에 따른 적정 개발법을 제시하고, 각각의 특징을 설명할 수 있다. 5. 매장량과 관련된 용어를 이해하고, 신뢰도에 따른 매장량 구분과 각각에 대해 합리적인 매장량을 산출할 수 있다.

실기과목명	주요항목	세부항목	세세항목
	3. 지반해석 및 재해대책	1. 지반침하의 발생원인과 보강대책 수립하기	1. 지반침하의 발생원인을 이해할 수 있다. 2. 석회암 공동 및 폐갱도, 지하수의 변화 등에 의한 지반침하의 발생 원인을 설명할 수 있다. 3. 지하공동의 파악을 위한 다양한 탐사기법을 이해할 수 있다. 4. 흙의 압밀과 다짐에 의한 침하를 설명할 수 있다 5. 지반침하의 방지, 혹은 복구를 위한 대책을 제시할 수 있다 6. 지질자료를 지반침하의 발생원인과 보강대책 수립에 응용할 수 있다.
		2. 산사태의 발생원인과 보강대책 수립하기	1. 산사태 발생형태의 종류에 대해 이해할 수 있다. 2. 산사태 위험지역의 정의와 분류에 대해 이해할 수 있다. 3. 산사태 발생 징후를 판단할 수 있다. 4. 산사태의 발생 원인을 설명할 수 있다. 5. 산사태에 대비한 안정화공법의 종류와 특성에 대해 이해할 수 있다. 6. 지질자료를 산사태의 발생원인과 보강대책 수립에 응용할 수 있다.
		3. 사면의 안정성 해석 및 보강대책 수립하기	1. 지질조건에 따른 사면의 붕괴 요인들을 이해하고 원인을 파악할 수 있다. 2. 토사 및 암반사면에 대한 공학적인 지질조사를 수행하고 조사된 자료를 분석, 이해할 수 있다. 3. 암반사면의 안정성 해석에 활용되는 평사투영의 원리를 이해하고 안정성 해석을 수행할 수 있다. 3. 토사 및 암반사면의 한계평형 해석원리를 이해하고 수행할 수 있다. 4. 다양한 사면 보강공법의 원리를 이해하고 지반조건에 따른 적절한 사면의 보호 및 보강공법을 제안할 수 있다. 5. 지질자료를 사면의 안정성 해석 및 보강대책 수립에 응용할 수 있다.

실기과목명	주요항목	세부항목	세세항목
		4. 터널의 안정성해석 및 보강대책 수립하기	1. 터널 시공을 위한 다양한 암반분류에 대해 이해할 수 있다. 2. 터널 막장 지질조사 및 계측 등의 기초자료에 대해 이해할 수 있다. 3. 암반터널에서 불연속면의 발달에 의한 천반, 측벽 및 막장부의 붕괴유형을 이해할 수 있다. 4. 터널의 안정성 평가법 및 평가흐름을 이해할 수 있다. 5. 지질조건에 따른 적합한 굴착 및 지반보강방법에 대한 기초적인 이해를 할 수 있다. 6. 지질자료를 터널의 안정성 해석 및 보강대책 수립에 응용할 수 있다.
		5. 기초의 안정성 해석 및 보강대책 수립하기	1. 기초지반의 지지력 산정을 위한 조사 및 시험방법과 원리를 이해할 수 있다. 2. 암반기초의 공학적 분류에 대해 이해할 수 있다. 3. 지지층의 공학적 특성에 따른 지지력 산정방법을 이해할 수 있다. 4. 다양한 기초형태의 종류 및 장·단점을 이해할 수 있다. 5. 지반조건에 따른 다양한 기초보강공의 장·단점 및 적용성을 이해할 수 있다. 6. 지질자료를 기초지반의 안정성 해석 및 보강대책 수립에 응용할 수 있다.

14. 건설

항로표지기사

출제기준(필기)

직무 분야	건설	중직무 분야	토목	자격 종목	항로표지기사	적용 기간	2013. 1. 1 ~ 2016.12.31

○직무내용 : 해상교통 안전도모 및 선박운항 능률성 향상을 위하여 해양 교통시설인 각종 항로표지에 관한 공학적 기술이론 지식을 갖추고 항행선박에게 지표가 되는 항로표지 설계, 시공 감독, 배치 등의 업무를 수행하는 직무

필기검정방법	객관식	문제수	80	시험시간	2시간

필기과목명	문제수	주요항목	세부항목	세세항목
항로 표지 일반	20	1. 항로표지의 개요	1. 항로표지의 정의	1. 항로표지의 정의 및 기본요건 2. 항로표지의 분류 3. 항로표지의 종류
			2. 항로표지 설치계획 및 기준	1. 항로표지 설치 요건 2. 항로표지 설치 기준 3. 항로표지의 배치 설계
			3. 항로표지의 기능 및 규격	1. 항로표지의 기능 2. 항로표지의 규격
		2. 항로표지의 표준화 및 안전관리	1. 항로표지의 형상 및 도색	1. 항로표지의 형상 2. 항로표지의 도색
			2. 항로표지 표준화, 신뢰성	1. 항로표지의 표준화 2. 항로표지의 신뢰성
			3. 항로표지의 안전 관리	1. 항로표지점검을 위한 안전 관리
		3. 지문항해학 기초	1. 항해기초	1. 항해관련 전문용어의 이해 2. 각종 해도 및 도식에 대한 지식 3. 조석 및 조류에 대한 이해
			2. 연안항법 및 선위측정	1. 연안항법에 대한 지식 2. 선위측정에 대한 지식
		4. 항로표지법 및 IALA 해상부표식	1. 항로표지 관계법령	1. 항로표지법 2. 항로표지법시행령 3. 항로표지법시행규칙 4. 항로표지의 기능 및 규격에 관한 기준(고시)

필기과목명	문제수	주요항목	세부항목	세세항목
			2. IALA 해상부표식	1. IALA 해상부표식 2. IALA 해상부표식 지침서 3. IALA의 등질, 등화, 광달거리 등 항로표지의 특성

필기과목명	문제수	주요항목	세부항목	세세항목
전기, 전자 기초	20	1. 태양광발전시스템	1. 태양전지의 개념 및 이론	1. 태양전지의 개념 2. 태양전지의 이론
			2. 태양광발전 시스템설계	1. 태양광발전 시스템의 구조 및 특성 2. 태양광발전 시스템 설계
		2. 발동발전기	1. 발동발전기 기초	1. 발동발전기의 개념 2. 직·교류발전기의 기초
		3. 풍력, 파력 발전시스템	1. 풍력발전의 개념 및 이론	1. 풍력발전의 개념 2. 풍력발전의 이론
			2. 풍력발전 시스템의 설계	1. 풍력발전시스템의 구조 및 특성 2. 풍력발전시스템 설계
			3. 파력발전의 개념 및 이론	1. 파력발전의 개념 2. 파력발전의 이론
			4. 파력발전 시스템의 설계	1. 파력발전시스템의 구조 및 특성 2. 파력발전시스템 설계
		4. 전기전자회로 기초	1. 직류회로	1. 직렬회로 2. 병렬회로 3. 직·병렬회로
			2. 교류회로	1. 단상교류회로의 기초 2. 3상교류회로의 기초
			3. 전원회로	1. 정류회로 2. 평활회로 3. 정전압전원회로
			4. 논리회로	1. 논리회로의 기초
		5. 정전기와 콘덴서	1. 정전현상과 전위 및 전계	1. 정전현상 2. 전위 및 전계
			2. 정전용량	1. 정전용량
		6. 전원보조설비	1. 2차전지의 종류 및 특성	1. 2차전지의 종류 2. 2차전지의 특성
			2. 축전지의 충전 및 용량	1. 축전지의 충전방식 2. 축전지의 용량산정

필기과목명	문제수	주요항목	세부항목	세세항목
			3. 자동전압보조설비	1. 축전지설비 2. UPS 설비 3. 자동전압조정기 설비
		7. 측정 및 시험	1. 측정장비	1. 측정기기의 원리
			2. 기초측정	1. 절연저항측정 2. 접지저항측정 3. 전계강도측정 4. 기타 전기·전자 기초측정

필기과목명	문제수	주요항목	세부항목	세세항목
광파·음파 표지	20	1. 항로표지와 광학	1. 광파와 항로표지의 이해	1. 광파이론의 이해 2. 광파와 항로표지의 활용
			2. 항로표지의 등질, 광도, 광달거리	1. 항로표지의 등질 2. 항로표지의 광도 및 광달거리
			3. 등색 및 투과율	1. 등색 2. 투과율
			4. 빛의 성질	1. 빛의 굴절 및 반사 2. 빛의 간섭 및 회절
			5. 빛과 에너지	1. 빛과 에너지
		2. 광파표지	1. 광파표지의 종류 및 기능	1. 광파표지의 종류 2. 광파표지의 기능
			2. 광파표지의 설계 및 특성	1. 광파표지의 설계 요건 2. 광파표지의 구조 및 특성 3. 광파표지의 유지보수
		3. 음파표지	1. 음파표지의 종류와 기능	1. 음파의 기초이론 2. 음파표지의 개요 및 종류 3. 음향전파의 자연환경 영향
			2. 음파표지의 구조 및 특성	1. 음파표지의 구조 2. 음파표지의 특성
		4. 등대, 등표의 구조 및 안정성	1. 등대·등표의 구조 및 특성	1. 등대·등표의 구조적 특성 2. 등대·등표의 기능 3. 등대·등표의 부속장비
			2. 등대·등표 설계 및 유지 보수	1. 등대·등표 설계의 기본조건 2. 등대·등표의 유지보수
		5. 등부표의 구조 및 안정성	1. 등부표의 구조 및 특성	1. 등부표의 구조적 특성 2. 등부표의 기능
			2. 등부표 설치의 기준 및 유지보수	1. 등부표 설치의 기준 및 조건 2. 등부표의 안정계산 3. 등부표의 유지보수
			3. 랜비의 구조 및 특성	1. 랜비의 구조 2. 랜비의 부속장비 및 기능

필기과목명	문제수	주요항목	세부항목	세세항목
전파 표지 및 시스템이용	20	1. 전파표지 및 전자파 전파	1. 전파표지	1. 전파표지 기초이론
			2. 안테나이론	1. 안테나 기초이론 2. 안테나 분류 및 특성
			3. 전자파 전파이론	1. 전자파 전파기초 이론 2. 전파의 분류 및 이용
		2. 쌍곡선항법 시스템	1. LORAN-C시스템의 구성 및 특성	1. LORAN-C의 작동원리 2. LORAN-C시스템의 구성 3. LORAN-C시스템의 특성
			2. LORAN-C시스템의 측정 및 유지보수	1. LORAN-C시스템의 오차 측정 2. LORAN-C시스템의 유지보수
			3. eLORAN시스템	1. eLORAN시스템 원리 2. eLORAN시스템 구성 3. eLORAN시스템 특성
		3. 위성항법 시스템	1. GNSS 시스템	1. GNSS시스템의 원리 2. GNSS 시스템의 구성 및 특성 3. 기타 GNSS시스템
			2. DGNSS 시스템	1. DGNSS 시스템의 원리 2. DGNSS 시스템의 구성 및 특성 3. 한국의 DGNSS 및 NDGNSS 현황
		4. 레이더 표지	1. 레이더 및 항법의 기초이론	1. 레이더의 기초이론 2. 레이더 항법의 기초이론
			2. 레이더 표지의 이론 및 특성	1. 레이더 표지의 이론 2. 레이더 표지의 특성 3. 레이더 표지의 설치기준
		5. 특수신호표지 시스템	1. 조류신호표지 시스템	1. 조류신호표지 시스템의 구성 2. 조류신호표지 시스템의 특성
			2. 해양기상신호표지 시스템	1. 해양기상신호표지 시스템의 구성 2. 해양기상신호표지 시스템의 특성
			3. 선박통항신호표지 (VTM)	1. 선박통항신호표지의 구성 2. 선박통항신호표지의 특성
			4. AtoN AIS	1. AtoN AIS의 구성 2. AtoN AIS의 특성

출제기준(실기)

직무분야	건설	중직무분야	토목	자격종목	항로표지기사	적용기간	2013. 1. 1 ~ 2016.12.31

○직무내용 : 해상교통 안전도모 및 선박운항 능률성 향상을 위하여 해양 교통시설인 각종 항로표지에 관한 공학적 기술이론 지식을 갖추고 항행선박에게 지표가 되는 항로표지 설계, 시공 감독, 배치 등의 업무를 수행하는 직무

○수행준거 : 1. 항로표지(광파표지, 음파표지, 전파표지, 전원시설, 구조물 등)를 규격에 맞도록 기술적인 설계를 할 수 있다.
2. 항만 등 해상에 설치하는 항로표지는 해도 및 장비를 사용하여 정확한 위치에 적합한 표지를 배치할 수 있다.
3. 항로표지를 시설 및 공사할 때 법 및 규정에 맞는 공법을 채택할 수 있다.
4. 항로표지가 규정된 규격대로 운용되고 있는지 및 시험하여 항상 해상안전에 이바지 하도록 유지보수를 할 수 있다.
5. 측정장비 및 공구의 사용법을 숙지하여 항로표지의 점검 및 고장수리를 할 수 있다.
6. 안전수칙을 준수하여 안전사고를 사전에 대비할 수 있다.

실기검정방법	복합형	시험시간	3시간 정도 (필답형 2시간, 작업형 1시간 정도)

실기과목명	주요항목	세부항목	세세항목
항로표지 실무	1. 항로표지 일반	1. 항로표지개론 이해하기	1. 항로표지 설계 및 배치기획을 할 수 있다. 2. 항로표지를 표준화할 수 있다. 3. 항로표지 설치기준 및 요건을 검토할 수 있다. 4. 항로표지의 기능 및 성능을 설명할 수 있다.
		2. 항로표지의 종류와 구조·안전 이해하기	1. 유인 등대의 구조 및 부속장비의 기능을 설명할 수 있다. 2. 무인등대, 등표, 도표, 지향등, 교량표지의 구조 및 부속장비의 기능을 설명할 수 있다. 3. 등부표의 구조 및 부속장비의 기능을 설명할 수 있다. 4. 측방, 방위, 고립장해, 안전수역, 특수표지의 기능과 특성을 설명할 수 있다. 5. 랜비(Lanby)의 구조 및 부속장비의 기능과 특성을 설명할 수 있다. 6. 레이콘의 구조 및 부속장비의 기능과 특성을 설명할 수 있다. 7. 항로표지의 형상 및 도색을 설명할 수 있다.

실기과목명	주요항목	세부항목	세세항목
		3. 지문항해학 기초이해하기	1. 항로에 대한 개념을 설명할 수 있다. 2. 항박도 및 항해도를 설명할 수 있다. 3. 각종 해도의 도식을 설명할 수 있다. 4. 연안항해에 필요한 수로서지(Nautical publications)를 설명할 수 있다. 5. 연안항법에 관한 기초지식을 설명할 수 있다. 6. 선위측정 및 선위오차에 대한 것을 설명할 수 있다.
		4. 항로표지 관계법령 이해하기	1. 항로표지관계법령을 검토할 수 있다. 2. 국제항로표지협회 규약을 검토할 수 있다. (NAVGUIDE, IALA권고서)
		5. IALA해상부표식 이해하기	1. 항로표지 등질 및 등색에 대한 기준을 설명할 수 있다. 2. 등화의 광도와 광달거리 표기에 대한 권고사항을 설명할 수 있다. 3. 레이콘에 대한 권고내용을 설명할 수 있다.
	2. 전원시스템	1. 전기·전자기초이론 이해하기	1. 직류회로 및 교류회로에서의 전압, 전류, 전력, 위상, 역률에 대하여 설명할 수 있다. 2. 전기부품의 기호를 판독하고 구조 및 동작을 설명할 수 있다. 3. 전기배선도를 판독하여 배선을 할 수 있다. 4. 측정기를 이용하여 전기회로의 이상유무를 판단하고 유지 보수할 수 있다. 5. 인버터, 컨버터 등 전력공급장치의 원리를 설명할 수 있다. 6. 측정기를 이용하여 전자기기 및 전자부품의 이상 유무를 측정할 수 있다. 7. 전기안전관리 수칙을 준수할 수 있다.
		2. 전지기초 이론 이해하기	1. 2차 전지의 원리 및 화학적 특성을 설명할 수 있다. 2. 2차 전지의 충·방전 특성 및 충전 방법에 대해 설명할 수 있다.
		3. 발동발전시스템 이해하기	1. 전원장치의 배선회로 점검 및 구성을 할 수 있다. 2. 발동발전기의 작동 및 운전을 할 수 있다. 3. 발동발전기의 유류소모량, 정격전압, 정격전류 및 사용전력량을 산정할 수 있다.

실기과목명	주요항목	세부항목	세세항목
		4. 태양광발전시스템 이해하기	1. 태양광발전시스템의 구성 및 계통도를 설명할 수 있다. 2. 태양광발전시스템의 발전용량을 산정할 수 있다. 3. 전력조절기의 동작 원리를 설명할 수 있다.
		5. 파력·풍력발전시스템 이해하기	1. 파력 및 풍력발전시스템의 구성 및 계통도 설명할 수 있다. 2. 파력 및 풍력 발전기의 발전용량을 산정할 수 있다. 3. 전력조절기의 동작원리를 설명할 수 있다.
	3. 광파·음파표지	1. 항로표지와 광학기초 이해하기	1. 빛의 성질을 설명할 수 있다. 2. 빛의 전파(propagation) 특성을 설명할 수 있다. 3. 섬광등명기의 광도 및 광달거리를 설명할 수 있다.
		2. 광파표지 이해하기	1. 광파표지의 종류와 각기의 기능을 설명할 수 있다. 2. 광파표지의 설계조건 및 배후광의 영향 등을 설명할 수 있다. 3. 광파표지의 섬광주기, 광달거리 및 등질을 설명할 수 있다.
		3. 음파표지 이해하기	1. 음의 기본요소(세기, 음색, 높이)를 설명할 수 있다. 2. 음파의 성질을 설명할 수 있다. 3. 무신호 장치인 발음기의 종류와 동작원리를 설명할 수 있다. 4. 무신호기의 구성을 설명할 수 있다.
		4. 등대·등표 등의 구조 및 안정성 이해하기	1. 등대·등표 등의 설계기본조건 등을 설명할 수 있다. 2. 등대·등표 등의 하중 및 외력 영향을 설명할 수 있다. 3. 등대·등표 등의 기초 안정성에 대하여 설명할 수 있다.
		5. 부표류의 구조 및 안정성 이해하기	1. 부표류의 설치의 기본 조건을 설명할 수 있다. 2. 부표류의 도색과 형상을 설명할 수 있다.

실기과목명	주요항목	세부항목	세세항목
	4. 전파표지 및 시스템 이용	1. 전파기초이론 및 전파표지일반 이해하기	1. 전파표지시스템 구성 및 특징에 대하여 설명할 수 있다. 2. 전파표지의 펄스주기 및 사용범위에 대하여 설명할 수 있다. 3. 안테나의 종류 및 특성에 대하여 설명할 수 있다.
		2. 쌍곡선항법시스템 이해하기	1. 전파기초이론 및 성질을 설명할 수 있다. 2. 쌍곡선 항법이론을 설명할 수 있다. 3. 쌍곡선항법에 사용되는 주파수를 설명할 수 있다. 4. 지상파항법(LOARN-C, eLOARN)시스템 구성 및 체인을 설명할 수 있다.
		3. 위성항법시스템 이해하기	1. 위성항법시스템의 기초적 사항을 설명할 수 있다. 2. 위성항법시스템의 특성을 설명할 수 있다. 3. 위성항법시스템의 구성에 대한 동작이론을 설명할 수 있다. 4. 위성항법시스템의 종류와 시스템 특성을 설명할 수 있다.
		4. 레이더 표지 이해하기	1. 레이더 항법기초 및 표지이론을 설명할 수 있다. 2. 레이더반사기를 설명할 수 있다.
		5. 특수신호시스템(조류, 해양기상, 선박통항, AtoN AIS)이해하기	1. 조류, 해류 및 해양기상의 기초이론을 설명할 수 있다. 2. AtoN AIS시스템의 구성과 특성을 설명할 수 있다.
	5. 항로표지의 전원관리	1. 발동발전기 점검정비 및 유지관리하기	1. 비상전원설비기준을 검토할 수 있다. 2. 발전기의 출력전압, 전류를 측정할 수 있다.
		2. 태양광발전시스템 점검정비 및 유지관리하기	1. 태양전지판의 이상 유무를 점검할 수 있다. 2. 태양전지시스템 효율이 최대가 될 수 있도록 경사각과 방향을 설정할 수 있다.
		3. 파력·풍력발전설비 시스템 점검정비 및 유지관리하기	1. 파력·풍력발전설비시스템의 상태를 점검할 수 있다. 2. 전력조절기의 정상 작동상태를 점검할 수 있다.

실기과목명	주요항목	세부항목	세세항목
		4. 전원의 배·전선 점검정비 및 유지관리하기	1. 전력 소요 용량에 따른 배전선을 선택할 수 있다. 2. 전기안전관리수칙을 준수할 수 있다.
		5. 충전기, UPS 점검정비 및 유지관리하기	1. 축전지의 충전, 방전상태를 점검할 수 있다. 2. 충전기의 용량과 공칭전압을 점검할 수 있다. 3. 정류기(충전기) 및 인버터(Inverter)의 동작과 정격출력을 점검할 수 있다.
		6. 축전지 점검정비 및 유지관리하기	1. 축전지의 취급요령 및 절차를 검토할 수 있다. 2. 충·방전상태 및 전압/전류측정을 할 수 있다.
	6. 항로표지의 시설 및 장비관리	1. 등탑 및 부속시설 점검정비, 유지관리하기	1. 등탑 내의 환기, 누수, 도장, 전기 배선 및 접지상태를 점검하고 유지관리할 수 있다.
		2. 항로표지 장비 점검정비 및 유지관리하기	1. 항로표지 장비의 제반사항을 점검하고, 안전수칙을 준수할 수 있다.
		3. 등명기 점검정비 및 유지관리하기	1. 등명기의 상부 부분의 구성요소 렌즈, 렌즈덥개, 색필터, 렌즈보호대, 조류방지봉, 전구교환기, 전구 등을 점검할 수 있다. 2. 등명기의 하부 부분 구성요소인 케이스, 섬광기, 일광변, 회전장치 등을 점검할 수 있다. 3. 등명기의 광도 및 섬광주기를 측정할 수 있다.
		4. 레이콘 점검정비 및 유지관리하기	1. 레이콘의 설치 위치 및 동작 상태를 점검할 수 있다. 2. 레이콘의 전파발사신호 및 주기를 점검할 수 있다.
	7. 부표류의 관리	1. 위치확인 등 고시기능 유지관리하기	1. 항로표지 고시내용을 검토할 수 있다. 2. 고시방법을 설명할 수 있다.
		2. 표체 점검정비 및 유지관리하기	1. (등)부표의 위치를 점검할 수 있다. 2. 표체의 파손 여부를 점검할 수 있다. 3. 새클(shackle), 고삐사슬, 사슬의 외관을 점검하고 보수할 수 있다.
		3. 등명기 점검정비 및 유지관리하기	1. 등명기의 상부 부분의 구성요소 렌즈, 렌즈덥개, 색필터, 렌즈보호대, 조류방지봉, 전구교환기, 전구 등을 점검할 수 있다. 2. 등명기의 하부 부분 구성요소인 케이스, 섬광기, 일광변, 회전장치 등을 점검할 수 있다. 3. 등명기의 광도 및 섬광주기를 측정할 수 있다.

실기과목명	주요항목	세부항목	세세항목
	8. 항로표지 시스템의 운영	1. 해양교통시설 통합관리 시스템 운영하기	1. 해양기상신호표지의 특성을 설명할 수 있다. 2. AtoN AIS 시스템의 구성과 특성을 설명할 수 있다. 3. AtoN 데이터 메시지를 확인하고, 운영체계를 설명할 수 있다. 4. 해양기상 및 항로표지 정보제공 시스템과 운영체계 설명할 수 있다.
		2. 항로표지 동기 점멸방식 운영하기	1. 등광의 작동상태를 점검할 수 있다.
		3. LOARN-C 운영하기	1. 송신주파수를 모니터링할 수 있다. 2. 주파수 오차측정 및 교정작업(Calibration)을 수행할 수 있다. 3. 주·종국 간의 연락체계를 확인할 수 있다. 4. LOARN-C 체인의 운영상태를 설명할 수 있다.
		4. 위성항법보정시스템 운영하기	1. (D)GNSS 신호를 이용하여 위치를 측정할 수 있다. 2. (D)GNss시스템 구성 및 국제기준을 검토할 수 있다. 3. (D)GNss 위치신호 메시지(보정치, 무결성 등)를 송신할 수 있다.
		5. 조류신호시스템 운영하기	1. 조류, 해류 및 해양기상의 기초이론을 설명할 수 있다. 2. 조류신호소의 각종 장치 구성요소와 동작을 점검할 수 있다. 3. 조류의 유향, 유속을 측정하는 시스템이므로 동작원리를 설명할 수 있다.

14. 건설

항로표지산업기사

출제기준(필기)

직무 분야	건설	중직무 분야	토목	자격 종목	항로표지산업기사	적용 기간	2013. 1. 1 ~ 2016.12.31

○직무내용 : 항로에서 선박의 안전 확보를 위하여 필요로 하는 각종 항로표지에 관한 기술기초이론 지식 또는 숙련을 바탕으로 산업현장에서 해당 항로표지에 관한 복합적인 기술기초 및 기능업무 등의 업무를 수행하는 직무

필기검정방법	객관식	문제수	80	시험시간	2시간

필기과목명	문제수	주요항목	세부항목	세세항목
항로표지 일반	20	1. 항로표지의 개념	1. 항로표지의 정의	1. 항로표지의 정의 2. 항로표지의 분류 3. 항로표지의 종류
			2. 항로표지 설치계획 및 기준	1. 항로표지의 설치기준 2. 항로표지의 설치계획
		2. 항로표지의 표준화 및 안전관리	1. 항로표지의 형상 및 도색	1. 항로표지의 형상 2. 항로표지의 도색
			2. 항로표지 표준화, 신뢰성	1. 항로표지의 표준화 2. 항로표지의 신뢰성
			3. 항로표지의 안전 관리	1. 항로표지점검을 위한 안전 관리
		3. 지문항해학 기초	1. 항해기초	1. 항해관련 전문용어의 이해 2. 각종 해도 및 도식에 대한 지식 3. 조석 및 조류에 대한 이해
		4. 항로표지법 및 IALA 해상부표식	1. 항로표지 관계법령	1. 항로표지법 2. 항로표지법시행령 3. 항로표지법시행규칙 4. 항로표지의 기능 및 규격에 관한 기준(고시)
			2. IALA 해상부표식	1. IALA 해상부표식 2. IALA 해상부표식 지침서 3. IALA의 등질, 등화, 광달거리 등 항로표지의 특성

필기과목명	문제수	주요항목	세부항목	세세항목
전기, 전자 기초	20	1. 태양광발전시스템	1. 태양전지의 개념 및 이론	1. 태양전지의 개념 2. 태양전지의 이론
			2. 태양광발전 시스템의 구조 및 특성	1. 태양광발전 시스템의 구조 2. 태양광발전 시스템의 특성
		2. 발동발전기	1. 발동발전기 기초	1. 발동발전기의 개념 2. 직·교류발전기의 기초
		3. 풍력, 파력발전 시스템	1. 풍력발전의 개념 및 이론	1. 풍력발전의 개념 2. 풍력발전의 이론
			2. 풍력발전 시스템 구조 및 특성	1. 풍력발전 시스템 구조 2. 풍력발전 시스템 특성
			3. 파력발전의 개념 및 이론	1. 파력발전의 개념 2. 파력발전의 이론
			4. 파력발전 시스템 구조 및 특성	1. 파력발전시스템 구조 2. 파력발전시스템 특성
		4. 전기전자회로 기초	1. 직류회로	1. 직렬회로 2. 병렬회로 3. 직·병렬회로
			2. 교류회로	1. 단상교류회로의 기초 2. 3상교류회로의 기초
			3. 전원회로	1. 정류회로 2. 평활회로 3. 정전압전원회로
			4. 논리회로	1. 논리회로의 기초
		4. 정전기와 콘덴서	1. 정전현상과 전위 및 전계	1. 정전현상 2. 전위 및 전계
			2. 정전용량	1. 정전용량
		5. 전원보조설비	1. 2차전지의 종류 및 특성	1. 2차전지의 종류 2. 2차전지의 특성

필기과목명	문제수	주요항목	세부항목	세세항목
			2. 축전지의 충전 및 용량	1. 축전지의 충전방식 2. 축전지의 용량산정
			3. 자동전압보조설비	1. 축전지설비 2. UPS 설비 3. 자동전압조정기 설비
		6. 측정 및 시험	1. 측정장비	1. 측정기기의 원리
			2. 기초측정	1. 절연저항측정 2. 접지저항측정 3. 전계강도측정 4. 기타 전기·전자 기초측정

필기과목명	문제수	주요항목	세부항목	세세항목
광파,음파 표지	20	1. 항로표지	1. 광파와 항로표지의 이해	1. 광파이론의 이해 2. 광파와 항로표지의 활용
			2. 항로표지의 등질, 광도, 광달 거리	1. 항로표지의 등질 2. 항로표지의 광도 및 광달거리
			3. 등색 및 투과율	1. 등색 2. 투과율
		2. 광파표지	1. 광파표지의 종류 및 기능	1. 광파표지의 종류 2. 광파표지의 기능
			2. 광파표지의 설계 및 특성	1. 광파표지의 설계 요건 2. 광파표지의 구조 및 특성 3. 광파표지의 유지보수
		3. 음파표지	1. 음파표지의 종류와 기능	1. 음파의 기초이론 2. 음파표지의 개요 및 종류 3. 음향전파의 자연환경 영향
			2. 음파표지의 구조 및 특성	1. 음파표지의 구조 2. 음파표지의 특성
		4. 등대, 등표의 구조 및 안정성	1. 등대·등표의 구조 및 특성	1. 등대·등표의 구조적 특성 2. 등대·등표의 기능 3. 등대·등표의 부속장비
			2. 등대·등표 설계 및 유지 보수	1. 등대·등표 설계의 기본조건 2. 등대·등표의 유지보수
		5. 등부표의 구조 및 안정성	1. 등부표의 구조 및 특성	1. 등부표의 구조적 특성 2. 등부표의 기능
			2. 등부표 설치의 기준 및 유지보수	1. 등부표 설치의 기준 및 조건 2. 등부표의 안정계산 3. 등부표의 유지보수
			3. 랜비의 구조 및 특성	1. 랜비의 구조 2. 랜비의 부속장비 및 기능

필기과목명	문제수	주요항목	세부항목	세세항목
전파 표지 및 시스템이용	20	1. 전파표지 및 전자파 이용	1. 전파표지	1. 전파표지 기초이론
			2. 안테나 및 전자파 이용	1. 안테나 분류 및 특성 2. 전파의 분류 및 이용
		2. 쌍곡선항법시스템	1. LORAN-C시스템의 구성 및 특성	1. LORAN-C의 작동원리 2. LORAN-C시스템의 구성 3. LORAN-C시스템의 특성
			2. LORAN-C시스템의 측정 및 유지보수	1. LORAN-C시스템의 오차 측정 2. LORAN-C시스템의 유지보수
			3. eLORAN시스템	1. eLORAN시스템 원리 2. eLORAN시스템 구성 3. eLORAN시스템 특성
		3. 위성항법 시스템	1. GNSS 시스템	1. GNSS시스템의 원리 2. GNSS 시스템의 구성 및 특성 3. 기타 GNSS시스템
			2. DGNSS 시스템	1. DGNSS 시스템의 원리 2. DGNSS 시스템의 구성 및 특성 3. 한국의 DGNSS 및 NDGNSS 현황
		4. 레이더 표지	1. 레이더 및 항법의 기초이론	1. 레이더의 기초이론 2. 레이더 항법의 기초이론
			2. 레이더 표지의 이론 및 특성	1. 레이더 표지의 이론 2. 레이더 표지의 특성 3. 레이더 표지의 설치기준
		5. 특수신호표지 시스템	1. 조류신호표지 시스템	1. 조류신호표지 시스템의 구성 2. 조류신호표지 시스템의 특성
			2. 해양기상신호표지 시스템	1. 해양기상신호표지 시스템의 구성 2. 해양기상신호표지 시스템의 특성
			3. 선박통항신호표지 (VTM)	1. 선박통항신호표지의 구성 2. 선박통항신호표지의 특성
			4. AtoN AIS	1. AtoN AIS의 구성 2. AtoN AIS의 특성

출제기준(실기)

직무 분야	건설	중직무 분야	토목	자격 종목	항로표지산업기사	적용 기간	2013. 1. 1 ~ 2016.12.31

○직무내용 : 항로에서 선박의 안전 확보를 위하여 필요로 하는 각종 항로표지에 관한 기술기초이론 지식 또는 숙련을 바탕으로 산업현장에서 해당 항로표지에 관한 복합적인 기술기초 및 기능 업무 등의 업무를 수행하는 직무

○수행준거 : 1. 항로표지(광파표지, 음파표지, 전파표지, 전원시설, 구조물 등)를 규격에 맞도록 기초적인 설계를 할 수 있다.
2. 항만 등 해상에 설치하는 항로표지는 해도 및 장비를 사용하여 정확한 위치에 적합한 표지를 배치할 수 있다.
3. 항로표지를 시설 및 공사할 때 법 및 규정에 맞는 공법을 채택할 수 있다.
4. 항로표지가 규정된 규격대로 운용되고 있는지 및 시험하여 항상 해상안전에 이바지 하도록 유지보수를 할 수 있다.
5. 측정장비 및 공구의 사용법을 숙지하여 항로표지의 점검 및 고장수리를 할 수 있다.
6. 안전수칙을 준수하여 안전사고를 사전에 대비할 수 있다.

실기검정방법	복합형	시험시간	2시간30분 정도 (필답형 1시간30분, 작업형 1시간 정도)

실기과목명	주요항목	세부항목	세세항목
항로표지 실무	1. 항로표지 일반	1. 항로표지개론 이해하기	1. 항로표지 설계 및 배치기획을 할 수 있다. 2. 항로표지를 표준화할 수 있다. 3. 항로표지 설치기준 및 요건을 검토할 수 있다. 4. 항로표지의 기능 및 성능을 설명할 수 있다.
		2. 항로표지의 종류와 구조·안전 이해하기	1. 유인 등대의 구조 및 부속장비의 기능을 설명할 수 있다. 2. 무인등대, 등표, 도등, 지향등, 교량표지의 구조 및 부속장비의 기능을 설명할 수 있다. 3. 등부표의 구조 및 부속장비의 기능을 설명할 수 있다. 4. 측방, 방위, 고립장해, 안전수역, 특수표지의 기능과 특성을 설명할 수 있다. 5. 랜비(Lanby)의 구조 및 부속장비의 기능과 특성을 설명할 수 있다. 6. 레이콘의 구조 및 부속장비의 기능과 특성을 설명할 수 있다. 7. 항로표지의 형상 및 도색을 설명할 수 있다.

실기과목명	주요항목	세부항목	세세항목
		3. 지문항해학 기초이해하기	1. 항로에 대한 개념을 설명할 수 있다. 2. 항박도 및 항해도를 설명할 수 있다. 3. 각종 해도의 도식을 설명할 수 있다. 4. 연안항해에 필요한 수로서지(Nautical publications)를 설명할 수 있다. 5. 연안항법에 관한 기초지식을 설명할 수 있다. 6. 선위측정 및 선위오차에 대한 것을 설명할 수 있다.
		4. 항로표지 관계 법령 이해하기	1. 항로표지관계법령을 검토할 수 있다. 2. 국제항로표지협회 규약을 검토할 수 있다. (NAVGUIDE, IALA권고서)
		5. IALA해상부표식 이해하기	1. 항로표지 등질 및 등색에 대한 기준을 설명할 수 있다. 2. 등화의 광도와 광달거리 표기에 대한 권고 사항을 설명할 수 있다. 3. 레이콘에 대한 권고내용을 설명할 수 있다.
	2. 전원시스템	1. 전기·전자기초이론 이해하기	1. 직류회로 및 교류회로에서의 전압, 전류, 전력, 위상, 역률에 대하여 설명할 수 있다. 2. 전기부품의 기호를 판독하고 구조 및 동작을 설명할 수 있다. 3. 전기배선도를 판독하여 배선을 할 수 있다. 4. 측정기를 이용하여 전기회로의 이상유무를 판단하고 유지 보수할 수 있다. 5. 인버터, 컨버터 등 전력공급장치의 원리를 설명할 수 있다. 6. 측정기를 이용하여 전자기기 및 전자부품의 이상 유무를 측정할 수 있다. 7. 전기안전관리 수칙을 준수할 수 있다.
		2. 전지기초 이론 이해하기	1. 2차 전지의 원리 및 화학적 특성을 설명할 수 있다. 2. 2차 전지의 충·방전 특성 및 충전 방법에 대해 설명할 수 있다.
		3. 발동발전시스템 이해하기	1. 전원장치의 배선회로 점검 및 구성을 할 수 있다. 2. 발동발전기의 작동 및 운전을 할 수 있다. 3. 발동발전기의 유류소모량, 정격전압, 정격 전류 및 사용전력량을 산정할 수 있다.

실기과목명	주요항목	세부항목	세세항목
		4. 태양광발전시스템 이해하기	1. 태양광발전시스템의 구성 및 계통도를 설명할 수 있다. 2. 태양광발전시스템의 발전용량을 산정할 수 있다. 3. 전력조절기의 동작 원리를 설명할 수 있다.
		5. 파력·풍력발전시스템 이해하기	1. 파력 및 풍력발전시스템의 구성 및 계통도 설명할 수 있다. 2. 파력 및 풍력 발전기의 발전용량을 산정할 수 있다. 3. 전력조절기의 동작원리를 설명할 수 있다.
	3. 광파·음파표지	1. 항로표지와 광학기초 이해하기	1. 빛의 성질을 설명할 수 있다. 2. 빛의 전파(propagation) 특성을 설명할 수 있다. 3. 섬광등명기의 광도 및 광달거리를 설명할 수 있다.
		2. 광파표지 이해하기	1. 광파표지의 종류와 각기의 기능을 설명할 수 있다. 2. 광파표지의 설계조건 및 배후광의 영향 등을 설명할 수 있다. 3. 광파표지의 섬광주기, 광달거리 및 등질을 설명할 수 있다.
		3. 음파표지 이해하기	1. 음의 기본요소(세기, 음색, 높이)를 설명할 수 있다. 2. 음파의 성질을 설명할 수 있다. 3. 무신호 장치인 발음기의 종류와 동작원리를 설명할 수 있다. 4. 무신호기의 구성을 설명할 수 있다.
		4. 등대·등표 등의 구조 및 안정성 이해하기	1. 등대·등표 등의 설계기본조건 등을 설명할 수 있다. 2. 등대·등표 등의 하중 및 외력 영향을 설명할 수 있다. 3. 등대·등표 등의 기초 안정성에 대하여 설명할 수 있다.
		5. 부표류의 구조 및 안정성 이해하기	1. 부표류의 설치의 기본 조건을 설명할 수 있다. 2. 부표류의 도색과 형상을 설명할 수 있다.

실기과목명	주요항목	세부항목	세세항목
	4. 전파표지 및 시스템 이용	1. 전파기초이론 및 전파표지일반 이해하기	1. 전파표지시스템 구성 및 특징에 대하여 설명할 수 있다. 2. 전파표지의 펄스주기 및 사용범위에 대하여 설명할 수 있다. 3. 안테나의 종류 및 특성에 대하여 설명할 수 있다.
		2. 쌍곡선항법시스템 이해하기	1. 전파기초이론 및 성질을 설명할 수 있다. 2. 쌍곡선 항법이론을 설명할 수 있다. 3. 쌍곡선항법에 사용되는 주파수를 설명할 수 있다. 4. 지상파항법(LOARN-C, eLOARN)시스템 구성 및 체인을 설명할 수 있다.
		3. 위성항법시스템 이해하기	1. 위성항법시스템의 기초적 사항을 설명할 수 있다. 2. 위성항법시스템의 특성을 설명할 수 있다. 3. 위성항법시스템의 구성에 대한 동작이론을 설명할 수 있다. 4. 위성항법시스템의 종류와 시스템 특성을 설명할 수 있다.
		4. 레이더 표지 이해하기	1. 레이더 항법기초 및 표지이론을 설명할 수 있다. 2. 레이더반사기를 설명할 수 있다.
		5. 특수신호시스템(조류, 해양기상, 선박통항, AtoN AIS)이해하기	1. 조류, 해류 및 해양기상의 기초이론을 설명할 수 있다. 2. AtoN AIS시스템의 구성과 특성을 설명할 수 있다.
	5. 항로표지의 전원관리	1. 발동발전기 점검정비 및 유지관리하기	1. 비상전원설비기준을 검토할 수 있다. 2. 발전기의 출력전압, 전류를 측정할 수 있다.
		2. 태양광발전시스템 점검 정비 및 유지관리하기	1. 태양전지판의 이상 유무를 점검할 수 있다. 2. 태양전지시스템 효율이 최대가 될 수 있도록 경사각과 방향을 설정할 수 있다.
		3. 파력·풍력발전설비 시스템 점검정비 및 유지관리하기	1. 파력·풍력발전설비시스템의 상태를 점검할 수 있다. 2. 전력조절기의 정상 작동상태를 점검할 수 있다.

실기과목명	주요항목	세부항목	세세항목
		4. 전원의 배·전선 점검 정비 및 유지관리하기	1. 전력 소요 용량에 따른 배전선을 선택할 수 있다. 2. 전기안전관리수칙을 준수할 수 있다.
		5. 충전기, UPS 점검정비 및 유지관리하기	1. 축전지의 충전, 방전상태를 점검할 수 있다. 2. 충전기의 용량과 공칭전압을 점검할 수 있다. 3. 정류기(충전기) 및 인버터(Inverter)의 동작과 정격출력을 점검할 수 있다.
		6. 축전지 점검정비 및 유지관리하기	1. 축전지의 취급요령 및 절차를 검토할 수 있다. 2. 충·방전상태 및 전압/전류측정을 할 수 있다.
	6. 항로표지의 시설 및 장비관리	1. 등탑 및 부속시설 점검정비, 유지관리하기	1. 등탑 내의 환기, 누수, 도장, 전기 배선 및 접지상태를 점검하고 유지관리할 수 있다.
		2. 항로표지 장비 점검 정비 및 유지관리하기	1. 항로표지 장비의 제반사항을 점검하고, 안전 수칙을 준수할 수 있다.
		3. 등명기 점검정비 및 유지관리하기	1. 등명기의 상부 부분의 구성요소 렌즈, 렌즈덮개, 색필터, 렌즈보호대, 조류방지봉, 전구교환기, 전구 등을 점검할 수 있다. 2. 등명기의 하부 부분 구성요소인 케이스, 섬광기, 일광변, 회전장치 등을 점검할 수 있다. 3. 등명기의 광도 및 섬광주기를 측정할 수 있다.
		4. 레이콘 점검정비 및 유지관리하기	1. 레이콘의 설치 위치 및 동작 상태를 점검할 수 있다. 2. 레이콘의 전파발사신호 및 주기를 점검할 수 있다.
	7. 부표류의 관리	1. 위치확인 등 고시 기능 유지관리하기	1. 항로표지 고시내용을 검토할 수 있다. 2. 고시방법을 설명할 수 있다.
		2. 표체 점검정비 및 유지관리하기	1. (등)부표의 위치를 점검할 수 있다. 2. 표체의 파손 여부를 점검할 수 있다. 3. 새클(shackle), 고삐사슬, 사슬의 외관을 점검하고 보수할 수 있다.
		3. 등명기 점검정비 및 유지관리하기	1. 등명기의 상부 부분의 구성요소 렌즈, 렌즈덮개, 색필터, 렌즈보호대, 조류방지봉, 전구교환기, 전구 등을 점검할 수 있다. 2. 등명기의 하부 부분 구성요소인 케이스, 섬광기, 일광변, 회전장치 등을 점검할 수 있다. 3. 등명기의 광도 및 섬광주기를 측정할 수 있다.

실기과목명	주요항목	세부항목	세세항목
	8. 항로표지 시스템의 운영	1. 해양교통시설 통합관리 시스템 운영하기	1. 해양기상신호표지의 특성을 설명할 수 있다. 2. AtoN AIS 시스템의 구성과 특성을 설명할 수 있다. 3. AtoN 데이터 메시지를 확인하고, 운영체계를 설명할 수 있다. 4. 해양기상 및 항로표지 정보제공 시스템과 운영체계 설명할 수 있다.
		2. 항로표지 동기 점멸방식 운영하기	1. 등광의 작동상태를 점검할 수 있다.
		3. LOARN-C 운영하기	1. 송신주파수를 모니터링할 수 있다. 2. 주파수 오차측정 및 교정작업(Calibration)을 수행할 수 있다. 3. 주·종국 간의 연락체계를 확인할 수 있다. 4. LOARN-C 체인의 운영상태를 설명할 수 있다.
		4. 위성항법보정시스템 운영하기	1. (D)GNSS 신호를 이용하여 위치를 측정할 수 있다. 2. (D)GNss시스템 구성 및 국제기준을 검토할 수 있다. 3. (D)GNss 위치신호 메시지(보정치, 무결성 등)를 송신할 수 있다.
		5. 조류신호시스템 운영하기	1. 조류, 해류 및 해양기상의 기초이론을 설명할 수 있다. 2. 조류신호소의 각종 장치 구성요소와 동작을 점검할 수 있다. 3. 조류의 유향, 유속을 측정하는 시스템이므로 동작원리를 설명할 수 있다.

14. 건설

항로표지기능사

출제기준(필기)

직무분야	건설	중직무분야	토목	자격종목	항로표지기능사	적용기간	2013. 1. 1 ~ 2016.12.31

○직무내용 : 항로에서 선박의 안전 확보를 위하여 필요로 하는 각종 항로표지에 관한 숙련기능을 가지고 산업 현장에서 각종 항로표지에 관한 제작·제조·조작·운전·보수·정비 등 이에 관련되는 업무를 수행하는 직무

필기검정방법	객관식	문제수	60	시험시간	1시간

필기과목명	문제수	주요항목	세부항목	세세항목
항로표지 전원관리, 고정 및 부표항로 표지, 항로표지시스템의 운영	60	1. 발동발전기	1. 발동발전기 점검, 정비, 보수, 관리	1. 발동발전기의 개요 2. 전기설비 기준의 이해 3. 배전선 설비, 점검 및 정비 업무 4. 연료 소비량 및 잔량 관리 5. 발동발전기 운전상태 점검, 보수, 정비 6. 발동발전기 운전요령 및 안전수칙
		2. 태양광발전 시스템	1. 태양광발전 시스템 점검, 정비, 보수, 관리	1. 태양광전지판의 청소, 조류방지봉 점검, 보수, 관리 2. 충방전조절기의 점검, 관리
			2. 태양전지의 점검, 정비, 보수, 관리	1. 태양전지의 개념 2. 태양전지의 기능 점검, 보수, 관리 3. 배선로 확인 업무
			3. 전원의 배·전선 보수, 유지, 관리	1. 배선재료 및 공구의 이해 2. 전선 및 배선 점검, 교체의 작업 관리 3. 누전 점검, 보수, 관리 4. 피뢰침 및 접지 점검 5. 전기작업 안전수칙
		3. 축전지와 자동전압조절기	1. 충전기 점검, 보수, 유지, 관리	1. 배전반 점검, 충전기의 점검 및 안전관리 2. **충전원리** 3. 축전지의 안전운반 및 보관
			2. 축전지 점검, 보수, 유지, 관리	1. 축전지의 개요 2. 충방전 상태 및 전압/전류 측정 관리 3. 축전지의 유지보수 4. 전해액 점검, 축전지의 안전관리

필기과목명	문제수	주요항목	세부항목	세세항목
			3. 자동전압조정기 점검, 보수, 관리	1. 자동전압조정기의 개요 2. 전압 충전 및 방전 상태 점검 3. 과전류 차단기 점검, 관리 4. 배전반 및 UPS 점검, 관리
		4. 등탑과 영조물 관리	1. 등탑 및 부속물 점검, 정비, 보수 관리	1. 등탑 및 주변 시설물 기능 업무 2. 등탑시설 및 장비 안전 점검
			2. 영조물 및 장비 점검, 정비, 관리	1. 항로표지관련 시설물 구조, 안전점검 2. 시설물의 소방시설 점검, 관리 3. 장비, 비품, 예비부품의 점검관리
		5. 등부표 및 계류장치	1. 표체점검 및 보수, 관리	1. 등부표 위치 점검 2. 등부표 구조 및 기능 점검, 유지 3. 등부표 부속장비의 기능점검, 보수 유지 4. 등부표의 안전 관리
			2. 등명기 점검, 정비, 보수, 관리	1. 등명기 및 부속장치의 작동, 기능 점검, 보수유지 2. 등명기 관련 예비부품의 점검, 관리
		6. 레이콘 점검	1. 레이콘 점검, 정비, 보수, 관리	1. 레이콘의 기능 2. 레이콘의 점검 및 안전관리
		7. 항로표지시스템의 기본 운영	1. 항로표지 원격감시 제어시스템 운영	1. 원격감시제어시스템의 개요 2. 원격감시제어장치의 점검 및 작동 3. 원격감시제어장치의 운영현황
			2. 동기점멸방식 운영	1. 항로표지광력과 배후광의 영향 2. 동기점멸 방식의 점검 및 작동 3. 동기점멸 등광의 활용 4. 동기점멸 부속장비의 구성과 운영 현황
		8. 전파표지시스템의 운영현황	1. LORAN-C 운영현황	1. LORAN-C시스템의 개요 2. LORAN-C시스템의 운영현황
			2. DGNSS 운영현황	1. GNSS 및 DGNSS의 개요 2. 우리나라 DGNSS의 운영현황

필기과목명	문제수	주요항목	세부항목	세세항목
		9. 특수신호 시스템의 운영	1. 조류신호표지	1. 조류신호표지 운영 개요
			2. 해양기상신호표지	1. 해양기상신호표지 운영 개요
			3. 선박통항신호표지 (VTM)	1. 선박통항신호표지(VTM)의 개요

출제기준(실기)

직무 분야	건설	중직무 분야	토목	자격 종목	항로표지기능사	적용 기간	2013. 1. 1 ~ 2016.12.31

○직무내용 : 항로에서 선박의 안전 확보를 위하여 필요로 하는 각종 항로표지에 관한 숙련기능을 가지고 산업현장에서 각종 항로표지에 관한 제작·제조·조작·운전·보수·정비 등 이에 관련되는 업무를 수행하는 직무

○수행준거 : 1. 항로표지(광파표지, 음파표지, 전파표지, 전원시설 등)를 해당 규격에 맞도록 구성하여 설치할 수 있다.
      2. 항로표지에 전원을 연결하기 위하여 축전지, 태양전지, 전압조절기 등을 정확하게 다룰 수 있다.
      3. 항로표지가 규격(등질, 주파수, 전압 등) 에 맞는지 확인할 수 있고 조절할 수 있다.
      4. 측정장비 및 공구의 사용법을 숙지하여 항로표지의 점검(유지보수) 및 고장수리를 할 수 있다.
      5. 안전장비를 착용(안전복, 안전모, 안전장갑 등)하고 안전수칙을 준수할 수 있다.

실기검정방법	작업형	시험시간	40분 정도

실기과목명	주요항목	세부항목	세세항목
항로표지 실무	1. 전원시스템	1. 전기·전자기초이론 이해하기	1. 전기부품의 기호를 판독하고 구조 및 동작을 설명할 수 있다. 2. 전기배선도를 판독하여 배선을 할 수 있다. 3. 측정기를 이용하여 전기회로의 이상유무를 판단하고 유지보수할 수 있다. 4. 인버터, 컨버터 등 전력공급장치의 원리를 설명할 수 있다. 5. 측정기를 이용하여 전자기기 및 전자부품의 이상 유무를 측정할 수 있다. 6. 전기안전관리 수칙을 준수할 수 있다.
		2. 전지기초 이론 이해하기	1. 2차 전지의 충·방전 특성 및 충전방법에 대해 설명할 수 있다.
		3. 발동발전시스템 이해하기	1. 발동발전기의 작동 및 운전을 할 수 있다.
		4. 태양광발전시스템 이해하기	1. 태양광발전시스템의 구성 및 계통도를 설명할 수 있다.
		5. 파력·풍력발전시스템 이해하기	1. 파력 및 풍력발전시스템의 구성 및 계통도를 설명할 수 있다.
	2. 광파·음파표지	1. 항로표지와 광학기초 이해하기	1. 섬광등명기의 광도 및 광달거리를 설명할 수 있다.

실기과목명	주요항목	세부항목	세세항목
		2. 광파표지 이해하기	1. 광파표지의 종류와 각기의 기능을 설명할 수 있다. 2. 광파표지의 설계조건 및 배후광의 영향 등을 설명할 수 있다. 3. 광파표지의 섬광주기, 광달거리 및 등질을 설명할 수 있다.
		3. 등대·등표 등의 구조 및 안정성 이해하기	1. 등대·등표 등의 설계기본조건 등을 설명할 수 있다.
		4. 부표류의 구조 및 안정성 이해하기	1. 부표류의 설치의 기본 조건을 설명할 수 있다. 2. 부표류의 도색과 형상을 설명할 수 있다.
	3. 전파표지 및 시스템 이용	1. 전파기초이론 및 전파표지일반 이해하기	1. 전파표지시스템 구성에 대하여 설명할 수 있다. 2. 안테나의 종류에 대하여 설명할 수 있다.
		2. 쌍곡선항법 시스템 이해하기	1. 쌍곡선 항법이론을 설명할 수 있다. 2. 쌍곡선항법에 사용되는 주파수를 설명할 수 있다.
		3. 위성항법시스템 이해하기	1. 위성항법시스템의 기초적 사항을 설명할 수 있다. 2. 위성항법시스템의 특성을 설명할 수 있다. 3. 위성항법시스템의 종류를 설명할 수 있다.
		4. 레이더 표지 이해하기	1. 레이더반사기를 설명할 수 있다.
		5. 특수신호시스템 이해하기	1. AtoN AIS 시스템의 구성을 설명할 수 있다.
	4. 항로표지의 전원 관리	1. 발동발전기 점검정비 및 유지관리하기	1. 발전기의 출력전압, 전류를 측정할 수 있다.
		2. 태양광발전시스템 점검 정비 및 유지관리하기	1. 태양전지판의 이상 유무를 점검할 수 있다. 2. 태양전지시스템 효율이 최대가 될 수 있도록 경사각과 방향을 설정할 수 있다.
		3. 파력·풍력발전설비 시스템 점검정비 및 유지관리하기	1. 전력조절기의 정상 작동상태를 점검할 수 있다.

실기과목명	주요항목	세부항목	세세항목
		4. 전원의 배·전선 점검 정비 및 유지관리하기	1. 배전반 및 각종 차단기의 동작상태를 점검할 수 있다
		5. 충전기, UPS 점검정비 및 유지관리하기	1. 축전지의 충전, 방전 상태를 점검할 수 있다.
		6. 축전지 점검정비 및 유지관리하기	1. 축전지의 취급요령 및 절차를 검토할 수 있다. 2. 충·방전상태 및 전압/전류측정을 할 수 있다. 3. 전해액 비중을 측정할 수 있다.
	5. 항로표지의 시설 및 장비관리	1. 등탑 및 부속시설 점검 정비, 유지관리하기	1. 등탑 내부 상판 및 출입문의 이상 유무를 점검할 수 있다. 2. 각종 잠금장치의 이상 유무를 판단할 수 있다. 3. 등탑 내의 환기, 누수, 도장, 전기 배선 및 접지상태를 점검하고 유지 관리할 수 있다
		2. 항로표지 장비 점검 정비 및 유지관리하기	1. 항로표지 장비의 제반 안전수칙을 준수할 수 있다. 2. 항로표지장비 및 기기를 점검할 수 있다.
		3. 등명기 점검정비 및 유지관리하기	1. 등명기의 배선과 전원을 점검할 수 있다. 2. 등명기의 회전장치를 점검할 수 있다. 3. 일광변의 작동과 이상 유무를 점검할 수 있다.
		4. 레이콘 점검정비 및 유지관리하기	1. 레이콘의 전파발사신호 및 주기를 점검할 수 있다.
	6. 부표류의 관리	1. 표체 점검정비 및 유지관리하기	1. (등)부표의 위치를 점검할 수 있다. 2. 표체의 파손 여부를 점검할 수 있다. 3. 새클(shackle), 고삐사슬, 사슬의 외관을 점검하고 보수할 수 있다.
		2. 등명기 점검정비 및 유지관리하기	1. 등명기의 배선과 전원을 점검할 수 있다. 2. 등명기의 회전장치를 점검할 수 있다. 3. 일광변의 작동과 이상 유무를 점검할 수 있다.
	7. 항로표지시스템의 운영	1. 해양교통시설 통합관리 시스템 운영하기	1. 해양교통시설통합관리시스템의 제원(Spec)을 설명하고 작동상태를 점검할 수 있다. 2. 항로표지의 기능을 실시간으로 점검할 수 있다.
		2. 항로표지 동기 점멸방식 운영하기	1. 등광의 작동상태를 점검할 수 있다.

실기과목명	주요항목	세부항목	세세항목
		3. LORAN-C 운영하기	1. 송신주파수를 모니터링할 수 있다.
		4. 위성항법보정 시스템 운영하기	1. (D)GNSS 신호를 이용하여 위치를 측정할 수 있다.
		5. 조류신호시스템 운영하기	1. 조류신호소의 조류측정 및 표시시스템의 기능 및 상태를 실시간으로 점검할 수 있다.

14. 건설

해양공학기사

출제기준(필기)

직무 분야	건설	중직무 분야	토목	자격 종목	해양공학기사	적용 기간	2013. 1. 1 ~ 2016.12.31

○직무내용 : 해양구조물에 관련된 기초이론과 지식을 바탕으로 안전하고 효율적으로 해양구조물을 설계, 시공, 관리하는 직무

필기검정방법	객관식	문제수	100	시험시간	2시간 30분

필기과목명	문제수	주요항목	세부항목	세세항목
해양학개론	20	1. 해양물리	1. 해수의 물리적 성질	1. 밀도성층(수온, 염분, 압력) 2. 수중 음향 3. 빛의 굴절, 산란 4. T-S 곡선과 혼합과정
			2. 순환	1. 표층해류 2. 심층해류 3. 용승 4. 수괴 5. 엘리뇨현상 6. 취송류
			3. 파랑	1. 해파의 분류 2. 폭풍해일, 쓰나미 등 3. 심해파와 천해파 4. 연안류와 이안류
			4. 조석	1. 기조력 2. 조류 3. 하천의 조석, 하구수역학 4. 조석의 조화분석 5. 조석의 기준면, 조석파
			5. 해양의 열수지	1. 해양의 가열작용 및 냉각작용, 증발열수지 방정식
		2. 해양기상	1. 기압	1. 고기압과 저기압
			2. 태풍	1. 태풍의 구조와 일생 2. 해양-대기 상호작용

필기과목명	문제수	주요항목	세부항목	세세항목
			3. 위성정보	1. 해양 및 기상 위성정보의 활용
		3. 해양지질	1. 지구의 내부구조	1. 성분에 따른 분류 2. 물리적 성질에 따른 분류 3. 지구내부구조와 지각평형 4. 지진파의 종류와 특징
			2. 해저지형	1. 대륙주변부 2. 대양저산맥 3. 판구조론 4. 대양의 침전물의 분포
			3. 퇴적환경	1. 연안퇴적환경 2. 퇴적물 특성 3. CO_2 지중저장기술
		4. 해양화학	1. 해수의 화학적 성질	1. 유, 무기 성분 2. 염분, 3. 영양염류 4. pH
			2. 해수의 용존기체	1. 기체의 용해도 2. 기체의 분포도 3. 해양-대기간의 기체교환

필기과목명	문제수	주요항목	세부항목	세세항목
해양 수리학	20	1. 파랑	1. 파동 운동학 기초	1. 규칙파 이론 2. 해양파랑의 공학적 성질
			2. 해양파 해석	1. 풍파의 발생, 발달 및 파랑추산 2. 불규칙파 해석 3. 해상풍력에너지
			3. 파랑변형	1. 파랑변형 종류 및 특성 2. 파랑변형 해석 3. 파력에너지
		2. 조석 및 조류	1. 조석 및 장주기 해면운동	1. 기조력과 평형조석 2. 조석의 예보와 분조 3. 장주기 해면운동의 발생원인 4. 항만의 부진동 5. 폭풍해일 6. 쓰나미 7. 조석 및 조류에너지
			2. 조류 및 해안부근의 흐름	1. 조류의 분석과 예보 2. 해류 3. 조류 4. 해빈류 5. 하구밀도류
		3. 물질의 혼합 및 확산	1. 물질의 혼합 및 확산	1. 층류와 난류 2. Reynolds의 난류이론 3. 평균류의 운동방정식 4. 운동량 수송이론 5. 확산과 분산
		4. 물체의 저항 및 유체력	1. 물체의 저항 및 유체력	1. 정수역학 2. 항력과 양력
		5. 퇴적물 이동과 해빈변형	1. 퇴적물 이동과 해빈변형	1. 해빈유사의 성질과 분석 2. 표사이동기구 3. 해안 침식, 퇴적 4. 사빈해안의 변형과정 5. 표사이동 제어
		6. 상사율과 수리모형 실험	1. 상사율과 수리모형 실험	1. 차원해석법 2. 무차원수 3. 상사법칙

필기과목명	문제수	주요항목	세부항목	세세항목
해양구조공학	20	1. 해양구조물	1. 해양구조물의 분류 및 특성	1. 해양구조물의 분류 및 특성 2. 해안 및 항만구조물의 분류 및 특성
		2. 해양구조물의 설계 개념	1. 외력추정	1. 정하중 및 이동하중의 추정 2. 파력 및 풍하중의 추정 3. 조류 하중의 추정
			2. 해양구조물의 설계 개념	1. 허용응력설계법의 개념 2. 강도 설계법의 개념 3. 하중저항계수설계법의 개념 4. 신뢰성 설계
		3. 구조해석	1. 주상구조물	1. 설계외력 2. 부재력 3. 안전성평가
			2. 중력식구조물	1. 설계외력 2. 부재력 3. 안전성평가
			3. 부유식구조물	1. 설계외력 2. 부재력 3. 안전성평가 4. 계류시스템
		4. 해양구조물 설계	1. 해양강구조물 설계 (허용응력설계법)	1. 축하중부재 2. 휨부재 3. 축하중과 휨을 동시에 받는 부재 4. 연결부
			2. 해양콘크리트구조물 설계 (강도설계법)	1. 보의 휨해석과 설계 2. 전단과 비틀림 3. 철근의 정착과 이음부 4. 사용성과 내구성 5. 기둥

필기과목명	문제수	주요항목	세부항목	세세항목
측량학	20	1.해양측량	1. 해양측량의 개요	1. 해양측량의 종류 및 특징 2. 해양측량의 정도와 축척
			2. 육상측량	1. 거리측량 2. 수준측량 3. 3D(토탈스테이션)측량
			3. 해저지형탐사	1. 음파탐사 2. 음향탐사
			4. 수심측량	1. 측량기준 2. 측심
			5. 해저지질조사	1. 탐사기기 2. 지층분석 3. 해저지형
			6. 사진측량 및 위성측량	1. 사진측량의 개요 2. 표정 3. 항공삼각측량 4. 지상사진측량 5. 위성측량의 분류

필기과목명	문제수	주요항목	세부항목	세세항목
재료 공학	20	1. 재료의 성질 및 시험방법	1. 재료의 성질	1. 강재의 역학적 성질 2. 콘크리트의 역학적 성질 3. 기타 재료의 역학적 성질
			2. 재료시험방법	1. 재료의 강성, 강도, 인성 2. 인장시험, 압축시험, 굽힘시험 3. 충격시험, 비틀림시험 4. 기타시험
		2. 재료의 역학적 거동	1. 재료의 탄성거동	1. 재료의 탄성거동
			2. 재료의 크리프, 피로, 응력집중	1. 크리프 2. 피로 3. 응력집중
			3. 축하중 부재	1. 응력 2. 변형률 3. 탄성변형에너지
			4. 휨부재	1. 응력 2. 변형률 3. 탄성변형에너지
			5. 비틀림 부재	1. 응력 2. 변형률 3. 탄성변형에너지
		3. 열화	1. 해양구조물의 열화	1. 해양구조물의 열화 2. 열화진단 및 평가 3. 열화방지 및 보수 보강

출제기준(실기)

직무 분야	건설	중직무 분야	토목	자격 종목	해양공학기사	적용 기간	2013. 1. 1 ~ 2016.12.31

○직무내용 : 해양구조물에 관련된 기초이론과 지식을 바탕으로 안전하고 효율적으로 해양구조물을 설계, 시공, 관리하는 직무

○수행준거 : 1. 외력추정 및 계산을 할 수 있다.
  2. 연안구조물의 설계를 할 수 있다.
  3. 외해구조물의 설계를 할 수 있다.
  4. 해양구조물의 기초설계를 할 수 있다.
  5. 육상 및 해양측량을 할 수 있다.

실기검정방법	필답형	시험시간	2시간 30분

실기과목명	주요항목	세부항목	세세항목
해양공학 실무	1. 설계기준 설정	1. 적용기준 수립하기	1. 대상사업의 내용을 파악하여 해양구조물의 세부분야를 구분하고 설계에 필요한 타 분야를 구분할 수 있다. 2. 대상사업규모 및 성격에 적합한 각종 국내시방기준에 따라 최신 시방서 및 관련법규를 준용하여 적용기준을 수립할 수 있다. 3. 현장조사, 관련문헌조사, 분석자료의 검증을 통해 설계조건을 도출하고 기타 설계지침에 의거 본 사업에 적합한 설계 적용기준을 수립할 수 있다.
		2. 자연조건 작성하기	1. 조사된 기초자료를 정리하여 설계에 적용할 근거와 분석한 결과를 설계기준으로 2. 설계 대상지역에 따라 달라지는 조석현상을 파악하여 설계에 적용 가능한 설계조위를 설정할 수 있다. 3. 수치 및 수리실험을 위한 수심, 지형, 조위, 심해파랑 등의 기초자료를 발췌하여 실험결과를 분석하고 설계에 적용할 파랑의 제원을 도출할 수 있다. 4. 수심측량 및 지반조사 등 현지조사의 결과에 따라 도출된 해저지형과 지반에 대한 분포, 토성과 토질 실험결과에 의한 토성치 등을 파악하여 정리할 수 있다. 도출하고 요약, 정리할 수 있다.

실기과목명	주요항목	세부항목	세세항목
		3. 하중조건 설정하기	1. 사업의 내용에 따라 시설물의 위치와 대상시설물의 종류를 분류할 수 있다. 2. 설계에 적용할 시설물에 작용하는 설계외력을 설정할 수 있다. 3. 설정된 설계외력에 따라 시설물에 작용하는 하중의 다양한 경우의 수를 조합할 수 있다. 4. 심해파의 변형을 알 수 있다. 5. 쓰나미와 폭풍해일에 관한 내용을 이해할 수 있다.
		4. 사용재료조건 적용기준 작성하기	1. 계획된 평면배치와 시설물계획 등의 사업계획에 따라 사용할 재료를 구분하고 설정할 수 있다. 2. 사용할 재료의 설정에 따라 각 재료의 특성에 대해 적용기준서와 참고문헌 및 실험치를 참조하여 단위체적중량, 설계기준강도, 마찰계수 등 재료원의 특성치를 작성할 수 있다.
	2. 세부설계	1. 구조형식, 공법선정하기	1. 전체 평면배치계획에 따라 각 해양구조물 시설별 기능에 적합한 구조형식 및 공법 선정 과정을 이해할 수 있다. 2. 구조형식별 대상사업의 적용성 검토를 통해 각 구조형식에 대한 세부구조 형식별 예비타당성을 평가하고, 항목별 평가가 양호한 구조형식에 대해 세부안별 비교를 시행하여 구조형식 및 공법에 대한 예비선정을 할 수 있다. 3. 검토된 기본안 가운데 구조적 안정성, 시공성, 경제성, 연계성, 유지관리성 측면에서 최적안을 채택하고, 구간별 수심 및 지반조건에 따라 최적의 표준단면을 선정할 수 있다.
		2. 구조해석, 상세설계하기	1. 구조물의 세부규격은 여러 가지 조건과 현지 사정 등을 고려하여 구조단위를 검토하고 구조물의 제원과 규격을 결정할 수 있다. 2. 상시, 폭풍 시, 지진 시의 조건에 대하여 시공 시와 완료 시로 구분하여 구조물의 안정성을 검토할 수 있다. 3. 구조물의 세부 구조해석을 실시한 후, 구조물 형상 및 사용재료의 특성 등을 전반적으로 검토하여 필요한 경우에는 보완 및 수정할 수 있다.
	3. 측량	1. 해양측량하기	1. 해상위치측량을 할 수 있다. 2. 수심측량을 할 수 있다.

14. 건설

해양자원개발기사

출제기준(필기)

직무 분야	건설	중직무 분야	토목	자격 종목	해양자원개발기사	적용 기간	2013. 1. 1 ~ 2016.12.31

○직무내용 : 해양자원, 지질해양학, 탐사공학, 해양계측학 분야의 지식을 바탕으로 해양자원개발에 필요한 주요 내용들을 분석하는 직무

필기검정방법	객관식	문제수	100	시험시간	2시간30분

필기과목명	문제수	주요항목	세부항목	세세항목
해양학개론	20	1. 해양물리	1. 해수의 물리적 성질	1. 밀도성층(수온, 염분, 압력) 2. 수중 음향 3. 빛의 굴절, 산란 4. T-S 곡선과 혼합과정
			2. 순환	1. 표층해류 2. 심층해류 3. 용승 4. 수괴 5. 엘리뇨현상 6. 취송류
			3. 파랑	1. 해파의 분류 2. 폭풍해일, 쓰나미 등 3. 심해파와 천해파 4. 연안류와 이안류
			4. 조석	1. 기조력 2. 조류
			5. 해양의 열수지	1. 해양의 가열작용 및 냉각작용, 증발 열수지 방정식
		2. 해양기상	1. 기압	1. 고기압과 저기압
			2. 태풍	1. 태풍의 구조와 일생 2. 해양-대기 상호작용
			3. 위성정보	1. 해양 및 기상 위성정보의 활용

필기과목명	문제수	주요항목	세부항목	세세항목
		3. 해양지질	1. 지구의 내부구조	1. 성분에 따른 분류 2. 물리적 성질에 따른 분류 3. 지구내부구조와 지각평형 4. 지진파의 종류와 특징
			2. 해저지형	1. 대륙주변부 2. 대양저산맥 3. 판구조론 4. 대양의 침전물의 분포
			3. 퇴적환경	1. 연안퇴적환경 2. 퇴적물 특성 3. CO_2 지중저장기술
		4. 해양화학	1. 해수의 화학적 성질	1. 유, 무기 성분 2. 염분 3. 영양염류 4. pH
			2. 해수의 용존기체	1. 기체의 용해도 2. 기체의 분포도 3. 해양-대기간의 기체교환

필기과목명	문제수	주요항목	세부항목	세세항목
지질 해양학	20	1. 판구조론	1. 가설	1. 대륙이동설, 해저확장설
			2. 판의 이동	1. 판 운동과 지체구조 2. 판의 이동기작, 지진, 화산활동
		2. 해양퇴적물	1. 입도에 따른 분류	1. 분류 2. 입도분석법
			2. 기원에 따른 분류	1. 해양 퇴적물의 기원 2. 기타 퇴적물 분류법
			3. 대륙주변부 퇴적물	1. 대륙주변부 퇴적물 2. 퇴적물 이동
			4. 심해퇴적물	1. 점토, 연니 등 2. 퇴적물 분포
			5. 퇴적물 연구방법	1. 연령측정법 2. 고해양학적 연구방법
		3. 연안퇴적환경	1. 해빈환경	1. 해빈퇴적물과 퇴적구조
			2. 삼각주환경	1. 삼각주의 종류 2. 삼각주의 퇴적구조
			3. 하구만	1. 하구만의 분류 2. 하구만의 특징
			4. 해수면 변화	1. 범수면 변화, 퇴적학적 특징 2. 기후변화영향 평가
			5. 기타 연안지형	1. 사주, 울타리섬 등

필기과목명	문제수	주요항목	세부항목	세세항목
해양자원학	20	1. 해저퇴적물 광물	1. 쇄설성조립질 퇴적물 광물	1. 골재자원 2. 중광물 3. 표사광물
			2. 쇄설성세립질 퇴적물 광물	1. 점토광물
			3. 생물성 퇴적 광물	1. 탄산염 광물 2. 기타
		2. 해저자생광물	1. 심해저 광물	1. 망간단괴(망간각) 2. 열수광상
			2. 천해광물	1. 인회석 2. 자철석 3. 기타
		3. 해저석유 및 가스	1. 석유	1. 석유생성 및 분포 2. 석유탐사 및 개발
			2. 천연가스	1. 천연가스 생성 및 분포 2. 천연가스탐사 및 개발
			3. 가스하이드레이트	1. 가스하이드레이트 생성 및 분포 2. 가스하이드레이트 탐사 및 개발

필기과목명	문제수	주요항목	세부항목	세세항목
탐사공학	20	1. 탄성파 탐사	1. 탄성파	1. 매질의 탄성 특성, 측정원리 2. 고해상도 탄성파 측정 3. 심부 탄성파 측정 4. 자료해석
			2. 탄성파 층서	1. 탄성파 층서원리 2. 해수변 변화와 탄성파 층서
		2. 해양전자, 중력·자력 탐사	1. 해양전자탐사	1. 해양전자탐사 측정방법
			2. 중력탐사	1. 중력측정방법
			3. 자력탐사	1. 자력측정방법
		3. 물리검층	1. 물리검층	1. 물리검층의 종류, 방법
			2. 시추	1. 시추기 종류 및 사용 2. 심해시추, 선위유지 등 3. 각종 시추코어 분석

필기과목명	문제수	주요항목	세부항목	세세항목
해양 계측학	20	1. 기초해양조사	1. 장비조사	1. 해저지층조사 및 장비운용 2. 해저면조사 및 장비운용 3. 수심측량 및 장비운용 4. 자료처리 및 해석
			2. 위치결정	1. 선위측정, GPS
			3. 해양퇴적물 채취	1. 해양 퇴적물 채취방법
			4. 해양퇴적물 분석	1. 입도분석 2. 지화학분석 3. 퇴적구조, 광물분석 4. 물성분석
		2. 해양물리조사	1. 물성관측	1. CTD관측 및 자료처리
			2. 해류관측	1. 해류관측법
			3. 파랑관측	1. 파랑관측법
			4. 조석, 조류관측	1. 조석, 조류관측법

출제기준(실기)

직무분야	건설	중직무분야	토목	자격종목	해양자원개발기사	적용기간	2013. 1. 1 ~ 2016.12.31

○직무내용 : 해양자원, 지질해양학, 탐사공학, 해양계측학 분야의 지식을 바탕으로 해양자원개발에 필요한 주요 내용들을 분석하는 직무
○수행준거 : 1. 해양에 대한 전반적인 지식을 바탕으로 해양의 자원학적 조사를 수행할 수 있다.
    2. 해양자원 개발 사업을 수행할 수 있다.
    3. 조사업무를 수행하기 위한 해양 환경과의 연관성을 이해할 수 있다.

실기검정방법	필답형	시험시간	2시간30분

실기과목명	주요항목	세부항목	세세항목
해양자원 개발 실무	1. 자원조사	1. 해저환경 조사하기	1. 해저면 및 해저지형조사관련 장비의 종류를 이해하고 구분할 수 있다. 2. 해저면 및 해저지형조사관련 장비의 특성에 대하여 이해할 수 있다.
		2. 해저지층 탐사하기	1. 해저지층탐사 작업지역을 선정할 수 있다. 2. 해저지층탐사를 목적에 맞게 설계하여 자료를 획득할 수 있다. 3. 획득한 자료를 이해하고 특징을 파악/설명할 수 있다. 4. 현장 자료분석을 통해 탐사 변수의 타당성을 파악할 수 있다. 5. 자료로부터 해저퇴적층 및 해저지층에 대한 개략적 정보를 파악할 수 있다.
		3. 시료채취 및 표본 분석하기	1. 표층퇴적물/주상시료에 대한 채취방법과 종류 및 특징을 이해하고 구분할 수 있다. 2. 표본시료를 채취하고 분석할 수 있다. 3. 표본시료 분포양상을 분석할 수 있다. 4. 표본시료 분석의 자료처리 및 분석의 타당성을 파악할 수 있다.
		4. 조사내용 검토하기	1. 조사내용 및 조사 자료를 검토할 수 있다. 2. 자료의 오차 등의 내용을 검토할 수 있다. 3. 전체 조사계획 내용을 검토할 수 있다. 4. 미흡한 부분에 대한 목록작성 및 추가조사 계획을 검토할 수 있다.

실기과목명	주요항목	세부항목	세세항목
	2. 조사결과 분석/평가	1. 조사자료 처리하기	1. 조사자료를 목적별로 구분하고 분류할 수 있다. 2. 조사자료 특성을 이해하고 검토할 수 있다.
		2. 조사내용 분석하기	1. 조사자료를 목적별로 구분하고 분류할 수 있다. 2. 조사자료 특성을 이해하고 분석할 수 있다.
		3. 조사결과 해석하기	1. 조사자료를 목적별로 구분하고 분류할 수 있다. 2. 조사자료 특성을 이해하고 해석할 수 있다.
	3. 해양탄성파 탐사	1. 탄성파탐사하기	1. 고주파, 고해상도 반사법탐사의 음원에 따른 종류와 특징을 설명할 수 있다. 2. 주파수와 투과깊이, 해상도의 상관관계에 대해 설명할 수 있다. 3. 탐사자료를 해석할 수 있다.
		2. 탄성파 층서 이해하기	1. 탄성파 층서원리를 설명할 수 있다. 2. 해수면 변화와 탄성파 층서에 대하여 설명할 수 있다.
	4. 해저자원개발	1. 해저자원 종류 이해하기	1. 해저자원에 대한 기본적인 내용과 개발의 개요를 설명할 수 있다. 2. 광물자원 및 유자원에 대한 내용을 알고 개발할 수 있다. 3. 해수자원, 해양에너지 자원에 대한 내용을 알고 개발할 수 있다.
		2. 해양환경 변화 파악하기	1. 해양자원개발 방안을 수립할 수 있다. 2. 해양자원개발에 따른 해양환경 변화를 파악할 수 있다.

14. 건설

해양조사산업기사

출제기준(필기)

직무 분야	건설	중직무 분야	토목	자격 종목	해양조사산업기사	적용 기간	2013. 1. 1 ~ 2016.12.31

○직무내용 : 해양의 물리, 화학, 지질, 생물학적 조사를 통해 해수의 물성, 해저 지각의 구조적 운동, 해저퇴적물의 분포 및 특성, 해수를 구성하는 무기 및 유기성분, 용존산소량, 해수에 서식하고 있는 일반적 생물군 등을 분석하는 직무

필기검정방법	객관식	문제수	80	시험시간	2시간

필기과목명	문제수	주요항목	세부항목	세세항목
물리해양학	20	1. 해수의 물리적 성질	1. T-S도	1. T-S도
			2. 광학 및 음향학적 성질	1. 광학적 성질 2. 수색 3. 음향학적 성질
			3. 해수 특성분포	1. 수온의 분포 2. 염분의 분포 3. 밀도의 분포
		2. 해류의 성인, 분류, 특성 및 구조	1. 코리올리효과	1. 코리올리효과
			2. 지형류이론	1. 지형류
			3. 취송류이론	1. 취송류
			4. 해수의 대순환	1. 해수의 대순환 2. 우리나라 주변의 해류 3. 세계의 해류
			5. 해류관측	1. 해류관측법
		3. 파랑의 발생, 분류 및 성질	1. 파동	1. 파동의 용어 2. 파동의 성질
			2. 파랑의 발생 및 전파	1. 풍랑의 발생 2. 풍랑의 전파
			3. 파랑의 변형 및 흐름	1. 파의굴절 2. 쇄파 3. 연안류

필기과목명	문제수	주요항목	세부항목	세세항목
			4. 해일	1. 지진해일 2. 폭풍해일
			5. 파랑관측	1. 파랑관측법
		4. 조석과 조류	1. 조석	1. 조석현상 2. 기조력 3. 조력에너지 4. 조화분석 5. 한국근해의 조석
			2. 조류	1. 조류 2. 조류에너지
			3. 조석 및 조류관측	1. 조석관측법 2. 조류관측법
		5. 기후변화	1. 기후변화	1. 해수면상승 2. 온난화원인 3. 해양과 대기 상호작용
			2. 원격탐사	1. 원격탐사관측법

필기과목명	문제수	주요항목	세부항목	세세항목
화학 해양학	20	1. 해수의 화학 조성	1. 해수중 유·무기 성분	1. 용존태와 입자태 2. 해수 중 각원소의 농도 3. 용존 유·무기성분의 분류 4. 주요원소 5. 미량원소 6. 안정·방사성 동위원소
			2. 염분	1. 염분의 정의 2. 염분의 단위
			3. 해수의 pH	1. 해수의 pH
			4. 영양염류	1. 영양염류의 분포농도 2. 생물화학적 과정
		2. 해수 중 용존 기체	1. 기체의 용해도	1. 기체의 용해도
			2. 분포도	1. 용존산소의 분포도 2. 이산화탄소의 분포도
		3. 해수분석	1. 해수분석	1. 유·무기성분 측정 2. 염분 측정 3. 영양염류 측정 4. 미량금속류 측정 5. 클로로필 측정 6. 기타 항목 측정법
		4. 해양오염	1. 해양오염의 현황	1. 해양오염물질과 발생원 2. 해양오염물질의 특성
			2. 해양환경오염의 평가	1. 오염물질의 정량측정 2. 이화학적 수질지표 성분이용
			3. 해양오염 방지 대책 및 관리	1. 방지대책 2. 해양오염 관리

필기과목명	문제수	주요항목	세부항목	세세항목
생물 해양학	20	1. 해양생물의 분류	1. 해양생물의 분류	1. 부유생물 2. 저서생물 3. 유영생물 4. 해양미생물
			2. 해양생물의 생활사	1. 부유생물 2. 저서생물 3. 유영생물 4. 해양미생물
		2. 해양생물의 생태적 특성	1. 해양생태계에 대한 이해	1. 해양생태계의 기초 2. 개체군과 군집
			2. 해양생물의 특성	1. 부유생물 2. 저서생물 3. 유영생물 4. 해양미생물
		3. 해양환경	1. 해양 생태계의 구분	1. 부유 및 유영 생태계환경 2. 저서생태계환경
			2. 해양환경과 생물의 적응	1. 생물의 적응 2. 육상생태계와의 비교
			3. 해양생물자원의 이용과 관리	1. 해양생물자원의 종류 2. 관리와 개발
			4. 해양오염과 생물	1. 해양오염 2. 해양오염이 생물과 생태계에 미치는 영향
			5. 적조	1. 적조의 발생 2. 적조피해와 대책
		4. 생물조사	1. 해양의 기초 생산	1. 기초생산 2. 기초생산측정법
			2. 해양생물 조사	1. 해양생물 조사법 2. 해양생물 분석법

필기과목명	문제수	주요항목	세부항목	세세항목
지질 해양학	20	1. 해양퇴적물	1. 해양퇴적물의 특성	1. 해양퇴적물의 종류 2. 해양퇴적물의 조직 3. 해양퇴적물의 성분
			2. 퇴적물의 운동	1. 퇴적물의 침식, 운반, 퇴적
		2. 해양퇴적환경	1. 지구와 판운동	1. 지구의 내부 2. 판의 운동 3. 고기후와 고해양
			2. 연안퇴적환경의 특성	1. 해빈 및 조간대 환경 2. 삼각주 3. 하구 4. 해수면 변화
			3. 대륙연변부 퇴적환경	1. 대륙붕 2. 대륙사면과 대륙대
			4. 심해저 퇴적환경	1. 해저산맥 2. 열수공 3. 심해평야와 구릉 4. 해저산과 기요(guyot) 5. 해구와 호상열도
		3. 해저자원	1. 해저자원의 종류	1. 종류 및 구조 2. 특징
			2. 해저자원과 환경	1. 생성환경 2. 분포
			3. 해저자원의 개발	1. 해저자원 개발
		4. 해양지질조사	1. 해양지질환경탐사	1. 음향측량 2. 지구물리탐사
			2. 해양퇴적물조사	1. 해양퇴적물 조사법 2. 해양퇴적물 분석법

출제기준(실기)

직무 분야	건설	중직무 분야	토목	자격 종목	해양조사산업기사	적용 기간	2013. 1. 1 ~ 2016.12.31

○직무내용 : 해양의 물리, 화학, 지질, 생물학적 조사를 통해 해수의 물성, 해저 지각의 구조적 운동, 해저퇴적물의 분포 및 특성, 해수를 구성하는 무기 및 유기성분, 용존산소량, 해수에 서식하고 있는 일반적 생물군 등을 분석하는 직무
○수행준거 : 1. 물리, 화학, 생물, 지질해양학의 조사업무를 수행할 수 있다.
　　　　　　2. 조사업무를 수행하기 위한 해양환경과의 연관성을 이해할 수 있다.

실기검정방법	필답형	시험시간	2시간

실기과목명	주요항목	세부항목	세세항목
해양조사 실무	1. 해양물리조사	1. 조석 및 조류관찰하기	1. 관측위치를 선정할 수 있다. 2. 조위계를 설치할 수 있다. 3. 조위자료를 수집하여 검토할 수 있다. 4. 유속계를 설치할 수 있다. 5. 유속자료를 수집하여 검토할 수 있다. 6. 조석 및 조류 조화분석을 할 수 있다.
		2. 해류관측하기	1. 관측계획을 설정할 수 있다. 2. 유속계를 설치할 수 있다. 3. 유향, 유속자료를 수집하여 검토할 수 있다. 4. 해류자료를 수집하여 검토할 수 있다. 5. 해류분석을 할 수 있다.
		3. 파랑관측하기	1. 관측계획을 수립할 수 있다. 2. 파고계를 설치할 수 있다. 3. 자료를 수집하여 검토할 수 있다. 4. 파랑자료를 분석할 수 있다.
		4. 수온 및 염분 관측하기	1. 분석계획을 수립할 수 있다. 2. CTD(수온염분자동측정기)를 운용할 수 있다. 3. 자료를 수집하여 검토할 수 있다. 4. 수온, 염분, 밀도의 자료를 분석할 수 있다. 5. 수온, 염분 변화를 구할 수 있다. 6. 지형류 계산을 할 수 있다.
		5. 무인탐사하기	1. 인공위성자료를 수집하여 검토할 수 있다. 2. 적외선(수온)자료를 분석할 수 있다. 3. 해류자료를 분석할 수 있다. 4. 식물성플랑크톤(엽록소-a) 자료를 분석할 수 있다.

실기과목명	주요항목	세부항목	세세항목
	2. 해양화학 조사	1. 해양화학 현장 조사하기	1. 조사계획을 수립할 수 있다. 2. 조사해역의 해수 및 퇴적물시료를 채취할 수 있다. 3. 투명도판을 이용하여 투명도를 측정할 수 있다. 4. pH미터 또는 다항목수질 측정기로 pH를 분석할 수 있다. 5. DO미터, 다항목수질측정기 또는 윙클러법으로 용존산소를 분석할 수 있다. 6. 시료의 전처리를 할 수 있다. 7. 조사자료를 분석할 수 있다.
		2. 해수 중의 화학성분 분석하기	1. 조사하고자 하는 지역의 해수를 채취할 수 있다. 2. 해양환경공정시험기준에 따라 해수 중 존재하는 화학성분을 측정할 수 있다. 3. 측정자료를 분석할 수 있다.
		3. 퇴적물 중의 화학성분 조사하기	1. 조사하고자 하는 지역의 퇴적물을 채취할 수 있다. 2. 해양환경공정시험기준에 따라 퇴적물의 입도 특성을 분석할 수 있다. 3. 해양환경공정시험기준에 따라 퇴적물 중에 존재하는 화학성분을 측정할 수 있다. 4. 측정자료를 분석할 수 있다.
		4. 동위원소의 해양화학적 이용하기	1. 분석하고자하는 대상을 선정할 수 있다. 2. 대상에 적합한 동위원소를 선정할 수 있다. 3. 동위원소를 분석할 수 있다.
	3. 해양지질조사	1. 해안지형 조사하기	1. 연안지형 측량작업 지역을 선정할 수 있다. 2. 표준측량장비를 활용할 수 있다. 3. 측량자료를 수집하여 검토할 수 있다. 4. 자료분석을 할 수 있다. 5. 지형정보를 파악할 수 있다. 6. 연안지형을 도시할 수 있다.
		2. 해저지형 조사하기	1. 탐사 작업구역을 선정하고, 해황(조석, 조류, 해류)을 고려하여 조사측선을 설계할 수 있다. 2. 음향측심장비의 현장 검보정과 자료의 후처리를 할 수 있다. 3. 해저면 영상자료를 수집하여 후처리를 할 수 있다. 4. 해저면의 형태 및 이상체 등을 분석할 수 있다. 5. 수심자료를 추출하여 도면을 제작하고, 해저지형을 분석 할 수 있다.

실기과목명	주요항목	세부항목	세세항목
		3. 해저지층 조사하기	1. 탐사대상 지역의 지질특성 및 탐사목적을 고려하여 조사 장비를 선정하고 조사 측선을 설계할 수 있다. 2. 해저지층은 일종의 탄성체로 탄성파 탐사를 실시하며, 해저지층탐사기를 운용할 수 있다. 3. 해저지층 탄성파 탐사자료를 후처리 할 수 있다.
		4. 퇴적물 시료 채취 및 분석하기	1. 표층퇴적물 시료를 채취할 수 있다. 2. 표층퇴적물 시료를 분석할 수 있다. 3. 입도 및 분급도 분석을 할 수 있다. 4. 주상시료를 채취할 수 있다. 5. 주상시료를 분석할 수 있다. 6. 수직적 퇴적층 분포양상을 분석할 수 있다. 7. 오염퇴적층을 분석할 수 있다.
	4. 해양생물조사	1. 부유생물 조사하기	1. 작업지역을 선정할 수 있다. 2. 채수 혹은 부유생물 표본을 채집(netting)할 수 있다. 3. 기본환경 관측을 할 수 있다. 4. 시료에 대한 정량·정성적 분석을 할 수 있다. 5. 자료의 정리 및 전체 분석을 할 수 있다.
		2. 유영동물 조사하기	1. 조사해역을 선정할 수 있다. 2. 채집범위 및 방법을 선정할 수 있다. 3. 조사선에서의 어로작업을 할 수 있다. 4. 채집된 유영동물 표본의 처리를 할 수 있다. 5. 해양환경관측을 할 수 있다. 6. 표본의 정량·정성적 분석을 할 수 있다. 7. 자료의 정리 및 전체 결과분석을 할 수 있다.
		3. 저서생물 조사하기	1. 조사지역 및 샘플링 방법을 선정할 수 있다. 2. 저인망(Dredge) 및 채니기(Grab)를 이용하여 저서생물을 채집할 수 있다. 3. 방형구를 이용한 저서생물을 채집할 수 있다. 4. 정량·정성적 조사를 할 수 있다. 5. 자료의 정리 및 전체 결과분석을 할 수 있다.

14. 건설

해양환경기사

출제기준(필기)

직무 분야	건설	중직무 분야	토목	자격 종목	해양환경기사	적용 기간	2013. 1. 1 ~ 2016.12.31

○직무내용 : 해양환경에 관한 이론 지식을 바탕으로 해수의 유동(조석, 조류, 해류) 및 물성(수온, 염분, 압력), 연안과 대륙붕 및 심해에서의 퇴적 작용과 퇴적물 분포양상, 해수를 구성하는 무기 및 유기성분, 용존산소량, 플링크톤과 저생생물을 포함하여 해수에 서식하고 있는 일반적 생물군 등에 대한 조사, 분석 등과 해양 오염 및 오염방제에 관한 기술업무를 수행하는 직무

필기검정방법	객관식	문제수	100	시험시간	2시간 30분

필기과목명	문제수	주요항목	세부항목	세세항목
해양학 개론	20	1. 해양물리	1. 해수의 물리적 성질	1. 밀도성층(수온, 염분, 압력) 2. 수중 음향 3. 빛의 굴절, 산란 4. T-S 곡선과 혼합과정
			2. 순환	1. 표층해류 2. 심층해류 3. 용승 4. 수괴 5. 엘리뇨현상 6. 취송류
			3. 파랑	1. 해파의 분류 2. 폭풍해일, 쓰나미 등 3. 심해파와 천해파 4. 연안류와 이안류
			4. 조석	1. 기조력 2. 조류 3. 하천의 조석, 하구수역학 4. 조석의 조화분석 5. 조석의 기준면, 조석파
			5. 해양의 열수지	1. 해양의 가열작용 및 냉각작용, 증발 열수지 방정식
		2. 해양기상	1. 기압	1. 고기압과 저기압
			2. 태풍	1. 태풍의 구조와 일생 2. 해양-대기 상호작용
			3. 위성정보	1. 해양 및 기상 위성정보의 활용

필기과목명	문제수	주요항목	세부항목	세세항목
		3. 해양지질	1. 지구의 내부구조	1. 성분에 따른 분류 2. 물리적 성질에 따른 분류 3. 지구내부구조와 지각평형 4. 지진파의 종류와 특징
			2. 해저지형	1. 대륙주변부 2. 대양저산맥 3. 판구조론 4. 대양의 침전물의 분포
			3. 퇴적환경	1. 연안퇴적환경 2. 퇴적물 특성 3. CO_2 지중저장 기술
		4. 해양화학	1. 해수의 화학적 성질	1. 유, 무기 성분 2. 염분 3. 영양염류 4. pH
			2. 해수의 용존기체	1. 기체의 용해도 2. 기체의 분포도 3. 해양-대기간의 기체교환

필기과목명	문제수	주요항목	세부항목	세세항목
해양 생태학	20	1. 해양환경	1. 해양환경과 해양생물	1. 해양과 생물 2. 육상환경과 해양환경의 비교 3. 부유유생과 유생생태 특성 4. 해양환경의 구분
		2. 해양생물과 서식생태	1. 부유생물과 부유생물 군집	1. 식물플랑크톤과 1차생산 2. 동물플랑크톤 3. 부유생물의 부유기작
			2. 유영동물	1. 유영동물의 종 조성 2. 유영동물의 적응방법 3. 유영동물 생태특성
			3. 천해조하대 저서동물 군집	1. 연성기질의 환경과 저서생물군집 2. 조하대 암반생물군집 3. 조하대 잘피(거머리말) 군락 4. 조하대 해중림
			4. 조간대생태학	1. 조간대의 환경조건과 조간대생물의 적응 2. 암반조간대의 생물군집 3. 갯벌의 생태특성 4. 염습지의 생태특성
			5. 중형저서동물	1. 환경특징과 종 조성 2. 적응과 생태특성
			6. 하구역	1. 하구역의 생물상 2. 하구역 생물의 적응 3. 하구역 생태특성
		3. 해양오염	1. 해양오염과 해양생물	1. 유기물오염 2. 유류오염 3. 중금속오염 4. 지구온난화 5. 해양오염의 생물학적 평가

필기과목명	문제수	주요항목	세부항목	세세항목
해양 계측학	20	1. 기초해양조사	1. 장비조사	1. 해저지층조사 및 장비운용 2. 해저면조사 및 장비운용 3. 수심측량 및 장비운용 4. 자료처리 및 해석
			2. 위치결정	1. 선위측정, GPS
			3. 해양퇴적물 채취	1. 해양퇴적물 채취방법
			4. 해양퇴적물 분석	1. 입도분석 2. 지화학분석 3. 퇴적구조, 광물분석 4. 물성분석
		2. 해양물리조사	1. 물성관측	1. CTD관측 및 자료처리
			2. 해류관측	1. 해류관측법
			3. 파랑관측	1. 파랑관측법
			4. 조석, 조류관측	1. 조석, 조류관측법

필기과목명	문제수	주요항목	세부항목	세세항목
해수의 수질 분석	20	1. 해양수질분석	1. 총칙	1. 목적, 적용범위, 일반사항
			2. 해수시료	1. 시료의 채취계획(sampling design) 2. 시료의 채취 및 보관
			3. 분석자료의 통계처리	1. 통계처리방법 및 표현방법
			4. 일반항목 시험방법	1. 염분, 수온, pH 2. 투명도, 부유물질 3. DO, 황화수소, 화학적산소요구량 4. 총유기탄소
			5. 영양염류 시험 방법	1. 질소(아질산·질산·암모니아 질소) 2. 인산인, 규산, 규소
			6. 금속류 시험방법	1. 시안, 불소 2. 구리, 납, 니켈, 아연
			7. 특정 유해물질 시험방법	1. 카드뮴, 코발트, 크롬류 2. 비소, 수은류, 페놀류 3. PCBs
			8. 유출유 시험방법	1. 용매유출유분 2. 포화탄화수소류·방향족탄화수소류·다환방향족탄화수소류·적외선 분광스펙트럼·황화합물 식별 3. 니켈, 바나듐 4. 포화분, 방향족분, 레진분
		2. 해양퇴적물 분석	1. 총칙	1. 목적, 적용범위, 일반사항
			2. 퇴적물시료	1. 시료의 채취 및 보관
			3. 일반항목 시험방법	1. 입도, 함수율, 강열감량 2. 총황, 황화물 3. 화학적산소요구량, 유기탄소량
			4. 중금속류 시험방법	1. 니켈, 망간, 아연, 알루미늄, 철
			5. 특정유해물질 시험방법	1. 카드뮴, 코발트, 크롬, 비소, 수은 2. 유기염소계농약, 다환방향족탄화수소 3. PCBs, TBT

필기과목명	문제수	주요항목	세부항목	세세항목
			6. 공극수의 처리 및 시험방법	1. 황화수소, 질소류 2. 구리, 납, 니켈, 아연, 카드뮴
		3. 해양생물 분석	1. 총칙	1. 목적, 적용범위, 일반사항
			2. 생물시료	1. 시료의 채취 및 보관
			3. 해양생물의 일반항목 시험방법	1. 엽록소 및 대장균군 2. Microtox bioassay 기법
			4. 해양생물의 생체 내 중금속류 시험방법	1. 구리, 납, 니켈, 망간, 아연
			5. 해양생물의 생체 내 특정유해물질 시험방법	1. 카드뮴, 코발트, 크롬, 수은 2. 유기염소계농약, 다황방향족탄화수소 3. PCBs, TBT

필기과목명	문제수	주요항목	세부항목	세세항목
해양 관련 법규	20	1. 해양환경 관리법령	1. 해양환경관리법령	1. 해양환경관리법 2. 해양환경관리법 시행령 3. 해양환경관리법 시행규칙 4. 선박에서의 오염방지에 관한 규칙
		2. 유류오염 손해배상 보장법령	2. 유류오염손해배상 보장법령	1. 유류오염손해배상 보장법 2. 유류오염손해배상 보장법 시행령 3. 유류오염손해배상 보장법 시행규칙
		3. 해양환경 관련 국제협약	1. 해양오염방지 관련협약	1. 해양오염방지협약(73/78 MARPOL) 2. 폐기물 및 그 밖의 물질의 투기에 의한 해양오염방지협약(LDC)
			2. 유류오염 관련협약	1. 유류오염 대비, 대응 및 협력에 관한 국제협약(OPRC)
		4. 해양생태계의 보전 및 관리에 관한 법령	1. 해양생태계의 보전 및 관리에 관한 법령	1. 해양생태계의 보전 및 관리에 관한 법률 2. 해양생태계의 보전 및 관리에 관한 법률 시행령 3. 해양생태계의 보전 및 관리에 관한 법률 시행규칙
		5. 기타관련법령	1. 연안역관리 관련법	1. 어장관리법 2. 습지보전법
			2. 수자원 관련법	1. 해양환경관리법, 시행령, 시행규칙 2. 해양생태계의 보존 및 관리에 관한 법률, 시행령, 시행규칙 3. 유류오염 손해배상 보장법, 시행령, 시행규칙

출제기준(실기)

직무분야	건설	중직무분야	토목	자격종목	해양환경기사	적용기간	2013. 1. 1 ~ 2016.12.31

○직무내용 : 해양환경에 관한 이론 지식을 바탕으로 해수의 유동(조석, 조류, 해류) 및 물성(수온, 염분, 압력), 연안과 대륙붕 및 심해에서의 퇴적 작용과 퇴적물 분포양상, 해수를 구성하는 무기 및 유기성분, 용존산소량, 플랑크톤과 저생생물을 포함하여 해수에 서식하고 있는 일반적 생물군 등에 대한 조사, 분석 등과 해양오염 및 오염방제에 관한 기술업무를 수행하는 직무

○수행준거 : 1. 여러 가지 조사방법을 통한 오염도의 측정을 할 수 있다.
　　　　　　 2. 시료분석과 자료해석의 업무를 행할 수 있다.
　　　　　　 3. 해양오염방제 및 관리 업무를 수행할 수 있다.
　　　　　　 4. 해양오염의 분석을 위한 해양오염생태를 파악하고 해석할 수 있다.

실기검정방법	복합형	시험시간	4시간 정도 (필답형 1시간30분, 작업형 2시간30분 정도)

실기과목명	주요항목	세부항목	세세항목
해양 연안 오염 방지 실무	1. 해양물리조사	1. 조석 및 조류관찰하기	1. 관측위치를 선정할 수 있다. 2. 조위계를 설치할 수 있다. 3. 조위자료를 수집하여 검토할 수 있다. 4. 유속계를 설치할 수 있다. 5. 유속자료를 수집하여 검토할 수 있다. 6. 조석 및 조류 조화분석을 할 수 있다.
		2. 해류관측하기	1. 관측계획을 설정할 수 있다. 2. 유속계를 설치할 수 있다. 3. 유향, 유속자료를 수집하여 검토할 수 있다. 4. 해류자료를 수집하여 검토할 수 있다. 5. 해류분석을 할 수 있다.
		3. 파랑관측하기	1. 관측계획을 수립할 수 있다. 2. 파고계를 설치할 수 있다. 3. 자료를 수집하여 검토할 수 있다. 4. 파랑자료를 분석할 수 있다.
		4. 수온 및 염분 관측하기	1. 분석계획을 수립할 수 있다. 2. CTD(수온염분자동측정기)를 운용할 수 있다. 3. 자료를 수집하여 검토할 수 있다. 4. 수온, 염분, 밀도의 자료를 분석할 수 있다. 5. 수온, 염분 변화를 구할 수 있다. 6. 지형류 계산을 할 수 있다.

실기과목명	주요항목	세부항목	세세항목
		5. 무인탐사하기	1. 인공위성자료를 수집하여 검토할 수 있다. 2. 적외선(수온)자료를 분석할 수 있다. 3. 파랑(산란계)자료를 분석할 수 있다. 4. 해류자료를 분석할 수 있다. 5. 해수면고도자료를 분석할 수 있다. 6. 식물성플랑크톤(엽록소-a) 자료를 분석할 수 있다.
	2. 해양화학조사	1. 해양화학 현장 조사하기	1. 조사계획을 수립할 수 있다. 2. 조사해역의 해수 및 퇴적물시료를 채취할 수 있다. 3. 투명도판을 이용하여 투명도를 측정할 수 있다. 4. pH미터 또는 다항목수질 측정기로 pH를 분석할 수 있다. 5. DO미터, 다항목수질측정기 또는 윙클러법으로 용존산소를 분석할 수 있다. 6. 시료의 전처리를 할 수 있다. 7. 조사자료를 분석할 수 있다.
		2. 해수 중의 화학성분 분석하기	1. 조사하고자 하는 지역의 해수를 채취할 수 있다. 2. 해양환경공정시험기준에 따라 해수 중 존재하는 화학성분을 측정할 수 있다. 3. 측정자료를 분석할 수 있다.
		3. 퇴적물 중의 화학성분 조사하기	1. 조사하고자 하는 지역의 퇴적물을 채취할 수 있다. 2. 해양환경공정시험기준에 따라 퇴적물의 입도 특성을 분석할 수 있다. 3. 해양환경공정시험기준에 따라 퇴적물 중에 존재하는 화학성분을 측정할 수 있다. 4. 측정자료를 분석할 수 있다.
		4. 동위원소의 해양화학적 이용하기	1. 분석하고자하는 대상을 선정할 수 있다. 2. 대상에 적합한 동위원소를 선정할 수 있다. 3. 동위원소를 측정할 수 있다. 4. 측정결과를 분석할 수 있다.
	3. 해양지질조사	1. 해안지형 조사하기	1. 연안지형 측량작업 지역을 선정할 수 있다. 2. 표준측량장비를 활용할 수 있다. 3. 측량자료를 수집하여 검토할 수 있다. 4. 자료분석을 할 수 있다. 5. 지형정보를 파악할 수 있다. 6. 연안지형을 도시할 수 있다.

실기과목명	주요항목	세부항목	세세항목
		2. 해저지형 조사하기	1. 탐사 작업구역을 선정하고, 해황(조석, 조류, 해류)을 고려하여 조사측선을 설계할 수 있다. 2. 음향측심장비의 현장 검보정과 자료의 후처리를 할 수 있다. 3. 해저면 영상자료를 수집하여 후처리를 할 수 있다. 4. 해저면의 형태 및 이상체 등을 분석할 수 있다. 5. 수심자료를 추출하여 도면을 제작하고, 해저지형을 분석 할 수 있다.
		3. 해저지층 조사하기	1. 탐사대상 지역의 지질특성 및 탐사목적을 고려하여 조사 장비를 선정하고 조사 측선을 설계할 수 있다. 2. 해저지층은 일종의 탄성체로 탄성파 탐사를 실시하며, 해저지층탐사기를 운용할 수 있다. 3. 해저지층 탄성파 탐사자료를 후처리 할 수 있다. 4. 반사면의 형태와 강도 및 지층내부기록의 특성을 분석하여 해저지층의 양상을 분석할 수 있다.
		4. 퇴적물 시료 채취 및 분석하기	1. 표층퇴적물 시료를 채취할 수 있다. 2. 표층퇴적물 시료를 분석할 수 있다. 3. 입도 및 분급도 분석을 할 수 있다. 4. 주상시료를 채취할 수 있다. 5. 주상시료를 분석할 수 있다. 6. 수직적 퇴적층 분포 양상을 분석할 수 있다. 7. 오염퇴적층을 분석할 수 있다.
	4. 해양생물조사	1. 부유생물 조사하기	1. 작업지역을 선정할 수 있다. 2. 채수 혹은 부유생물 표본을 채집(netting)할 수 있다. 3. 기본환경 관측을 할 수 있다. 4. 시료에 대한 정량·정성적 분석을 할 수 있다. 5. 자료의 정리 및 전체 분석을 할 수 있다.
		2. 유영동물 조사하기	1. 조사해역을 선정할 수 있다. 2. 채집범위 및 방법을 선정할 수 있다. 3. 조사선에서의 표본채집 작업을 할 수 있다. 4. 채집된 유영동물을 표본처리 할 수 있다. 5. 해양환경을 관측할 수 있다. 6. 표본의 정량·정성적 분석을 할 수 있다. 7. 자료의 정리 및 전체 결과분석을 할 수 있다.

실기과목명	주요항목	세부항목	세세항목
		3. 저서생물 조사하기	1. 조사지역 및 샘플링 방법을 선정할 수 있다. 2. 저인망(Dredge) 및 채니기(Grab)를 이용하여 저서생물을 채집할 수 있다. 3. 방형구를 이용한 저서생물을 채집할 수 있다. 4. 정량·정성적 조사를 할 수 있다. 5. 자료의 정리 및 전체 결과분석을 할 수 있다.
	5. 해양환경복원	1. 유류오염 방제하기	1. 오염원인을 파악할 수 있다. 2. 유류오염 해역의 해양환경과 오염범위를 조사할 수 있다 3. Boom을 설치하여 유출유의 확산을 방지할 수 있다. 4. 방제장비를 이용하여 유출유를 수거할 수 있다. 5. 흡착재 또는 유겔화제를 이용하여 유출유를 제거할 수 있다. 6. 유출유에 점화하여 유류를 소각시킬 수 있다. 7. 유처리제를 살포하여 유류를 분산시킬 수 있다. 8. 생물정화제제를 투입하여 유류를 미생물에 의한 분해를 유도할 수 있다.
		2. 유해생물오염 방제하기	1. 해역별 적정한 시료 채취를 할 수 있다. 2. 채취한 시료를 소량으로 현미경을 통해서 관찰할 수 있다. 3. 유해생물의 동정과 발생정도를 파악할 수 있다. 4. 유해생물발생해역의 위치와 규모를 파악할 수 있다. 5. 유해생물별 적정한 방제방법을 선택할 수 있다.
		3. 해양환경 위해성 평가하기	1. 화학물질의 유해성을 파악할 수 있다. 2. 해양환경에서의 유해화학물질을 파악할 수 있다. 3. 샘플링 및 해양환경 조사를 할 수 있다. 4. 해양환경위해성 평가를 할 수 있다. 5. 화학물질안전관리 국제 동향을 파악할 수 있다. 6. 유해화학물질 환경배출량을 확인할 수 있다.
		4. 연안생태계 복원하기	1. 훼손 또는 오염의 원인과 정도를 파악할 수 있다. 2. 훼손 또는 오염 이전의 원형에 대한 추정을 할 수 있다. 3. 훼손 또는 오염 원인에 대한 개선·복원 방법을 선정할 수 있다. 4. 개선·복원 작업을 수행할 수 있다. 5. 훼손 또는 오염의 재발 방지책을 수립할 수 있다. 6. 지속적인 복원상황을 점검할 수 있다.

실기과목명	주요항목	세부항목	세세항목
		5. 해양배출폐기물 관리하기	1. 해양투기장을 선정할 수 있다. 2. 폐기물 허용 배출량을 정할 수 있다. 3. 폐기 대상 샘플을 채집할 수 있다. 4. 폐기물의 종류를 파악할 수 있다. 5. 폐기물에 따른 처리방법을 결정할 수 있다. 6. 지속적인 오염물 영향평가를 할 수 있다.

14. 건설

교통기사

출제기준(필기)

직무분야	건설	중직무분야	도시·교통	자격종목	교통기사	적용기간	2013. 1. 1 ~ 2017. 12. 31

○직무내용 : 교통자료의 수집 및 분석, 교통 수요예측 등을 통해 과학적이고 효율적인 교통투자계획을 세우고, 종합 교통체계의 구축, 교통시설의 체계적이고 효과적인 관리 및 운영방안 등을 강구하며 이를 시험, 운영, 평가하는 업무를 하거나 또는 이에 관한 지도 등의 기술적인 업무를 하는 등의 직무 수행

필기검정방법	객관식	문제수	120	시험시간	3시간

필기과목명	문제수	주요항목	세부항목	세세항목
교통계획	20	1. 도시교통의 특성	1. 교통의 개념	1. 교통의 개념 2. 교통의 의의 3. 교통의 기능 4. 도시교통의 특성 5. 교통의 3대 요소 6. 공공서비스로서의 교통 7. 통행의 개념 및 목적
			2. 교통의 분류와 특성	1. 공간적 분류 2. 도시교통수단의 분류
			3. 교통체계	1. 교통체계의 개념 2. 교통체계와 토지이용체계 3. 교통의 분석방법
			4. 도로의 분류	1. 도로의 기능별 분류 2. 도로의 규모별 분류
			5. 도시교통 문제의 유형	1. 도시구조와 교통체계 2. 교통시설공급 3. 교통시설의 운영관리 4. 교통계획 및 행정 5. 대중교통체계
			6. 교통계획의 개념 및 특성	1. 교통계획의 개념 2. 장·단기 교통계획 3. 교통계획과정의 유형 4. 교통정책의 목표와 수단

필기과목명	문제수	주요항목	세부항목	세세항목
		2. 교통수요 예측	1. 자료수집	1. 조사내용 및 조사방법 2. 도시교통현황과 특성조사 3. 사람통행실태조사 4. 시외유출입 통행실태조사 5. 전수화과정 6. 화물교통조사 7. 대중교통조사 8. 교통사고조사
			2. 교통수요 모형	1. 교통수요의 개념 2. 통행의 구성요소 3. 교통수요 추정과정 4. 수요추정기법의 유형
			3. 4단계 추정법	1. 통행발생 2. 통행분포 3. 수단선택 4. 통행배정
			4. 개별행태 모형	1. 개별행태모형의 개념 2. 개별행태모형의 형태 3. 개별행태모형의 활용방법
			5. 활동중심 모형	1. 활동중심모형의 탄생배경 2. 이론적 고찰 3. 활동중심모형을 이용한 행태조사 및 분석방법
		3. 대중교통체계	1. 대중교통	1. 대중교통의 개념 2. 대중교통수요 추정모형 3. 대중교통의 비용 및 효율성 4. 대중교통수단의 선택 5. 대중교통 요금정책 6. 버스공급기준
			2. 버스운영체계	1. 버스운영체계의 개요 2. 버스교통의 문제점과 대책 3. 버스노선망 계획 4. 버스 우선처리 5. 버스 운행방식의 개선 6. 기타 개선대책

필기과목명	문제수	주요항목	세부항목	세세항목
			3. 도시철도	1. 도시철도의 특성 2. 도시철도 노선계획 3. 도시철도 운영비용 4. 버스와의 연계 5. 신 교통 시스템
			4. 택시	1. 택시운영에 관한 문제 2. 택시운영 개선방향
		4. 교통계획의 평가	1. 평가의 과정	1. 평가의 개념 2. 교통정책대안의 평가과정 3. 경제성 분석시 고려할 요소
			2. 평가유형	1. 경제성분석기법 2. 비용·효과분석법 3. 다판단기준 평가방법 4. 기타 평가방법 5. 평가기법의 선정 6. 교통영향분석·개선대책
		5. 주차 및 보행 교통계획	1. 주차계획	1. 주차의 개념 2. 주차수요추정 3. 주차장 정비계획 4. 주차문제 5. 주차개선대책
			2. 보행교통계획	1. 보행교통계획과정 2. 도심지 보행교통의 문제 3. 보행속도와 밀도 4. 보행자 서비스 수준 5. 도시보행공간의 설계기준 6. 교통약자의 이동편의
		6. 장단기 교통계획	1. 도로계획	1. 도로계획의 개념 2. 노선계획과정
			2. 교통체계 관리기법	1. 교통체계 관리기법의 특성 2. 교통체계 관리기법의 유형
			3. 교통수요관리	1. 교통수요관리의 개념과 목적 2. 교통수요 관리기법 고찰 3. 교통수요관리의 문제점 및 극복 방안

필기과목명	문제수	주요항목	세부항목	세세항목
			4. 자치구 교통개선 사업	1. TIP의 개념 및 위상 2. 지구교통개선사업 3. 자치구 TIP의 계획과정 4. TIP의 연구내용
			5. 교통축계획	1. 교통축의 설정 2. 자료수집 3. 문제지점(구간) 설정 4. 개선대안의 분석 및 평가 5. 개선안의 설계 및 집행
			6. 지구교통계획	1. 지구도로의 유형 2. 지구도로망 계획 3. 지구교통계획과정
		7. 교통체계의 지능화	1. 교통정보체계	1. 교통정보의 유형 2. 교통정보체계의 구성
			2. 지능형교통체계 (ITS : Intelligence Transportation System)	1. ITS의 개념 2. ITS의 목적과 적용분야 3. ITS와 자동차

필기과목명	문제수	주요항목	세부항목	세세항목
교통공학	20	1. 교통공학의 기초	1. 교통공학의 개요	1. 교통공학의 정의 2. 교통공학의 특성 3. 교통공학의 접근 방법 4. 교통공학의 영역 5. 교통공학의 학문적 체계 및 업무
			2. 교통공학의 구성요소	1. 도로이용자의 특성 2. 차량의 특성 3. 도로의 특성 4. 교통운영시설의 특징
		2. 교통통계 및 조사	1. 교통통계	1. 교통통계의 개요 2. 무작위 변수 및 통계적 추정의 문제 3. 확률식의 개요 4. 계수분포의 확률법칙 5. 간격분포식의 특성 6. 가설의 검정
			2. 교통조사	1. 교통조사의 개요 2. 교통조사의 단계 3. 교통조사의 유형 4. 교통조사의 방법 및 분석
		3. 교통류의 특성 및 이론	1. 교통류의 특성	1. 속도와 통행시간 2. 교통량, 차두시간 및 차간시간 3. 밀도와 차두거리 4. 연속교통류의 특성 5. 단속교통류의 특성 6. 속도, 교통량, 밀도, 차두시간의 측정 7. 교통특성의 확률분석 8. 교통류 모형
			2. 교통류 분석이론	1. 추종이론 2. 충격파이론 3. 대기행렬이론
		4. 교통용량 분석기법	1. 용량 및 서비스수준	1. 정의 및 개념 2. 용량, 서비스용량, 서비스수준
			2. 고속도로 기본구간	1. 고속도로 기본구간의 개요 2. 분석 방법론 3. 분석 과정

필기과목명	문제수	주요항목	세부항목	세세항목
			3. 고속도로 엇갈림구간	1. 고속도로 엇갈림구간의 개요 2. 분석 방법론 3. 적용 절차
			4. 고속도로 연결로 접속부	1. 연결로 접속부의 정의 및 개요 2. 용량과 서비스수준 3. 분석 과정
			5. 다차로도로	1. 다차로도로의 개요 2. 분석 방법론 3. 분석 과정
			6. 2차로도로	1. 2차로도로의 개요 2. 일반적인 고려사항 3. 서비스수준 평가 4. 운영상태 분석 절차
			7. 신호교차로	1. 신호교차로의 개요 2. 분석 방법론 3. 분석 과정
			8. 도시 및 교외 간선도로	1. 도시 및 교외 간선도로의 개요 2. 방법론 및 분석절차
			9. 비신호 교차로	1. 비신호교차로의 개요 2. 방법론 3. 적용 단계
		5. 교통운영	1. 신호교차로 운영	1. 교차로의 교통통제 2. 교차로 회전제어 3. 고정시간 신호제어기 4. 교통감응 신호제어기 5. 교통섬 6. 보행자 통제 및 버스 정차장
			2. 교통신호 시스템	1. 교통신호 시스템의 개요 2. 신호제어시스템의 운영방법 3. 간선도로 제어 4. 신호망 시스템 제어 5. 특수 제어

필기과목명	문제수	주요항목	세부항목	세세항목
			3. 교통통제 기법	1. 교통통제의 필요성 2. 교통통제의 종류 및 실시요건 3. 속도제한구간 설정 및 통제 4. 차로이용 통제 5. 노상주차 통제

필기과목명	문제수	주요항목	세부항목	세세항목
교통시설	20	1. 도로의 구분과 출입제한	1. 도로의 구분	1. 도로의 구분 2. 지방지역 도로의 구분 3. 도시지역도로의 구분
			2. 출입제한	1. 출입제한의 정의와 종류 2. 출입제한의 채택기준 3. 도로에의 직접출입
			3. 보행자 및 자전거의 분리	1. 보행자 및 자전거의 분리
		2. 계획교통량 및 설계속도	1. 도로계획의 목표연도	1. 목표연도의 정의 2. 목표연도 설정기준 3. 목표연도 기준
			2. 설계기준 자동차	1. 설계기준 자동차의 종류 2. 설계기준 자동차의 치수 3. 설계기준 자동차의 최소 회전반경 4. 설계기준 자동차의 적용
			3. 설계서비스 수준	1. 설계시간교통량 2. 도로용량 산정절차 3. 서비스 수준 4. 설계서비스교통량
			4. 설계속도	1. 설계속도의 정의 2. 설계속도의 적용 3. 속도의 종류
			5. 설계구간	1. 설계구간의 정의 2. 설계구간의 길이 3. 설계속도가 다른 설계구간 상호간의 접속 4. 설계구간의 변경점
		3. 횡단구성	1. 횡단구성의 개요	1. 적용범위 2. 기본사항 3. 횡단구성 요소와 그 조합
			2. 차로	1. 차도의 구성 2. 차로수 결정요령 3. 전용차로 4. 차로폭

필기과목명	문제수	주요항목	세부항목	세세항목
			3. 중앙분리대 설치	1. 중앙분리대의 구성 2. 중앙분리대의 폭 3. 중앙분리대 폭의 접속설치 4. 중앙분리대 형식과 구조
			4. 길어깨	1. 개요 2. 길어깨의 기능과 형식 분류 3. 길어깨의 폭 4. 좌측 길어깨 5. 길어깨의 확폭 6. 길어깨 폭의 접속설치 7. 길어깨의 생략 또는 축소 8. 길어깨의 구조 9. 길어깨의 측대 10. 보호 길어깨
			5. 적설지역에 있는 도로의 중앙 분리대 및 길어깨 폭	1. 적설지역에 있는 도로의 중앙 분리대 2. 적설지역에 있는 도로의 길어깨 폭
			6. 주·정차대	1. 주·정차대의 설치 2. 주·정차대 폭과 구조 3. 주·정차대 운용
			7. 자전거도로	1. 개요 2. 자전거도로 등의 설치기준 3. 자전거도로 등의 시설기준
			8. 보도	1. 개요 2. 보도의 폭 3. 보도의 횡단구성 4. 횡단보도 및 육교 5. 연석
			9. 환경시설대 등	1. 환경시설대의 설치 2. 식수대의 설치
			10. 측도	1. 개요 2. 측도의 설치 3. 측도의 구조
			11. 도로 표준 폭	1. 표준 폭의 취지 2. 도로 표준 폭

필기과목명	문제수	주요항목	세부항목	세세항목
			12. 시설한계	1. 시설한계
		4. 도로의 선형	1. 평면선형	1. 평면선형의 구성요소 2. 평면곡선반경 3. 평면곡선의 길이 4. 평면곡선부의 편경사 5. 평면곡선부의 확폭 6. 완화곡선 및 완화구간
			2. 시거	1. 정지시거 2. 앞지르기시거 3. 시거의 확보
			3. 종단선형	1. 종단경사 2. 오르막차로 3. 종단곡선
			4. 선형설계의 운용	1. 개설 2. 선형설계의 기본방침 3. 도시지역 도로의 선형설계 4. 평면선형의 설계 5. 종단선형의 설계 6. 평면선형과 종단선형과의 조합
		5. 도로의 부속시설	1. 양보차로	1. 추월 요구횟수의 산정방법 2. 추월기회의 산정 3. 양보차로 설치구간에서의 설계 4. 양보차로가 설치된 구간의 통행방법 5. 양보차로가 설치된 구간의 표지판 설치
			2. 교통안전 시설	1. 횡단보도육교(지하횡단보도 포함) 2. 방호울타리 3. 조명시설 4. 시선유도시설 5. 도로반사경 6. 충격흡수시설 7. 과속방지시설
			3. 교통관리 시설	1. 안전표지 2. 노면표지 3. 긴급연락시설(긴급전화) 4. 도로교통 정보 안내시설 5. 교통감지시설 6. 교통신호기

필기과목명	문제수	주요항목	세부항목	세세항목
			4. 주차장 등	1. 주차장 2. 버스정류장 3. 비상 주차대 4. 휴게시설 5. 긴급제동시설
			5. 방호시설	1. 낙석붕괴 방지시설 2. 방파시설 3. 체인 탈착장
			6. 공동구	1. 공동구
			7. 터널의 부속시설	1. 환기시설 2. 조명시설 3. 비상시설
			8. 방음시설	1. 방음시설
			9. 동물이동통로	1. 동물이동통로
		6. 포장 및 교량 등	1. 포장	1. 개설 2. 포장설계
			2. 횡단경사	1. 차도부의 횡단경사 2. 길어깨의 횡단경사 3. 보도 및 기타
			3. 배수시설	1. 개설 2. 표면 배수시설의 집수범위 3. 노면형상 4. 배수시설 구조기준
			4. 교량	1. 구조 및 설계하중 2. 교량계획시 고려사항
		7. 평면교차	1. 개요	1. 기본요소 2. 교차로의 상충 3. 평면교차의 구분 4. 평면교차의 형태

필기과목명	문제수	주요항목	세부항목	세세항목
			2. 평면교차로의 계획 기준	1. 기본적 고려사항 2. 교통관제 3. 교차로간의 설치 간격 4. 단순접속도로의 설치 5. 설치위치 6. 차로계획
			3. 설계절차 및 기하 구조 기준	1. 설계절차 2. 설계의 기본 원칙 3. 평면교차로의 형상 4. 설계속도 및 선형 5. 평면교차로의 시거
			4. 세부설계 기법	1. 도류화 2. 세부 시행방법 3. 좌회전 차로 4. 도류로 및 변속차로 5. 교차로 가각부의 처리 6. 도류 시설물의 설치
			5. 안전시설 및 운영	1. 교통안전시설 2. 정지선, 횡단보도 등 3. 교통운영
			6. 신호설계	1. 신호등 운영의 특성 및 용어 2. 신호등 설치기준 3. 신호시간 산정절차 4. 신호시간 산정예
			7. 다른 도로와의 연결	1. 다른 도로와의 연결
			8. 교차로 개선의 예	1. 세 갈래 교차로의 개선 2. 엇갈림 교차로의 개선 3. 여러 갈래 교차로의 개선 4. 회전 교차로의 개선
		8. 입체교차	1. 개요	1. 개요
			2. 입체교차 계획기준	1. 기본적인 고려사항 2. 입체교차의 계획기준
			3. 단순입체 교차	1. 단순입체교차의 형식 및 계획 2. 단순입체교차의 설계

필기과목명	문제수	주요항목	세부항목	세세항목
			4. 인터체인지 계획	1. 인터체인지의 배치 2. 인터체인지의 위치선정
			5. 인터체인지 형식	1. 인터체인지의 구성 2. 인터체인지의 형식과 적용 3. 인터체인지의 기본형식 모음
			6. 인터체인지 설계	1. 개요 2. 본선과의 관계 3. 연결로의 기하구조 4. 연결로 접속부 설계 5. 변속차로의 설계 6. 분기점의 설계
			7. 철도와의 교차	1. 교차의 기준 2. 교차부의 구조상 유의사항 3. 교차각 4. 접속구간의 평면선형 및 종단선형 5. 시거의 확보 6. 건널목의 폭
		9. 터미널시설 설계	1. 터미널시설 설계	1. 환승센터 2. 철도역사 3. 여객터미널 4. 화물터미널

필기과목명	문제수	주요항목	세부항목	세세항목
도시계획 개론	20	1. 도시의 본질과 변천	1. 도시론	1. 도시의 정의 및 특성 2. 도시의 구성요소 3. 도시의 입지 요인 4. 도시의 분류
			2. 도시화	1. 도시화 요인 2. 도시화 현상 3. 도시 확산과 도시 연담화
			3. 도시공간 구조론	1. 도시공간과 기능 2. 도시공간구조의 형성요인 3. 도시구조 및 성장이론 4. 도시의 최적 규모이론
			4. 도시문제	1. 도시문제 정의 2. 도시문제의 특성 3. 도시문제의 분류
			6. 도시의 변천	1. 도시의 기원 2. 서양도시의 변천 3. 동양도시의 변천 4. 한국도시의 변천
		2. 도시계획 이론과 체계	1. 계획이론	1. 계획의 일반개념 2. 계획이론 분류 3. 계획의 과정
			2. 도시계획의 개념	1. 도시계획의 필요성 및 정의 2. 도시계획의 범위 3. 도시계획의 주요 결정사항
			3. 도시계획 체계	1. 특성과 계획체계 2. 도시계획 관련제도 3. 국토계획 4. 지역계획 5. 도시계획
		3. 도시조사분석	1. 도시조사	1. 도시조사의 의의와 목적 2. 도시조사의 범위와 내용 3. 자료의 정리와 표현

필기과목명	문제수	주요항목	세부항목	세세항목
			2. 조사방법	1. 현장조사 2. 문헌조사 3. 설문조사
			3. 도시·지역 경제분석 예측	1. 도시계획과 경제분석 2. 지역경제의 예측 모형
		4. 부문별 도시계획	1. 계획인구 산정	1. 과거추세에 의한 방법 2. 집단생잔법 3. 정주모형에 의한 방법 4. 사회경제적 요인에 의한 방법 5. 모형의 선택
			2. 토지이용 계획	1. 토지이용계획의 목적 2. 토지이용계획의 구성과 수립과정 3. 토지이용면적의 수요 전망 4. 토지이용의 입지배분
			3. 교통계획	1. 도시교통의 특성 2. 도시가로계획
			4. 공공시설 계획	1. 도시기반시설의 개념 2. 기반시설의 분류 3. 결정기준
			5. 공원·녹지 계획	1. 도시와 공원 2. 공원의 유형 분류 3. 공원녹지 조성계획 4. 친환경적 공원녹지계획
			6. 환경계획	1. 도시와 환경 2. 도시생태계 3. 지속가능한 도시개발
		5. 도시개발계획	1. 도시개발의 의의	1. 도시개발의 개념 2. 도시개발의 현황과 문제점
			2. 도시개발 사업	1. 도시개발사업의 종류 2. 도시개발사업의 상호비교 3. 도시개발사업의 영향평가 4. 신도시 개발의 문제점 및 개선 방향

필기과목명	문제수	주요항목	세부항목	세세항목
			3. 도시 및 주거환경 정비	1. 도시정비의 정의 2. 도시정비의 변천 3. 도시정비의 필요성 및 효과 4. 도시정비사업의 종류 5. 도시정비 시행의 문제점
		6. 도시관리	1. 도시관리	1. 도시관리의 의의 2. 도시행정수요 3. 도시재정
			2. 도시성장 관리	1. 도시성장관리의 의의 2. 도시성장관리의 필요성 3. 도시성장관리기법
			3. 주민 참여	1. 참여형 도시계획 2. 주민참여의 방식
			4. 창조도시	1. 도시와 문화 2. 문화산업과 도시의 성장 3. 도시의 문화시설

필기과목명	문제수	주요항목	세부항목	세세항목
교통관계법규	20	1. 관련법령	1. 도시교통정비촉진법령	1. 도시교통정비촉진법 2. 도시교통정비촉진법 시행령 3. 도시교통정비촉진법 시행규칙
			2. 도로교통법령	1. 도로교통법 2. 도로교통법 시행령 3. 도로교통법 시행규칙
			3. 도로법령	1. 도로법 2. 도로법 시행령 3. 도로법 시행규칙
			4. 주차장법령	1. 주차장법 2. 주차장법 시행령 3. 주차장법 시행규칙
			5. 교통안전법령	1. 교통안전법 2. 교통안전법 시행령 3. 교통안전법 시행규칙
			6. 국가통합교통체계효율화법	1. 국가통합교통체계효율화법 2. 국가통합교통체계효율화법 시행령 3. 국가통합교통체계효율화법 시행규칙

필기과목명	문제수	주요항목	세부항목	세세항목
교통안전	20	1. 교통사고의 특성	1. 교통안전의 기초	1. 교통사고현황 2. 교통안전정책 3. 외국의 교통안전제도
			2. 교통사고의 특성	1. 일반적인 사고특성 2. 도로선형과 사고 3. 횡단면과 사고 4. 교차로와 인터체인지에서의 사고 5. 교통조건과 사고 6. 도로운영과 사고
		2. 교통사고 조사 및 분석	1. 교통사고 조사	1. 사고의 정보 2. 자료의 정리 3. 사고의 공학적인 조사
			2. 교통사고 분석	1. 사고분석의 목적 2. 개별적 사고의 분석 3. 특정지점에서의 사고분석
		3. 교통사고 원인분석	1. 교통사고의 원인	1. 교통사고의 원인
			2. 사고 유발인자	1. 운전자의 정보처리과정 2. 차량과 교통사고 3. 운전자와 교통사고 4. 도로설계와 교통사고
			3. 교통안전을 위한 유발 인자의 개선	1. 교통안전을 위한 유발인자의 개선
		4. 교통사고 예방 대책	1. 안전개선 계획	1. 안전개선계획의 개요 2. 위험지점의 선정 3. 개선대안의 선택 4. 개선대안의 평가 5. 개선의 시행계획 및 시행 6. 시행된 개선의 평가
			2. 안전시설	1. 안전시설의 개요 2. 교통방호책 3. 노변방호책 4. 중앙방호책 5. 충격흡수시설 6. 교통표지 지주 설치 7. 과속방지턱

필기과목명	문제수	주요항목	세부항목	세세항목
			3. 안전운전 환경의 설계	1. 안전운전환경의 개요 2. 상호상충되는 요구 3. 경관개선에의 안전요구 4. 자전거안전 5. 보행자안전
			4. 교통안전 진단	1. 교통안전진단의 정의 2. 국제적 고찰 3. 교통안전진단의 응용 4. 안전진단과정 5. 기존 도로의 진단 6. 교통안전진단의 효과

출제기준(실기)

직무분야	건설	중직무분야	도시·교통	자격종목	교통기사	적용기간	2013. 1. 1 ~ 2017. 12. 31

○직무내용 : 교통자료의 수집 및 분석, 교통 수요예측 등을 통해 과학적이고 효율적인 교통 계획을 세우고, 종합교통 체계의 구축, 교통시설의 체계적이고 효과적인 관리 및 운영방안 등을 강구하며 이를 시험, 운영, 평가 하는 업무를 하거나 또는 이에 관한 지도 등의 기술적인 업무를 하는 등의 직무 수행

○수행준거 : 1. 교통현황 및 사회경제지표를 조사 및 예측할 수 있다.
      2. 교통설계, 교통환경·안전계획 수립을 할 수 있다.
      3. 교통운영 및 관리, 교통계획 수립, 관련 계획 및 관련 법규 검토, 교통영향분석, 교통물류시스템의 계획 및 관리를 할 수 있다.

실기검정방법	필답형	시험시간	2시간 30분

실기과목명	주요항목	세부항목	세세항목
교통운영 및 관리	1. 조사·분석 및 관련 계획 검토	1. 교통현황 조사 및 실태·분석하기	1. 조사해야 할 항목을 결정할 수 있다. 2. 결정된 항목별 조사계획을 수립할 수 있다. 3. 조사된 항목을 공신력 있는 자료와 비교·검증할 수 있다. 4. 교통현황조사 자료를 토대로 각 특성에 맞게 분석할 수 있다.
		2. 사회경제지표 조사·분석하기	1. 조사할 항목의 내용을 결정할 수 있다. 2. 조사할 항목에 대해 관련 자료를 수집할 수 있다. 3. 사회경제지표 추이를 토대로 장래 사회경제지표를 예측할 수 있다. 4. 장래 예측된 사회경제지표가 적절하게 예측되었는지 관련 상위계획과 비교·검토할 수 있다.
		3. 관련계획 및 법령 검토하기	1. 공공 및 민간기관이 계획한 관련계획(도시, 교통계획 등)을 수집할 수 있다. 2. 수집된 계획의 현재 추진상태를 검토할 수 있다. 3. 미집행계획의 원인을 분석할 수 있다. 4. 현재 추진상태까지 확인된 계획 중 교통수요를 분석하는데 반영하는 기준을 설정할 수 있다.

실기과목명	주요항목	세부항목	세세항목
	2. 교통계획	1. 교통수요 분석하기	1. 여객 및 화물수요와 관련된 사회·경제지표를 선별할 수 있다. 2. 사회·경제지표와 상관관계를 규명하고 결정할 수 있다. 3. 장래 통행의 크기를 추정할 수 있다. 4. 추정된 장래 통행량을 출발지와 목적지로 구분할 수 있다. 5. 장래 통행량이 어떤 수단(승용차, 버스, 철도 등)을 이용할지 추정할 수 있다. 6. 장래 교통망에 교통량을 통행시키는 교통수요분석을 수행할 수 있다. 7. 예측된 장래교통수요의 적정성을 검토할 수 있다.
		2. 교통망(도로, 철도 등) 계획하기	1. 현재 교통망에 대한 혼잡정도를 파악할 수 있다. 2. 장래 교통유발시설에 대한 유발교통 수요를 산정할 수 있다. 3. 장래 교통망의 혼잡수준을 예측할 수 있다. 4. 장래 혼잡이 예상되어 추가적인 교통시설이 필요한 지점을 선별할 수 있다. 5. 한정된 재원에 따라 교통시설 건설의 우선순위를 단기, 중기, 장기로 구분할 수 있다. 6. 최종 교통망계획을 수립할 수 있다.
		3. 대중교통계획 수립하기	1. 대중교통수단의 종류 및 특성에 대해 설명할 수 있다. 2. 대중교통시설, 운영 등 현황분석을 수행할 수 있다. 3. 반영계획 미시행시 및 시행시의 대중교통 수요를 전망할 수 있다. 4. 대중교통체계의 예상문제점 및 개선방안을 도출할 수 있다. 5. 개선방안에 대한 사업비, 개선효과산출 및 재원조달방안을 수립할 수 있다. 6. 대중교통수단간의 환승운영계획 수립할 수 있다.
		4. 주차계획 수립하기	1. 노상, 노외, 건축물 부설 등 계획·설계하고자 하는 주차장의 특성을 파악할 수 있다. 2. 토지이용의 종류 또는 건물특성에 적합한 주차수요를 추정할 수 있다. 3. 주차수요 예측결과를 토대로 최적의 주차 설계기준 및 방식을 결정할 수 있다. 4. 주차배치계획 및 운영관리계획을 수립할 수 있다.

실기과목명	주요항목	세부항목	세세항목
	3. 교통설계	1. 교통용량분석하기	1. 용량 분석대상 지점 및 시설을 결정할 수 있다. 2. 결정된 지점 및 시설의 용량분석기법을 적용하여 서비스수준을 분석할 수 있다.
		2. 도로, 철도 및 부속시설 설계하기	1. 도로, 철도와 관련된 장래 계획을 수립할 수 있다. 2. 도로, 철도를 설계하기 위한 관련 지침 및 기준을 검토할 수 있다. 3. 도로, 철도에 대한 설계 및 디자인 지식을 설명할 수 있다. 4. 도로, 철도 설계시 이용객의 안전과 편의를 고려하여 설계할 수 있다. 5. 도로 및 철도에 따른 부속시설물을 설계할 수 있다. 6. 설계된 도로, 철도 및 부속시설의 적정성을 평가할 수 있다.
		3. 자전거/보행자/교통약자 관련 교통시설 설계하기	1. 자전거 및 보행자와 장애인·임산부·노약자·어린이 등 교통약자의 교통특성을 설명할 수 있다. 2. 자전거이용자, 보행자, 장애인, 임산부, 노약자, 어린이 등의 편의와 안전을 고려하여 교통시설을 설계할 수 있다. 3. 설계된 자전거/보행자/교통약자 관련 교통시설의 적정성을 평가할 수 있다.
		4. 대중교통 관련 시설 설계하기	1. 대중교통 관련 시설에 대한 기본적인 지식을 설명할 수 있다. 2. 차량과 이용객의 편의와 안전을 고려하여 대중교통 관련 시설을 설계할 수 있다. 3. 설계된 대중교통 관련시설의 적정성을 평가할 수 있다.
	4. 교통운영 및 관리	1. 신호운영방안 수립하기	1. 교통통제기법에서 교통신호기 설치 및 운영 준거를 검토할 수 있다. 2. 신호체계의 알고리즘 설명할 수 있다. 3. 현장의 도로조건, 교통조건, 신호조건에 관한 자료를 수집할 수 있다. 4. 수집된 도로·교통·신호조건을 이용하여 신호운영 실태를 분석할 수 있다. 5. 변화 또는 예측된 도로조건, 교통조건에 따른 적합한 신호운영방안을 수립할 수 있다.

실기과목명	주요항목	세부항목	세세항목
		2. TSM계획 수립하기	1. TSM(교통체계 관리기법)의 특성, 유형, 효과 척도를 설명할 수 있다. 2. 대상지역에서의 관련계획 및 자료수집, 현장조사·분석을 수행할 수 있다. 3. 현재 및 장래여건을 분석하여 문제점을 도출할 수 있다. 4. 교통운영개선 방향을 구상하고, 대안을 설정하여 개선방안을 수립할 수 있다. 5. 대안별 개선효과를 분석하고, 경제성분석 및 투자우선순위를 결정할 수 있다.
		3. 교통수요관리 방안 수립하기	1. 교통현황 분석을 통하여 문제점을 파악할 수 있다. 2. 실시되고 있는 교통수요관리방안에 대한 검토 및 문제점을 분석할 수 있다. 3. 교통수요 관리방안에 대한 개선방향을 도출할 수 있다. 4. 실시 가능한 수요관리방안을 도출할 수 있다. 5. 도출된 방안의 평가 및 단계적 실시방안을 결정할 수 있다. 6. 시행시 종합적 기대효과를 분석할 수 있다.
		4. 공사중 교통소통대책 수립하기	1. 공사중 교통소통대책의 기본원칙을 검토할 수 있다. 2. 공사 주변지역의 교통현황을 조사·분석할 수 있다. 3. 공사중 교통여건 변화에 따른 영향을 예측하고 분석할 수 있다. 4. 공사중의 교통처리계획, 용량증대방안수립, 교통안전시설계획, 교통운영계획, 유지 및 철거계획 등 종합적인 공사중 교통소통대책을 수립할 수 있다. 5. 공사중 교통소통대책의 수립으로 변화된 용량, 지체도, 속도 등의 시행효과를 분석할 수 있다.
		5. 교통영향분석·개선대책 수립하기	1. 조사·분석을 통하여 영향권내의 교통실태를 파악할 수 있다. 2. 사업계획의 세부내용을 숙지하여 사업특성에 부합하는 관련계획 및 관련자료를 수집할 수 있다. 3. 사업 시행시 및 미시행시 교통여건 변화를 비교 분석하기 위해 교통수요 예측과정을 도출할 수 있다. 4. 사업시행으로 인한 교통영향의 내용 및 정도를 파악할 수 있다. 5. 교통영향을 저감할 수 있는 개선대책을 수립할 수 있다. 6. 교통개선대책의 시행으로 예상되는 개선효과를 분석할 수 있다.

실기과목명	주요항목	세부항목	세세항목
	5. 교통안전·환경	1. 교통사고 조사·분석 및 사고방지대책 수립하기	1. 교통사고 조사 항목에 근거하여 조사결과를 기록할 수 있다. 2. 교통사고의 기본적인 통계, 사고요인, 위험도, 사고원인을 분석할 수 있다. 3. 교통사고 방지대책을 수립할 수 있다. 4. 교통안전대책 실시 후의 효과를 평가할 수 있다.
		2. 교통안전 진단하기	1. 교통안전진단의 목적 및 방법을 파악할 수 있다. 2. 설계, 시공, 준공단계의 교통안전진단을 수행할 수 있다. 3. 운영 및 유지관리단계의 교통안전진단을 수행할 수 있다. 4. 교통수단·교통시설 또는 교통체계에 대한 교통안전진단을 할 수 있다. 5. 안전 위험요인을 규명하고 해결방향을 제시할 수 있다.
		3. 교통안전시설 계획, 설계 및 관리하기	1. 교통안전시설의 설치 원칙을 검토할 수 있다. 2. 교통안전시설의 설계기준에 맞게 계획하고 설계할 수 있다. 3. 교통안전시설을 합리적으로 설치·관리할 수 있다. 4. 공사완료 후 교통안전시설의 관리대장을 작성·관리하고, 정기적으로 점검할 수 있다.
		4. 교통 환경오염 저감방안 수립하기	1. 자동차 배출가스 종류와 특성을 파악할 수 있다. 2. 배출가스의 측정방법과 확산되는 과정을 설치할 수 있다. 3. 탄소배출 저감방안 수립할 수 있다. 4. 교통소음의 기준과 전파과정을 설명할 수 있다. 5. 교통소음 예측을 토대로 교통소음 저감대책을 수립할 수 있다.
	6. 교통경제	1. 경제성 분석하기	1. 교통시설의 경제적 타당성을 분석하기 위한 관련지침 등을 검토할 수 있다. 2. 계획하는 교통시설 투자사업에 소요되는 사업비와 운영비 등 총 비용을 산정할 수 있다. 3. 계획하는 교통시설 투자사업에 대한 효과로서 수요예측 결과인 영향권내 교통 패턴의 변화에 따른 종합적인 절감편익을 계량화할 수 있다. 4. 산정된 총 비용과 절감편익을 활용하여 편익/비용비(B/C), 순현재가치(NPV), 내부수익률(IRR) 등 다양한 지표를 이용한 경제성 분석을 수행할 수 있다. 5. 분석결과의 평가 및 민감도와 위험도를 분석할 수 있다.

실기과목명	주요항목	세부항목	세세항목
		2. 교통시설 민자사업계획 수립하기	1. 교통시설의 민간투자사업에 대하여 요금 탄력성 등을 고려한 교통수요를 예측하고, 이에 대한 객관적이고 합리적인 근거자료를 제시할 수 있다. 2. 교통시설의 건설·운영으로부터 발생하는 편익과 이에 소요되는 비용을 적절히 반영한 타당성조사를 할 수 있다. 3. 민간투자사업 또는 재정사업으로 추진할 경우에 대한 사업 전 기간의 총 생애주기비용(LCC)을 추정하고 재무성을 검토하여 종합적으로 민간투자사업의 적격성(Value for Money)을 판단할 수 있다. 4. 다양한 민감도 분석 등을 통하여 민간투자사업의 실행대안을 도출할 수 있다.
		3. 재무성 분석하기	1. 재무성 분석에 필요한 항목을 검토할 수 있다. 2. 교통계획시설의 요금체계변화에 따른 수요예측 변화를 분석할 수 있다. 3. 비용항목과 수익항목을 명확히 구분하고 산정할 수 있다. 4. 재무성 분석기법을 활용한 분석시트를 작성하여 교통시설계획의 사업수익률 등 종합적 재무적 수익성을 검토할 수 있다.
	7. 교통물류 및 ITS (지능형교통체계)	1. 교통물류계획 및 관리하기	1. 교통시설의 수송능력을 분석할 수 있다. 2. 물류거점시설 및 연계거점 시설에 대하여 점검할 수 있다. 3. 교통시설의 수송능력 극대화를 위하여 효율적인 교통물류체계를 계획 할 수 있다.
		2. 지능형 교통체계 계획수립 및 관리하기	1. 지능형 교통체계(ITS)의 목적 및 기대효과를 예측할 수 있다. 2. ITS서비스의 수요를 조사하고 문제점 및 개선방안을 도출할 수 있다. 3. 국가 ITS 아키텍처와 표준화된 서비스를 검토할 수 있다. 4. 교통관리전략과 교통정보의 수집/가공/제공전략을 수립할 수 있다. 5. ITS 센터의 운영과 현장장비에 대한 관리계획을 수립할 수 있다. 6. ITS의 분야별(자동차도로교통분야, 철도교통분야, 해상교통분야, 항공분야, 수단간연계) 도입시스템에 대해 검토할 수 있다.

14. 건설

교통산업기사

출제기준(필기)

직무분야	건설	중직무분야	도시·교통	자격종목	교통산업기사	적용기간	2013. 1. 1 ~ 2017.12.31

○직무내용 : 교통자료의 수집 및 분석, 교통 수요예측 등을 통해 교통시설의 체계적이고 효과적인 관리 및 운영방안 등을 강구하여 이를 시험, 운영, 평가하는 업무를 하거나 또는 이에 관한 지도 등의 기술적인 업무를 하는 등의 직무 수행

필기검정방법	객관식	문제수	100	시험시간	2시간 30분

필기과목명	문제수	주요항목	세부항목	세세항목
교통조사	20	1. 교통측정	1. 교통측정의 원리	1. 자료수집 및 표본 2. 자료분석 및 해석
			2. 교통측정의 종류	1. 교통측정의 종류
		2. 교통조사	1. 문헌조사	1. 사회경제지표조사 2. 관련계획조사 3. 관련법령조사
			2. 교통시설물조사	1. 도로망 현황조사 2. 교통통제설비의 현황조사 3. 대중교통망 현황조사
			3. 교통관측조사	1. 교통량조사 2. 통행시간 및 지체조사 3. 지점속도조사 4. 교통밀도조사 5. 교통상충조사 6. 주차조사 7. 대중교통이용조사
			4. 면접조사	1. 가구면접조사 2. 노측면접조사 3. 화물차 및 택시조사 4. 기타 면접조사
			5. 기타 조사	1. 사고기록조사 2. 통계조사

필기과목명	문제수	주요항목	세부항목	세세항목
교통 운영	20	1. 교통공학의 기초	1. 교통공학의 개요	1. 교통공학의 정의 2. 교통공학의 특성 3. 교통공학의 접근 방법 4. 교통공학의 영역 5. 교통공학의 학문적 체계 및 업무
			2. 교통공학의 구성요소	1. 도로이용자의 특성 2. 차량의 특성 3. 도로의 특성 4. 교통운영시설의 특징
		2. 교통류 특성 및 이론	1. 교통류의 특성	1. 속도와 통행시간 2. 교통량, 차두시간 및 차간시간 3. 밀도와 차두거리 4. 연속교통류의 특성 5. 단속교통류의 특성 6. 속도, 교통량, 밀도, 차두시간의 측정 7. 교통류 모형
			2. 교통류 분석이론	1. 추종이론 2. 충격파이론 3. 대기행렬이론
		3. 교통용량 분석기법	1. 용량 및 서비스수준	1. 정의 및 개념 2. 용량, 서비스용량, 서비스수준
			2. 고속도로 기본구간	1. 고속도로 기본구간의 개요 2. 분석 방법론 3. 분석 과정
			3. 고속도로 엇갈림구간	1. 고속도로 엇갈림구간의 개요 2. 분석 방법론 3. 적용 절차
			4. 고속도로 연결로 접속부	1. 연결로 접속부의 정의 및 개요 2. 용량과 서비스수준 3. 분석 과정
			5. 다차로도로	1. 다차로도로의 개요 2. 분석 방법론 3. 분석 과정

필기과목명	문제수	주요항목	세부항목	세세항목
			6. 2차로도로	1. 2차로도로의 개요 2. 일반적인 고려사항 3. 서비스수준 평가 4. 운영상태 분석 절차
			7. 신호교차로	1. 신호교차로의 개요 2. 분석 방법론 3. 분석 과정
			8. 도시 및 교외 간선도로	1. 도시 및 교외 간선도로의 개요 2. 방법론 및 분석절차
			9. 비신호교차로	1. 비신호교차로의 개요 2. 방법론 3. 적용 단계
		4. 교통운영	1. 신호교차로 운영	1. 교차로의 교통통제 2. 교차로 회전제어 3. 고정시간 신호제어기 4. 교통감응 신호제어기 5. 교통섬 6. 보행자 통제 및 버스 정차장
			2. 교통신호 시스템	1. 교통신호 시스템의 개요 2. 신호제어시스템의 운영방법 3. 간선도로 제어 4. 신호망 시스템 제어 5. 특수 제어
			3. 교통통제 기법	1. 교통통제의 필요성 2. 교통통제의 종류 및 실시요건 3. 속도제한구간 설정 및 통제 4. 차로이용 통제 5. 노상주차 통제

필기과목명	문제수	주요항목	세부항목	세세항목
교통 계획	20	1. 도시교통의 특성	1. 교통의 개념	1. 교통의 개념 2. 교통의 의의 3. 교통의 기능 4. 도시교통의 특성 5. 교통의 3대 요소 6. 공공서비스로서의 교통 7. 통행의 개념 및 목적
			2. 교통의 분류와 특성	1. 공간적 분류 2. 도시교통수단의 분류
			3. 교통체계	1. 교통체계의 개념 2. 교통체계와 토지이용체계 3. 교통의 분석방법
			4. 도로의 분류	1. 도로의 기능별 분류 2. 도로의 규모별 분류
			5. 도시교통문제의 유형	1. 도시구조와 교통체계 2. 교통시설공급 3. 교통시설의 운영관리 4. 교통계획 및 행정 5. 대중교통체계
			6. 교통계획의 개념 및 특성	1. 교통계획의 개념 2. 장·단기 교통계획 3. 교통계획과정의 유형 4. 교통정책의 목표와 수단
		2. 교통수요 예측	1. 자료수집	1. 조사내용 및 조사방법 2. 도시교통현황과 특성조사 3. 사람통행실태조사 4. 시외유출입 통행실태조사
			2. 교통수요모형	1. 교통수요의 개념 2. 통행의 구성요소 3. 교통수요추정과정 4. 수요추정기법의 유형
			3. 4단계 추정법	1. 통행발생 2. 통행분포 3. 수단선택 4. 통행배정

필기과목명	문제수	주요항목	세부항목	세세항목
		3. 대중교통체계	1. 대중교통	1. 대중교통의 개념 2. 대중교통수요 추정모형 3. 대중교통의 비용 및 효율성 4. 대중교통수단의 선택 5. 대중교통 요금정책 6. 버스공급기준
			2. 버스운영체계	1. 버스운영체계의 개요 2. 버스교통의 문제점과 대책 3. 버스노선망 계획 4. 버스 우선처리 5. 버스 운행방식의 개선 6. 기타 개선대책
			3. 도시철도	1. 도시철도의 특성 2. 도시철도 노선계획 3. 도시철도 운영비용 4. 버스와의 연계 5. 신교통시스템
			4. 택시	1. 택시운영에 관한 문제 2. 택시운영 개선방향
		4. 교통계획의 평가	1. 평가의 과정	1. 평가의 개념 2. 교통정책대안의 평가과정 3. 경제성분석시 고려할 요소
			2. 평가유형	1. 경제성분석기법 2. 비용·효과분석법 3. 다판단기준 평가방법 4. 기타 평가방법 5. 평가기법의 선정 6. 교통영향분석·개선대책
		5. 주차 및 보행교통계획	1. 주차계획	1. 주차의 개념 2. 주차수요추정 3. 주차장 정비계획 4. 주차문제 5. 주차개선대책
			2. 보행교통계획	1. 보행교통계획과정 2. 도심지 보행교통의 문제 3. 보행속도와 밀도 4. 보행자 서비스 수준 5. 도시보행공간의 설계기준 6. 교통약자의 이동편의

필기과목명	문제수	주요항목	세부항목	세세항목
		6. 장단기 교통계획	1. 도로계획	1. 도로계획의 개념 2. 노선계획과정
			2. 교통체계 관리기법	1. 교통체계 관리기법의 특성 2. 교통체계 관리기법의 유형
			3. 교통수요관리	1. 교통수요관리의 개념과 목적 2. 교통수요 관리기법 고찰 3. 교통수요관리의 문제점 및 극복방안
			4. 자치구 교통개선 사업	1. TIP의 개념 및 위상 2. 지구교통개선사업 3. 자치구 TIP의 계획과정 4. TIP의 연구내용
			5. 교통축계획	1. 교통축의 설정 2. 자료수집 3. 문제지점(구간) 설정 4. 개선대안의 분석 및 평가 5. 개선안의 설계 및 집행
			6. 지구교통계획	1. 지구도로의 유형 2. 지구도로망 계획 3. 지구교통계획과정
		7. 교통체계의 지능화	1. 교통정보체계	1. 교통정보의 유형 2. 교통정보체계의 구성
			2. 지능형교통체계 (ITS : Intelligence Transportation System)	1. ITS의 개념 2. ITS의 목적과 적용분야 3. ITS와 자동차

필기과목명	문제수	주요항목	세부항목	세세항목
교통안전	20	1. 교통사고의 특성	1. 교통안전의 기초	1. 교통사고현황 2. 교통안전정책 3. 외국의 교통안전제도
			2. 교통사고의 특성	1. 일반적인 사고특성 2. 도로선형과 사고 3. 횡단면과 사고 4. 교차로와 인터체인지에서의 사고 5. 교통조건과 사고 6. 도로운영과 사고
		2. 교통사고 조사 및 분석	1. 교통사고 조사	1. 사고의 정보 2. 자료의 정리 3. 사고의 공학적인 조사
			2. 교통사고 분석	1. 사고분석의 목적 2. 개별적 사고의 분석 3. 특정지점에서의 사고분석
		3. 교통사고 원인 분석	1. 교통사고의 원인	1. 교통사고의 원인
			2. 사고 유발인자	1. 운전자의 정보처리과정 2. 차량과 교통사고 3. 운전자와 교통사고 4. 도로설계와 교통사고
			3. 교통안전을 위한 유발인자의 개선	1. 교통안전을 위한 유발인자의 개선
		4. 교통사고 예방대책	1. 안전개선계획	1. 안전개선계획의 개요 2. 위험지점의 선정 3. 개선대안의 선택 4. 개선대안의 평가 5. 개선의 시행계획 및 시행 6. 시행된 개선의 평가
			2. 안전시설	1. 안전시설의 개요 2. 교통방호책 3. 노변방호책 4. 중앙방호책 5. 충격흡수시설 6. 교통표지 지주 설치 7. 과속방지턱

필기과목명	문제수	주요항목	세부항목	세세항목
			3. 안전운전환경의 설계	1. 안전운전환경의 개요 2. 상호 상충되는 요구 3. 경관개선에의 안전요구 4. 자전거안전 5. 보행자안전
			4. 교통안전진단	1. 교통안전진단의 정의 2. 국제적 고찰 3. 교통안전진단의 응용 4. 안전진단과정 5. 기존 도로의 진단 6. 교통안전진단의 효과

필기과목명	문제수	주요항목	세부항목	세세항목
교통 시설	20	1. 도로의 구분과 출입제한	1. 도로의 구분	1. 도로의 구분 2. 지방지역 도로의 구분 3. 도시지역 도로의 구분
			2. 출입제한	1. 출입제한의 정의와 종류 2. 출입제한의 채택기준 3. 도로에의 직접출입
			3. 보행자 및 자전거의 분리	1. 보행자 및 자전거의 분리
		2. 계획교통량 및 설계속도	1. 도로계획의 목표연도	1. 목표연도의 정의 2. 목표연도 설정기준 3. 목표연도 기준
			2. 설계기준 자동차	1. 설계기준 자동차의 종류 2. 설계기준 자동차의 치수 3. 설계기준 자동차의 최소 회전 반경 4. 설계기준 자동차의 적용
			3. 설계서비스 수준	1. 설계시간교통량 2. 도로용량 산정절차 3. 서비스 수준 4. 설계서비스교통량
			4. 설계속도	1. 설계속도의 정의 2. 설계속도의 적용 3. 속도의 종류
			5. 설계구간	1. 설계구간의 정의 2. 설계구간의 길이 3. 설계속도가 다른 설계구간 상호간의 접속 4. 설계구간의 변경점
		3. 횡단구성	1. 횡단구성의 개요	1. 적용범위 2. 기본사항 3. 횡단구성 요소와 그 조합
			2. 차로	1. 차도의 구성 2. 차로수 결정요령 3. 전용차로 4. 차로폭

필기과목명	문제수	주요항목	세부항목	세세항목
			3. 중앙분리대 설치	1. 중앙분리대의 구성 2. 중앙분리대의 폭 3. 중앙분리대 폭의 접속설치 4. 중앙분리대 형식과 구조
			4. 길어깨	1. 개요 2. 길어깨의 기능과 형식 분류 3. 길어깨의 폭 4. 좌측 길어깨 5. 길어깨의 확폭 6. 길어깨 폭의 접속설치 7. 길어깨의 생략 또는 축소 8. 길어깨의 구조 9. 길어깨의 측대 10. 보호 길어깨
			5. 적설지역에 있는 도로의 중앙분리대 및 길어깨폭	1. 적설지역에 있는 도로의 중앙분리대 2. 적설지역에 있는 도로의 길어깨폭
			6. 주·정차대	1. 주·정차대의 설치 2. 주·정차대 폭과 구조 3. 주·정차대 운용
			7. 자전거도로	1. 개요 2. 자전거도로 등의 설치기준 3. 자전거도로 등의 시설기준
			8. 보도	1. 개요 2. 보도의 폭 3. 보도의 횡단구성 4. 횡단보도 및 육교 5. 연석
			9. 환경시설대 등	1. 환경시설대의 설치 2. 식수대의 설치
			10. 측도	1. 개요 2. 측도의 설치 3. 측도의 구조
			11. 도로 표준폭	1. 표준폭의 취지 2. 도로 표준폭

필기과목명	문제수	주요항목	세부항목	세세항목
			12. 시설한계	1. 시설한계
		4. 도로의 선형	1. 평면선형	1. 평면선형의 구성요소 2. 평면곡선반경 3. 평면곡선의 길이 4. 평면곡선부의 편경사 5. 평면곡선부의 확폭 6. 완화곡선 및 완화구간
			2. 시거	1. 정지시거 2. 앞지르기시거 3. 시거의 확보
			3. 종단선형	1. 종단경사 2. 오르막차로 3. 종단곡선
			4. 선형설계의 운용	1. 개설 2. 선형설계의 기본방침 3. 도시지역 도로의 선형설계 4. 평면선형의 설계 5. 종단선형의 설계 6. 평면선형과 종단선형과의 조합
		5. 도로의 부속시설	1. 양보차로	1. 추월 요구횟수의 산정방법 2. 추월기회의 산정 3. 양보차로 설치구간에서의 설계 4. 양보차로가 설치된 구간의 통행방법 5. 양보차로가 설치된 구간의 표지판 설치
			2. 교통안전시설	1. 횡단보도육교(지하횡단보도 포함) 2. 방호울타리 3. 조명시설 4. 시선유도시설 5. 도로반사경 6. 충격흡수시설 7. 과속방지시설
			3. 교통관리시설	1. 안전표지 2. 노면표지 3. 긴급연락시설(긴급전화) 4. 도로교통정보안내시설 5. 교통감지시설 6. 교통신호기

필기과목명	문제수	주요항목	세부항목	세세항목
			4. 주차장 등	1. 주차장 2. 버스정류장 3. 비상주차대 4. 휴게시설 5. 긴급제동시설
			5. 방호시설	1. 낙석붕괴 방지시설 2. 방파시설 3. 체인탈착장
			6. 공동구	1. 공동구
			7. 터널의 부속시설	1. 환기시설 2. 조명시설 3. 비상시설
			8. 방음시설	1. 방음시설
			9. 동물이동통로	1. 동물이동통로
		6. 포장 및 교량 등	1. 포장	1. 개설 2. 포장설계
			2. 횡단경사	1. 차도부의 횡단경사 2. 길어깨의 횡단경사 3. 보도 및 기타
			3. 배수시설	1. 개설 2. 표면 배수시설의 집수범위 3. 노면형상 4. 배수시설 구조 기준
			4. 교량	1. 구조 및 설계하중 2. 교량계획시 고려사항
		7. 평면교차	1. 개요	1. 기본요소 2. 교차로의 상충 3. 평면교차의 구분 4. 평면교차의 형태

필기과목명	문제수	주요항목	세부항목	세세항목
			2. 평면교차로의 계획 기준	1. 기본적 고려사항 2. 교통관제 3. 교차로간의 설치 간격 4. 단순접속도로의 설치 5. 설치위치 6. 차로계획
			3. 설계절차 및 기하구조 기준	1. 설계절차 2. 설계의 기본 원칙 3. 평면교차로의 형상 4. 설계속도 및 선형 5. 평면교차로의 시거
			4. 세부설계기법	1. 도류화 2. 세부 시행방법 3. 좌회전 차로 4. 도류로 및 변속차로 5. 교차로 가각부의 처리 6. 도류 시설물의 설치
			5. 안전시설 및 운영	1. 교통안전시설 2. 정지선, 횡단보도 등 3. 교통운영
			6. 신호설계	1. 신호등 운영의 특성 및 용어 2. 신호등 설치기준 3. 신호시간 산정절차 4. 신호시간 산정예
			7. 다른 도로와의 연결	1. 다른 도로와의 연결
			8. 교차로 개선의 예	1. 세 갈래 교차로의 개선 2. 엇갈림 교차로의 개선 3. 여러 갈래 교차로의 개선
		8. 입체교차	1. 개요	1. 개요
			2. 입체교차 계획기준	1. 기본적인 고려사항 2. 입체교차의 계획기준
			3. 단순입체교차	1. 단순입체교차의 형식 및 계획 2. 단순입체교차의 설계

필기과목명	문제수	주요항목	세부항목	세세항목
			4. 인터체인지 계획	1. 인터체인지의 배치 2. 인터체인지의 위치선정
			5. 인터체인지의 형식	1. 인터체인지의 구성 2. 인터체인지의 형식과 적용 3. 인터체인지의 기본형식 모음
			6. 인터체인지의 설계	1. 개요 2. 본선과의 관계 3. 연결로의 기하구조 4. 연결로 접속부 설계 5. 변속차로의 설계 6. 분기점의 설계
			7. 철도와의 교차	1. 교차의 기준 2. 교차부의 구조상 유의사항 3. 교차각 4. 접속구간의 평면선형 및 종단선형 5. 시거의 확보 6. 건널목의 폭
		9. 터미널시설 설계	1. 터미널시설 설계	1. 환승센터 2. 철도역사 3. 여객터미널 4. 화물터미널

출제기준(실기)

직무 분야	건설	중직무 분야	도시·교통	자격 종목	교통산업기사	적용 기간	2013. 1. 1 ~ 2017.12.31

○직무내용 : 교통자료의 수집 및 분석, 교통 수요예측 등을 통해 교통시설의 체계적이고 효과적인 관리 및 운영방안 등을 강구하여 이를 시험, 운영, 평가하는 업무를 하거나 또는 이에 관한 지도 등의 기술적인 업무를 하는 등의 직무 수행

○수행준거 : 1. 교통현황 및 사회경제지표를 조사 및 예측할 수 있다.
　　　　　　2. 교통설계, 교통환경·안전계획 수립을 할 수 있다.
　　　　　　3. 교통운영 및 관리, 교통계획 수립, 관련 계획 및 관련 법규 검토, 교통영향분석, 교통물류시스템의 계획 및 관리를 할 수 있다.

실기검정방법	필답형	시험시간	2시간

실기과목명	주요항목	세부항목	세세항목
교통 운영 및 관리	1. 조사·분석 및 관련 계획 검토	1. 교통현황 조사·분석하기	1. 조사해야 할 항목을 결정할 수 있다. 2. 결정된 항목별 조사계획을 수립할 수 있다. 3. 조사된 항목을 공신력 있는 자료와 비교·검증할 수 있다. 4. 교통현황조사 자료를 토대로 각 특성에 맞게 분석할 수 있다.
		2. 사회경제지표 조사·분석하기	1. 조사할 항목의 내용을 결정할 수 있다. 2. 조사할 항목에 대해 관련자료를 수집할 수 있다. 3. 사회경제지표 추이를 토대로 장래 사회경제 지표를 예측할 수 있다. 4. 장래 예측된 사회경제지표가 적절하게 예측되었는지 관련 상위계획과 비교·검토할 수 있다.
		3. 관련계획 검토하기	1. 공공 및 민간기관이 계획한 관련계획(도시, 교통계획 등)을 수집할 수 있다. 2. 수집된 계획의 현재 추진상태를 검토할 수 있다. 3. 미집행계획의 원인을 분석할 수 있다. 4. 현재 추진상태까지 확인된 계획 중 교통수요를 분석하는데 반영하는 기준을 설정할 수 있다.

실기과목명	주요항목	세부항목	세세항목
	2. 교통설계	1. 교통용량 분석하기	1. 용량 분석대상 지점 및 시설을 결정할 수 있다. 2. 결정된 지점 및 시설의 용량분석기법을 적용하여 서비스수준을 분석할 수 있다.
		2. 도로, 철도 및 부속시설 설계하기	1. 도로, 철도와 관련된 장래 계획을 수립할 수 있다. 2. 도로, 철도를 설계하기 위한 관련 지침 및 기준을 검토할 수 있다. 3. 도로, 철도에 대한 설계 및 디자인 지식을 설명할 수 있다. 4. 도로, 철도 설계시 이용객의 안전과 편의를 고려하여 설계할 수 있다. 5. 도로 및 철도에 따른 부속시설물을 설계할 수 있다. 6. 설계된 도로, 철도 및 부속시설의 적정성을 평가할 수 있다.
		3. 자전거/보행자/교통약자 관련 교통시설 설계하기	1. 자전거 및 보행자와 장애인·임산부·노약자·어린이 등 교통약자의 교통특성을 설명할 수 있다. 2. 자전거이용자, 보행자, 장애인, 임산부, 노약자, 어린이 등의 편의와 안전을 고려하여 교통시설을 설계할 수 있다. 3. 설계된 자전거/보행자/교통약자 관련 교통시설의 적정성을 평가할 수 있다.
		4. 대중교통 관련시설 설계하기	1. 대중교통 관련 시설에 대한 기본적인 지식을 설명할 수 있다. 2. 차량과 이용객의 편의와 안전을 고려하여 대중교통 관련 시설을 설계할 수 있다. 3. 설계된 대중교통 관련시설의 적정성을 평가할 수 있다.
	3. 교통운영 및 관리	1. 신호운영방안 수립하기	1. 교통통제기법에서 교통신호기 설치 및 운영 준거를 검토할 수 있다. 2. 신호체계의 알고리즘 설명할 수 있다. 3. 현장의 도로조건, 교통조건, 신호조건에 관한 자료를 수집할 수 있다. 4. 수집된 도로·교통·신호조건을 이용하여 신호운영 실태를 분석할 수 있다. 5. 변화 또는 예측된 도로조건, 교통조건에 따른 적합한 신호운영방안을 수립할 수 있다.

실기과목명	주요항목	세부항목	세세항목
		2. TSM계획 수립하기	1. TSM(교통체계 관리기법)의 특성, 유형, 효과 척도를 설명할 수 있다. 2. 대상지역에서의 관련계획 및 자료수집, 현장조사·분석을 수행할 수 있다. 3. 현재 및 장래여건을 분석하여 문제점을 도출할 수 있다. 4. 교통운영개선 방향을 구상하고, 대안을 설정하여 개선방안을 수립할 수 있다. 5. 대안별 개선효과를 분석하고, 경제성분석 및 투자 우선순위를 결정할 수 있다.
		3. 교통수요관리 방안 수립하기	1. 교통현황 분석을 통하여 문제점을 파악할 수 있다. 2. 실시되고 있는 교통수요관리방안에 대한 검토 및 문제점을 분석할 수 있다. 3. 교통수요 관리방안에 대한 개선방향을 도출할 수 있다. 4. 실시 가능한 수요관리방안을 도출할 수 있다. 5. 도출된 방안의 평가 및 단계적 실시방안을 결정할 수 있다. 6. 시행시 종합적 기대효과를 분석할 수 있다.
		4. 공사중 교통소통대책 수립하기	1. 공사중 교통소통대책의 기본원칙을 검토할 수 있다. 2. 공사 주변지역의 교통현황을 조사·분석할 수 있다. 3. 공사중 교통여건 변화에 따른 영향을 예측하고 분석할 수 있다. 4. 공사중의 교통처리계획, 용량증대방안수립, 교통안전시설계획, 교통운영계획, 유지 및 철거계획 등 종합적인 공사중 교통소통대책을 수립할 수 있다. 5. 공사중 교통소통대책의 수립으로 변화된 용량, 지체도, 속도 등의 시행효과를 분석할 수 있다.
		5. 교통영향분석·개선대책 수립하기	1. 조사·분석을 통하여 영향권내의 교통실태를 파악할 수 있다. 2. 사업계획의 세부내용을 숙지하여 사업특성에 부합하는 관련계획 및 관련자료를 수집할 수 있다. 3. 사업시행시 및 미시행시 교통여건 변화를 비교 분석하기 위해 교통수요 예측과정을 도출할 수 있다. 4. 사업시행으로 인한 교통영향의 내용 및 정도를 파악할 수 있다 5. 교통영향을 저감할 수 있는 개선대책을 수립할 수 있다. 6. 교통개선대책의 시행으로 예상되는 개선효과를 분석할 수 있다.

실기과목명	주요항목	세부항목	세세항목
	4. 교통경제	1. 경제성 분석하기	1. 교통시설의 경제적 타당성을 분석하기 위한 관련지침 등을 검토할 수 있다. 2. 계획하는 교통시설 투자사업에 소요되는 사업비와 운영비 등 총 비용을 산정할 수 있다. 3. 계획하는 교통시설 투자사업에 대한 효과로서 수요예측 결과인 영향권내 교통 패턴의 변화에 따른 종합적인 절감편익을 계량화할 수 있다. 4. 산정된 총 비용과 절감편익을 활용하여 편익/비용비(B/C), 순현재가치(NPV), 내부수익률(IRR) 등 다양한 지표를 이용한 경제성 분석을 수행할 수 있다. 5. 분석결과의 평가 및 민감도와 위험도를 분석할 수 있다.

14. 건설

도시계획기사

출제기준(필기)

직무 분야	건설	중직무 분야	도시·교통	자격 종목	도시계획기사	적용 기간	2013. 1. 1 ~ 2017.12.31

○직무내용 : 도시계획, 지역계획, 개발사업계획 등 국토 및 도시의 합리적인 개발 및 정비를 위한 계획수립과 그 집행 과정에 참여하고 인구, 경제, 환경, 물리적 시설, 토지이용, 집행관리 등을 포함하여 각종 예측기법을 통해 미래의 인구규모, 경제적 여건 등을 예측하고 이를 토대로 원활한 기능수행이 가능한 각종 공간 및 시설 배치계획을 수립하고 이를 집행하기 위하여 도서에 계획내용을 나타내는 업무를 수행하는 직무

필기검정방법	객관식	문제수	100	시험시간	2시간30분

필기과목명	문제수	주요항목	세부항목	세세항목
도시계획론	20	1. 도시의 개념 및 도시발달	1. 도시와 도시문제	1. 도시의 개념과 정의 2. 도시의 구성요소 3. 도시화와 도시문제 4. 도시의 유형 분류
			2. 도시기능체계와 공간구조	1. 도시기능체계 2. 도시공간구조의 개념 3. 도시공간구조 이론
			3. 도시의 발달	1. 도시의 기원과 고대도시 2. 중세도시 3. 근세도시 4. 현대도시
		2. 도시계획 이론과 체계	1. 도시계획의 개념과 이론	1. 도시계획의 필요성과 정의 2. 도시계획의 범위와 주요 내용 3. 도시계획이론과 사조
			2. 공간계획체계	1. 공간계획의 특성과 계획체계 2. 우리나라의 공간계획체계
			3. 도시계획 관련 제도	1. 도시계획 관련법 체계 2. 도시계획 관련제도의 변천 3. 도시계획 수립 체계와 절차 4. 외국의 도시계획제도
		3. 도시조사분석과 계획지표	1. 도시조사	1. 도시조사의 의의와 목적 2. 도시조사의 범위와 내용 3. 도시조사 및 분석 방법 4. 조사자료의 정리와 표현

필기과목명	문제수	주요항목	세부항목	세세항목
			2. GIS	1. GIS의 개념 2. GIS의 기능과 역할 3. GIS의 활용
			3. 계획지표 설정	1. 인구지표 2. 사회경제지표 3. 생활환경지표
		4. 부문별계획	1. 토지이용계획	1. 토지이용계획의 목적 2. 구성과 수립과정 3. 수요예측 4. 입지배분 5. 토지이용계획의 사례
			2. 교통계획	1. 도시교통의 특성 2. 교통계획과정 3. 수요예측 4. 도시가로계획 5. 녹색교통과 보행자안전
			3. 도시 시설계획	1. 기반시설의 개념 2. 기반시설의 특성과 유형 3. 결정기준
			4. 공원녹지계획	1. 공원녹지의 개념 2. 공원의 유형과 기준 3. 공원녹지조성계획 4. 친환경적 공원녹지계획
			5. 경관계획	1. 경관의 개념과 정의 2. 경관의 구성요소와 유형 2. 경관계획의 내용과 기법 4. 경관관리제도
			6. 환경계획	1. 도시와 환경 2. 도시생태계 3. 지속가능한 도시개발
		5. 도시계획의 실행	1. 토지이용계획의 실행	1. 토지이용계획의 실행수단 2. 지역지구제

필기과목명	문제수	주요항목	세부항목	세세항목
			2. 도시계획사업의 실행	1. 도시개발사업의 개념과 시행 2. 도시정비사업의 개념과 시행 3. 도시계획시설사업의 시행 4. 도시계획 실행을 위한 재정계획과 계획 평가체계
			3. 도시계획의 다양한 수법	1. 뉴어버니즘(New Urbanism) 2. ESSD와 Eco-city 3. 그린시티(Green City) 4. 스마트시티(Smart City) 5. Compact City 6. U-city 7. 기타
		6. 도시관리와 도시계획의 미래 전망	1. 도시관리	1. 도시관리의 의의 2. 도시행정과 재정 3. 주민참여와 거버넌스 4. 도시성장관리
			2. 도시계획의 미래 전망과 과제	1. 도시의 변화와 전망 2. 미래도시계획의 과제

필기과목명	문제수	주요항목	세부항목	세세항목
도시설계 및 단지계획	20	1. 도시설계의 개념과 과정	1. 도시설계의 개념	1. 도시설계의 의의와 역할 2. 도시설계의 역사
			2. 도시설계의 과정과 유형	1. 과정 2. 유형
		2. 단지계획의 개념과 요소	1. 단지계획의 개념	1. 단지계획의 목표와 과정 2. 단지계획의 개념과 유형 3. 우리나라 단지계획의 변천
			2. 단지계획의 요소	1. 주거환경의 제요소 2. 자연환경 3. 행태공간 4. 근린환경
		3. 단지계획의 부문계획	1. 생활권계획	1. 근린생활권의 설정 2. 근린주구이론
			2. 토지이용계획	1. 개발밀도 및 용도배분 2. 획지 및 가구계획 3. 배치계획
			3. 기반시설계획	1. 교통시설계획 2. 커뮤니티시설계획 3. 공급처리시설계획
			4. 외부공간계획	1. 공원 및 녹지계획 2. 놀이터와 광장 3. 오픈스페이스
		4. 지구단위계획의 개념과 과정	1. 지구단위계획의 개념과 유형	1. 지구단위계획의 개념 2. 지구단위계획의 유형
			2. 지구단위계획의 과정	1. 구역지정 2. 현황조사 3. 목표설정 4. 계획입안 및 주민의견수렴 5. 계획결정 6. 계획실현 및 운영
		5. 지구단위 계획 요소별 작성기준	1. 가구 및 획지계획	1. 가구계획 2. 획지계획

필기과목명	문제수	주요항목	세부항목	세세항목
			2. 건축물계획	1. 건축물용도계획 2. 밀도계획 3. 높이 및 배치계획 4. 건축물 외관계획
			3. 동선계획	1. 차량동선계획 2. 주차장계획 3. 보행동선 및 자전거동선계획
			4. 경관계획	1. 경관에 관한 계획
			5. 환경관리계획	1. 환경관리계획
			6. 기타	1. 특별계획구역 2. 인센티브 및 패널티

필기과목명	문제수	주요항목	세부항목	세세항목
도시개발론	20	1. 도시개발의 의의와 배경	1. 도시개발의 이해	1. 필요성과 목적 2. 유형과 방식
			2. 도시개발의 기초이론	1. 도시개발과 시장원리 2. 도시개발의 범위 3. 도시성장과 도시개발 4. 도시성장관리기법
			3. 도시개발의 역사	1. 우리나라 도시개발의 역사 2. 최근의 경향
		2. 도시개발의 과정과 절차	1. 수요분석	1. 수요예측의 필요성 2. 수요예측의 기법
			2. 입지선정	1. 입지선정의 기법 2. 입지선정의 절차
			3. 구상 및 계획	1. 개발목표 2. 수요분석과 타당성 검토 3. 계획수립
			4. 집행 및 관리	1. 개발사업의 착수 2. 건설과 처분 3. 시설관리와 자산관리
		3. 도시개발의 제도	1. 도시개발사업제도	1. 택지개발촉진법의 응용 2. 도시개발법의 응용 3. 도시 및 주거환경정비법의 응용 4. 도시재정비촉진을 위한특 별법의 응용 5. 주택법의 응용 6. 산업입지 및 개발에 관한 법률의 응용 7. 관광진흥법의 응용
			2. 기반시설에 관한 제도	1. 도시계획시설의 결정·구조 및 설치 기준에 관한 규칙의 응용 2. 주차장법의 응용 3. 도시공원 및 녹지 등에 관한 법률의 응용 4. 체육시설의 설치 및 이용에 관한 법률의 응용

필기과목명	문제수	주요항목	세부항목	세세항목
		4. 도시개발의 유형	1. 개발주체에 따른 분류	1. 공영개발 2. 민간개발
			2. 개발대상지에 따른 분류	1. 신개발 2. 재개발(도시정비사업)
			3. 도입기능에 따른 분류	1. 단일용도도시(주거도시, 산업도시, 관광휴양도시 등) 2. 복합도시
		5. 도시개발의 수법	1. 도시개발기법	1. 개발권양도제(TDR) 2. 대중교통중심개발(TOD) 3. 계획단위개발(PUD) 4. 연계개발수법
			2. 타당성분석	1. 재무적 타당성 2. 경제적 타당성 3. 파급효과분석
			3. 도시마케팅	1. 부동산마케팅 2. 도시마케팅 3. 신도시마케팅
			4. 재원조달방안	1. 지분조달방식 2. 부채조달방식 3. 개발유형과 재원조달방식 (BTL, BTO, BOT 등)
			5. 부동산금융	1. 부동산금융의 개념과 유형 2. 민간의 부동산개발금융 3. 민관합동의 부동산개발금융

필기과목명	문제수	주요항목	세부항목	세세항목
국토 및 지역계획	20	1. 국토 및 지역계획의 개념	1. 국토 및 지역계획의 개념 및 필요성	1. 국토 및 지역계획의 개념 2. 국토 및 지역계획의 성격 3. 국토 및 지역계획과 타 계획과의 관계 4. 국토 및 지역계획의 필요성
			2. 유형과 성격	1. 유형 2. 유형별 성격 3. 국토 및 지역계획의 특징과 영역
			3. 국토 및 지역계획의 역사적 전개	1. 문제의 제기 2. 국토 및 지역계획의 변천과정 3. 지역계획의 실상과 문제점 4. 지역계획체계의 구상
		2. 공간 단위 설정과 계획 과정	1. 공간단위 설정	1. 지역 및 공간의 개념과 의미 2. 지역획정의 원칙 3. 계획단위로서의 지역 및 공간 4. 한국의 국토 및 지역계획체계
			2. 계획과정	1. 계획의 의미 2. 계획과정과 계획이론의 발달 3. 절차이론과 주민참여
		3. 국토 및 지역계획 이론	1. 지역발전이론	1. 기본수요이론 2. 신고전이론 3. 성장거점이론 4. 종속적 발전이론 5. 생태학적 발전이론 6. 기타 지역발전이론
			2. 공간구조이론	1. 중심지이론 2. 산업입지이론 3. 주거입지론 4. 기타 공간구조 이론
			3. 대안적 발전이론	1. 대안적 지역발전이론의 모색 2. 전통적 지역발전이론 3. 신지역발전이론 4. 향후 지역발전이론의 과제

필기과목명	문제수	주요항목	세부항목	세세항목
		4. 국토 및 지역계획의 실제	1. 자료조사 분석과 계획의 평가	1. 지역조사와 정보의 관리(자료의 출처, 자료수집 방법, 자료수집 내용, 공간정보의 활용, 지리정보 체계) 2. 국토 및 지역계획의 평가(지역계획 평가의 의의, 지역계획 영향의 측정, 예측결과의 비교)
			2. 부문적 계획	1. 계획인구의 예측 2. 토지이용계획 3. 지역교통계획 4. 산업진흥계획 5. 환경보전 및 자원관리계획 6. 주거환경계획 7. 사회개발계획 8. 농촌계획 9. 방재계획 10. 경관계획
			3. 전망과 과제	1. 한국 국토 및 지역계획과 관련한 제반 여건과 변화 2. 한국 국토 및 지역계획의 발전 과제
		5. 우리나라의 국토 및 지역계획	1. 국토종합계획	1. 국토종합계획의 개념 2. 국토종합계획의 주요내용 3. 토지이용의 관리와 규제 4. 국토종합계획의 평가
			2. 수도권정비계획	1. 수도권정비계획의 필요성 2. 수도권정비계획의 개요 3. 수도권정비계획의 주요내용 4. 수도권정비계획의 전략
			3. 지역계획	1. 지역계획의 개요 2. 지역계획의 추진내용 3. 지역계획의 평가
			4. 광역도시계획	1. 광역도시계획의 개요 2. 광역도시계획의 추진내용 3. 광역도시계획의 평가

필기과목명	문제수	주요항목	세부항목	세세항목
도시계획 관계 법규	20	1. 도시계획의 관리, 사업, 시설 등에 관한 법률	1. 도시계획 관리 관련 법규	1. 국토기본법 및 동 법 시행령, 시행규칙 2. 국토의 계획 및 이용에 관한 법률 및 동 법 시행령, 시행규칙 3. 수도권정비계획법 및 동법 시행령 4. 개발제한 구역의 지정 및 관리에 관한 특별 조치법 5. 경관법 및 동법시행령
			2. 도시계획 사업 관련 법규	1. 도시개발법 및 동 법 시행령, 시행규칙 2. 도시 및 주거환경정비법 및 동 법 시행령, 시행규칙 3. 도시재정비촉진을 위한 특별법 및 동 법 시행령, 시행규칙 4. 택지개발촉진법 및 동 법 시행령, 시행규칙 5. 주택법 및 동 법 시행령, 시행규칙 중 도시계획 관련 사항 6. 산업입지 및 개발에 관한 법률 및 동 법 시행령 중 도시계획 관련 사항 7. 물류시설의 개발 및 운영에 관한 법률 및 동 법 시행령, 시행규칙 중 도시계획 관련 사항 8. 관광진흥법 및 동 법 시행령 중 도시계획 관련 사항 9. 건축법 및 동 법 시행령, 시행규칙 중 도시계획 관련 사항
			3. 도시계획 시설관련 법규	1. 도시계획시설의 결정·구조 및 설치기준에 관한 규칙 2. 도시공원 및 녹지에 관한 법률 및 동 법 시행령, 시행규칙 3. 주차장법 및 동 법 시행령, 시행규칙 중 도시계획 관련사항 4. 체육시설 설치 및 이용에 관한 법률 및 동 법 시행령 중 도시계획 관련사항

출제기준(실기)

직무분야	건설	중직무분야	도시·교통	자격종목	도시계획기사	적용기간	2013. 1. 1 ~ 2017.12.31

○직무내용 : 도시계획, 지역계획, 개발사업계획 등 국토 및 도시의 합리적인 개발 및 정비를 위한 계획수립과 그 집행과정에 참여하고 인구, 경제, 환경, 물리적 시설, 토지이용, 집행관리 등을 포함하여 각종 예측기법을 통해 미래의 인구규모, 경제적 여건 등을 예측하고 이를 토대로 원활한 기능수행이 가능한 각종 공간 및 시설 배치계획을 수립하고 이를 집행하기 위하여 도서에 계획내용을 나타내는 업무를 수행하는 직무
○수행준거 : 1. 각종 대상지의 인구 및 경제 여건, 자연환경 여건 등을 고려한 각종 예측 및 분석을 할 수 있다.
          2. 개발 예정 및 미래의 예측을 통하여 관련 도시계획을 원활하게 수행될 수 있도록 계획할 수 있다.
          3. 계획된 내용을 기호화 하는 작업을 할 수 있다.
          4. 도시계획, 단지계획, 지구단위계획 등의 도면화 작업을 할 수 있다.

실기검정방법	작업형	시험시간	4시간 정도

실기과목명	주요항목	세부항목	세세항목
도시계획실무	1. 도시분석	1. 인구 분석하기	1. 인구규모 및 인구성장을 분석할 수 있다. 2. 연령별·성별 인구구조를 분석할 수 있다. 3. 인구성장 추세를 분석할 수 있다. 4. 인구이동 분석을 할 수 있다. 5. 인구분포 분석을 할 수 있다. 6. 인구밀도 분석을 할 수 있다.

		2. 공간이용 분석하기	1. 토지이용현황을 분석할 수 있다.
			2. 건축물이용현황을 분석할 수 있다.
			3. 용도지역 지정현황 및 변경이력을 분석할 수 있다.
			4. 개발가능지, 정비대상지, 보존지역 등을 분석할 수 있다.
			5. 중심지 체계 분석을 할 수 있다.
			   (도시공간구조분석)
			6. 용도별 집적도 분석을 할 수 있다.
			   (용도혼합, 용도순화)

		3. 도시경제 분석하기	1. 산업구조 분석을 할 수 있다. 2. 경제활동 인구의 산업별 구성비를 분석할 수 있다. 3. 상권분석을 할 수 있다. 4. 지가분석을 할 수 있다. 5. 산업경제활동 분포분석을 할 수 있다.

실기과목명	주요항목	세부항목	세세항목
		4. 생태환경 분석하기	1. 자연지형 분석을 할 수 있다. 2. 수계 및 수문환경 분석을 할 수 있다. 3. 생태자연환경 분석을 할 수 있다. 4. 기후환경 분석을 할 수 있다. 5. 자연재해 분석을 할 수 있다. 6. 환경용량 분석을 할 수 있다. 7. 환경측면의 계획 착안점을 도출할 수 있다.
		5. 경관분석하기	1. 경관목표 및 경관특성을 파악할 수 있다. 2. 경관구조분석을 할 수 있다. 3. 경관실태 분석을 할 수 있다. 4. 경관계획을 설정할 수 있다. 5. 권역별 경관특성을 파악할 수 있다. 6. 경관유형(선적경관, 면적경관, 점적경관)을 도출할 수 있다.
		6. 여건 종합분석하기	1. 대상지역의 부문별특성을 분석할 수 있다. 2. 각 부문의 분석내용을 종합정리할 수 있다. 3. 종합정리된 내용을 도면화 할 수 있다. 4. 종합분석을 통한 문제점을 도출할 수 있다.
	2. 도시계획	1. 기본계획 및 부문별 계획수립하기	1. 도시기능의 수요공급 계획을 수립할 수 있다. 2. 인구규모, 용도 및 토지 수요 추정에 따른 토지 이용 계획을 수립할 수 있다. 3. 토지 이용 구상과 정주환경 계획을 수립할 수 있다. 4. 접근체계구상과 가로망 계획을 수립할 수 있다. 5. 공공시설 규모추정 및 배치계획을 수립할 수 있다.
	3. 계획도 작성	1. 설계도면 작성하기	1. 도시계획(도시기본계획, 도시관리계획 등)을 작성할 수 있다. 2. 단지계획(주택단지, 산업단지, 유통단지, 관광휴양단지)을 작성할 수 있다. 3. 지구단위계획(주택, 산업, 유통관광단지, 상업지 등)을 작성할 수 있다.

14. 건설

항공사진기능사

출제기준(실기)

직무분야	건설	중직무분야	토목	자격종목	항공사진기능사	적용기간	2013. 1. 1~2015.12.31

○직무내용 : 항공사진 측량용 카메라를 사용하여 지형 및 대상물을 촬영하고, 영상지도제작에 필요한 자료를 처리하는 업무 수행

○수행준거 : 1. 영상처리 S/W를 다룰 수 있다.
            2. 명암, 색조 등 사진의 품질을 검사할 수 있다.
            3. 디지털영상사진을 편집할 수 있다.
            4. 디지털영상의 지형판독을 할 수 있다.

실기검정방법	작업형	시험시간	3 시간 정도

실기과목명	주요항목	세부항목	세세항목
항공사진제작 작업	1. 영상지도제작 및 품질검사	1. 영상 편집하기	1. 영상의 시각적 판독성을 향상시키기 위해 여러 가지 강조기법을 수행할 수 있다. 2. 영상이 표현하고 있는 지형지물의 색상을 보다 자연색에 가깝도록 보정하거나 필요에 따라 인위적인 색상으로 수정할 수 있다. 3. 지도로 제작하고자 하는 범위를 절취하여 별도로 관리 또는 가공할 수 있다. 4. 서로 분리되어 있는 영상을 특정 필요에 따라 하나의 파일로 집성할 수 있다. 5. 영상과 지형도의 동일지점을 판독할 수 있다.(매칭능력)
		2. 보안지역처리하기	1. 영상의 보안지역에 대한 위장처리 작업 시 주변 지형과의 이질감이 없도록 수행할 수 있다. 2. 블러링 처리에 있어 대상지역을 명확히 인지하고 처리 기법에 맞게 수행할 수 있다. 3. 해상도 저하 작업에 있어 대상지역을 명확히 인지하고 해상도 저하 작업을 수행한 후 원본 성과와 합성할 수 있다. 4. 위장처리, 블러링처리 및 해상도 저하 작업 수행 후 원본 영상과의 합성 시 이질감이 발생하지 않도록 처리할 수 있다. 5. 보안지역에 대한 작업을 수행한 후 근거 자료를 삭제할 수 있다.
		3. 품질검사하기	1. 영상편집(영상집성, 색상보정, 위치정확도 평가 등)성과를 검사한다.

국가기술자격 출제기준 I

16 기계

승강기기사	405
승강기산업기사	433
승강기기능사	459
농기계정비기능사	477
농업기계기사	483
농업기계산업기사	495
자동차보수도장기능사	503
자동차차체수리기능사	513

16. 기계

승강기기사

출제기준(필기)

직무분야	기계	중직무분야	기계장비설비·설치	자격종목	승강기기사	적용기간	2013. 1. 1~2017.12.31

○직무내용 : 승강기의 기본원리에 대한 공학적 기술이론지식을 바탕으로 승강기설비의 계획, 설계, 제작, 설치, 검사, 점검, 유지 및 운용과 시설관리 등의 업무를 수행

필기검정방법	객관식	문제수	80	시험시간	2시간

필기과목명	문제수	주요항목	세부항목	세세항목
승강기개론	20	1. 승강기개요	1. 승강기 일반 및 각부의 명칭	1. 승강기의 정의 2. 전기식(로프식) 승강기 주요부의 명칭 3. 유압식 승강기 주요부의 명칭 4. 에스컬레이터 주요부의 명칭 5. 덤웨이터 주요부의 명칭 6. 소형 승강기 휠체어리프트 주요부의 명칭 7. 수직형 휠체어리프트의 명칭 8. 경사형 휠체어리프트의 명칭
			2. 승강기의 종류	1. 엘리베이터 2. 에스컬레이터 3. 휠체어리프트
			3. 승강기의 원리 및 조작 방식	1. 전기식(로프식) 승강기 원리 및 조작방식 2. 유압식 승강기 원리 및 조작방식 3. 에스컬레이터 원리 및 조작방식 4. 덤웨이터 원리 및 조작방식
		2. 승강기의 주요 장치	1. 제어반	1. 제어반의 종류 2. 제어반의 설치 요건 3. 제어반의 구성요소 4. 제어반의 절연성능 및 접지
			2. 권상기	1. 권상기의 종류별 특징 2. 권상기용 기어 및 무기어의 종류별 특징 3. 권상능력에 영향을 미치는 요소 4. 도르래 홈의 종류별 특징 5. 권상기용 전동기의 구비요건 6. 권상기용 전동기의 소요동력

필기과목명	문제수	주요항목	세부항목	세세항목
			3. 가이드레일	1. 가이드레일의 사용목적 2. 가이드레일의 규격 3. 가이드레일의 적용방법
			4. 가이드슈	1. 가이드슈의 역할 및 위치 2. 가이드슈의 종류 및 용도
			5. 로프(벨트포함)	1. 로프의 역할 및 소요개수 2. 로프와 도르래의 관계 3. 로프의 구조 및 종류별 특징 4. 승강기용 로프의 요건 5. 로프의 단말처리 6. 로프의 로핑(걸기)방법 및 래핑(감기)방법
			6. 균형추	1. 균형추의 역할 2. 오버밸런스의 의미, 계산, 적정범위 3. 트랙션 비(견인비)의 계산
			7. 균형체인 및 균형로프	1. 균형체인 및 균형로프의 역할 2. 트랙션 비(견인비)의 보상 및 계산
		3. 승강기안전장치	1. 비상정지장치	1. 비상정지장치의 구조 및 작동원리 2. 비상정지장치의 종류 및 용도 3. 비상정지장치의 작동 후 카의 상태 4. 균형추측 비상정지장치
			2. 조속기	1. 조속기의 구조 및 작동원리 2. 조속기의 종류, 용도 및 각 부의 명칭 3. 조속기 1차 및 2차 작동속도
			3. 완충기	1. 완충기의 구조 및 작동원리 2. 완충기의 종류 및 용도 3. 완충기 종류별 적용범위 및 각 부의 명칭
			4. 제동기	1. 제동기의 구조, 기능 및 작동원리 2. 제동기의 제동능력 및 제동시간
			5. 상승과속방지 및 개문출발방지장치	1. 상승과속방지 및 개문출발방지 장치의 종류 및 용도 2. 상승과속방지 및 개문출발방지 장치의 요건

필기과목명	문제수	주요항목	세부항목	세세항목
		4. 승강기의 도어시스템	1. 도어시스템의 종류 및 원리	1. 도어시스템의 종류 및 용도 2. 도어시스템의 원리
			2. 도어머신	1. 도어머신의 요구 성능 2. 도어머신의 구조 및 주요 구성요소
			3. 도어안전장치	1. 문 닫힘 안전장치의 종류 및 작동원리 2. 도어 인터록 3. 카 도어록
		5. 승강로와 기계실	1. 카실(케이지실)과 카틀(케이지틀)	1. 카의 구조 및 주요 구성부품 2. 카 바닥의 재료 및 카 틀의 구성요소 3. 출입구 및 비상구출구의 요건 4. 브레이스로드의 역할
			2. 승강로의 구조	1. 승강로의 구조 및 여유 공간 2. 승강로의 설치 금지 설비
			3. 기계실의 제설비	1. 기계실에 설치되는 설비 및 설치 금지설비
			4. 기계실의 구조	1. 기계실의 구비요건(구조, 면적, 높이, 온도 등) 및 출입문
		6. 승강기의 제어	1. 교류엘리베이터의 제어	1. 교류1단 및 교류2단 속도제어방식의 원리 2. 교류궤환 전압제어방식의 원리 3. 가변전압가변주파수(VVVF)제어방식의 원리
			2. 직류엘리베이터의 제어	1. 워드-레오나드 방식의 원리 2. 정지레오나드 방식의 원리
		7. 승강기의 부속장치	1. 조명장치	1. 비상조명장치의 용도, 조도 및 유지시간 2. 조명기기, 배터리 및 그 설계
			2. 환기장치	1. 환기장치의 필요성 및 종류
			3. 신호장치 및 통신장치	1. 위치표시기의 종류 및 용도 2. 비상통화장치 등의 종류 및 용도

필기과목명	문제수	주요항목	세부항목	세세항목
			4. 비상전원장치	1. 비상전원장치의 용도 및 구비요건 2. 비상전원의 공급방법 3. 공동주택용 비상전원의 요건
			5. 정전시 구출운전장치	1. 정전시 구출방법 2. 정전시 구출운전장치의 원리
			6. 기타 부속설비 및 보호장치	1. 리미트스위치 및 파이널리미트스위치 2. 슬로다운스위치 3. 종단 층 강제감속장치 4. 튀어오름방지장치(록다운비상정지장치) 및 과부하 감지장치 5. 피트 정지스위치 및 역 결상 검출장치 6. 각 층 강제정지운전 스위치 7. 권동식 로프이완 스위치 및 파킹스위치
		8. 유압승강기의 주요장치	1. 유압승강기의 구조 및 원리	1. 직접식 및 간접식 유압승강기의 특징 2. 팬터그래프식 유압승강기의 특징 3. 유량제어밸브에 의한 속도제어 4. 가변전압가변주파수(VVVF)제어에 의한 속도제어
			2. 유압회로	1. 미터인 회로의 구조 및 특징 2. 블리드오프 회로의 구조 및 특징
			3. 펌프와 밸브	1. 펌프의 요건 및 종류 2. 안전밸브, 체크밸브, 스톱밸브, 럽쳐밸브, 유량제어밸브, 플런저리미트스위치, 전동기 공회전방지장치, 작동유 온도검출 스위치
			4. 실린더와 플런저	1. 실린더 및 플런저의 구조 및 요건
			5. 압력배관	1. 압력배관의 종류
		9. 에스컬레이터 및 수평 보행기	1. 에스컬레이터의 종류	1. 수송능력 및 난간의장에 따른 분류 2. 속도 및 승강양정에 따른 분류

필기과목명	문제수	주요항목	세부항목	세세항목
			2. 구동장치	1. 구동기 2. 핸드레일 구동장치 3. 제어반
			3. 스텝과 스텝체인	1. 스텝, 스텝체인 및 스텝체인의 인장장치
			4. 난간과 핸드레일	1. 내측판, 외측판 및 핸드레일 2. 승입신호 등
			5. 안전장치	1. 구동체인 및 핸드레일 안전장치 2. 조속기 3. 핸드레일인입구(인레트)스위치 4. 스커트가드 안전스위치 5. 역회전방지장치 6. 콤 정지스위치 7. 디딤판과 핸드레일 속도 감지장치
			6. 수평보행기	1. 구조, 경사 및 정격속도
		10. 덤웨이터	1. 덤웨이터의 종류	1. 덤웨이터의 크기 및 종류별 특징
		11. 소형승강기	1. 적재하중과 정원	1. 적재하중 및 정원
			2. 승강행정	1. 승강행정
			3. 구조 및 안전장치	1. 주로프, 체인, 도르래, 권동, 카, 승강로, 기계실 및 통화장치
		12. 휠체어 리프트	1. 구조	1. 경사형 휠체어리프트의 구조 2. 수직형 휠체어리프트의 구조
			2. 안전장치	1. 보호대 및 제동장치 2. 파이널리미트스위치 및 리프트스위치 3. 조속기 4. 비상정지장치 5. 감지날 및 감지판 6. 기계적 정지장치
		13. 비상용 승강기	1. 구조 및 원리	1. 비상용 승강기의 용도, 속도, 구조, 전원 2. 비상용승강기의 승강로

필기과목명	문제수	주요항목	세부항목	세세항목
			2. 비상운전의 종류별 특징	1. 비상호출운전 2. 1차 소방운전 및 2차 소방운전
		14. 기계식 주차장치	1. 기계식주차 장치의 종류 및 특징	1. 2단식 주차장치 및 다단식 주차장치 2. 수직순환식·수평순환식 및 다층순환식 주차장치 3. 승강기식 주차장치 4. 승강기 슬라이드식 주차장치 5. 평면왕복식 주차장치
			2. 2단식 주차장의 샘플링방법	1. 관련규격 및 샘플링(실검사)기수 산정 2. 샘플링방법
			3. 설치기준	1. 주차장 출입구의 전면 공지 2. 주차대기를 위한 정류장
			4. 안전기준 및 입출고 시간	1. 안전기준 및 입출고 시간
		15. 유희시설	1. 유희시설의 분류	1. 고가유희시설 2. 회전운동을 하는 유희시설
			2. 유희시설의 종류별 특징	1. 유희시설의 종류별 특징
		16. 리프트	1. 리프트의 종류	1. 리프트의 종류 및 특징
			2. 리프트의 구조 및 원리	1. 리프트의 구조 및 원리
			3. 안전장치	1. 제동장치, 조속기, 비상정지장치 2. 파이널리미트스위치 및 리프트 스위치
		17. 기계실이 없는 엘리베이터	1. 구조 및 원리	1. 기계실이 없는 엘리베이터의 구조 및 원리
		18. 안전관리	1. 안전관리	1. 이용자 수칙 및 유지·관리

필기과목명	문제수	주요항목	세부항목	세세항목
승강기설계	20	1. 승강기설계의 기본	1. 설비계획에 따른 제량산출 및 계획	1. 설비계획상의 요건 2. 설치대수 및 기종 산정 3. 승강기의 기본 시방 4. 교통량계산 및 용량산출 5. 관련 법규
			2. 승강기 위치선정	1. 위치선정의 기본사항 2. 건물용도별 교통수요 산출 3. 집단화(군관리) 4. 서비스층과 통과층 5. 설치대수에 따른 배열 확정 6. 장애인용 및 비상용의 배열 선정 7. 에스컬레이터의 배열 선정 8. 엘리베이터와 에스컬레이터 배치의 효율성
		2. 승강로 관련 기준	1. 승강로 치수	1. 꼭대기 틈새 및 오버헤드 거리 2. 피트의 깊이 및 주행여유
			2. 승강로 규격	1. 적용범위 및 엘리베이터 기호 2. 문지방간의 틈새 3. 승강로 벽과 문지방 틈새
			3. 승강로 구출구	1. 비상구출구의 구조 및 간격
			4. 균형추	1. 균형추의 중량산정
			5. 가이드레일 및 가이드슈	1. 가이드레일의 규격, 치수 및 선정 방법 2. 레일의 응력과 휨의 계산 3. 가이드레일용 부재의 계산 4. 중간스톱퍼 및 보강재(패킹) 5. 가이드슈 및 가이드 롤러
			6. 브래킷	1. 브래킷의 간격
			7. 완충기	1. 완충기 종류별 행정 및 완충기 적용중량 2. 완충기감속도 및 완충기 안전율 3. 반경과 길이의 비율 4. 플런저 복귀시간 및 피트의 충격 하중

필기과목명	문제수	주요항목	세부항목	세세항목
			8. 단말정차장치	1. 리미트스위치의 위치, 요건 및 재료 2. 파이널리미트스위치의 위치, 요건 및 재료
			9. 기타 승강로 관련 기준	1. 록다운비상정지장치 2. 비상정지장치 3. 로프이완스위치 4. 각층 강제정지운전장치 5. 슬랙로프 세이프티스위치
		3. 카 및 승강장 관련 기준	1. 카 및 균형추의 완충기와의 거리	1. 카와 완충기와의 최소거리 및 최대 거리 2. 균형추와 완충기와의 최소거리 및 최대거리
			2. 승강장도어 시스템 및 인터록	1. 도어시스템의 종류별 용도 2. 도어시스템의 개폐력 3. 도어 가이드슈 및 홈의 요건 4. 도어머신용 전동기 선정 5. 도어인터록의 작동순서 6. 도어클로저의 종류 및 원리 7. 승강장 도어의 기본 치수 8. 문닫힘 안전장치의 선정 9. 승강장 도어 강도설계
			3. 카 및 카틀	1. 카 틀의 구조 및 카 바닥의 재료 2. 카의 안전율 및 처짐량
			4. 조명 및 전기설비	1. 카의 조명설비 및 전기설비
			5. 비상정지장치 및 부대전기설비	1. 비상정지장치의 선정 및 적용중량 2. 비상정지장치의 정지거리 및 흡수에너지 3. 비상정지장치의 평균감속도 및 작동속도 4. 카 내의 전기회로 및 스위치
		4. 기계실관련 기준	1. 기계실 및 기계대	1. 기계실의 구조 및 재료 2. 기계실의 온도유지 방법 3. 기계실의 통로 및 소요설비 4. 기계실의 조도 5. 기계실 출입문의 재료 및 크기 6. 기계실의 발열 및 환기 7. 기계대의 재료 및 강도 8. 기계대의 안전율

필기과목명	문제수	주요항목	세부항목	세세항목
			2. 권상기 및 조속기	1. 기어식 및 무기어식 권상기 2. 권상기용 기어의 선정 3. 트랙션 권상기의 특징 4. 트랙션 능력의 계산 5. 권상기용 도르래의 직경계산 6. 권상기용 도르래의 홈의 선정 7. 권상기용 전동기의 선정 8. 전동기 소요동력의 산출 9. 브레이크의 구비조건 10. 브레이크의 제동력 및 감속도 11. 브레이크의 제동토크 및 제동소요 시간 12. 조속기의 선정기준 및 조속기로프의 직경 13. 조속기로프의 인발력 계산
			3. 제어반	1. 제어반의 종류 및 제어반의 설치 2. 제어반의 사용기기 및 그 역할 3. 제어반의 절연저항 및 접지
			4. 로프(벨트포함)	1. 로프의 선정기준 2. 로프의 직경 및 파단강도 3. 로프의 단말처리 및 안전율
		5. 기계요소 설계	1. 승강기재료의 역학적 설계	1. 하중·응력·변형률의 종류 및 계산 2. 후크의 법칙과 탄성계수 3. 포아송의 비 4. 반력과 모멘트 5. 좌굴과 오일러의 공식 6. 정정보 및 부정정보 7. 축의 비틀림 8. 비틀림 모멘트와 전달마력 9. 웜과 웜휠 10. 베어링의 종류 및 특성
			2. 기계요소별 구조 원리	1. 감아걸기 전동장치 2. 벨트, V벨트, 로프 및 체인 3. 활차(도르래)장치 4. 블록 브레이크 및 밴드 브레이크 5. 기어의 종류·회전비 및 강도계산

필기과목명	문제수	주요항목	세부항목	세세항목
		6. 전기설비설계	1. 승강기용 전동기	1. 전동기의 종류별 특징 및 구비조건 2. 전동기의 온도상승과 절연종류 3. 전동기 분류 및 사용과 정격
			2. 승강기 제어시스템	1. 로프식 교류엘리베이터의 속도제어 (교류일단 속도제어, 교류이단 속도제어, 교류궤환 전압제어, 가변전압 가변주파수(VVVF) 제어 등) 2. 로프식 직류엘리베이터의 속도제어 (워드-레오나드방식, 정지레오나드방식) 3. 유압식엘리베이터의 속도제어 (미터인회로, 블리드오브회로, 펌프, 안전밸브, 상승용 및 하강용 유량 제어밸브, 체크밸브, 필터, 스톱밸브, 사이렌서, 럽쳐밸브, 플런저 리미트스위치, 전동기공회전 방지장치, 작동유 온도검출스위치, 유압엘리베이터의 작동설명) 4. 엘리베이터 작동방식(수동식, 자동식, 수동식과 자동식의 공용방식, 군승합 자동방식, 군 관리방식 등)
			3. 동력전원설비	1. 설비용량 산정 기본 요소 계산 2. 설계기준 대상 항목의 계산 3. 전원설비의 추가 고려사항 검토
			4. 조명전원설비	1. 조명전원 설비의 설정 조건 2. 조명전원 인입선 굵기 계산
		7. 재해대책 설비	1. 지진, 화재, 정전시의 운전	1. 관제운전의 우선순위 2. 내진설계 3. 지진·화재·정전발생 시의 관제운전
			2. 감시반설비	1. 감시반의 종류 및 기능 2. 감시반설비의 설치 목적 및 설치장소 3. 감시반설비 설치시 주의사항
			3. 방범설비	1. 방범설비의 종류 및 설치 목적
			4. 접지설비	1. 접지공사 및 접지저항

필기과목명	문제수	주요항목	세부항목	세세항목
			5. 비상용 승강기	1. 비상호출운전과 무효화 장치 2. 1차 소방운전과 무효화 장치 3. 2차 소방운전과 무효화 장치 4. 비상운전의 흐름도
			6. 비상용승강기의 전기배선공사 및 예비전원	1. 비상용승강기의 전기배선공사 2. 비상용승강기의 예비전원

필기과목명	문제수	주요항목	세부항목	세세항목
일반기계공학	20	1. 기계재료	1. 철과 강	1. 주철 2. 탄소강 3. 합금강 4. 공구강
			2. 비철금속 및 그합금	1. 구리 2. 알루미늄 3. 니켈 4. 마그네슘 5. 기타 비철금속재료
			3. 비금속재료	1. 보온재료 2. 패킹 및 벨트용 재료
			4. 표면처리 및 열처리	1. 표면경화 2. 담금질, 풀림, 뜨임, 불림
		2. 기계의 요소	1. 결합용 기계요소	1. 나사 2. 키, 핀, 코터 3. 리벳
			2. 축관계 기계요소	1. 축 및 축이음 2. 베어링
			3. 전동용 기계요소	1. 기어 2. 벨트, 체인, 로프 3. 마찰차 및 캠
			4. 제어용 기계요소	1. 스프링 2. 브레이크
		3. 기계공작법	1. 주조	1. 주조공정 2. 원형의 종류 3. 주형 및 조형법
			2. 측정 및 손 다듬질	1. 측정기 종류 및 측정법 2. 손 다듬질 공구 및 특징
			3. 소성가공법	1. 소성가공의 개요, 종류 및 특징 2. 판금 가공 종류 및 특징
			4. 공작기계의 종류 및 특성	1. 선반 및 밀링 2. 드릴링 및 연삭

필기과목명	문제수	주요항목	세부항목	세세항목
			5. 용접	1. 전기용접 2. 가스용접, 절단 및 가공 3. 특수용접 종류 및 특성
		4. 유체기계	1. 유체기계 기초이론	1. 유압기초 및 일반사항 2. 유압장치의 구성 및 유압유
			2. 유압기계	1. 유압펌프 와 모터 2. 유압 밸브 3. 유압실린더와 부속기기
			3. 유압회로	1. 유압회로의 기초 2. 유압회로의 구성 3. 유압화로 및 응용 (전자제어시스템 포함)
		5. 재료역학	1. 응력과 변형 및 안전율	1. 응력과 변형 및 안전율, 탄성계수 2. 신축에 따른 열응력
			2. 보의 응력과 처짐	1. 보의 종류 및 반력 2. 보의 응력과 처짐
			3. 비틀림	1. 단면계수와 비틀림 모멘트

필기과목명	문제수	주요항목	세부항목	세세항목
전기제어공학	20	1. 직류회로	1. 전압과 전류	1. 전하 2. 전류 3. 전위 4. 직류전류 5. 직류전압 6. 옴의 법칙 7. 키르히호프의 법칙 8. 직류회로
			2. 전력과 열량	1. 직류전류 2. 전력량 3. 열손실
			3. 전기저항	1. 저항소자 2. 저항의 연결 3. 전선의 저항
			4. 전류의 화학작용과 전지	1. 전기분해 2. 전지와 금속의 부식 3. 전해화학 공업 및 전영화학 공업
		2. 정전용량과 자기회로	1. 콘덴서와 정전용량	1. 정전용량의 계산 2. 용량계수 및 유도계수 3. 콘덴서 4. 콘덴서의 접속 5. 교류전력에 의한 충전전류 6. 콘덴서에 축적되는 에너지 7. 등가용량
			2. 전계와 자계	1. 전계의 세기 2. 백터와 스칼라 3. 점전하에 의한 전계 4. 자석 및 자기유도 5. 자계 및 자위 6. 자기쌍극자 7. 자계와 전류사이의 힘
			3. 자기회로	1. 기자력 2. 투자율 3. 자기저항 4. 누설자속 5. 공극 및 포화특성 철심의 자기회로

필기과목명	문제수	주요항목	세부항목	세세항목
			4. 전자력과 전자유도	1. 전자유도법칙 2. 패러데이의 법칙 3. 자속변화에 의한 기전력 발생 4. 와전류 5. 표피효과
		3. 교류회로	1. 교류회로의 기초	1. 정현파 및 비정현파 교류의 전압, 전류, 전력 2. 각속도 3. 위상의 시간변화 4. 교류회로(저항, 유도, 용량)
			2. R.L.C(저항, 코일, 콘덴서)회로	1. R.L.C(저항, 코일, 콘덴서) 직렬회로의 임피던스, 위상각, 실효전류, 위상, 공진회로 2. R.L.C(저항, 코일, 콘덴서) 병렬회로의 어드미던스, 위상각, 실효전류, 위상, 공진회로 3. 상호유도회로 및 브릿지회로 4. 과도현상
			3. 3상 교류회로	1. 성형결선, 환상결선, 및 V결선 2. 전력, 전류, 기전류 3. 대칭좌표법 및 Y-△ 변환
		4. 전기기기	1. 직류기	1. 직류전동기 및 발전기의 구조 및 원리 2. 전기자 권선법과 유도기전력 3. 전기자반작용과 정류 및 전압변동 4. 직류발전기의 병렬운동 및 효율 5. 직류전동기의 특성 및 속도제어
			2. 변압기	1. 변압기의 구조와 원리 2. 백분율 전압강하와 전압변동율 3. 손실, 효율, 결선 및 상수변환 4. 변압기 병렬운전 및 시험
			3. 유도기	1. 구조와 원리 2. 전력의 역률, 토크 및 원선도 3. 기동법과 속도제어 및 제동

필기과목명	문제수	주요항목	세부항목	세세항목
			4. 정류기	1. 회전변류기 2. 반도체 정류기 3. 수은 정류기 4. 교류 정류자기
		5. 전기계측	1. 전류, 전압, 저항의 측정	1. 직류 및 교류전압 측정 2. 자전압 및 고전압 측정 3. 충격전압 및 전류 측정 4. 미소전류 및 대전류 측정 5. 고주파 전류 측정 6. 저저항, 중저항, 고저항, 특수저항 측정
			2. 전력 및 전력량의 측정	1. 전력과 기기의 정격 2. 직류 및 교류전력 측정 3. 역율 측정
			3. 절연저항 측정	1. 전기기기의 절연저항 측정 2. 배선의 절연저항 측정 3. 스위치 및 콘센트 등의 절연저항 측정
		6. 제어의 기초	1. 제어의 개념	1. 제어계의 기초 2. 자동제어계의 기본적인 용어
			2. 목표치, 제어량에 의한 자동제어	1. 제어량의 종류 2. 목표값의 시간적 성질에 의한 자동제어 3. 제어장치의 에너지에 의한 자동제어
			3. 제어동작과 자동동작	1. 비례제어 2. 비례미분제어 3. 비례적분제어 4. 비례적분미분제어 5. 온오프제어 6. 정치제어 7. 프로그램제어 8. 추종제어 9. 비율제어 10. 피드백제어계의 특징

필기과목명	문제수	주요항목	세부항목	세세항목
			4. 서보메카니즘과 프로세스제어계 및 조절계 등	1. 입력용변환기 2. 궤환용변환기 3. 서보기구 4. 프로세스제어 5. 온-오프형조절기 6. 연속형조절기 7. 단일루프형조절계 8. 설정기와 연산기
		7. 제어계의 요소 및 구성	1. 제어계의 종류	1. 개루프제어 2. 폐루프제어
			2. 제어계의 구성과 자동제어	1. 제어량의 성질에 의한 분류 2. 제어목적에 의한 분류 3. 조절부의 동작에 의한 분류
		8. 블록선도	1. 블록선도의 개요	1. 블록선도의 개요
			2. 궤환제어의 표준	1. 전달함수 2. 블록다이어그램 3. 라플라스변환
			3. 블록선도의 변환 및 신호흐름선도	1. 직렬접속의 등가변환 2. 병렬접속의 등가변환 3. 궤환접속의 등가변환 4. 신호흐름선도의 정의 및 계산
		9. 시퀀스제어	1. 제어요소의 작동과 표현	1. 입력기구 2. 출력기구 3. 보조기구
			2. 불대수의 기본정리	1. 불대수의 기본 2. 드모르간의 법칙
			3. 논리회로	1. AND회로 2. OR회로(EX-OR) 2. NOT회로 4. NOR회로 5. NAND회로 6. 논리연산

필기과목명	문제수	주요항목	세부항목	세세항목
			4. 무접점회로	1. 로직시퀀스 2. PLC
			5. 유접점회로	1. 접점 2. 수동스위치 3. 검출스위치 4. 전자계전기
		10. 피드백제어	1. 피드백제어	1. 피드백제어계의 개요 2. 제어계의 전달함수 와 블록선도 3. 전달함수 및 블록선도 4. 제어계의 해석
			2. 피드백제어의 방법	1. 제어동작의 시간 연속성에 의한 제어 2. 제어대상 또는 제어량 성질에 의한 제어 3. 목표값 성질에 의한 제어 4. 제어장치의 전력원(에너지원)에 의한 제어
			3. 피드백의 구성	1. 제어대상 및 제어장치 2. 직능별 구성의 용어 정의
		11. 제어의 응용	1. 속도제어	1. 사이리스터를 이용한 속도제어 2. 인버터 등을 이용한 속도제어
			2. 컴퓨터제어	1. PC에 의한 계측제어 2. 직렬디지털회로 3. 궤환회로 4. 직렬궤환디지털회로 5. 디지털프로그래밍
			3. 프로그램제어	1. PLC 제어 2. PLC 구성 3. 프로그램명령어
			4. 군관리시스템제어	1. 군관리시스템제어
			5. 최적제어	1. 최적제어 이론
			6. 수치제어	1. 수치정보 2. 서보기구 3. 공작기계 4. 컴퓨터 수치제어

필기과목명	문제수	주요항목	세부항목	세세항목
		12. 제어기기 및 회로	1. 조작용기기	1. 전자밸브 2. 전동밸브 3. 2상 서보전동기 4. 직류서보전동기 5. 펄스전동기 6. 클러치 7. 다이어프렘 8. 밸브 포지셔너 9. 유압식조작기
			2. 검출용기기	1. 전압검출기 2. 속도검출기 3. 전위차계 4. 차동변압기 5. 싱크로 6. 압력계 7. 유량계 8. 액면계 9. 온도계 10. 습도계 11. 액체성분계 12. 가스성분계
			3. 제어용기기	1. 컨버터 2. 센서용 검출변환기 3. 조절계 및 조절계의 기본 동작 4. 비례 동작 기구 5. 비례 미분 동작 기구 6. 비례 적분 미분 동작 기구

출제기준(실기)

직무분야	기계	중직무분야	기계장비설비·설치	자격종목	승강기기사	적용기간	2013. 1. 1~2017.12.31

○직무내용 : 승강기의 기본원리에 대한 공학적 기술이론지식을 바탕으로 승강기설비의 계획, 설계, 제작, 설치, 검사, 점검, 유지 및 운용과 시설관리 등의 업무를 수행
○수행준거 : 1. 각종 승강기설비의 시공 및 설치작업에 대한 총괄적인 관리를 할 수 있다.
            2. 각종 승강기설비를 운용하여 설치, 유지, 관리, 보수를 할 수 있다.
            3. 전체적인 작업공정을 관리, 수행할 수 있다.

실기검정방법	복합형	시험시간	4시간 40분정도 (필답형 1시간40분, 작업형 3시간 정도)

실기과목명	주요항목	세부항목	세세항목
승강기실무	1. 계획 및 설계	1. 승강기를 구성하는 요소의 규격, 크기, 물량, 또는 용량 결정하기	1. 설계도서(도면, 시방서, 내역서)를 검토하여 설계하는데 필요한 주요 기자재의 품명, 규격, 수량 등을 파악 할 수 있다. 2. 설계도서를 파악하여 공량을 산출할 수 있다. 3. 엘리베이터의 용량을 산출할 수 있다. 4. 에스컬레이터의 용량을 산출할 수 있다. 5. 가이드레일의 규격 및 치수를 산정할 수 있다. 6. 카틀 및 카 바닥의 강도를 산정할 수 있다. 7. 기계대의 강도를 산정할 수 있다. 8. 전동기의 소요동력 및 회전수를 산정할 수 있다. 9. 권상기 도르래의 직경 및 제동력을 산정할 수 있다. 10. 제동기의 소요시간 및 제동력을 산정할 수 있다. 11. 권상능력 및 트랙션비(견인비)를 산정할 수 있다. 12. 플런저 및 펌프의 용량을 산정할 수 있다.
		2. 승강기 구성요소 상호 연관성 및 기능과 특성 파악하기	1. 로프의 요소에 대한 특징을 파악할 수 있다. 2. 로프의 구조와 단말처리를 이해할 수 있다. 3. 로프의 파단 강도 및 안전율을 계산할 수 있다. 4. 권상기용 기어의 재료 및 특성을 파악할 수 있다. 5. 카틀의 구조 및 구성재료의 특성을 파악할 수 있다. 6. 균형추, 균형체인 및 도르래의 재료에 대한 특성을 파악할 수 있다. 7. 카의 마감재료에 대한 특성을 파악할 수 있다.

실기과목명	주요항목	세부항목	세세항목
			8. 레일의 재료에 대한 특성을 파악할 수 있다. 9. 꼭대기 틈새를 산정할 수 있다. 10. 피트 깊이를 산정할 수 있다. 11. 에스컬레이터 디딤판의 재료에 대한 특성을 파악할 수 있다.있다.
		3. 승강기의 도어 시스템 설계하기	1. 도어머신의 특성 및 기능을 파악하고 이를 선정할 수 있다. 2. 도어인터록에 대한 기능을 파악하고 작동방식 등을 선정할 수 있다. 3. 도어개폐력을 고려하여 도어시스템을 선정할 수 있다.
		4. 주요안전장치 설계하기	1. 비상정지장치의 성능기준을 숙지하여 비상정지장치의 정지력과 정지거리 등을 선정할 수 있다. 2. 조속기의 종류 및 구비요건을 파악하고 이를 선정할 수 있다. 3. 문닫힘 안전장치의 특성 및 기능을 파악하고 이를 선정할 수 있다. 4. 과부하감지장치의 특성 및 기능을 파악하고 이를 선정할 수 있다. 5. 제동기의 정지거리를 선정할 수 있다. 6. 방범장치의 종류 및 기능을 파악하고 이를 선정할 수 있다.
		5. 전기회로 및 배선설비 설계하기	1. 동력배선도 및 제어회로도를 작성할 수 있다. 2. 정류회로를 설계할 수 있다. 3. 구동방식별로 적합한 전동기를 선정 할 수 있다. 4. 운용방식별 제어회로를 설계할 수 있다. 5. 허용전류, 전압강하 등을 고려하여 배전선의 굵기를 선정할 수 있다. 6. 사용 장소에 적합한 보호설비를 설정할 수 있다. 7. 차단기의 정격전압, 정격전류, 정격차단 전류, 정격차단시간, 차단용량 등을 산정할 수 있다. 8. 사용 장소에 적합한 조명설비(광원 등)를 선정할 수 있다. 9. 조도 등 조명계산 및 대수를 산출 할 수 있다. 10. 유압실린더의 구조 및 재료에 대한 특성을 파악할 수 있다. 11. 유압펌프 및 압력배관에 대한 특성을 파악할 수 있다.

실기과목명	주요항목	세부항목	세세항목
	2. 제작 및 설치	1. 승강기 기계장치, 전기장치, 안전장치, 보호장치 등 주요장치 설치하기	1. 도면을 보고 설치할 위치를 파악할 수 있다. 2. 도면을 보고 설비의 배열상태를 파악할 수 있다. 3. 스프링완충기의 설계기준을 숙지하여 스프링완충기의 완충능력을 확인할 수 있다. 4. 유입완충기의 설계기준을 숙지하여 유입완충기의 완충능력을 확인할 수 있다. 5. 비상정지장치의 성능기준을 숙지하여 비상정지장치의 정지력과 정지거리 등을 확인할 수 있다. 6. 조속기의 종류 및 구비요건을 확인하고 이를 조정할 수 있다. 7. 문닫힘 안전장치의 특성 및 기능을 확인하고 이를 조정할 수 있다. 8. 과부하감지장치의 특성 및 기능을 확인하고 이를 조정할 수 있다. 9. 제동기의 정지거리를 확인할 수 있다. 10. 방범장치의 종류 및 기능을 확인하고 이를 조정할 수 있다. 11. 유압안전장치의 특성 및 기능을 확인하고 이를 조정할 수 있다. 12. 구동체인 안전장치의 특성 및 기능을 확인하고 이를 조정할 수 있다. 13. 스텝체인 안전장치의 특성 및 기능을 확인하고 이를 조정할 수 있다.
		2. 승강기의 도어 시스템 설치하기	1. 도어머신의 특성 및 기능을 확인하고 이를 조정할 수 있다. 2. 도어인터록에 대한 기능을 확인하고 작동방식 등을 조정할 수 있다. 3. 도어개폐력을 고려하여 도어시스템을 조정할 수 있다.
		3. 승강기 전원회로, 구동회로, 제어회로, 기타 제어회로 판독 및 설치하기	1. 전문지식을 기초로 도면을 작성하는데 필요한 각종 기호들의 의미를 파악하고 표준규격의 부호를 사용할 수 있다. 2. 도면을 보고 구조물의 평면도, 입면도를 구분할 수 있다. 3. 도면을 보고 시공할 위치를 파악할 수 있다. 4. 도면을 보고 설비의 배열상태를 파악할 수 있다. 5. 배선작업에 대한 지식이 있어야 하며, 배선결선도를 보고 시스템을 구성할 수 있다. 6. 배선결선도를 파악할 수 있어야 하며, 배선오류 시 수정할 수 있다. 7. 사용 장소에 적합한 동력설비를 확인하고 설치할 수 있다.

실기과목명	주요항목	세부항목	세세항목
			8. 동력설비 종류별 수량, 용량, 제어방법 등을 확인하고 설치할 수 있다. 9. 동력설비의 공급전압 및 감시방법을 확인하고 설치할 수 있다. 10. 동력의 계통분류 및 회로를 구분할 수 있다. 11. 동력배선도 및 제어회로도를 확인하고 설치할 수 있다. 12. 정류회로를 확인할 수 있다. 13. 구동방식별로 적합한 전동기를 선정할 수 있다. 14. 운용방식별 제어회로를 확인하고 설치할 수 있다. 15. 허용전류, 전압강하 등을 고려하여 배전선의 굵기를 확인하고 설치할 수 있다. 16. 유압 구동회로를 충분히 이해하고 도면을 참조하여 유압구동회로를 설치할 수 있다. 17. 에스컬레이터의 구동회로를 충분히 이해하고 도면을 참조하여 에스컬레이터를 설치할 수 있다. 18. 제어반의 절연저항 및 접지방식에 대한 기준을 충분히 이해하고 설치도면을 참조하여 제어반을 설치할 수 있다. 19. 사용 장소에 적합한 보호설비를 확인하고 설치할 수 있다. 20. 접지설계를 위한 지락전류, 허용 전위 상승, 허용 접촉전압을 파악할 수 있다. 21. 접지분류에 따른 접지공사의 종류 및 저항값을 알 수 있다. 22. 차단기의 정격전압, 정격전류, 정격차단 전류, 정격차단시간, 차단용량 등을 확인할 수 있다.
		4. 승강기 조명장치, 환기장치, 신호장치, 비상전원장치 설치하기	1. 사용 장소에 적합한 조명설비(광원 등)를 확인하고 설치할 수 있다. 2. 조명기구의 종류별 수량을 파악할 수 있다. 3. 조도 등 조명계산 및 대수를 확인하고 설치할 수 있다. 4. 꼭대기 틈새를 확인할 수 있다. 5. 피트 깊이를 확인할 수 있다. 6. 가이드레일의 작용을 충분히 이해하고 도면을 참조하여 가이드 레일을 설치 할 수 있다. 7. 리미트스위치의 작동원리를 충분히 이해하고 도면을 참조하여 상·하리미트스위치 및 파이널리미트스위치를 설치할 수 있다. 8. 기계실의 설치요건을 참조하여 기계실을 확인할 수 있다. 9. 기계실내의 주요설비의 설치위치를 파악하고 제 설비를 설치할 수 있다.

실기과목명	주요항목	세부항목	세세항목
		5. 승강로 및 기계실의 구성과 설비 설치하기	1. 승강로의 방화구획을 설정할 수 있다. 2. 승강로의 재질을 선정할 수 있다. 3. 승강로 비상구출구를 점검할 수 있다.
		6. 주차설비, 유희설비, 비상용 승강기 등 설치하기	1. 기계식주차장치의 종류별 특징 및 설치기준을 충분히 이해하고 설치도면에 따라 기계식 주차장치를 설치할 수 있다. 2. 유희시설의 종류별 특징 및 설치 기준을 충분히 이해하고 설치도면에 따라 유희설비를 설치할 수 있다. 3. 비상용승강기의 구비요건 및 설치 기준을 충분히 이해하고 설치도면에 따라 비상운전의 종류별 특성에 맞게 설치할 수 있다.
	3. 검사	1. 승강기설치에 관한 건축구조 검사하기	1. 지지보의 구조를 이해하고 이상유무를 파악할 수 있다. 2. 내화구조 및 방화구조 구역을 점검하고 이상유무를 확인할 수 있다. 3. 승강로의 치수를 측정하고 이상유무를 파악할 수 있다. 4. 승강기의 주행구간을 점검하고 이상유무를 확인할 수 있다.
		2. 안전성 검사하기	1. 승강기 관련 법률 및 검사기준에 따라 전기적, 전자적, 기계적 시험 및 검사를 통한 설비의 이상유무를 확인하고 적합성을 평가할 수 있다. 2. 조명방식·조명기구의 배치, 점멸방식·점멸기의 배치 등을 결정할 수 있다. 3. 사용 장소에 적합한 환풍장치를 선정할 수 있다. 4. 환풍장치의 수량을 파악할 수 있다. 5. 사용 장소에 적합한 신호장치를 선정하고 설치할 수 있다. 6. 신호장치의 특성을 충분히 이해하고 도면을 참조하여 신호장치를 설치할 수 있다. 7. 통신장치의 위치를 선정할 수 있다. 8. 통신장치의 특성을 충분히 이해하고 도면을 참조하여 신호장치를 설치할 수 있다. 9. 사용 장소에 적합한 비상전원설비를 설치할 수 있다. 10. 본 전원과 인터록 설비를 구성할 수 있다. 11. 무정전전원장치(UPS)의 기능 및 작동 원리를 알 수 있다.

실기과목명	주요항목	세부항목	세세항목
	4. 유지관리	1. 승강기의 시험, 계측, 점검 및 안전·유지관리 하기	1. 해당 설비의 규격을 기초로 전기적, 전자적, 기계적 시험 및 검사절차서에 따라 설비의 이상유무를 확인 할 수 있다. 2. 시스템 계통을 분석하고 연동장치와 연계하여 작동상태를 검사하여 이상유무를 파악할 수 있다. 3. 전압계, 전류계, 전력계 등 작동원리에 따라 계측기를 사용할 수 있다. 4. 기계실에서 하는 검사항목을 숙지하고 점검리스트에 따라 이상유무를 파악할 수 있다. 5. 카 실내에서 하는 검사항목을 숙지하고 점검리스트에 따라 이상유무를 파악할 수 있다. 6. 카 위에서 하는 검사항목을 숙지하고 점검리스트에 따라 이상유무를 파악할 수 있다. 7. 피트에서 하는 검사항목을 숙지하고 점검리스트에 따라 이상유무를 파악할 수 있다. 8. 승강장에서 하는 검사항목을 숙지하고 점검리스트에 따라 이상유무를 파악할 수 있다. 9. 승강기 정비계획에 의하여 일상, 특별 정비업무를 수행하여 상시 승강기 기능이 정상가동 유지되도록 할 수 있다. 10. 점검일지를 기초로 하여 고장원인을 파악하고 유지관리 및 계획을 수립할 수 있다. 11. 유지관리 및 계획을 활용하여 각종 설비의 정격에 따라 효율적인 장비를 선정하고 장비목록을 작성할 수 있다. 12. 보유 검사장비 목록을 활용하여 보수시 보유하고 있지 않은 장비나 규격 부적합 또는 노후 장비들을 교체할 수 있다. 13. 설비별 제작사 운영매뉴얼 및 유지관리지침서에 따라 설비 이력을 분석, 정리하여 유지관리매뉴얼을 작성할 수 있다. 14. 설비의 이상 징후를 미리 파악함으로서 사고를 예지하고 치명적인 상태로 진전되기 이전에 보완하는 예측보전(예지보존)계획을 수립할 수 있다. 15. 사고현상과 사고발생 추정원인을 설명할 수 있다. 16. 사고의 확산방지 및 최소화를 위해 최선의 방법을 강구할 수 있도록 대처요령서 등을 작성할 수 있다. 17. 사고분석에 따른 사고원인을 근본적으로 보완하여 사고의 재발을 방지할 수 있다.

16. 기계

승강기산업기사

출제기준(필기)

직무 분야	기계	중직무 분야	기계장비 설비·설치	자격 종목	승강기산업기사	적용 기간	2013. 1. 1 ~ 2017.12.31

○직무내용 : 승강기의 기본원리에 대한 공학적 기술기초이론지식을 바탕으로 승강기설비의 계획, 설계, 제작, 설치, 검사, 점검, 유지 및 운용과 시설관리 등의 업무를 수행

필기검정방법	객관식	문제수	80	시험시간	2시간

필기과목명	문제수	주요항목	세부항목	세세항목
승강기개론	20	1. 승강기개요	1. 승강기 일반 및 각부의 명칭	1. 승강기의 정의 2. 전기식(로프식) 승강기 주요부의 명칭 3. 유압식 승강기 주요부의 명칭 4. 에스컬레이터 주요부의 명칭 5. 덤웨이터 주요부의 명칭 6. 소형 승강기 휠체어리프트 주요부의 명칭 7. 수직형 휠체어리프트의 명칭 8. 경사형 휠체어리프트의 명칭
			2. 승강기의 종류	1. 엘리베이터 2. 에스컬레이터 3. 휠체어리프트
			3. 승강기의 원리 및 조작방식	1. 전기식(로프식) 승강기 원리 및 조작방식 2. 유압식 승강기 원리 및 조작방식 3. 에스컬레이터 원리 및 조작방식 4. 덤웨이터 원리 및 조작방식
		2. 승강기의 주요장치	1. 제어반	1. 제어반의 종류 2. 제어반의 설치 요건 3. 제어반의 구성요소 4. 제어반의 절연성능 및 접지
			2. 권상기	1. 권상기의 종류별 특징 2. 권상기용 기어 및 무기어의 종류별 특징 3. 권상능력에 영향을 미치는 요소 4. 도르래 홈의 종류별 특징 5. 권상기용 전동기의 구비요건 6. 권상기용 전동기의 소요동력

필기과목명	문제수	주요항목	세부항목	세세항목
			3. 가이드레일	1. 가이드레일의 사용목적 2. 가이드레일의 규격 3. 가이드레일의 적용방법
			4. 가이드슈	1. 가이드슈의 역할 및 위치 2. 가이드슈의 종류 및 용도
			5. 로프(벨트포함)	1. 로프의 역할 및 소요개수 2. 로프와 도르래의 관계 3. 로프의 구조 및 종류별 특징 4. 승강기용 로프의 요건 5. 로프의 단말처리 6. 로프의 로핑(걸기)방법 및 래핑(감기)방법
			6. 균형추	1. 균형추의 역할 2. 오버밸런스의 의미, 계산, 적정범위 3. 트랙션 비(견인비)의 계산
			7. 균형체인 및 균형로프	1. 균형체인 및 균형로프의 역할 2. 트랙션 비(견인비)의 보상 및 계산
		3. 승강기안전장치	1. 비상정지장치	1. 비상정지장치의 구조 및 작동원리 2. 비상정지장치의 종류 및 용도 3. 비상정지장치의 작동 후 카의 상태 4. 균형추측 비상정지장치
			2. 조속기	1. 조속기의 구조 및 작동원리 2. 조속기의 종류, 용도 및 각 부의 명칭 3. 조속기 1차 및 2차 작동속도
			3. 완충기	1. 완충기의 구조 및 작동원리 2. 완충기의 종류 및 용도 3. 완충기 종류별 적용범위 및 각 부의 명칭
			4. 제동기	1. 제동기의 구조, 기능 및 작동원리 2. 제동기의 제동능력 및 제동시간
			5. 상승과속방지 및 개문출발 방지장치	1. 상승과속방지 및 개문출발방지 장치의 종류 및 용도 2. 상승과속방지 및 개문출발방지 장치의 요건

필기과목명	문제수	주요항목	세부항목	세세항목
		4. 승강기의 도어시스템	1. 도어시스템의 종류 및 원리	1. 도어시스템의 종류 및 용도 2. 도어시스템의 원리
			2. 도어머신	1. 도어머신의 요구 성능 2. 도어머신의 구조 및 주요 구성요소
			3. 도어안전장치	1. 문 닫힘 안전장치의 종류 및 작동 원리 2. 도어 인터록 3. 카 도어록
		5. 승강로와 기계실	1. 카실(케이지실)과 카틀(케이틀)	1. 카의 구조 및 주요 구성부품 2. 카 바닥의 재료 및 카 틀의 구성 요소 3. 출입구 및 비상구출구의 요건 4. 브레이스로드의 역할
			2. 승강로의 구조	1. 승강로의 구조 및 여유 공간 2. 승강로의 설치 금지 설비
			3. 기계실의 제설비	1. 기계실에 설치되는 설비 및 설치 금지 설비
			4. 기계실의 구조	1. 기계실의 구비요건(구조, 면적, 높이, 온도 등) 및 출입문
		6. 승강기의 제어	1. 교류엘리베이터의 제어	1. 교류1단 및 교류2단 속도제어방식의 원리 2. 교류궤환 전압제어방식의 원리 3. 가변전압가변주파수(VVVF)제어 방식의 원리
			2. 직류엘리베이터의 제어	1. 워드-레오나드 방식의 원리 2. 정지레오나드 방식의 원리
		7. 승강기의 부속장치	1. 조명장치	1. 비상조명장치의 용도, 조도 및 유지시간 2. 조명기기, 배터리 및 그 설계
			2. 환기장치	1. 환기장치의 필요성 및 종류
			3. 신호장치 및 통신장치	1. 위치표시기의 종류 및 용도 2. 비상통화장치 등의 종류 및 용도

필기과목명	문제수	주요항목	세부항목	세세항목
			4. 비상전원장치	1. 비상전원장치의 용도 및 구비요건 2. 비상전원의 공급방법 3. 공동주택용 비상전원의 요건
			5. 정전시 구출운전 장치	1. 정전시 구출방법 2. 정전시 구출운전장치의 원리
			6. 기타 부속설비 및 보호장치	1. 리미트스위치 및 파이널리미트 스위치 2. 슬로다운스위치 3. 종단 층 강제감속장치 4. 튀어오름방지장치(록다운비상정지장치) 및 과부하 감지장치 5. 피트 정지스위치 및 역 결상 검출 장치 6. 각 층 강제정지운전 스위치 7. 권동식 로프이완 스위치 및 파킹 스위치
		8. 유압승강기의 주요장치	1. 유압승강기의 구조 및 원리	1. 직접식 및 간접식 유압승강기의 특징 2. 팬터그래프식 유압승강기의 특징 3. 유량제어밸브에 의한 속도제어 4. 가변전압가변주파수(VVVF)제어에 의한 속도제어
			2. 유압회로	1. 미터인 회로의 구조 및 특징 2. 블리드오프 회로의 구조 및 특징
			3. 펌프와 밸브	1. 펌프의 요건 및 종류 2. 안전밸브, 체크밸브, 스톱밸브, 럽처밸브, 유량제어밸브, 플런저리미트스위치, 전동기 공회전방지장치, 작동유 온도검출 스위치
			4. 실린더와 플런저	1. 실린더 및 플런저의 구조 및 요건
			5. 압력배관	1. 압력배관의 종류
		9. 에스컬레이터 및 수평 보행기	1. 에스컬레이터의 종류	1. 수송능력 및 난간의장에 따른 분류 2. 속도 및 승강양정에 따른 분류

필기과목명	문제수	주요항목	세부항목	세세항목
			2. 구동장치	1. 구동기 2. 핸드레일 구동장치 3. 제어반
			3. 스텝과 스텝체인	1. 스텝, 스텝체인 및 스텝체인의 인장장치
			4. 난간과 핸드레일	1. 내측판, 외측판 및 핸드레일 2. 승입신호등
			5. 안전장치	1. 구동체인 및 핸드레일 안전장치 2. 조속기 3. 핸드레일인입구(인레트)스위치 4. 스커트가드 안전스위치 5. 역회전방지장치 6. 콤 정지스위치 7. 디딤판과 핸드레일 속도 감지장치
			6. 수평보행기	1. 구조, 경사 및 정격속도
		10. 덤웨이터	1. 덤웨이터의 종류	1. 덤웨이터의 크기 및 종류별 특징
		11. 소형승강기	1. 적재하중과 정원	1. 적재하중 및 정원
			2. 승강행정	1. 승강행정
			3. 구조 및 안전장치	1. 주로프, 체인, 도르래, 권동, 카, 승강로, 기계실 및 통화장치
		12. 휠체어 리프트	1. 구조	1. 경사형 휠체어리프트의 구조 2. 수직형 휠체어리프트의 구조
			2. 안전장치	1. 보호대 및 제동장치 2. 파이널리미트스위치 및 리프트스위치 3. 조속기 4. 비상정지장치 5. 감지날 및 감지판 6. 기계적 정지장치
		13. 비상용 승강기	1. 구조 및 원리	1. 비상용 승강기의 용도, 속도, 구조, 전원 2. 비상용승강기의 승강로

필기과목명	문제수	주요항목	세부항목	세세항목
			2. 비상운전의 종류별 특징	1. 비상호출운전 2. 1차 소방운전 및 2차 소방운전
		14. 기계식 주차장치	1. 기계식 주차장치의 종류 및 특징	1. 2단식 주차장치 및 다단식 주차장치 2. 수직순환식·수평순환식 및 다층순환식 주차장치 3. 승강기식 주차장치 4. 승강기 슬라이드식 주차장치 5. 평면왕복식 주차장치
			2. 2단식 주차장의 샘플링방법	1. 관련규격 및 샘플링(실검사) 기수산정 2. 샘플링방법
			3. 설치기준	1. 주차장 출입구의 전면 공지 2. 주차대기를 위한 정류장
			4. 안전기준 및 입출고 시간	1. 안전기준 및 입출고 시간
		15. 유희시설	1. 유희시설의 분류	1. 고가유희시설 2. 회전운동을 하는 유희시설
			2. 유희시설의 종류별 특징	1. 유희시설의 종류별 특징
		16. 리프트	1. 리프트의 종류	1. 리프트의 종류 및 특징
			2. 리프트의 구조 및 원리	1. 리프트의 구조 및 원리
			2. 안전장치	1. 제동장치, 조속기, 비상정지장치 2. 파이널리미트스위치 및 리프트 스위치
		17. 기계실이 없는 엘리베이터	1. 구조 및 원리	1. 기계실이 없는 엘리베이터의 구조 및 원리
		18. 안전관리	1. 안전관리	1. 이용자 수칙 및 유지·관리

필기과목명	문제수	주요항목	세부항목	세세항목
승강기설계	20	1. 승강기설계의 기본	1. 설비계획에 따른 제량산출 및 계획	1. 설비계획상의 요건 2. 설치대수 및 기종 산정 3. 승강기의 기본 시방 4. 교통량계산 및 용량산출 5. 관련 법규
			2. 승강기 위치선정	1. 위치선정의 기본사항 2. 건물용도별 교통수요 산출 3. 집단화(군관리) 4. 서비스층과 통과층 5. 설치대수에 따른 배열 확정 6. 장애인용 및 비상용의 배열 선정 7. 에스컬레이터의 배열 선정 8. 엘리베이터와 에스컬레이터 배치의 효율성
		2. 승강로 관련 기준	1. 승강로 치수	1. 꼭대기 틈새 및 오버헤드 거리 2. 피트의 깊이 및 주행여유
			2. 승강로 규격	1. 적용범위 및 엘리베이터 기호 2. 문지방간의 틈새 3. 승강로 벽과 문지방 틈새
			3. 승강로 구출구	1. 비상구출구의 구조 및 간격
			4. 균형추	1. 균형추의 중량산정
			5. 가이드레일 및 가이드슈	1. 가이드레일의 규격, 치수 및 선정 방법 2. 레일의 응력과 휨의 계산 3. 가이드레일용 부재의 계산 4. 중간스톱퍼 및 보강재(패킹) 5. 가이드슈 및 가이드 롤러
			6. 브래킷	1. 브래킷의 간격
			7. 완충기	1. 완충기 종류별 행정 및 완충기 적용 중량 2. 완충기 감속도 및 완충기 안전율 3. 반경과 길이의 비율 4. 플런저 복귀시간 및 피트의 충격하중
			8. 단말정차장치	1. 리미트스위치의 위치, 요건 및 재료 2. 파이널리미트스위치의 위치, 요건 및 재료

필기과목명	문제수	주요항목	세부항목	세세항목
			9. 기타 승강로 관련 기준	1. 록다운비상정지장치 2. 비상정지장치 3. 로프이완스위치 4. 각층 강제정지운전장치 5. 슬랙로프 세이프티스위치
		3. 카 및 승강장 관련 기준	1. 카 및 균형추의 완충기와의 거리	1. 카와 완충기와의 최소거리 및 최대거리 2. 균형추와 완충기와의 최소거리 및 최대거리
			2. 승강장도어 시스템 및 인터록	1. 도어시스템의 종류별 용도 2. 도어시스템의 개폐력 3. 도어 가이드슈 및 홈의 요건 4. 도어머신용 전동기 선정 5. 도어인터록의 작동순서 6. 도어클로저의 종류 및 원리 7. 승강장 도어의 기본 치수 8. 문닫힘 안전장치의 선정 9. 승강장 도어 강도설계
			3. 카 및 카틀	1. 카 틀의 구조 및 카 바닥의 재료 2. 카의 안전율 및 처짐량
			4. 조명 및 전기설비	1. 카의 조명설비 및 전기설비
			5. 비상정지장치 및 부대전기설비	1. 비상정지장치의 선정 및 적용중량 2. 비상정지장치의 정지거리 및 흡수에너지 3. 비상정지장치의 평균감속도 및 작동속도 4. 카 내의 전기회로 및 스위치
		4. 기계실관련 기준	1. 기계실 및 기계대	1. 기계실의 구조 및 재료 2. 기계실의 온도유지 방법 3. 기계실의 통로 및 소요설비 4. 기계실의 조도 5. 기계실 출입문의 재료 및 크기 6. 기계실의 발열 및 환기 7. 기계대의 재료 및 강도 8. 기계대의 안전율

필기과목명	문제수	주요항목	세부항목	세세항목
			2. 권상기 및 조속기	1. 기어식 및 무기어식 권상기 2. 권상기용 기어의 선정 3. 트랙션 권상기의 특징 4. 트랙션 능력의 계산 5. 권상기용 도르래의 직경계산 6. 권상기용 도르래의 홈의 선정 7. 권상기용 전동기의 선정 8. 전동기 소요동력의 산출 9. 브레이크의 구비조건 10. 브레이크의 제동력 및 감속도 11. 브레이크의 제동토크 및 제동소요 시간 12. 조속기의 선정기준 및 조속기로 프의 직경 13. 조속기로프의 인발력 계산
			3. 제어반	1. 제어반의 종류 및 제어반의 설치 2. 제어반의 사용기기 및 그 역할 3. 제어반의 절연저항 및 접지
			4. 로프(벨트포함)	1. 로프의 선정기준 2. 로프의 직경 및 파단강도 3. 로프의 단말처리 및 안전율
		5. 기계요소 설계	1. 승강기재료의 역학적 설계	1. 하중·응력·변형률의 종류 및 계산 2. 후크의 법칙과 탄성계수 3. 포아송의 비 4. 반력과 모멘트 5. 좌굴과 오일러의 공식 6. 정정보 및 부정정보 7. 축의 비틀림 8. 비틀림 모멘트와 전달마력 9. 웜과 웜휠 10. 베어링의 종류 및 특성
			2. 기계요소별 구조 원리	1. 감아걸기 전동장치 2. 벨트, V벨트, 로프 및 체인 3. 활차(도르래)장치 4. 블록 브레이크 및 밴드 브레이크 5. 기어의 종류·회전비 및 강도계산

필기과목명	문제수	주요항목	세부항목	세세항목
		6. 전기설비설계	1. 승강기용 전동기	1. 전동기의 종류별 특징 및 구비조건 2. 전동기의 온도상승과 절연종류 3. 전동기 분류 및 사용과 정격
			2. 승강기 제어시스템	1. 로프식 교류엘리베이터의 속도제어 (교류일단 속도제어, 교류이단 속도제어, 교류궤환 전압제어, 가변전압 가변주파수(VVVF) 제어 등) 2. 로프식 직류엘리베이터의 속도제어 (워드-레오나드방식, 정지레오나드방식) 3. 유압식엘리베이터의 속도제어(미터인회로, 블리드오브회로, 펌프, 안전밸브, 상승용 및 하강용 유량제어밸브, 체크밸브, 필터, 스톱밸브, 사이렌서, 럽쳐밸브, 플런저 리미트스위치, 전동기공회전 방지장치, 작동유 온도검출스위치, 유압엘리베이터의 작동설명) 4. 엘리베이터 작동방식(수동식, 자동식, 수동식과 자동식의 공용방식, 군승합 자동방식, 군 관리방식 등)
			3. 동력전원설비	1. 설비용량 산정 기본 요소 계산 2. 설계기준 대상 항목의 계산 3. 전원설비의 추가 고려사항 검토
			4. 조명전원설비	1. 조명전원 설비의 설정 조건 2. 조명전원 인입선 굵기 계산
		7. 재해대책 설비	1. 지진, 화재, 정전시의 운전	1. 관제운전의 우선순위 2. 내진설계 3. 지진·화재·정전발생시의 관제운전
			2. 감시반설비	1. 감시반의 종류 및 기능 2. 감시반설비의 설치 목적 및 설치장소 3. 감시반설비 설치시 주의사항
			3. 방범설비	1. 방범설비의 종류 및 설치 목적

필기과목명	문제수	주요항목	세부항목	세세항목
			4. 접지설비	1. 접지공사 및 접지저항
			5. 비상용 승강기	1. 비상호출운전과 무효화 장치 2. 1차 소방운전과 무효화 장치 3. 2차 소방운전과 무효화 장치 4. 비상운전의 흐름도
			6. 비상용승강기의 전기 　배선공사 및 예비전원	1. 비상용승강기의 전기배선공사 2. 비상용승강기의 예비전원

필기과목명	문제수	주요항목	세부항목	세세항목
일반 기계 공학	20	1. 기계재료	1. 철과 강	1. 주철 2. 탄소강 3. 합금강 4. 공구강
			2. 비철금속 및 그 합금	1. 구리 2. 알루미늄 3. 니켈 4. 마그네슘 5. 기타 비철금속 재료
			3. 비금속재료	1. 보온재료 2. 패킹 및 벨트용 재료
			4. 표면처리 및 열처리	1. 표면경화 2. 담금질, 풀림, 뜨임, 불림
		2. 기계의 요소	1. 결합용 기계요소	1. 나사 2. 키, 핀, 코터 3. 리벳 및 용접
			2. 축관계 기계요소	1. 축 및 축이음 2. 베어링
			3. 전동용 기계요소	1. 기어 2. 벨트, 체인, 로프 3. 마찰차 및 캠
			4. 제어용 기계요소	1. 스프링 2. 브레이크
		3. 기계공작법	1. 주조	1. 주조공정 2. 원형의 종류 3. 주형 및 조형법
			2. 측정 및 손 다듬질	1. 측정기 종류 및 측정법 2. 손 다듬질 공구 및 특징
			3. 소성가공법	1. 소성가공의 개요, 종류 및 특징 2. 판금 가공 종류 및 특징
			4. 공작기계의 종류 및 특성	1. 선반 및 밀링 2. 드릴링 및 연삭

필기과목명	문제수	주요항목	세부항목	세세항목
			5. 용접	1. 전기용접 2. 가스용접, 절단 및 가공 3. 특수용접 종류 및 특성
		4. 유체기계	1. 유체기계 기초이론	1. 유압기초 및 일반사항 2. 유압장치의 구성 및 유압유
			2. 유압기기	1. 유압펌프 및 모터 2. 유압 밸브 3. 유압실린더와 부속기기
			3. 유압회로	1. 유압회로의 기호 2. 유압회로의 구성 3. 유압회로 및 응용(전자제어시스템 포함)
		5. 재료역학	1. 응력과 변형 및 안전율	1. 응력과 변형 및 안전율, 탄성계수 2. 신축에 따른 열응력
			2. 보의 응력과 처짐	1. 보의 종류 및 반력 2. 보의 응력과 처짐
			3. 비틀림	1. 단면계수와 비틀림 모멘트

필기과목명	문제수	주요항목	세부항목	세세항목
전기제어공학	20	1. 직류회로	1. 전압과 전류	1. 전류와 전압의 정의 및 계산
			2. 전력과 열량	1. 전력과 열량의 정의 및 계산
			3. 전기저항	1. 저항의 정의 및 계산 2. 옴의 법칙 3. 저항의 접속(직렬, 병렬, 직병렬)
			4. 전류의 화학작용과 전지	1. 전기분해 및 페레데이의 법칙
			5. 키르히호프의 법칙	1. 제1법칙(전류의 법칙) 2. 제2법칙(전압의 법칙)
		2. 정전용량과 자기회로	1. 콘덴서와 정전용량	1. 정전용량의 정의 및 계산 2. 콘덴서 및 콘덴서의 접속 방법
			2. 전계와 자계	1. 전계와 자계의 성질 및 계산 2. 쿨롱의 법칙 3. 전류와 자계
			3. 자기회로	1. 자속, 자속밀도 2. 투자율
			4. 전자력과 전자유도	1. 전자력과 전자유도 작용
		3. 교류회로	1. 교류회로의 기초	1. 정현파 교류 2. 주기와 주파수 3. 위상과 위상차 4. 실효치와 평균치
			2. R.L.C(저항, 코일, 콘덴서)회로	1. 저항회로 2. 인덕턴스회로 3. 정전용량회로 4. 교류전력의 계산
			3. 3상 교류회로	1. 3상 교류의 성질 및 접속 2. 3상 교류전력(유효전력, 무효전력, 피상전력) 및 역률
		4. 전기기기	1. 직류기	1. 직류전동기의 종류 2. 직류전동기의 출력, 토크, 속도 3. 직류전동기의 속도제어법

필기과목명	문제수	주요항목	세부항목	세세항목
			2. 변압기	1. 변압기의 구조와 원리 2. 변압기의 특성 및 변압기의 접속 3. 변압기 보수와 취급
			3. 유도기	1. 유도전동기의 종류 및 용도 2. 유도전동기의 특성 및 속도제어 3. 유도전동기의 역운전 4. 유도전동기의 설치와 보수
			4. 정류기	1. 정류기의 종류 2. 정류회로의 구성 및 파형
		5. 전기계측	1. 전류, 전압, 저항의 측정	1. 전류계, 전압계, 절연저항계, 멀티메타 사용법 및 전류, 전압, 저항 측정
			2. 전력 및 전력량의 측정	1. 전력계 사용법 및 전력측정
			3. 절연저항 측정	1. 절연저항의 정의 및 절연저항계 사용법 2. 전기회로 및 전기기기의 절연저항 측정
		6. 제어의 기초	1. 제어의 개념	1. 제어의 정의 및 필요성 2. 자동제어의 분류
			2. 목표치, 제어량에 의한 자동제어	1. 목표치·제어량·제어작동·에너지 등에 의한 자동제어의 분류
			3. 제어동작과 자동동작	1. 제어작동의 정의 2. 연속제어 및 불연속제어 3. 제어계의 자동작동
			4. 서보메카니즘과 프로세스제어계 및 조절계 등	1. 서보메커니즘의 응용 2. 프로세스제어의 응용 3. 자동조절계의 응용
		7. 제어계의 요소 및 구성	1. 제어계의 종류	1. 수동제어계 및 자동제어계 2. 되먹임제어 및 순차제어계
			2. 제어계의 구성 과 자동제어	1. 제어계의 구성요소 2. 제어요소의 의미와 역할

필기과목명	문제수	주요항목	세부항목	세세항목
		8. 블록선도	1. 블록선도의 개요	1. 라플라스변환 2. 블록선도의 구성 및 요소
			2. 궤환제어의 표준	1. 궤환제어계의 기본블록선도 2. 단위궤환제어계의 블록선도
			3. 블록선도의 변환 및 신호흐름선도	1. 블록선도의 변환 2. 전달함수 3. 신호흐름선도 계산
		9. 주파수 응답과 시간응답	1. 주파수 응답	1. 주파수응답의 정의 2. 여러 가지 계의 주파수 응답 3. 이득여유와 위상여유 4. 제어계의 안정도 판별법
			2. 시간응답	1. 시간응답의 정의와 과도특성 2. 편차 및 감도 3. 단위계단입력에 대한 응답 4. 단위램프입력에 대한 응답 5. 단위포물선입력에 대한 응답
		10. 시퀀스제어	1. 제어요소의 작동과 표현	1. 시퀀스제어계의 기본구성 2. 시퀀스제어의 제어요소 및 특징
			2. 논리회로	1. 불대수 2. 논리회로
			3. 유접점회로 및 무접점회로	1. 유접점회로 및 무접점회로의 개념 2. 자기유지회로 3. 선형우선회로 4. 순차작동회로 5. 정역제어회로 6. 한시회로 등
		11. 궤환제어	1. 궤환제어	1. 궤환제어의 개요
			2. 궤환제어의 방법	1. 서보기구 2. 프로세스제어 3. 자동조정
			3. 궤환제어계의 구성	1. 궤환제어계의 구성요소 2. 궤환제어계의 필수요소 3. 궤환 방법

필기과목명	문제수	주요항목	세부항목	세세항목
		12. 제어의 응용	1. 속도제어	1. 속도제어의 종류 및 응용
			2. 컴퓨터제어	1. 컴퓨터제어의 응용
			3. 프로그램제어	1. 프로그램제어의 응용
			4. 군관리시스템제어	1. 군관리시스템제어의 효과
			5. 최적제어	1. 최적제어의 개념 및 응용
			6. 수치제어	1. 수치제어의 종류 및 응용
		13. 제어기기 및 회로	1. 조절기용기기	1. 조절기용기기의 종류 및 특징
			2. 조작용기기	1. 조작용기기의 종류 및 특징
			3. 검출용기기	1. 검출용기기의 종류 및 특성

출제기준(실기)

직무분야	기계	중직무분야	기계장비설비·설치	자격종목	승강기산업기사	적용기간	2013. 1. 1~2017.12.31

○직무내용 : 승강기의 기본원리에 대한 공학적 기술기초이론지식을 바탕으로 승강기설비의 계획, 설계, 제작, 설치, 검사, 점검, 유지 및 운용과 시설관리 등의 업무를 수행
○수행준거 : 1. 각종 승강기설비의 시공 및 설치작업에 대한 관리를 할 수 있다.
　　　　　　 2. 각종 승강기설비를 운용하여 설치, 유지, 관리, 보수를 할 수 있다.
　　　　　　 3. 전체적인 작업공정을 관리, 수행할 수 있다.

실기검정방법	복합형	시험시간	3시간50분정도 (필답형 1시간20분, 작업형 2시간30분 정도)

실기과목명	주요항목	세부항목	세세항목
승강기실무	1. 계획 및 설계	1. 승강기를 구성하는 요소의 규격, 크기, 물량, 또는 용량 결정하기	1. 설계도서(도면, 시방서, 내역서)를 검토하여 설계하는데 필요한 주요 기자재의 품명, 규격, 수량 등을 파악 할 수 있다. 2. 설계도서를 파악하여 공량을 산출할 수 있다. 3. 엘리베이터의 용량을 산출할 수 있다. 4. 에스컬레이터의 용량을 산출할 수 있다. 5. 가이드레일의 규격 및 치수를 산정할 수 있다. 6. 카틀 및 카 바닥의 강도를 산정할 수 있다. 7. 기계대의 강도를 산정할 수 있다. 8. 전동기의 소요동력 및 회전수를 산정할 수 있다. 9. 권상기 도르래의 직경 및 제동력을 산정할 수 있다. 10. 제동기의 소요시간 및 제동력을 산정할 수 있다. 11. 권상능력 및 트랙션비(견인비)를 산정할 수 있다. 12. 플런저 및 펌프의 용량을 산정할 수 있다.
		2. 승강기 구성요소 상호 연관성 및 기능과 특성 파악하기	1. 로프의 요소에 대한 특징을 파악할 수 있다. 2. 로프의 구조와 단말처리를 이해할 수 있다. 3. 로프의 파단 강도 및 안전율을 계산할 수 있다. 4. 권상기용 기어의 재료 및 특성을 파악할 수 있다. 5. 카틀의 구조 및 구성재료의 특성을 파악할 수 있다. 6. 균형추, 균형체인 및 도르래의 재료에 대한 특성을 파악할 수 있다. 7. 카의 마감재료에 대한 특성을 파악할 수 있다. 8. 레일의 재료에 대한 특성을 파악할 수 있다.

실기과목명	주요항목	세부항목	세세항목
			9. 꼭대기 틈새를 산정할 수 있다. 10. 피트 깊이를 산정할 수 있다. 11. 에스컬레이터 디딤판의 재료에 대한 특성을 파악할 수 있다.
		3. 승강기의 도어 시스템 설계하기	1. 도어머신의 특성 및 기능을 파악하고 이를 선정할 수 있다. 2. 도어인터록에 대한 기능을 파악하고 작동방식 등을 선정할 수 있다. 3. 도어개폐력을 고려하여 도어시스템을 선정할 수 있다.
		4. 주요안전장치 설계하기	1. 비상정지장치의 성능기준을 숙지하여 비상정지장치의 정지력과 정지거리 등을 선정할 수 있다. 2. 조속기의 종류 및 구비요건을 파악하고 이를 선정할 수 있다. 3. 문닫힘 안전장치의 특성 및 기능을 파악하고 이를 선정할 수 있다. 4. 과부하감지장치의 특성 및 기능을 파악하고 이를 선정할 수 있다. 5. 제동기의 정지거리를 선정할 수 있다. 6. 방범장치의 종류 및 기능을 파악하고 이를 선정할 수 있다.
		5. 전기회로 및 배선설비 설계하기	1. 동력배선도 및 제어회로도를 작성할 수 있다. 2. 정류회로를 설계할 수 있다. 3. 구동방식별로 적합한 전동기를 선정할 수 있다. 4. 운용방식별 제어회로를 설계할 수 있다. 5. 허용전류, 전압강하 등을 고려하여 배전선의 굵기를 선정할 수 있다. 6. 사용 장소에 적합한 보호설비를 설정할 수 있다. 7. 차단기의 정격전압, 정격전류, 정격차단 전류, 정격차단시간, 차단용량 등을 산정할 수 있다. 8. 사용 장소에 적합한 조명설비(광원 등)를 선정할 수 있다. 9. 조도 등 조명계산 및 대수를 산출할 수 있다. 10. 유압실린더의 구조 및 재료에 대한 특성을 파악할 수 있다. 11. 유압펌프 및 압력배관에 대한 특성을 파악할 수 있다.

실기과목명	주요항목	세부항목	세세항목
	2. 제작 및 설치	1. 승강기 기계장치, 전기장치, 안전장치, 보호장치 등 주요장치 설치하기	1. 도면을 보고 설치할 위치를 파악할 수 있다. 2. 도면을 보고 설비의 배열상태를 파악할 수 있다. 3. 스프링완충기의 설계기준을 숙지하여 스프링완충기의 완충능력을 확인할 수 있다. 4. 유입완충기의 설계기준을 숙지하여 유입완충기의 완충능력을 확인할 수 있다. 5. 비상정지장치의 성능기준을 숙지하여 비상정지장치의 정지력과 정지거리 등을 확인할 수 있다. 6. 조속기의 종류 및 구비요건을 확인하고 이를 조정할 수 있다. 7. 문닫힘 안전장치의 특성 및 기능을 확인하고 이를 조정할 수 있다. 8. 과부하감지장치의 특성 및 기능을 확인하고 이를 조정할 수 있다. 9. 제동기의 정지거리를 확인할 수 있다. 10. 방범장치의 종류 및 기능을 확인하고 이를 조정할 수 있다. 11. 유압안전장치의 특성 및 기능을 확인하고 이를 조정할 수 있다. 12. 구동체인 안전장치의 특성 및 기능을 확인하고 이를 조정할 수 있다. 13. 스텝체인 안전장치의 특성 및 기능을 확인하고 이를 조정할 수 있다.
		2. 승강기의 도어 시스템 설치하기	1. 도어머신의 특성 및 기능을 확인하고 이를 조정할 수 있다. 2. 도어인터록에 대한 기능을 확인하고 작동방식 등을 조정할 수 있다. 3. 도어개폐력을 고려하여 도어시스템을 조정할 수 있다.
		3. 승강기 전원회로, 구동회로, 제어회로, 기타 제어회로 판독 및 설치하기	1. 전문지식을 기초로 도면을 작성하는데 필요한 각종 기호들의 의미를 파악하고 표준규격의 부호를 사용할 수 있다. 2. 도면을 보고 구조물의 평면도, 입면도를 구분할 수 있다. 3. 도면을 보고 시공할 위치를 파악할 수 있다. 4. 도면을 보고 설비의 배열상태를 파악할 수 있다. 5. 배선작업에 대한 지식이 있어야 하며, 배선결선도를 보고 시스템을 구성할 수 있다. 6. 배선결선도를 파악할 수 있어야 하며, 배선오류 시 수정할 수 있다. 7. 사용 장소에 적합한 동력설비를 확인하고 설치할 수 있다.

실기과목명	주요항목	세부항목	세세항목
			8. 동력설비 종류별 수량, 용량, 제어방법 등을 확인하고 설치할 수 있다. 9. 동력설비의 공급전압 및 감시방법을 확인하고 설치할 수 있다. 10. 동력의 계통분류 및 회로를 구분할 수 있다. 11. 동력배선도 및 제어회로도를 확인하고 설치할 수 있다. 12. 정류회로를 확인할 수 있다. 13. 구동방식별로 적합한 전동기를 선정 할 수 있다. 14. 운용방식별 제어회로를 확인하고 설치할 수 있다. 15. 허용전류, 전압강하 등을 고려하여 배전선의 굵기를 확인하고 설치할 수 있다. 16. 유압 구동회로를 충분히 이해하고 도면을 참조하여 유압구동회로를 설치 할 수 있다. 17. 에스컬레이터의 구동회로를 충분히 이해하고 도면을 참조하여 에스컬레이터를 설치할 수 있다. 18. 제어반의 절연저항 및 접지방식에 대한 기준을 충분히 이해하고 설치도면을 참조하여 제어반을 설치할 수 있다. 19. 사용 장소에 적합한 보호설비를 확인하고 설치할 수 있다. 20. 접지설계를 위한 지락전류, 허용 전위 상승, 허용 접촉전압을 파악할 수 있다. 21. 접지분류에 따른 접지공사의 종류 및 저항값을 알 수 있다. 22. 차단기의 정격전압, 정격전류, 정격차단 전류, 정격차단시간, 차단용량 등을 확인할 수 있다.
		4. 승강기 조명장치, 환기장치, 신호장치, 비상전원장치 설치하기	1. 사용 장소에 적합한 조명설비(광원 등)를 확인하고 설치할 수 있다. 2. 조명기구의 종류별 수량을 파악할 수 있다. 3. 조도 등 조명계산 및 대수를 확인하고 설치할 수 있다. 4. 꼭대기 틈새를 확인할 수 있다. 5. 피트 깊이를 확인할 수 있다. 6. 가이드레일의 작용을 충분히 이해하고 도면을 참조하여 가이드 레일을 설치할 수 있다. 7. 리미트스위치의 작동원리를 충분히 이해하고 도면을 참조하여 상·하리미트스위치 및 파이널리미트스위치를 설치할 수 있다. 8. 기계실의 설치요건을 참조하여 기계실을 확인할 수 있다. 9. 기계실내의 주요설비의 설치위치를 파악하고 제 설비를 설치할 수 있다.

실기과목명	주요항목	세부항목	세세항목
		5. 승강로 및 기계실의 구성과 설비 설치하기	1. 승강로의 방화구획을 설정할 수 있다. 2. 승강로의 재질을 선정할 수 있다. 3. 승강로 비상구출구를 점검할 수 있다.
		6. 주차설비, 유희설비, 비상용 승강기 등 설치하기	1. 기계식주차장치의 종류별 특징 및 설치기준을 충분히 이해하고 설치도면에 따라 기계식 주차장치를 설치할 수 있다. 2. 유희시설의 종류별 특징 및 설치 기준을 충분히 이해하고 설치도면에 따라 유희설비를 설치할 수 있다. 3. 비상용승강기의 구비요건 및 설치 기준을 충분히 이해하고 설치도면에 따라 비상운전의 종류별 특성에 맞게 설치할 수 있다.
	3. 검사	1. 승강기설치에 관한 건축구조 검사하기	1. 지지보의 구조를 이해하고 이상유무를 파악할 수 있다. 2. 내화구조 및 방화구조 구역을 점검하고 이상유무를 확인할 수 있다. 3. 승강로의 치수를 측정하고 이상유무를 파악할 수 있다. 4. 승강기의 주행구간을 점검하고 이상유무를 확인할 수 있다.
		2. 안전성 검사하기	1. 승강기 관련 법률 및 검사기준에 따라 전기적, 전자적, 기계적 시험 및 검사를 통한 설비의 이상유무를 확인하고 적합성을 평가할 수 있다. 2. 조명방식·조명기구의 배치, 점멸방식·점멸기의 배치 등을 결정할 수 있다. 3. 사용 장소에 적합한 환풍장치를 선정할 수 있다. 4. 환풍장치의 수량을 파악할 수 있다. 5. 사용 장소에 적합한 신호장치를 선정하고 설치할 수 있다. 6. 신호장치의 특성을 충분히 이해하고 도면을 참조하여 신호장치를 설치할 수 있다. 7. 통신장치의 위치를 선정할 수 있다. 8. 통신장치의 특성을 충분히 이해하고 도면을 참조하여 신호장치를 설치할 수 있다. 9. 사용 장소에 적합한 비상전원설비를 설치할 수 있다. 10. 본 전원과 인터록 설비를 구성할 수 있다. 11. 무정전전원장치(UPS)의 기능 및 작동 원리를 알 수 있다.

실기과목명	주요항목	세부항목	세세항목
	4. 유지관리	1. 승강기의 시험, 계측, 점검 및 안전·유지관리 하기	1. 해당 설비의 규격을 기초로 전기적, 전자적, 기계적 시험 및 검사절차서에 따라 설비의 이상유무를 확인 할 수 있다. 2. 시스템 계통을 분석하고 연동장치와 연계하여 작동상태를 검사하여 이상유무를 파악할 수 있다. 3. 전압계, 전류계, 전력계 등 작동원리에 따라 계측기를 사용할 수 있다. 4. 기계실에서 하는 검사항목을 숙지하고 점검리스트에 따라 이상유무를 파악할 수 있다. 5. 카 실내에서 하는 검사항목을 숙지하고 점검리스트에 따라 이상유무를 파악할 수 있다. 6. 카 위에서 하는 검사항목을 숙지하고 점검리스트에 따라 이상유무를 파악할 수 있다. 7. 피트에서 하는 검사항목을 숙지하고 점검리스트에 따라 이상유무를 파악할 수 있다. 8. 승강장에서 하는 검사항목을 숙지하고 점검리스트에 따라 이상유무를 파악할 수 있다. 9. 승강기 정비계획에 의하여 일상, 특별 정비업무를 수행하여 상시 승강기 기능이 정상가동 유지되도록 할 수 있다. 10. 점검일지를 기초로 하여 고장원인을 파악하고 유지관리 및 계획을 수립할 수 있다. 11. 유지관리 및 계획을 활용하여 각종 설비의 정격에 따라 효율적인 장비를 선정하고 장비목록을 작성할 수 있다. 12. 보유 검사장비 목록을 활용하여 보수시 보유하고 있지 않은 장비나 규격 부적합 또는 노후 장비들을 교체할 수 있다. 13. 설비별 제작사 운영매뉴얼 및 유지관리지침서에 따라 설비 이력을 분석, 정리하여 유지관리매뉴얼을 작성할 수 있다. 14. 설비의 이상 징후를 미리 파악함으로서 사고를 예지하고 치명적인 상태로 진전되기 이전에 보완하는 예측보전(예지보존)계획을 수립할 수 있다. 15. 사고현상과 사고발생 추정원인을 설명할 수 있다. 16. 사고의 확산방지 및 최소화를 위해 최선의 방법을 강구할 수 있도록 대처요령서 등을 작성할 수 있다. 17. 사고분석에 따른 사고원인을 근본적으로 보완하여 사고의 재발을 방지할 수 있다.

16. 기계

승강기기능사

출제기준(필기)

직무 분야	기계	중직무 분야	기계장비 설비·설치	자격 종목	승강기기능사	적용 기간	2013. 1. 1 ~ 2017.12.31

○직무내용 : 숙련기능을 바탕으로 승강기의 설치, 점검 및 유지관리 작업을 수행하는 직무

필기검정방법	객관식	문제수	60	시험시간	1시간

필기과목명	문제수	주요항목	세부항목	세세항목
승강기개론, 안전관리, 승강기보수, 기계·전기기초이론	60	1. 승강기 개요	1. 승강기의 종류	1. 용도 및 구동방식에 의한 분류 2. 속도 및 제어방식에 의한 분류
			2. 승강기의 원리	1. 전기식(로프식) 및 유압식승강기의 원리 2. 에스컬레이터의 원리
			3. 승강기의 조작방식	1. 반자동식 및 단식 자동식 2. 하강승합전자동식 3. 양방향 승합 전자동식 4. 군 승합 전자동식 5. 군관리방식
		2. 승강기의 구조 및 원리	1. 권상기	1. 권상기의 종류별 특징 2. 권상기용 기어의 종류별 특징 3. 권상능력에 영향을 미치는 요소 4. 도르래 홈의 종류별 특징 5. 권상기용 전동기의 구비요건 6. 권상기용 전동기의 소요동력
			2. 주로프(벨트포함) (Main rope)	1. 로프의 구조 및 종류별 특징 2. 로프의 로핑(걸기)방법 및 래핑(감기)방법 3. 로프의 단말처리 4. 로프와 도르래의 관계 5. 승강기용 로프의 요건
			3. 가이드레일 (Guide rail)	1. 가이드레일의 규격 및 사용목적 2. 가이드레일의 적용방법
			4. 비상정지장치	1. 비상정지장치의 종류 및 작동원리 2. 비상정지장치의 용도 3. 비상정지장치의 작동 후 카의 상태

필기과목명	문제수	주요항목	세부항목	세세항목
			5. 조속기	1. 조속기의 종류 및 작동원리 2. 조속기 각부의 명칭 3. 조속기의 1차 및 2차 작동속도
			6. 완충기	1. 완충기의 종류, 구조 및 원리 2. 완충기의 종류별 적용범위 3. 완충기 각부의 명칭
			7. 카실(케이지실)과 카틀(케이지틀)	1. 카의 구조 및 주요 구성부품 2. 카틀의 구조 및 주요 구성부품 3. 비상구출구의 요건 4. 브레이스로드의 역할
			8. 균형추	1. 균형추의 역할 2. 오버밸런스율의 계산 3. 트랙션비의 계산
			9. 균형체인 및 균형로프	1. 균형체인 및 균형로프의 기능 2. 균형체인 및 균형로프의 재료
		3. 승강기의 도어시스템	1. 도어시스템(Door system)의 종류 및 원리	1. 도어시스템 종류 및 원리 2. 도어시스템의 용도
			2. 도어머신 (Door machine) 장치	1. 도어머신의 구조 및 성능 2. 도어머신의 구성부품
			3. 도어인터록(Door interlock) 및 클로저(Closer)	1. 도어인터록의 구조 및 원리 2. 도어클로저의 구조 및 원리
			4. 보호장치	1. 도어 인터록 및 문닫힘 안전장치
		4. 승강로와 기계실	1. 승강로의 구조 및 깊이	1. 승강로의 구조 및 여유 공간 2. 승강로에 설치 금지 설비
			2. 기계실의 제설비	1. 기계실의 구조 및 환경상태 2. 기계실의 출입문 등 제설비
		5. 승강기의 제어	1. 직류승강기의 제어시스템	1. 워드-레오나드 제어방식의 원리 2. 정지레오나드 방식의 원리

필기과목명	문제수	주요항목	세부항목	세세항목
			2. 교류승강기의 제어시스템	1. 교류1단 제어방식의 원리 2. 교류2단 제어방식의 원리 3. 교류 궤환 제어방식의 원리 4. VVVF 제어방식의 원리
		6. 승강기의 부속장치	1. 안전장치	1. 리미트 스위치 2. 파이널 리미트스위치 3. 슬로다운 스위치 4. 종단층 강제감속장치 5. 록 다운 비상정지장치 6. 과부하감지장치 및 피트정지장치 7. 역결상 검출장치 및 파킹 스위치 8. 권동식 로프이완 스위치
			2. 신호장치	1. 신호장치의 종류 및 용도
			3. 비상전원장치	1. 비상전원장치의 용도 및 구비요건 2. 비상전원의 공급방법
			4. 기타 보조장치	1. 인터폰, 방범장치 표시장치 2. 각 층 강제정지운전 스위치
		7. 유압승강기	1. 유압승강기의 구조와 원리	1. 유압식승강기의 구조 및 원리 2. 유압식승강기의 종류와 특징 3. 유압식승강기의 속도제어법
			2. 유압회로	1. 미터인회로의 구조 및 특징 2. 블리드오프회로의 구조 및 특징
			3. 펌프와 밸브	1. 펌프의 종류 및 요건 2. 안전밸브 및 체크밸브의 기능 3. 스톱밸브 및 럽쳐밸브의 기능 4. 유량제어밸브의 기능
			4. 실린더와 플런저	1. 실린더, 플런저의 구조 및 요건
		8. 에스컬레이터	1. 에스컬레이터의 구조 및 원리	1. 에스컬레이터의 구조 및 주요부품 2. 에스컬레이터의 속도
			2. 구동장치	1. 구동전동기 및 구동체인 2. 감속기기어 및 브레이크
			3. 스텝과 스텝 체인 및 난간과 핸드레일	1. 스텝, 스텝체인의 재질 및 구조 2. 내측판, 외측판 및 핸드레일

필기과목명	문제수	주요항목	세부항목	세세항목
			4. 안전장치	1. 구동체인 및 스텝체인 안전장치 2. 비상정지 스위치 3. 스커트가드 안전스위치
		9. 특수승강기	1. 입체주차설비	1. 입체주차설비의 종류별 특징 2. 입체주차설비의 설치기준 및 안전기준
			2. 수평보행기	1. 수평보행기의 구조 및 정격속도
			3. 유희시설	1. 유희시설의 종류별 특징
			4. 덤웨이터	1. 덤웨이터의 용도 및 구조
			5. 소형승강기	1. 소형승강기의 구조 및 적재하중 2. 승강행정 및 안전장치
			6. 휠체어리프트	1. 휠체어리프트의 구조 및 안전장치
			7. 기계실이 없는 엘리베이터	1. 기계실이 없는 엘리베이터의 구조 및 안전장치
		10. 승강기 안전기준 및 취급	1. 승강기 안전기준	1. 주로프, 도르래, 권동, 지지보 2. 카, 승강로, 기계실 3. 전동기, 제동기, 권상기 4. 안전장치 및 전기회로 5. 유압장치
			2. 승강기 안전수칙	1. 관리주체의 준수사항 2. 운전자 준수사항 3. 이용자 준수사항
			3. 승강기 사용 및 취급	1. 유지보수 및 법정검사 2. 자체점검 3. 사고보고 및 사고조사
		11. 이상시의 제현상과 재해방지	1. 이상상태의 제현상	1. 이상상태의 인지 및 확인
			2. 이상시 발견조치	1. 이상상태의 파악 2. 이상상태 해소를 위한 긴급조치 3. 상급자 보고 및 근본 원인 규명

필기과목명	문제수	주요항목	세부항목	세세항목
			3. 재해 원인의 분석방법	1. 안전점검표에 의한 분석법 2. 고장과정 분석법 3. 고장여파 분석법
			4. 재해 조사항목과 내용	1. 재해사항 2. 재해발생 과정 및 결과 파악 3. 대책 수립
			5. 재해원인의 분류	1. 물적요인 및 인적요인 2. 기술적요인 및 관리적 요인
		12. 안전점검 제도	1. 안전점검 방법 및 제도	1. 육안점검 및 기능점검 2. 정밀점검 및 자체점검
			2. 안전진단	1. 작업방법의 진단 2. 작업장 및 설비·시설의 진단
			3. 안전점검 결과에 따른 시정조치	1. 결과에 대한 조치 2. 시정의 확인
		13. 기계기구와 그 설비의 안전	1. 기계설비의 위험방지	1. 회전체에 의한 위험방지 2. 동력차단장치의 설치 3. 운전시작신호의 명확화 4. 출입의 제한 및 안전수칙 준수
			2. 전기에 의한 위험방지	1. 충전부 보호, 접지 및 절연 2. 누전차단기설치 3. 방폭구조 장비의 사용 4. 정전작업시의 조치 5. 활선작업시의 조치 6. 정전기 및 전자파 방지 7. 감전예방
			3. 추락 등에 의한 위험방지	1. 작업발판 설치 및 안전대 사용 2. 사다리 사용 및 붕괴방지
			4. 기계 방호장치	1. 방호장치의 구비조건 2. 동력전달 등의 방호
			5. 방호조치	1. 보호구의 종류 및 구비요건 2. 보호방법 및 보호구 지급관리 3. 전용보호구

필기과목명	문제수	주요항목	세부항목	세세항목
		14. 승강기 제작기준	1. 로프식 승강기	1. 강도기준 및 로프 2. 도르래 및 레일 3. 허용응력 및 안전율 4. 승강로, 카, 도어, 지지보, 기계실 5. 안전장치 및 전기적인 회로
			2. 유압식 승강기	1. 허용응력, 안전율, 체인, 플런저 2. 파워유닛, 밸브, 상부틈, 압력배관 3. 기계실 및 안전장치
			3. 에스컬레이터	1. 강도기준 및 구조 2. 허용응력 및 안전율 3. 적재하중 및 안전장치
		15. 승강기 검사기준	1. 기계실에서 행하는 검사	1. 기계실의 구조 및 설비 2. 수전반, 주개폐기, 제어반, 배선 3. 전동기, 제동기, 권상기, 조속기 4. 비상정지장치, 유압 파워유닛 5. 압력배관 및 안전밸브 6. 하중시험
			2. 카내에서 행하는 검사	1. 카와 승강로 벽과의 수평거리 2. 도어스위치 및 각종 부착물 3. 통화장치 및 비상등 조도 4. 비상운전 기능
			3. 카상부에서 행하는 검사	1. 꼭대기 틈새 및 비상구출구 2. 카 도어스위치 및 도어개폐상태 3. 안전스위치, 주로프 및 조속기로프 4. 상부 리미트 스위치류 5. 레일 및 도어 인터록 6. 승강로의 돌출물 등
			4. 피트내에서 행하는 검사	1. 누수 및 청결상태 2. 하부 리미트 스위치류 3. 완충기 4. 완충기와 카 및 균형추의 거리 5. 이동 케이블 6. 조속기 로프 인장 상태 7. 피트 깊이

필기과목명	문제수	주요항목	세부항목	세세항목
			5. 승강장에서 행하는 검사	1. 승강장 문의 잠김 상태 2. 문 닫힘 안전장치의 작동상태 3. 승강장 위치표시기 4. 호출버튼 5. 파킹스위치 6. 에이프런 7. 비상용 승강기의 표지 8. 호출장치
		16. 로프식 승강기주요 부품의 수리 및 조정에 관한 사항	1. 조속기	1. 진동, 소음, 베어링, 캐치 등의 보수 및 조정
			2. 가이드레일	1. 규격 확인, 보수 및 조정
			3. 비상정지장치	1. 작동확인, 보수 및 조정
			4. 카(케이지)와 카틀(케이지틀)	1. 카 바닥 및 카 벽 상태확인 등 보수 및 조정
			5. 균형추	1. 고정상태 확인 등 보수 및 조정
			6. 균형체인, 균형로프	1. 인장 및 고정상태 등 보수 및 조정
			7. 직·교류 제어 시스템	1. 개폐기, 계전기, 전동기 발열 확인 등 보수 및 조정
		17. 유압승강기 주요 부품의 수리 및 조정에 관한 사항	1. 펌프와 밸브	1. 발열, 소음 및 진동, 누유, 작동 등 보수 및 조정
			2. 실린더와 플렌저	1. 패킹, 누유상태 확인 등 보수 및 조정
			3. 압력배관	1. 취부, 작동 등 보수 및 조정
			4. 안전장치류	1. 작동 등 보수 및 조정
			5. 제어장치	1. 작동 등 보수 및 조정
		18. 에스컬레이터의 수리 및 조정에 관한 사항	1. 구동장치	1. 조립 및 작동 등 보수 및 조정
			2. 스탭 및 스탭체인	1. 마모, 균열 등 보수 및 조정
			3. 난간과 핸드레일	1. 마모, 균열 등 보수 및 조정

필기과목명	문제수	주요항목	세부항목	세세항목
			4. 제어장치	1. 발열, 마모, 균열, 고정 등 보수 및 조정
		19. 특수승강기의 수리 및 조정에 관한 사항	1. 입체주차설비	1. 입체주차설비의 마모, 부식, 작동 등 보수 및 조정
			2. 수평보행기	1. 수평보행기의 마모, 부식, 균열 및 작동 등 보수 및 조정
			3. 유희시설	1. 유희시설의 마모, 부식, 균열 및 작동 등 보수 및 조정
			4. 덤웨이터	1. 덤웨이터 마모, 부식, 균열 및 작동 등 보수 및 조정
			5. 소형승강기	1. 소형승강기의 마모, 부식, 균열 및 작동 등 보수 및 조정
			6. 휠체어리프트	1. 휠체어리프트의 마모, 부식, 균열 및 작동 등 보수 및 조정
			7. 산업용리프트	1. 산업용리프트의 마모, 부식, 균열 및 작동 등 보수 및 조정
			8. 기계실이 없는 엘리베이터	1. 마모, 부식, 균열 및 작동 등 보수 및 조정
		20. 승강기 재료의 역학적 성질에 관한 기초	1. 하중	1. 하중의 종류 및 계산
			2. 응력	1. 응력의 종류 및 계산
			3. 변형율	1. 변형율의 종류 및 계산
			4. 탄성계수	1. 후크의 법칙과 탄성계수
			5. 안전율	1. 응력과 안전율
			6. 힘	1. 승강기에 작용하는 힘의 종류
			7. 강재재료 및 빔	1. 빔의 종류 2 굽힘응력과 모멘트

필기과목명	문제수	주요항목	세부항목	세세항목
		21. 승강기 주요 기계 요소별 구조와 원리	1. 링크기구	1. 링크기구의 종류와 특성
			2. 운동기구와 캠	1. 운동기구의 원리와 캠의 역할
			3. 도르래(활차)장치	1. 도르래(활차)의 종류와 특성
			4. 치차	1. 치차의 종류와 특성
			5. 베어링	1. 베어링의 종류와 특성
			6. 주 로프(벨트포함)	1. 주권동에 의한 소선의 응력 2. 탄성에 의한 연신율
			7. 기어	1. 기어의 종류와 특징 2. 각부의 명칭 3. 이의 크기 표시방법 4. 치형간섭 및 언더컷 5. 웜기어의 주요공식
		22. 승강기 요소측정 및 시험	1. 측정기기 및 측정 장비의 사용방법과 원리	1. 측정의 3요소 및 측정의 방법 2. 측정시 고려사항
			2. 기계요소 계측 및 원리	1. 버어니어캘리퍼스의 사용법 2. 마이크로미터의 사용법 3. 하이트게이지의 사용법 4. 한계게이지의 사용법
			3. 전기요소 계측 및 원리	1. 계측기 기본이론 2. 전압계 및 전류계 사용법 3. 절연저항계 및 절연내력계 사용법 4. 전력계 사용법 5. 테스터 사용법
		23. 승강기 동력원의 기초전기	1. 정전기와 콘덴서	1. 콘덴서와 정전용량 2. 콘덴서에 저축되는 에너지 3. 콘덴서의 접속 및 전기장
			2. 직류회로 및 교류회로	1. 전기의 본질 2. 전기회로의 전압과 전류 3. 교류회로의 기초 4. 교류 전류에 대한 RLC의 작용 5. RLC의 직병렬회로 6. 교류전력 및 교류회로계산 7. 3상교류 및 회로망에 대한 정리 8. 4단자망

필기과목명	문제수	주요항목	세부항목	세세항목
			3. 자기회로	1. 자기와 전류 및 자기회로 2. 자기장의 세기 및 자화곡선
			4. 전자력과 전자유도	1. 전자력의 방향과 크기 2. 코일에 작용하는 힘 3. 평행도체 사이에 작용하는 힘 4. 전자유도 및 인덕턴스
			5. 전기보호기기	1. 개폐장치의 종류 및 역할 2. 차단기 조작 방식
		24. 승강기 구동 기계 기구 작동 및 원리	1. 직류전동기	1. 직류전동기의 기본 이론 및 특성 2. 직류전동기의 출력, 토크 특성 3. 직류전동기 속도제어법
			2. 유도전동기	1. 유도전동기의 기본 이론 및 특성 2. 유도전동기의 출력, 토크 특성 3. 유도전동기 속도제어법
		25. 승강기 제어 및 제어시스템의 원리 및 구성	1. 제어의 개념	1. 제어와 자동제어의 기초 2. 제어의 필요성 및 제어의 종류
			2. 제어계의 요소 및 구성	1. 제어계의 구성요소
			3. 자동제어	1. 자동제어의 종류 및 특성 2. 개방제어 및 되먹임 제어 3. 디지털 제어
			4. 시퀀스제어	1. 시퀀스 제어의 개요 2. 시퀀스 제어의 제어 요소 3. 시퀀스 제어계 기본 회로 4. 신호 변환의 기본 회로 5. 시퀀스 응용 회로
			5. 전자회로	1. 정류회로 및 증폭회로 2. 발진회로 및 디지털회로 3. 전자제어회로 및 전력제어 응용
			6. 반도체	1. 반도체의 성질 2. 다이오드의 종류 및 특성 3. 트랜지스터의 종류 및 특성 4. 특수반도체 소자의 종류 및 특성

필기과목명	문제수	주요항목	세부항목	세세항목
			7. 제어기기 및 제어회로	1. 제어용기기의 종류 및 특징 2. 프로그램형 제어기의 종류와 특징 3. 유접점 회로 및 무접점 회로
			8. 제어의 응용	1. 전압의 자동조정 2. 속도의 자동조정 3. 주파수의 자동조정 4. 서보기구

출제기준(실기)

직무분야	기계	중직무분야	기계장비설비·설치	자격종목	승강기기능사	적용기간	2013. 1. 1~2017.12.31

○직무내용 : 숙련기능을 바탕으로 승강기의 설치, 점검 및 유지관리 작업을 수행하는 직무
○수행준거 : 1. 비상운전회로를 이해하고 점검할 수 있다.
　　　　　　2. 승강기의 설치, 점검, 유지, 관리, 보수를 할 수 있다.

실기검정방법	작업형	시험시간	3시간 30분정도

실기과목명	주요항목	세부항목	세세항목
승강기점검 및 보수작업	1. 공구선정	1. 각종 공구의 선정 및 숙련도 파악하기	1. 작업의 종류에 알맞은 공구를 사용할 수 있다
	2. 설비기기, 전기계기 및 측정 계기 사용	1. 전원설비 사용하기	1. 전압조정기, 직류전원장치, 제어반 등의 전원설비를 능숙하게 사용할 수 있다.
		2. 계측장비 사용하기	1. 갭게이지, 속도계, 절연저항계, 소음계, 진동계, 분동, 멀티테스터, 버어니어캘리퍼스, 조도계 등을 능숙하게 사용할 수 있다.
	3. 승강기 각종 제어 판독능력 및 회로별 고장시 수리 교체능력	1. 교류 1단속도 제어회로 및 교류 2단속도제어 회로도 판독 및 제어회로 수리하기	1. 전기시설에 관한 도면을 이해하고 교류 제1단 속도제어회로, 교류 제2단 속도제어회로를 판독하여 각 제어장치를 수리 및 교체할 수 있다.
		2. 교류 궤환제어 회로도 판독 및 제어회로 수리하기	1. 전기시설에 관한 도면을 이해하고 교류 궤환 제어회로도 판독하여 제어회로장치를 수리 및 교체할 수 있다
		3. 인버터제어회로도 판독 및 제어회로 수리하기	1. 전기시설에 관한 도면을 이해하고 인버터제어회로도 판독하여 제어회로장치를 수리 및 교체할 수 있다.
		4. 직류 승강기의 제어 회로도 판독 및 수리하기	1. 전기시설에 관한 도면을 이해하고 직류 승강기의 제어회로를 판독하여 각 제어장치를 수리 및 교체할 수 있다.
		5. 도어시스템회로 판독 및 수리 하기	1. 전기시설에 관한 도면을 이해하고 도어시스템회로를 판독하여 작동의 이상 유무를 확인한 후 도어장치를 수리 및 교체할 수 있다.

실기과목명	주요항목	세부항목	세세항목
		6. 비상구출구 스위치 교체하기	1. 전기시설에 관한 안전회로를 이해하고 비상구출구 스위치 작동의 이상 유무를 확인하여 교체할 수 있다.
		7. 조속기스위치 교체하기	1. 전기시설 및 기계설비에 관한 도면과 조속기 회로를 이해하고 조속기스위치 장치 등의 작동이상 유무를 확인하여 고장시 교체 할 수 있다.
		8. 과부하 방지장치 수리하기	1. 전기시설에 관한 안전회로를 이해하고 과부하방지장치의 작동이상 유무를 확인하여 조정 및 교체할 수 있다.
		9. 비상정지스위치 교체하기	1. 전기시설에 관한 안전회로를 이해하고 비상정지스위치의 작동이상 유무를 확인하여 조정 및 교체할 수 있다.
	4. 승강기 신호에 관한 시퀀스 판독 능력 및 고장 시 수리, 교체능력	1. 카내 위치표시 기회로 판독 및 수리하기	1. 전기시설에 관한 도면을 이해하고 카내 위치표시기 회로를 판독하고 작동이상 유무를 확인하여 위치표시장치를 수리교체 할 수 있다.
		2. 승강장의 신호 장치 수리하기	1. 전기시설에 관한 도면을 이해하고 승강장신호장치 회로를 판독하고 작동이상 유무를 확인하여 신호장치를 수리교체 할 수 있다.
		3. 제어반의 회로 판독 및 수리하기	1. 전기시설에 관한 도면을 이해하고 제어반의 회로를 판독하고 작동이상 유무를 확인하여 제어반의 부품을 수리 및 교체 할 수 있다.
		4. 통신장치회로 판독 및 수리하기	1. 전기시설 및 통신시설에 관한 도면을 이해하고 통신장치 회로를 판독하여 작동이상 유무를 확인한 후 통신장치를 수리 및 교체할 수 있다.
		5. 기타 신호기능의 마모, 단선, 접점불량, 절연파괴시 등의 고장수리하기	1. 전기시설 및 기계시설에 관한 도면을 이해하고 각종 설비의 이상유무를 판단하여 기능이 미흡한 설비를 수리교체 할 수 있다.
	5. 승강기에 있어서 도어시스템 고장시의 수리, 조정, 교체	1. 도어레일과 행거(Hanger) 이상 유무 확인하기	1. 도어레일과 행거(Hanger) 에 대한 성능 및 기능을 충분히 이해하여 이상시 수리, 조정, 교체할 수 있다.

실기과목명	주요항목	세부항목	세세항목
		2. 도어 연동장치의 기능 및 잠금장치 이상 유무 확인하기	1. 도어 연동장치와 잠금장치에 대한 성능 및 기능을 충분히 이해하고 이상시 수리, 조정, 교체할 수 있다.
		3. 가이드 슈 및 지주 등의 이상 유무 확인하기	1. 가이드 슈 및 지주 등의 이상 유무를 확인하고 이상시 수리, 조정, 교체할 수 있다.
		4. 도어 개폐장치 및 그 부속설비 수리, 조정, 교체하기	1. 도어 개폐장치 및 그 부속장치에 대한 성능 및 기능을 충분히 이해하고 이상시 해당 설비를 수리, 조정, 교체할 수 있다.
		5. 각종 운전, 정지, 스위치 회로 및 기능의 고장시 수리, 조정, 교체하기	1. 각종 운전, 정지, 스위치회로에 대한 기능 및 성능을 충분히 이해하고 고장시 수리, 조정, 교체할 수 있다.
	6. 조속기 안전장치 결함의 수리, 조정, 교체	1. 과속스위치의 고장 여부 확인하기	1. 과속스위치의 기능 및 성능을 충분히 이해하고 고장시 수리, 조정, 교체할 수 있다.
		2. 케쳐(Catcher) 물림 장치의 이상여부 확인하기	1. 케쳐(Catcher) 물림장치의 이상여부를 확인하여 이상 발생시 수리, 조정, 교체할 수 있다.
	7. 제동기 고장시 수리, 조정, 교체	1. 감속 정지장치 이상유무 확인하기	1. 감속정지장치의 기능 및 성능을 충분히 이해하고 이상시 수리, 조정, 교체할 수 있다.
		2. 브레이크 슈와 브레이크 드럼의 이상유무 확인하기	1. 브레이크 슈와 브레이크 드럼에 대한 기능 및 성능을 충분히 이해하고 이상시 수리, 조정, 교체하여 정상 작동시킬 수 있다.
		3. 브레이크 제동기능의 이상유무 확인하기	1. 브레이크의 제동기능을 충분히 이해하고 이상발생시 수리, 조정, 교체하여 정상 작동시킬 수 있다.
	8. 권상기 고장시의 조정 및 교체	1. 시브의 샤프트 및 베어링의 이상여부 확인하기	1. 권상기의 구조와 기능을 알고 시브의 샤프트 및 베어링의 기능 및 성능을 충분히 이해하여 이상시 수리, 조정, 교체를 통해 정상 작동시킬 수 있다.
		2. 시브의 유효직경과 로프 직경 측정능력 확보하기	1. 시브의 유효직경과 로프의 직경을 측정할 수 있다.
		3. 시브 마모 확인하기	1. 시브의 마모 정도를 확인하여 교체 여부를 판단할 수 있다.

실기과목명	주요항목	세부항목	세세항목
		4. 기어상자 및 치수의 이상유무 확인하기	1. 기어상자의 구조와 기능을 이해하고 정상작동 유무를 확인하여 이상시 조정 및 교체할 수 있다.
	9. 완충기 고장시의 수리, 조정, 교체하기	1. 스프링 완충기의 이상유무 확인하기	1. 스프링완충기의 구조를 알고 정상작동 여부를 점검하여 수리, 조정, 교체할 수 있다.
		2. 유입 완충기의 이상유무 확인하기	1. 유입완충기의 구조를 알고 정상작동 여부를 점검하여 수리, 조정, 교체할 수 있다.
	10. 기타 엘리베이터 안전장치의 수리, 조정, 교체	1. 종단 리미트스 위치 감속, 제어기능의 이상 유무 확인하기	1. 종단 리미트스위치의 기능과 부착 위치 및 정상작동 여부를 확인하고 이상시 수리, 조정 및 교체할 수 있다.
		2. 권동식 로프 이완 스위치 이상 유무 확인하기	1. 권동식 로프 이완 스위치의 기능과 부착위치 및 정상작동 여부를 확인하고 이상시 수리, 조정 및 교체 할 수 있다.
		3. 록, 다운(Lock Down) 비상정지 장치의 이상유무 확인하기	1. 록, 다운(Lock Down) 비상 정지장치의 기능과 부착위치 및 정상작동 여부를 확인하고 이상시 수리, 조정 및 교체할 수 있다.
	11. 유압식 승강기회로의 시퀀스판독능력과 회로의 고장 수리, 교체 능력	1. 파이럿 방식(Pilot type)의 이상유무 확인하기	1. 유압식승강기의 작동원리를 이해하고 파이럿 방식(Pilot type)의 시퀀스회로도 등을 판독하고 작동상태를 확인하여 이상시 고장수리 및 교체할 수 있다.
		2. 유량제어방식의이상유무 확인하기	1. 유압식승강기의 작동원리를 이해하고 유량제어방식의 시퀀스회로도 등을 판독하고 작동상태를 확인하여 이상시 고장수리 및 교체할 수 있다.
	12. 에스컬레이터 회로의 시퀀스 판독능력과 회로의 고장수리 교체 능력	1. 비상정지장치의 기능 이상유무 확인하기	1. 비상정지장치의 기능과 부착위치 및 시퀀스 회로도 등을 판독하고 정상 작동 여부를 확인하여 이상시 수리, 조정 및 교체할 수 있다.
		2. 스커트가드의 안전스위치 이상유무 확인하기	1. 스커트가드 안전스위치의 기능과 부착 위치 및 시퀀스회로도 등을 판독하고 정상작동 여부를 확인하여 이상시 수리, 조정 및 교체할 수 있다.

실기과목명	주요항목	세부항목	세세항목
		3. 핸드레일 인렛(Inlet) 안전 장치 이상유무 확인하기	1. 핸드레일 인렛(Inlet)안전장치의 기능과 부착위치 및 시퀀스회로도 등을 판독하고 정상작동 여부를 확인하여 이상시 수리, 조정 및 교체할 수 있다.
		4. 이동난간 안전 장치 이상유무 확인하기	1. 이동난간 안전장치의 기능과 부착위치 및 시퀀스회로도 등을 판독하고 정상작동 여부를 확인하여 이상시 수리, 조정 및 교체할 수 있다.
		5. 계단식 체인 안전장치 이상유무 확인하기	1. 계단식 체인 안전장치의 기능과 부착위치 및 시퀀스회로도 등을 판독하고 정상작동 여부를 확인하여 이상시 수리, 조정 및 교체할 수 있다.
	3. 에스컬레이터 안전장치의 수리, 조정, 교체 능력	1. 구동 체인 안전장치의 이상 유무 확인하기	1. 구동 체인 안전장치의 기능과 부착위치 및 정상작동 유무를 확인하여 이상시 조정 및 교체할 수 있다.
		2. 기계 브레이크의 이상 유무 확인하기	1. 기계 브레이크 안전장치의 기능과 부착위치 및 정상작동 유무를 확인하여 이상시 조정 및 교체할 수 있다.
		3. 조속기 작동의 이상 유무 확인하기	1. 조속기의 기능과 부착위치 및 정상작동 유무를 확인하여 이상시 조정 및 교체할 수 있다.

16. 기계

농기계정비기능사

출제기준(필기)

직무 분야	기계	중직무 분야	기계장비 설비·설치	자격 종목	농기계정비기능사	적용 기간	2013.1.1~2017.12.31

○직무내용 : 관리기, 트랙터(경운기 포함), 콤바인, 이앙기, 양수기, 방제기 등과 같은 농업기계를 분해, 검사, 수리, 조정, 조립, 정비 등의 업무를 수행.

필기검정방법	객관식	문제수	60	시험시간	1시간

필기과목명	문제수	주요항목	세부항목	세세항목
농기계정비, 농기계전기, 농기계안전관리	60	1. 농기계정비	1. 농기계기관 정비	1. 내연기관의 기초지식 2. 내연기관의 효율과 성능 3. 기관의 주요부 구조와 기능 및 정비 4. 기관의 압축계통 점검 및 정비 5. 피스톤 및 크랭크장치 정비 6. 밸브장치 구조 및 정비 7. 냉각장치 구조 및 정비 8. 윤활장치 구조 및 정비 9. 디젤 및 가솔린기관의 연료장치 정비
			2. 관리기 정비	1. 주클러치 구조 및 정비 2. 변속장치 구조 및 정비 3. 조향장치 구조 및 정비 4. 차축 및 주행장치 정비 5. 제동장치 구조 및 정비 6. 경운작업 및 작업기 정비
			3. 트랙터(경운기 포함) 정비	1. 동력전달장치 구조 및 정비 2. 변속장치 구조 및 정비 3. 전 차륜장치 구조 및 정비 4. 제동장치 구조 및 정비 5. 유압장치 구조 및 정비 6. 차동장치 구조 및 정비 7. PTO장치 구조 및 정비 8. 작업기 장착장치 구조 정비
			4. 포장기계 정비	1. 부속작업기 정비(쟁기, 로터리, 파종기, 모우어, 베일러) 2. 포장기계의 구조와 기능이해 3. 병충해 방제기계 구조 및 정비 4. 관리기의 구조와 정비 5. 이앙기 및 파종기계 구조와 정비

필기과목명	문제수	주요항목	세부항목	세세항목
			5. 콤바인 및 건조기 정비	1. 콤바인 구조와 정비 2. 건조기 구조와 정비
		2. 농기계전기	1. 기초전기지식	1. 직류와 교류 2. 전기저항 3. 전류, 전압 및 전력
			2. 축전지	1. 축전지의 구조 2. 충전과 방전 3. 축전지의 관리
			3. 기동장치	1. 전동기의 원리와 종류 2. 발전기의 원리와 종류
			4. 점화장치	1. 점화플러그 2. 점화코일 3. 거버너
			5. 등화장치	1. 빛, 에너지 2. 등화장치의 구조 및 종류
			6. 전기·전자장치	1. 전기·전자장치의 구조 및 종류 2. 전기·전자장치의 사용 및 취급
		3. 농기계안전관리	1. 안전기준	1. 안전관리의 정의 및 목적 2. 안전사고 원인과 사고방지 3. 안전관리의 조직 4. 산업안전보건법
			2. 기계 및 기기에 대한 안전	1. 농기계의 안전 2. 동력기계의 안전 3. 운반기계의 안전 4. 농작업의 안전
			3. 공구에 대한 안전	1. 수공구의 안전 2. 전동공구의 안전
			4. 전기 및 위험물의 안전	1. 전기의 안전 2. 가스의 안전 3. 위험물의 안전
			5. 안전보호구에 관한 사항	1. 작업복장 및 작업안전 2. 보호구 및 보호표시

출제기준(실기)

직무 분야	기계	중직무 분야	기계장비 설비·설치	자격 종목	농기계정비기능사	적용 기간	2013.01.01~2017.12.31

○직무내용 : 농용기관 및 관리기, 트랙터(경운기 포함), 콤바인, 재배관리기 등과 같은 농업기계를 분해, 검사, 수리, 조정, 조립, 정비 등의 업무를 수행.
○수행준거 : 1. 농용기관 및 동력 경운기를 분해, 검사, 수리, 조정, 조립, 정비 등의 업무를 할 수 있다.
　　　　　　2. 트랙터를 분해, 검사, 수리, 조정, 조립, 정비 등의 업무를 할 수 있다.
　　　　　　3. 콤바인을 분해, 검사, 수리, 조정, 조립, 정비 등의 업무를 할 수 있다.
　　　　　　4. 재배관리기를 분해, 검사, 수리, 조정, 조립, 정비 등의 업무를 할 수 있다.

실기검정방법	작업형	시험시간	2시간 30분 정도

실기과목명	주요항목	세부항목	세세항목
농기계정비작업	1. 농기계정비작업	1. 농용기관 정비 작업하기	1. 기관점검 및 성능시험을 할 수 있다. 2. 연료장치를 정비할 수 있다. 3. 윤활 및 냉각장치를 정비할 수 있다. 4. 조속장치를 정비할 수 있다. 5. 실린더 블록 및 크랭크실을 정비할 수 있다. 6. 피스톤 및 커넥팅 로드를 정비할 수 있다. 7. 실린더 헤드부 및 밸브장치를 정비할 수 있다. 8. 크랭크 축 및 캠축을 정비할 수 있다.
		2. 관리기 및 트랙터(경운기 포함) 정비 작업하기	1. 주 클러치를 정비할 수 있다. 2. 차동장치를 정비할 수 있다. 3. 차축 및 바퀴를 정비할 수 있다. 4. 조향장치를 정비할 수 있다. 5. 브레이크 계통을 정비할 수 있다. 6. 변속기를 정비할 수 있다. 7. 경운 작업기를 정비할 수 있다. 8. 유압장치를 정비할 수 있다. 9. 전기·전자장치를 정비할 수 있다.
		3. 콤바인 정비 작업하기	1. 예취부를 정비할 수 있어야 한다. 2. 전처리부를 정비할 수 있어야 한다. 3. 탈곡, 선별부를 정비할 수 있어야 한다. 4. 곡물 이송부를 정비할 수 있어야 한다. 5. 주행부를 정비할 수 있어야 한다. 6. 후처리 장치를 정비할 수 있다. 7. 전기·전자장치를 정비할 수 있다.

실기과목명	주요항목	세부항목	세세항목
		4. 재배관리기계 정비 작업하기	1. 이앙기를 정비할 수 있다. 2. 관리기를 정비할 수 있다. 3. 동력 예취기를 정비할 수 있다. 4. 동력 분무기를 정비할 수 있다. 5. 양수기를 정비할 수 있다. 6. 전기·전자장치를 정비할 수 있다.

16. 기계

농업기계기사

출제기준(필기)

직무 분야	기계	중직무 분야	기계장비 설비·설치	자격 종목	농업기계기사	적용 기간	2013.1.1~2017.12.31

○직무내용 : 농업기계의 특성을 이해하고 사용방식에 관한 전문지식을 활용하여 농업기계 및 설비와 구조물을 설계, 견적, 제작, 시공, 감리, 안전관리 등과 농업기계 인력에 대한 기술지도 감독 등의 능력을 함양하여 효율적으로 실무에 활용하도록 하는 직무를 수행.

필기검정방법	객관식	문제수	100	시험시간	2시간 30분

필기과목명	문제수	주요항목	세부항목	세세항목
재료역학	20	1. 개요	1. 힘과 모멘트	1. 힘의 성분 2. 힘과 모멘트 평형 3. 자유물체도 4. 마찰력
			2. 평면도형의 성질	1. 도심 2. 관성 모멘트 3. 극관성 모멘트 4. 평행축 정리
		2. 응력과 변형률	1. 응력의 개념	1. 인장응력 2. 압축응력 3. 전단응력 4. 응력 집중
			2. 변형률의 개념 및 탄성-소성 거동	1. 재료의 물성치 2. 응력-변형률 선도 3. 전단변형률 4. 탄성-소성 거동 5. 크리프 및 피로 6. 후크의 법칙 7. 푸아송의 비 8. 파손이론 9. 허용응력 10. 안전계수
			3. 축하중을 받는 부재	1. 수직 응력 및 변형률 2. 변형량 3. 부정정 문제 4. 탄성변형에너지 5. 열응력

필기과목명	문제수	주요항목	세부항목	세세항목
		3. 비틀림	1. 비틀림 하중을 받는 부재	1. 비틀림 강도 2. 전단응력 3. 비틀림 모멘트 4. 전단 변형률 5. 비틀림 각도 6. 비틀림 강성 7. 비틀림 변형에너지 8. 동력 전달 및 강도설계(축, 풀리) 9. 스프링 10. 박막튜브의 비틀림
		4. 굽힘 및 전단	1. 굽힘 하중	1. 반력 2. 굽힘 모멘트 선도 3. 하중, 전단력 및 굽힘, 모멘트 이론
			2. 전단 하중	1. 보의 전단력 2. 보의 모멘트
		5. 보	1. 보의 굽힘과 전단	1. 곡률, 변형률 및 굽힘 모멘트 관계 2. 굽힘공식 3. 굽힘응력 및 변형률 4. 전단공식 5. 전단응력 및 변형률 6. 탄성에너지 7. 전단류
			2. 보의 응용	1. 부정정보 2. 카스틸리아노(Castigliano) 정리
		6. 응력과 변형률 해석	1. 응력 및 변형률 변환	1. 평면 응력과 평면 변형률 2. 응력 및 변형률 변환 3. 주응력과 최대전단응력 4. 모어 원
		7. 평면응력의 응용	1. 압력용기, 조합하중 및 응력 상태	1. 평면응력상태의 후크의 법칙 2. 삼축 응력상태 　(Bulk modulus & Dilatation) 3. 압력용기 4. 원심력에 의한 응력 5. 조합하중 6. 보의 최대응력(굽힘응력과 전단응력 조합)
		8. 기둥	1. 기둥이론	1. 회전 반경 2. 편심하중을 받는 단주 3. 기둥의 좌굴

필기과목명	문제수	주요항목	세부항목	세세항목
기계열역학	20	1. 열역학의 기본사항	1. 기본개념	1. 열역학시스템과 검사체적 2. 물질의 상태와 상태량 3. 과정과 사이클 등
			2. 용어와 단위계	1. 질량, 길이, 시간 및 힘의 단위계 등
		2. 순수물질의 성질	1. 물질의 성질과 상태	1. 순수물질 2. 순수물질의 상평형 3. 순수물질의 독립상태량
			2. 이상기체	1. 이상기체와 실제기체 2. 이상기체의 상태방정식 3. 이상기체의 성질 및 상태변화 등
		3. 일과 열	1. 일과 동력	1. 일과 열의 정의 및 단위 2. 일이 있는 몇 가지 시스템 3. 일과 열의 비교
			2. 열전달	1. 전도, 대류, 복사의 기초
		4. 열역학의 법칙	1. 열역학 제1법칙	1. 열역학 제 0법칙 2. 밀폐계 3. 개방계
			2. 열역학 제2법칙	1. 비가역과정 2. 엔트로피
		5. 각종 사이클	1. 동력사이클	1. 동력시스템 개요 2. 랭킨사이클 3. 공기표준 동력 사이클 4. 오토, 디젤, 사바테 사이클 5. 기타 동력 사이클
			2. 냉동사이클	1. 냉동시스템 개요 2. 증기압축 냉동사이클 3. 암모니아 흡수식 냉동사이클 4. 공기표준 냉동사이클 5. 열펌프 및 기타 냉동사이클
		6. 열역학의 응용	1. 열역학의 적용사례	1. 압축기 2. 엔진 3. 냉동기 4. 보일러 5. 증기 터빈 등

필기과목명	문제수	주요항목	세부항목	세세항목
기계유체역학	20	1. 유체의 기본개념	1. 차원 및 단위	1. 유체의 정의 2. 연속체의 개념 3. 뉴턴 유체의 개념 4. 차원 및 단위
			2. 유체의 점성법칙	1. 뉴턴의 점성법칙 2. 점성계수, 동점성계수 3. 전단응력 및 속도구배
			3. 유체의 기타 특성	1. 밀도, 비중, 압축률과 체적탄성계수 2. 음속, 상태방정식 3. 표면장력 - 모세관 현상, 물방울 및 비누방울
		2. 유체정역학	1. 유체정역학의 기초	1. 정역학의 개념, 파스칼 원리 2. 절대압력/계기압력, 대기압 3. 가속/회전시 압력분포 4. 부력
			2. 정수압	1. 액주계, 마노미터 2. 용기, 해수 중 압력의 계산
			3. 작용 유체력	1. 작용점 2. 평면 및 곡면에 작용하는 힘 및 모멘트
		3. 유체역학의 기본 물리법칙	1. 연속방정식	1. 질량보존의 법칙 2. 평균 유속, 유량
			2. 베르누이방정식	1. 정압, 정체압, 동압, 수두 2. 베르누이방정식 응용
			3. 운동량 방정식	1. 선운동량 방정식의 응용 2. 각운동량 방정식의 응용
			4. 에너지 방정식	1. 에너지 방정식 응용, 마찰 2. 펌프 및 터빈 동력, 효율 3. 수력 및 에너지 기울기선
		4. 유체운동학	1. 운동학 기초	1. 속도장, 가속도장 2. 유선, 유적선 3. 오일러 방정식 4. 나비에스톡스 방정식

필기과목명	문제수	주요항목	세부항목	세세항목
			2. 포텐셜 유동	1. 포텐셜, 유동함수, 와도
		5. 차원해석 및 상사법칙	1. 차원 해석	1. 무차원수, 차원해석, 파이정리
			2. 상사 법칙	1. 모형과 원형, 상사법칙
		6. 관내 유동	1. 관내유동의 개념	1. 층류/난류 판별
			2. 층류점성유동	1. 하겐-포아젤 유동
			3. 관로내 손실	1. 난류에서의 직관 손실 2. 부차적 손실 3. 비원형관 유동
		7. 물체 주위의 유동	1. 외부유동의 개념	1. 경계층 유동 2. 박리, 후류
			2. 항력 및 양력	1. 항력, 양력
		8. 유체 계측	1. 유체 계측	1. 벤투리, 노즐 2. 오리피스 유량계 3. 유량계수, 송출계수 4. 점도계, 압력계 등

필기과목명	문제수	주요항목	세부항목	세세항목
농업동력학	20	1. 전동기	1. 전동기의 종류와 작동원리	1. 직류 전동기 2. 교류 전동기
			2. 전동기의 기동법과 성능	1. 기동법 2. 성능
		2. 내연기관	1. 내연기관의 종류와 작동원리	1. 가솔린 기관 2. 디젤 기관 3. 로터리 기관 등 기타기관
			2. 주요부의 구조와 기능	1. 헤드 및 실린더와 연소실 2. 흡·배기 밸브장치 3. 피스톤 및 피스톤 링 4. 크랭크 축 및 플라이 휠 등
			3. 기관 부속장치	1. 윤활유 및 윤활 장치 2. 연료 및 연소장치 3. 소기 및 과급장치 4. 냉각장치 및 기타부속장치
		3. 트랙터	1. 종류 및 용도	1. 트랙터의 종류 및 용도와 특성
			2. 주요부의 구조, 기능 및 작동원리	1. 동력전달장치 2. 주행장치 3. 조향장치 4. 제동장치 5. 작업기 장착장치 6. 유압장치 7. 전기장치 8. 안전장치

필기과목명	문제수	주요항목	세부항목	세세항목
농업기계학	20	1. 농업 기계화	1. 농업 기계의 능률과 부담 면적	1. 포장기계의 능률과 부담면적 2. 농업기계의 이용비용 3. 농업기계 선택과 이용 4. 농기계 사용 안전
		2. 경운 및 정지기계	1. 경운 및 정지기계	1. 경운 및 정지 기본이론 2. 플라우 3. 로터리 경운 4. 정지기계
		3. 이앙기, 파종 및 이식기, 시비기	1. 이앙기와 파종기	1. 이앙기 2. 파종기
			2. 이식기, 시비기	1. 이식기 2. 시비기
		4. 재배관리용 기계	1. 중경제초기 및 관개용 기계	1. 중경, 배토 2. 관개용 기계
			2. 방제용 기계	1. 방제용 기계
		5. 수확기계	1. 곡물수확기	1. 예취기 2. 탈곡기 3. 콤바인
			2. 기타 수확기계	1. 과일, 채소, 뿌리 수확기 2. 목초 및 기타 수확기계
		6. 농산가공기계	1. 곡물건조 및 건조기	1. 농산물의 건조이론 2. 건조방법과 건조시설 3. 농산물 저장시설과 관리
			2. 조제가공시설	1. 선별포장장치 2. 도정장치 3. 이송장치
		7. 기타 농업기계	1. 축산기계 및 설비	1. 축산용 기계설비
			2. 원예기계 및 설비	1. 원예용 기계설비
			3. 임업기계 및 설비	1. 임업용 기계설비
			4. 기타 농작업 기계	1. 식품기계 및 설비 2. 수산기계 및 설비 3. 기타 농작업 및 운반기계

출제기준(실기)

직무분야	기계	중직무분야	기계장비설비·설치	자격종목	농업기계기사	적용기간	2013.1.1~2017.12.31

○직무내용 : 농업기계의 특성을 이해하고 사용방식에 관한 전문지식을 활용하여 농업기계 및 설비와 구조물을 설계, 견적, 제작, 시공, 감리, 안전관리 등과 농업기계 인력에 대한 기술지도 감독 등의 능력을 함양하여 효율적으로 실무에 활용하도록 하는 직무를 수행.

○수행준거 : 1. 농업기계설계 기초지식을 활용할 수 있다.
2. 농작업에 관한 전문 지식을 응용할 수 있다.
3. 체결용, 전동용, 제어용 기계요소 및 유체 기계요소를 설계할 수 있다.
4. 농업기계 및 농업기계설비 관련 장치를 설계 및 설치할 수 있다.
5. 설계 조건에 맞는 계산 및 견적을 할 수 있다.
6. 농업기계 관련 기계 및 설비를 CAD S/W를 이용하여 CAD도면을 작성할 수 있다.

실기검정방법	복합형	시험시간	6시간 정도 (필답형 : 2시간 작업형 : 4시간 정도)

실기과목명	주요항목	세부항목	세세항목
농업기계설계	1. 농업기계 설계	1. 요소부품의 형상과 크기 설계하기	1. 부품에 따라 형상과 크기를 결정할 수 있다. 2. 부품의 운동학적 특성에 따라 형상과 크기를 결정할 수 있다. 3. 부품의 강도적인 측면을 고려하여 부식 및 열처리에 적합한 재질을 설계할 수 있다.
		2. 동력전달요소 설계하기	1. 시스템기능을 고려하여 동력전달기능을 구체화하고 블록화시켜 작성 할 수 있다. 2. 블록화시킨 기능의 목적과 용도에 따른 동력전달 사양을 설정하고 구현방법을 작성 할 수 있다.
		3. 유압요소 설계하기	1. 고객의 요구사항 반영 내용을 확인하고 유압요소를 설계할 수 있다. 2. 유압장치의 작동원리를 이해하고 유압요소를 설계 할 수 있다. 3. 유압장치의 작동 이상 유무를 파악하고 안전성을 고려하여 유압요소를 설계할 수 있다. 4. 유압장치의 이상유무의 진단이 용이하도록 요소를 설계할 수 있다.

실기과목명	주요항목	세부항목	세세항목
		4. 농업기계 및 설비의 설계 계산하기	1. 선정된 작업조건에 의하여, 관련된 설계변수들을 선정할 수 있다. 2. 계산의 조건에 적합한 설계계산식을 적용할 수 있다. 3. 설계 목표물의 기능과 성능을 만족하는 설계변수를 계산할 수 있다. 4. 부품별 제원 및 성능곡선표, 특성을 고려하여 설계계산에 반영할 수 있다. 5. 표준 운영절차에 따라, 설계계산 프로그램 또는 장비를 설정하고, 결과를 도출할 수 있다
	2. 농작업 전문지식	1. 농작업 및 토양의 특성을 설계에 응용하기	1. 농작업 특성에 대한 전문지식을 가지고 설계에 응용할 수 있다. 2. 토양에 대한 전문지식을 가지고 설계에 응용할 수 있다. 3. 농기계 안전장치에 대한 전문지식을 가지고 설계에 응용할 수 있다.
		2. 농작업체계에 대한 기초이론을 설계 응용하기	1. 농작업 체계에 대한 기초이론에 대한 전문지식을 가지고 설계에 응용할 수 있다.
	3. 농업기계 설계제도 (CAD)작업	1. CAD S/W를 이용한 도면 작성하기	1. CAD S/W를 이용하며 산업표준 규격을 활용하여 부품 공작도(치수 및 형상공차 기호 등)를 작성할 수 있다. 2. 표준 운영절차에 따라 요구되는 형상을 2D 또는 3D로 완벽하게 구현할 수 있다 3. 작성된 2D 또는 3D 도면을 사내 또는 산업표준에 규정한 도면 작성법에 의하여 정확하게 기입되었는가를 검토할 수 있다. 4. 부품 간 기구학적 간섭을 확인하고, 오류발생 시 수정할 수 있다.
		2. 자료 출력 및 보관하기	1. 최종도면을 출력하고 자료를 보관할 수 있다.
		3. CAD 장비의 운영	1. CAD S/W 프로그램을 설치하고 출력장치 및 CAD 장비를 운영할 수 있다.
		4. 요소부품의 형상과 크기 선정하기	1. 부품 및 부품의 운동학적 특성에 따라 형상과 크기를 결정할 수 있다. 2. 부품의 강도적인 측면을 고려하여 부식 및 열처리에 적합한 재질을 선정할 수 있다.

16. 기계

농업기계산업기사

출제기준(필기)

직무 분야	기계	중직무 분야	기계장비 설비·설치	자격 종목	농업기계산업기사	적용 기간	2013.1.1~2017.12.31

○직무내용 : 농업기계의 특성을 이해하고 기계요소에 관한 전문지식을 활용하여 농업기계 및 관련 기계설비와 제작, 수리, 정비 등과 농업 기계 관련 인력에 대한 기술지도 감독 등을 하여 주어진 농업 기계를 능률적으로 실무에 활용하도록 하는 직무를 수행.

필기검정방법	객관식	문제수	80	시험시간	2시간

필기과목명	문제수	주요항목	세부항목	세세항목
농업기계 공작법	20	1. 수가공과 측정	1. 수가공	1. 수가공의 종류와 공구 2. 수가공 작업
			2. 측정	1. 측정의 기초 2. 길이측정 3. 각도측정
		2. 절삭가공	1. 절삭가공이론	1. 절삭가공이론 2. 절삭제
			2. 선반가공	1. 선반의 구조와 부속장치 2. 선반작업
			3. 연삭작업	1. 연삭기 종류와 연삭숫돌 2. 연삭작업
			4. 기타 절삭가공	1. 밀링 및 드릴링 작업 2. 기타 절삭가공
		3. 비절삭 가공	1. 주조	1. 원형 2. 주형 3. 주조
			2. 소성가공	1. 소성가공 개요 2. 소성가공 종류 및 특성
			3. 열처리	1. 열처리 종류 및 특성
			4. 용접	1. 용접 종류 및 특성
		4. 기계조립 및 정비작업	1. 기계조립 작업	1. 조립작업용 공구 및 사용법
			2. 분해 및 조립작업	1. 분해, 조립작업 공구 및 사용법
			3. 조정 및 정비작업	1. 조정 및 정비작업 공구 및 사용법

필기과목명	문제수	주요항목	세부항목	세세항목
농업기계요소	20	1. 강도 및 설계기준	1. 기계요소 기초	1. 응력과 안전율 및 응력집중, 크리프 등 2. 치수공차와 끼워 맞춤
		2. 기계요소	1. 체결용 요소	1. 나사(볼트, 너트) 2. 키, 코터, 핀, 스플라인 등 3. 리벳 및 용접이음
			2. 전동용 요소	1. 축과 축이음 2. 베어링 3. 벨트, 체인, 기어, 스프로켓 4. 기타 전동용 요소
			3. 제어용 요소 및 기타 기계요소	1. 브레이크 및 래칫장치 2. 스프링 및 완충장치 3. 플라이 휠(fly wheel) 4. 기타 농업기계요소
		3. 유공압기기와 관로	1. 유공압기기	1. 유압기기 2. 공압기기
			2. 관로	1. 파이프와 파이프이음 2. 관로의 설계와 누설방지

필기과목명	문제수	주요항목	세부항목	세세항목
농업기계학	20	1. 농업 기계화	1. 농업 기계의 능률과 부담 면적	1. 포장기계의 능률과 부담면적 2. 농업기계의 이용비용 3. 농업기계 선택과 이용 4. 농기계 사용 안전
		2. 경운 및 정지기계	1. 경운 및 정지기계	1. 경운 및 정지 기본이론 2. 플라우 3. 로터리 경운 4. 정지기계
		3. 이앙기, 파종 및 이식기, 시비기	1. 이앙기와 파종기	1. 이앙기 2. 파종기
			2. 이식기, 시비기	1. 이식기, 시비기
		4. 재배관리용 기계	1. 중경제초기 및 관개용 기계	1. 중경, 배토 2. 관개용 기계
			2. 방제용 기계	1. 방제용 기계
		5. 수확기계	1. 곡물수확기	1. 예취기 2. 탈곡기 3. 콤바인
			2. 기타 수확기계	1. 과일, 채소, 뿌리 수확기 2. 목초 및 기타 수확기계
		6. 농산가공기계	1. 곡물건조 및 건조기	1. 농산물의 건조이론 2. 건조방법과 건조시설 3. 농산물 저장시설과 관리
			2. 조제가공시설	1. 선별포장장치 2. 도정장치 3. 이송장치
		7. 기타 농업 기계	1. 축산기계 및 설비	1. 축산용 기계설비
			2. 원예기계 및 설비	1. 원예용 기계설비
			3. 임업기계 및 설비	1. 임업용 기계설비
			4. 기타 농작업 기계	1. 식품기계 및 설비 2. 수산기계 및 설비 3. 기타 농작업 및 운반기계

필기과목명	문제수	주요항목	세부항목	세세항목
농업동력학	20	1. 전동기	1. 전동기의 종류와 작동원리	1. 직류 전동기 2. 교류 전동기
			2. 전동기의 기동법과 성능	1. 기동법 2. 성능
		2. 내연기관	1. 내연기관의 종류와 작동원리	1. 가솔린 기관 2. 디젤 기관 3. 로터리 기관 등 기타기관
			2. 주요부의 구조와 기능	1. 헤드 및 실린더와 연소실 2. 흡·배기 밸브장치 3. 피스톤 및 피스톤 링 4. 크랭크 축 및 플라이 휠 등
			3. 기관 부속장치	1. 윤활유 및 윤활 장치 2. 연료 및 연소장치 3. 소기 및 과급장치 4. 냉각장치 및 기관 부속장치
		3. 트랙터	1. 종류 및 용도	1. 트랙터의 종류 및 용도와 특성
			2. 주요부의 구조, 기능 및 작동원리	1. 동력전달장치 2. 주행장치 3. 조향장치 4. 제동장치 5. 작업기 장착장치 6. 유압장치 7. 전기장치 8. 안전장치
			3. 성능 및 시험방법	1. 견인성능 2. 주행성능 3. 기관성능과 안정성

출제기준(실기)

직무 분야	기계	중직무 분야	기계장비 설비·설치	자격 종목	농업기계산업기사	적용 기간	2013.1.1~2017.12.31

○직무내용 : 농업기계의 특성을 이해하고 기계요소에 관한 전문지식을 활용하여 농업기계 및 관련 기계설비와 제작, 수리, 정비 등과 농업기계 관련 인력에 대한 기술지도 감독 등을 하여 주어진 농업기계를 능률적으로 실무에 활용하도록 하는 직무를 수행

○수행준거 : 1. 농업기계 기초지식을 활용할 수 있다.
            2. 농작업에 관한 전문 지식을 응용할 수 있다.
            3. 농업기계설비 관련 장치를 설치할 수 있다.
            4. 가솔린 및 디젤엔진을 정비할 수 있다.
            5. 승용트랙터를 정비할 수 있다.
            6. 육성관리용 기계를 정비할 수 있다.
            7. 수확기계 및 건조기계를 정비할 수 있다.
            8. 농업기계 전기·전자장치를 정비할 수 있다.
            9. 농업기계 정기점검 및 시운전 할 수 있다.

실기검정방법	작업형	시험시간	6시간 30분 정도

실기과목명	주요항목	세부항목	세세항목
농업기계 정비 작업	1. 농용기관 정비	1. 가솔린 및 디젤엔진 정비하기	1. 기관점검 및 성능시험을 하고 정비를 할 수 있다. 2. 연료장치를 점검을 하고 정비를 할 수 있다. 3. 윤활장치를 점검을 하고 정비를 할 수 있다. 4. 냉각장치를 점검을 하고 정비를 할 수 있다. 5. 실린더블록을 점검을 하고 정비를 할 수 있다. 6. 피스톤 및 크랭크 실을 점검하고 정비를 할 수 있다. 7. 실린더헤드 및 밸브장치를 점검하고 정비를 할 수 있다. 8. 크랭크축 및 캠축을 점검하고 정비를 할 수 있다.
	2. 트랙터	1. 트랙터 정비하기	1. 전기계통 및 동력전달계통(클러치, 차동장치, 차축 및 바퀴, 조향장치, 브레이크 등)을 점검 하고 정비를 할 수 있다. 2. 유압계통을 점검 하고 정비를 할 수 있다. 3. 전자제어 계통을 점검 하고 정비를 할 수 있다. 4. 작업자 편의 및 안전장치를 점검하고 정비를 할 수 있다. 5. 부착작업기(플라우, 로터리 등)를 점검을 하고 정비를 할 수 있다.

실기과목명	주요항목	세부항목	세세항목
	3. 재배관리용 기계	1. 재배관리용 기계정비하기	1. 이앙기를 점검을 하고 정비를 할 수 있다. 2. 시비기를 점검을 하고 정비를 할 수 있다. 3. 양수기를 점검을 하고 정비를 할 수 있다. 4. 동력분무기를 점검을 하고 정비를 할 수 있다. 5. 관리기를 점검을 하고 정비를 할 수 있다. 6. 휴대용예취기를 점검을 하고 정비를 할 수 있다.
	4. 수확 및 수확 후 가공기계	1. 수확기계 정비하기	1. 콤바인을 점검하고 정비할 수 있다.
		2. 건조기계 정비하기	1. 곡물 및 농산물 건조기를 점검하고 정비할 수 있다.
		3. 도정 및 선별기계 정비하기	1. 도정기계를 점검하고 정비할 수 있다. 2. 선별기를 점검하고 정비할 수 있다.
	5. 농업기계 전기·전자장치	1. 농업기계 전기·전자장치 정비하기	1. 시동장치(축전지, 기동전동기, 충전장치, 점화장치 등)를 점검 하고 정비를 할 수 있다. 2. 등화장치를 점검하고 정비할 수 있다. 3. 안전장치를 점검하고 정비할 수 있다. 4. 전기·전자장치를 점검하고 정비할 수 있다.
	6. 농업기계 정기 점검 및 시운전	1. 시운전 준비하기	1. 해당 기계설비의 관련 매뉴얼에 의거 사양 및 가동조건을 점검할 수 있다. 2. 해당 기계설비의 일상 점검표에 의거 설비 이력을 분석할 수 있다. 3. 기계 및 설비의 가동상태, 설치 후 변동상태 등에 관한 의견을 청취하고, 시운전에 반영할 수 있다.
		2. 시운전 및 작동상태 확인하기	1. 해당 기계장비의 관련 매뉴얼에 의거 시운전 점검표의 점검항목을 부분작동 또는 단순 동작으로 운전할 수 있다. 2. 해당 기계장비의 시운전 점검표의 점검항목을 분석하여 문제발생 여부, 문제 발생 가능 여부를 판단 및 기술할 수 있다. 3. 문제 발생시 관련 전문가에 의뢰하여 의견을 수렴할 수 있다.
		3. 정기점검하기	1. 해당 기계장비의 특성에 따라 점검주기를 결정하여 정기점검, 일상점검, 수시점검으로 분류하고 관리할 수 있다. 2. 점검 결과를 정리하여 기록할 수 있다.

16. 기계

자동차보수도장기능사

출제기준(필기)

직무 분야	기계	중직무 분야	자동차	자격 종목	자동차보수도장기능사	적용 기간	2013. 1. 1 ~ 2015. 12. 31

○직무내용 : 자동차 차체의 손상된 표면을 원상회복시키기 위해 작업공정을 결정하고 소재 종류와 도장 특성에 따라 표준도장 및 조색작업, 부분도장, 플라스틱부품도장, 광택작업 등과 같은 보수도장 전반에 대한 응용작업과 관련설비 및 장비의 점검, 유지, 보수업무를 수행.

필기검정방법	객관식	문제수	60	시험시간	1시간

필기과목명	문제수	주요항목	세부항목	세세항목
자동차구조, 색채, 자동차보수도장, 안전 관리	60	1. 자동차 구조	1. 기본사항	1. 힘과 운동의 관계 2. 열과 일 및 에너지와의 관계 3. 자동차공학에 쓰이는 단위 4. 자동차용 소재
			2. 자동차의 구성	1. 자동차의 분류 2. 자동차의 차체 및 프레임구조 3. 기관의 구성 4. 새시의 구성 5. 전기장치의 구성 6. 자동차의 기초적인 관련사항
		2. 색채	1. 색의 기본원리	1. 색을 지각하는 기본원리에 관한 일반 지식 2. 색의 분류 및 색의 3속성
			2. 색의 혼합	1. 색의 혼합 (감산, 가산, 중간, 병치 혼합 등)
			3. 색의 표시	1. 관용 색명, 일반 색명 2. 먼셀의 표색계
			4. 색의 지각적인 효과	1. 색의 대비 2. 색의 동화, 잔상, 명시도와 주목성, 진출, 후퇴, 수축, 팽창 등
			5. 색의 감정적인 효과	1. 온도감, 중량감, 흥분과 침정, 색의 경연감 등 색의 수반감정에 관한 사항 2. 색의 연상과 상징에 관한사항

필기과목명	문제수	주요항목	세부항목	세세항목
			6. 색채응용	1. 색채의 조화와 배색에 관한 일반 지식 2. 조색방법 (목측방법, 계기측정방법, 조색요령, 주의사항 등)에 관한 사항
		3. 보수도장	1. 보수도장 재료	1. 도료에 관한 일반지식 2. 도료의 구성요소 　(수지, 안료, 첨가제, 용제, 희석제 등) 3. 도료의 건조 4. 도막시험에 관한 일반지식 5. 도장 보조재료
			2. 조색이론	1. 조색의 규칙 2. 색상의 변화 및 이색 요인 3. 색상의 비교 4. 솔리드 도료의 조색 5. 메탈릭 도료의 조색 6. 펄 도료의 조색
			3. 표준보수도장	1. 표면조정 작업 2. 퍼티 및 연마 3. 하도 도장 4. 중도 도장 5. 상도 도장 6. 블렌딩 도장 7. 광택 작업
			4. 플라스틱 도장	1. 플라스틱 종류 및 특성 2. 플라스틱 부품 도장
			5. 도장검사 및 결함	1. 도장작업 전 결함 2. 도장작업 중 결함 3. 도장작업 후 결함
			6. 보수도장 설비에 관한 지식	1. 도장용 공구 및 기기에 관한 사항 2. 도장장비에 관한 사항 3. 도장시설에 관한사항
		4. 안전 관리	1. 산업안전 일반	1. 안전기준 및 재해 2. 산업안전표지 및 화재예방

필기과목명	문제수	주요항목	세부항목	세세항목
			2. 기계 및 기기에 대한 안전	1. 도장설비 취급 2. 도장장비 취급 3. 기계 및 기기 취급
			3. 공구에 대한 안전	1. 전동 및 공기공구 2. 수공구
			4. 작업상의 안전	1. 분진 및 유기용제 중독 2. 위험물 취급 및 폐기물 처리 3. 작업환경 및 안전보호구

출제기준(실기)

직무분야	기계	중직무분야	자동차	자격종목	자동차보수도장기능사	적용기간	2013.1.1~2017.12.31

○직무내용 : 자동차 차체의 손상된 표면을 원상회복시키기 위해 작업공정을 결정하고 소재 종류와 도장 특성에 따라 현장 조색작업과 함께 부분도장, 플라스틱부품도장, 도안도장 및 광택작업 등과 같은 보수 관련 응용작업을 실시하며 보수도장 작업 관련설비 및 장비의 점검, 유지·보수업무를 수행

○수행준거 : 1. 자동차의 보수도장 공구 및 장비를 이용하여 소재의 특성을 고려한 표준보수도장 작업을 할 수 있다.
2. 마스터 칩을 확인하고 원색 특성을 파악한 후 혼합할 원색을 결정하여 목측과 계량으로 조색작업을 할 수 있다.
3. 패널의 손상부위에 블렌딩 기법을 활용한 후 부분보수도장으로 원상복원 작업을 할 수 있다.
4. 광택용 장비와 공구를 이용하여 컬러샌딩, 컴파운딩, 폴리싱, 광택코팅 등 공정 절차대로 보수도막에 광택작업을 할 수 있다.

실기검정방법		작업형		시험시간		5시간 30분 정도

실기과목명	주요항목	세부항목	세세항목
자동차 보수도장 작업	1. 구도막 제거작업	1. 제거부위선택하기	1. 제거부위 선택 후 작업 방법을 결정할 수 있다.
		2. 제거방법 선택하기	1. 샌딩작업시 필요한 장비와 연마지를 선택하여 도막을 제거할 수 있다. 2. 리무버의 사용방법과 주의사항을 습득하고 완전한 도막제거를 할 수 있다. 3. 인접한 패널의 마스킹이나 리무버 제거의 필요한 마스킹 작업을 할 수 있다.
		3. 단 낮추기	1. 손상부위에 따른 단 낮추기 작업방법을 알고, 작업할 수 있다.
	2. 프라이머 작업	1. 재료선택하기	1. 작업 부위에 따른 적합한 프라이머를 선택할 수 있다. 2. 주제, 경화제, 희석제에 대한 혼합비율을 알고, 혼합할 수 있다.
		2. 탈지작업하기	1. 맨철판, 구도막 제거 공정에 따라 탈지제를 선정할 수 있다. 2. 소재(맨철판, 알루미늄, 플라스틱)와 도막의 종류에 따른 탈지 방법을 알 수 있다. 3. 송진포의 사용법을 알고 사용할 수 있다.

실기과목명	주요항목	세부항목	세세항목
		3. 프라이머 도장하기	1. 프라이머 필터방법을 숙지하고 스프레이건을 조작할 수 있다. 2. 손상부위, 도장부위에 따라 프라이머를 도장할 수 있다. 3. 프라이머 종류에 따라 세척제를 선택하여 스프레이건을 청소할 수 있다.
	3. 퍼티 및 서페이서 작업	1. 퍼티 선택 및 배합하기	1. 소재(맨철판, 알루미늄, 아연도금강판, 플라스틱)에 따라 퍼티를 선택할 수 있다. 2. 계절(하절, 춘추, 동절)에 따라 경화제의 양을 조절할 수 있다. 3. 작업범위에 따라 퍼티 양을 조절할 수 있다. 4. 주제와 경화제를 균일하게 혼합할 수 있다.
		2. 퍼티바르기	1. 평면 손상부위에 퍼티를 도포할 수 있다. 2. 프레스라인 손상부위에 퍼티를 도포할 수 있다. 3. 굴곡진 손상부위에 퍼티를 도포할 수 있다. 4. 플라스틱 소재에 퍼티(수지퍼티)를 도포할 수 있다.
		3. 건조하기	1. 퍼티를 자연 건조시켜 연마 가능한 때를 판별할 수 있다. 2. 적외선 건조기를 이용해서 연마 가능한 때까지 건조할 수 있다. 3. 건조 차이로 인한 도막결함을 예방할 수 있고 결함이 발생되면 수정할 수 있다.
		4. 서페이서 도장하기	1. 도장작업에 적정한 패턴폭, 공기압력, 토출량 조절을 할 수 있다. 2. 부분도장, 패널도장을 할 수 있다. 3. 도장작업을 위한 부분 마스킹을 할 수 있다. 4. 건조기를 이용하여 연마 가능한 시간까지 건조할 수 있다. 5. 연마를 할 수 있다.
		5. 샌딩작업하기	1. 도포된 상태에 따라 샌더기를 선택할 수 있다. 2. 적정한 연마지를 선정할 수 있고, 연마 중 교환주기를 판단할 수 있다. 3. 핸드 블록을 이용해서 퍼티를 연마할 수 있다.

실기과목명	주요항목	세부항목	세세항목
	4 조색작업	1. 컬러확인하기	1. 차량별 색상표지판의 위치를 알고, 색상 코드를 찾을 수 있다. 2. 투톤(two tone), 쓰리톤(three tone) 코드의 색상을 구분할 수 있다. 3. 도료업체에서 공급하는 배합표, 인터넷 자료로 배합을 찾을 수 있다. 4. 차량을 보고 메탈릭, 펄, 솔리드 색상을 구분할 수 있다.
		2. 조색하기	1. 색상 도료를 현장 조색시스템으로 배합할 수 있다. 2. 조색 시편과 차량과의 색상 차이를 판별하고, 설명할 수 있다. 3. 재료의 특징과 조색방법을 알고 색상을 조색할 수 있다. 4. 전자저울을 이용하여 조색제를 투입할 수 있다 5. 컴퓨터 데이터를 이용하여 조색제를 선정하고, 조색을 진행할 수 있다.
	5 마스킹 작업	1. 마스킹부위 선택하기	1. 도장할 부위와 도장하지 않을 부위를 결정할 수 있다. 2. 작업의 편리성을 위한 마스킹의 재료를 선정할 수 있다.
		2. 터널 마스킹하기	1. 터널 마스킹할 작업 패널을 알고, 작업방법을 알 수 있다. 2. 쿼터패널 부위에 터널 마스킹을 할 수 있다. 3. 도어 패널부위에 터널 마스킹을 할 수 있다. 4. 터널마스킹에 사용되는 재료와 테이프를 사용할 수 있다.
		3. 리버스 마스킹하기	1. 부분도장할 부위에 리버스 마스킹 범위를 결정할 수 있다. 2. 리버스 마스킹에 사용되는 재료와 테이프를 사용할 수 있다. 3. 프라이머·서페이서 도장을 위한 리버스 마스킹을 할 수 있다.
		4 마스킹 제거하기	1. 마스킹을 제거할 시기를 결정할 수 있다. 2. 마스킹 제거시 도막이 함께 떨어지는 것을 방지할 수 있다. 3. 마스킹 테이프 제거할 때 제거 각도를 알고 작업할 수 있다. 4. 부분적으로 도료가 침투된 부위는 수정할 수 있다.

실기과목명	주요항목	세부항목	세세항목
	6. 도색작업	1. 탈지작업하기	1. 에어브러시의 사용 방법을 알 수 있다. 2. 도막표면의 오염부위를 찾아 탈지제로 제거할 수 있다. 3. 송진포의 사용법을 알고 사용할 수 있다.
		2. 블렌딩 작업하기	1. 패널내의 블렌딩이 필요한지 판단할 수 있다. 2. 패널내, 쿼터패널에서의 블렌딩 범위를 설정할 수 있다. 3. 크리어 블렌딩할 범위를 연마할 부위보다 약간 넓게 할 수 있다. 4. 블렌딩 부위를 탈지제를 이용하여 깨끗이 탈지할 수 있다.
		3. 베이스도색하기	1. 베이스도장에 적정한 패턴폭, 공기압력, 토출량을 조절할 수 있다. 2. 부분도장, 패널도장, 블록도장, 전체도장에서 베이스를 도장할 수 있다. 3. 베이스의 도장 간격에서 플래시 타임을 줄 수 있고 후속도장 시간을 결정할 수 있다. 4. 은폐되는 정도를 판단하면서 도장할 수 있다. 5. 도료 업체에서 추천하는 도장횟수에 따라 도장할 수 있다. 6. 베이스에서 발생되는 도막결함을 예방하면서 도장할 수 있다.
		4. 크리어 도포하기	1. 크리어를 2~3회 블렌딩할 계획을 세우고, 도장할 수 있다. 2. 크리어를 연마된 부위 내에서 도장할 수 있다. 3. 크리어를 베이스도장 부위보다 넓게 도장할 수 있다. 4. 크리어 블렌딩 경계부위가 매끄럽게 되도록 도장할 수 있다.
	7. 건조작업	1. 건조방법 선택하기	1. 건조장비의 특징(온도상승시간)과 사용방법(온도설정, 타이머)에 대해 알 수 있다. 2. 도료업체의 매뉴얼에 의한 건조 온도, 건조시간을 숙지하고, 작업할 수 있다.
		2. 건조하기	1. 자연건조를 시키기 위한 작업환경(티, 오염 부착방지)을 설정할 수 있다. 2. 도료업체의 매뉴얼에 의한 작업장의 온도 대비, 자연건조 시간을 숙지하고 작업할 수 있다.

실기과목명	주요항목	세부항목	세세항목
		3. 건조상태 검사하기	1. 크리어 도장 후 세팅 타임을 결정할 수 있다. 2. 세팅 타임의 결정으로 핀홀 현상 등의 결함을 방지할 수 있다. 3. 연마를 해야 하는 도막의 경우, 건조 후 연마가 가능한지 판단할 수 있다.
	8 도장 마무리작업	1. 도장상태확인하기	1. 연마할 대상에 따라 샌더와 연마지의 종류를 결정할 수 있다. 2. 도막의 종류에 따라 연마지를 선택할 수 있다.
		2. 광택작업하기	1. 폴리싱에 필요한 폴리셔, 양털패드, 스폰지패드를 선택할 수 있다. 2. 컴파운드의 종류에 따라 패드를 선택하여 사용할 수 있다. 3. 컬러샌딩에서의 연마자국을 제거할 수 있다. 4. 연마자국을 없애고 광택이 향상될 수 있는 폴리싱을 할 수 있다. 5. 폴리싱 중에 베이스 층이 드러나지 않는 작업을 할 수 있다. 6. 폴리싱 중 철판에 열을 발생시켜 변형되는 것을 방지할 수 있다. 7. 도막의 종류에 따라 광택제(왁스, 실리콘의 유무)를 선택할 수 있다. 8. 광택제를 도포, 세팅, 제거 등의 작업을 할 수 있다.

16. 기계

자동차차체수리기능사

출제기준(필기)

직무분야	기계	중직무분야	자동차	자격종목	자동차차체수리기능사	적용기간	2013. 1. 1 ~ 2015. 12. 31

○직무내용 : 손상된 차체 및 패널을 차체수리용 공구와 장비를 사용해서 원래의 형태로 복원하고 손상된 패널을 수정, 교환하며 퍼티 연계작업까지의 직무를 수행

필기검정방법	객관식	문제수	60	시험시간	1시간

필기과목명	문제수	주요항목	세부항목	세세항목
자동차공학, 자동차 차체 정비, 안전 관리	60	1. 자동차 구조	1. 기본사항	1. 힘과 운동의 관계 2. 열과 일 및 에너지와의 관계 3. 자동차공학에 쓰이는 단위
			2. 구조 및 원리	1. 자동차의 분류 2. 자동차 차체 및 프레임 3. 차체 부품의 명칭 및 구조 4. 기관의 구조 및 작용원리 5. 섀시의 구성 및 작용원리 6. 전기장치의 구성 및 작용원리 7. 휠 얼라인먼트 관한 사항
		2. 차체재료 및 용접일반	1. 도면 해독법	1. 기계제도일반 2. 도면해독(비 절삭분야)
			2. 차체의 재료	1. 금속의 성질 2. 금속재료 및 합금 3. 금속의 열에 의한 영향 4. 철강재료 5. 비철금속재료 6. 비금속재료 7. 강판재료 8. 알루미늄 9. 합성수지
			3. 차체용접	1. 용접일반 및 설비에 관한사항 2. 가스용접 및 절단 3. 전기(아크) 용접 4. Spot(점) 용접 5. 탄산가스아크(CO_2)용접 6. 기타 용접 7. 용접준비 및 시공에 관한 사항 8. 용접 후 연삭에 관한 사항

필기과목명	문제수	주요항목	세부항목	세세항목
		3. 차체정비	1. 차체수정	1. 차체 구조의 일반사항 2. 차체 손상진단 3. 차체 파손 분석 4. 보디 프레임 수정용 기기 5. 센터링 게이지 6. 트램 트랙킹 게이지 7. 보디 복원수리에 관한사항 8. 보디수리용 장비에 관한 사항 9. 보디수리용 공구에 관한 사항 10. 차체분해 및 조립에 관한 사항 11. 차체수리 전반에 관한사항 12. 차체치수 및 도면에 관한 사항
			2. 차체 판금	1. 차체 부품에 관한 사항 2. 차체 이음에 관한 사항 3. 판금 일반에 관한 사항 4. 금속가공에 관한 사항 5. 차체 부품 제작에 관한 사항 6. 차체 절단에 관한 사항
			3. 자동차도장	1. 도장용 기기 2. 도장용 공구 3. 퍼티의 종류와 사용법
		4. 안전관리	1. 산업안전일반	1. 안전기준 및 재해 2. 안전보건표지
			2. 기계 및 기기에 대한 안전	1. 차체수리 작업 2. 용접 작업 3. 차량 취급 4. 기계 및 기기 취급
			3. 공구에 대한 안전	1. 전동 및 공기공구 2. 수공구
			4. 작업상의 안전	1. 소음 및 분진과 환경위생 2. 차체수리 안전 보호구

출제기준(실기)

직무 분야	기계	중직무 분야	자동차	자격 종목	자동차차체수리기능사	적용 기간	2013. 1. 1~2015.12.31

○직무내용 : 손상된 차체 및 패널을 차체수리용 공구와 장비를 사용해서 원래의 형태로 복원하고 손상된 패널을 수정, 교환하며, 퍼티연계작업까지의 직무를 수행

○수행준거 : 1. 자동차 차체수리 수정장비와 공구를 이용하여 차체 손상진단을 할 수 있고 차체 수정작업과 복원 작업을 수행할 수 있다.
2. 패널 탈, 부착작업과 패널수정 및 연마작업으로 패널 표면을 복원할 수 있다.
3. 절단장비를 이용하여 패널을 절단할 수 있으며, 절단된 패널을 용접할 수 있다.
4. 손상된 패널을 분리하고 신품 패널을 용접 부착할 수 있다.

실기검정방법	작업형	시험시간	5시간 30분 정도

실기과목명	주요항목	세부항목	세세항목
자동차 차체수리 작업	1. 차량 파손 분석	1. 손상부위 분석하기	1. 충격 부위의 차체 구조를 파악하여 구성부품의 손상정도를 분석할 수 있다. 2. 육안으로 충격에 의해 발생된 손상범위를 파악할 수 있다. 3. 손의 촉감으로 충격에 의해 발생된 손상범위를 파악할 수 있다. 4. 각종 측정기구를 사용하여 손상부위를 측정할 수 있다.
		2. 작업범위 결정하기	1. 정비지침서를 활용하여 충격부위의 파손정도에 따라 작업범위를 결정할 수 있다. 2. 손상정도에 따라 수리하거나 교환하여야 할 부분을 결정할 수 있다. 3. 손상정도에 따라 작업공정과 시간을 파악할 수 있다.
	2. 변형계측작업	1. 계측방법 선택하기	1. 손상부위의 위치와 손상정도에 따라서 필요한 계측 방법을 선택할 수 있다. 2. 정비지침서를 활용하여 차체의 구조를 파악하고 치수도를 해독할 수 있다. 3. 계측기의 특성에 따른 계측방법을 파악할 수 있다.
		2. 계측장비 선택하기	1. 각종 계측기의 특성과 측정용도에 따라서 계측장비를 파악할 수 있다. 2. 계측방법이 결정되면 손상부위나 손상정도에 따라서 필요한 계측장비를 선택할 수 있다.

실기과목명	주요항목	세부항목	세세항목
		3. 변형도 측정하기	1. 선택된 계측장비를 이용하여 차체의 변형정도를 측정하고 기록할 수 있다.
		4. 측정결과 분석하기	1. 계측한 자료에 따른 측정결과를 분석하여 차체수리에 적용할 수 있다. 2. 측정결과에 따라 차체의 손상정도를 기록할 수 있다.
	3. 차체수정	1. 장비 선택하기	1. 차체의 변형정도를 확인하고 필요한 장비를 선택할 수 있다. 2. 손상정도에 따라서 차체 수정 장비를 선택할 수 있다.
		2. 손상 패널 분해하기	1. 손상된 패널이 수정 불가능할 경우 분해하여 교환할 수 있다. 2. 손상된 패널을 분해하기 위해 탈·부착 및 절단 공구를 사용할 수 있다.
		3. 손상부위 복원하기	1. 복원시 연결부위의 변형을 예측하여 복원방법을 결정할 수 있다. 2. 계측결과를 토대로 필요장비 및 공구를 활용하여 변형된 부위를 복원할 수 있다. 3. 손상부 교정작업 중 안전사고 예방대책을 수립할 수 있다. 4. 복원 후 정비지침서에 준하여 치수를 확인하고 오차범위 내로 수정되었는지를 확인할 수 있다. 5. 차체의 재질과 접합방법에 따라 복원 방법을 활용할 수 있다. 6. 정비지침서에 준하여 치수가 틀릴 경우 재수정할 수 있다.
	4. 용접·접합	1. 용접·접합 작업하기	1. 접합부위를 용접할 수 있도록 도막 등을 제거할 수 있다. 2. 용접 준비를 위하여 교환할 패널을 절단하여 떼어낼 수 있다. 3. 재질과 형태에 따라 CO_2 용접, 전기저항 용접 등 각종 용접을 할 수 있다. 4. 용접 후 변형부위를 공구로 교정할 수 있다. 5. 손상된 재료에 따라서 화학적·기계적 접합을 할 수 있다. 6. 평활도를 위해 용접부위를 연삭할 수 있다.

실기과목명	주요항목	세부항목	세세항목
		2. 작업부위 검사하기	1. 용접 및 접합부위의 외관을 촉감과 육안으로 검사할 수 있다. 2. 접합부위에 이상이 있는 경우 수정 작업할 수 있다.
	5. 패널 수정·교환	1. 장비 선택하기	1. 패널을 수정하기 위한 장비 및 공구의 특성과 사용방법을 파악할 수 있다. 2. 패널을 수정하기 위한 장비 및 공구를 선택할 수 있다.
		2. 패널 수정·교환 작업하기	1. 변형된 형태에 따른 인출판금과 타출판금을 할 수 있다. 2. 변형된 부위가 판금을 할 수 없는 패널을 교환할 수 있다. 3. 판금정도에 따라서 판금이 완벽하지 않은 경우 판금퍼티를 바르고 샌딩 작업을 할 수 있다. 4. 차체부품 교환 및 차체 조립 시 간격 조정할 수 있다.
		3. 작업부위 검사하기	1. 판금 작업 후 육안검사, 손바닥을 이용한 감각 검사를 할 수 있다. 2. 계측기 등을 이용하여 기계적인 검사를 하고 오차가 있는 경우 수정할 수 있다. 3. 퍼티작업을 하기 위해서 수정된 차체의 평활도 및 간격을 검사할 수 있다.
	6. 단품 교환	1. 단품 교환 작업하기	1. 단품 탈거 및 부착시 간격을 조정할 수 있다. 2. 단품 교환을 위한 탈·부착 공구를 선택하여 작업할 수 있다. 3. 정비지침서에 따라 볼트 온 패널의 교환작업을 할 수 있다.
	7. 플라스틱 부품 수리·교환	1. 교환 및 수정 작업하기	1. 교환 작업을 위해 플라스틱 부품을 탈·부착할 수 있다. 2. 수정 작업을 위해 플라스틱 부품을 수리할 수 있다.
	8. 차체수리 마무리 점검	1. 수리상태 확인하기	1. 차체 구조에 따른 검사방법을 파악할 수 있다. 2. 정비지침서에 의한 규격을 확인할 수 있다. 3. 차체 검사 장비를 활용하여 수리 상태를 확인할 수 있다.

국가기술자격 출제기준 I

17 재료

열처리기능사 ·················· 523
압연기능장 ·················· 533
제선기능장 ·················· 555
제선기능사 ·················· 569
축로기능사 ·················· 577
광고도장기능사 ·················· 585
금속도장기능사 ·················· 593

17. 재료

열처리기능사

출제기준(필기)

직무 분야	재료	중직무 분야	금속·재료	자격 종목	열처리기능사	적용 기간	2013. 1. 1~2015.12.31

○직무내용 : 전기로, 분위기로, 진공로, 고주파로 등의 열처리 장비를 이용하여 금속재료와 제품의 기계적, 물리적 성질을 개선하는 방법을 숙지하고 실제 불림(노멀라이징), 풀림(어닐링), 담금질(퀜칭), 뜨임(템퍼링) 등의 작업을 통하여 요구되는 물성의 금속재료를 만드는 작업을 수행

필기검정방법	객관식	문제수	60	시험시간	1시간

필기과목명	문제수	주요항목	세부항목	세세항목
금속재료일반, 금속제도, 금속열처리	60	1. 금속재료 총론	1. 금속의 특성과 상태도	1. 금속의 특성과 결정 구조 2. 금속의 변태와 상태도 및 기계적 성질
			2. 금속재료의 성질과 시험	1. 금속의 소성 변형과 가공 2. 금속재료의 일반적 성질 3. 금속재료의 시험과 검사
		2. 철과 강	1. 철강 재료	1. 순철과 탄소강 2. 열처리 종류 3. 합금강 4. 주철과 주강 5. 기타 재료
		3. 비철 금속재료와 특수 금속재료	1. 비철 금속재료	1. 구리와 그 합금 2. 경금속과 그 합금 3. 니켈, 코발트, 고용융점 금속과 그 합금 4. 아연, 납, 주석, 저용융점 금속과 그 합금 5. 귀금속, 희토류 금속과 그 밖의 금속
			2. 신소재 및 그 밖의 합금	1. 고강도 재료 2. 기능성 재료 3. 신에너지 재료
		4. 제도의 기본	1. 제도의 기초	1. 제도 용어 및 통칙 2. 도면의 크기, 종류, 양식 3. 척도, 문자, 선 및 기호 4. 제도용구

필기과목명	문제수	주요항목	세부항목	세세항목
		5. 기초 제도	1. 투상법	1. 평면도법 2. 투상도법
			2. 도형의 표시방법	1. 투상도, 단면도의 표시방법 2. 도형의 생략(단면도 등)
			3. 치수기입 방법	1. 치수기입법 2. 여러가지 요소 치수 기입
		6. 제도의 응용	1. 공차 및 도면해독	1. 도면의 결 도시방법 2. 치수공차와 끼워맞춤 3. 투상도면 해독
			2. 재료기호	1. 금속재료의 재료기호
			3. 기계요소제도	1. 체결용 기계요소의 제도 2. 전동용 기계요소의 제도
		7. 열처리의 개요	1. 열처리 기초	1. 열처리 종류 및 방법 2. 가열과 냉각
			2. 변태와 합금 원소	1. 펄라이트 변태와 합금원소 2. 마텐자이트 변태와 합금원소
			3. 항온 변태	1. 항온 변태 곡선 2. 펄라이트 변태 3. 베이나이트 변태
			4. 연속 냉각 변태	1. 공석강의 연속 냉각 변태 2. 연속 냉각 변태도 3. 마텐자이트 변태 4. 잔류오스테나이트
		8. 열처리 설비	1. 열처리로와 설비	1. 열처리로의 종류와 특징 2. 온도측정 및 제어장치 3. 치공구
			2. 냉각장치와 냉각제	1. 냉각 장치 2. 냉각제
			3. 전처리 및 후처리	1. 산세 2. 탈지 3. 쇼트브라스트 등

필기과목명	문제수	주요항목	세부항목	세세항목
		9. 열처리의 응용	1. 특수 열처리의 종류와 방법	1. 침탄 및 질화처리 2. 화염담금질처리 3. 고주파처리 4. 분위기 열처리 5. 염욕열처리 6. 진공열처리 7. 심냉처리 8. 기타 표면경화 열처리
			2. 강종별 열처리	1. 구조용 탄소강 열처리 2. 구조용 합금강의 열처리 3. 마레이징강의 열처리 4. 공구강의 열처리
			3. 주철열처리	1. 주철의 열처리
			4. 비철금속의 열처리	1. 알루미늄 합금의 열처리 2. 구리 합금의 열처리 3. 마그네슘 합금의 열처리 4. 니켈 및 니켈 합금의 열처리 5. 티타늄 및 티타늄 합금의 열처리 6. 기타 비철금속 열처리
			5. 새로운 열처리 방법	1. 새로운 열처리 방법
		10. 제품의 검사 및 안전관리	1. 결함의 원인과 대책	1. 가열시의 결함 2. 담금질시의 결함 3. 뜨임시의 결함 4. 연마시의 결함 5. 심냉처리시의 결함 6. 표면 경화시의 결함 7. 재료의 결함 8. 시험 및 검사
			2. 안전관리에 관한 사항	1. 기계, 치공구, 원재료 등의 위험 및 유해성들에 대한 취급 2. 안전장치, 유해억제장치 또는 보호구의 성능과 취급방법 3. 작업 중 발생할 우려가 있는 질병의 원인과 예방 4. 사고 시 응급조치 및 대책 5. 기타 열처리 작업에 따른 안전위생과 유의사항

출제기준(실기)

직무분야	재료	중직무분야	금속·재료	자격종목	열처리기능사	적용기간	2013.1.1~2015.12.31

○직무내용 : 전기로, 분위기로, 진공로, 고주파로 등의 열처리 장비를 이용하여 금속재료와 제품의 기계적, 물리적 성질을 개선하는 방법을 숙지하고 실제 불림(노멀라이징), 풀림(어닐링), 담금질(퀜칭), 뜨임(템퍼링) 등의 작업을 통하여 요구되는 물성의 금속재료를 만드는 작업을 수행

○수행준거 : 1. 열처리할 소재의 재질 판별, 열처리 특성, 열처리 방법을 파악 검토할 수 있다.
2. 열처리품의 재질에 맞는 열처리 종류별 공정에 맞는 작업계획서를 작성할 수 있다.
3. 열처리 조건 및 전후 처리 방법을 설정할 수 있다.
4. 열처리에 영향을 주는 열처리로의 선택, 담금질 온도, 냉각방법 등을 관리하여 열처리할 수 있다.
5. 열처리한 재료의 경도시험 방법에 따른 기계적 성질 및 변형 측정을 할 수 있다.

실기검정방법	복합형	시험시간	4시간30분정도 (필답1시간+작업3시간30분 정도)

실기과목명	주요항목	세부항목	세세항목
금속열처리작업	1. 소재 검토 및 선정	1. 소재 선정하기	1. 열처리 방법에 따라 소재의 적합성을 검토하여 결정할 수 있다. 2. 기계적 및 화학적 성질에 맞는 소재인지 검토할 수 있다. 3. 요구되는 기계적 성질과 열처리 작업조건에 적합한 재질을 선택할 수 있다.
		2. 소재의 열처리 가능성 확인하기	1. 제품의 크기, 형상 및 열처리 방법이 가능한지 확인하여 소재에 따라 열처리 방안을 제시할 수 있다. 2. 작업 중 일어날 수 있는 결함의 종류를 예측할 수 있으며 이를 예방할 수 있다. 3. 작업 전 소재의 성질과 열처리에 미치는 영향을 파악하여 간단한 시험·검사를 할 수 있다. 4. 시험·검사 후에 발견된 결함을 관찰하고 제거할 수 있는 조치를 수행할 수 있다.
	2. 소재별 열처리방안 수립	1. 장입방법 검토 및 치구 설계·제작하기	1. 소재의 변형량을 예측하고 균일한 승온과 냉각을 고려하여 장입방법을 결정할 수 있다. 2. 생산성을 고려하여 치구를 설계, 제작할 수 있다. 3. 치구의 내구성능을 고려하여 치구의 재질을 선택할 수 있다.

실기과목명	주요항목	세부항목	세세항목
		2. 최적의 작업조건 선정하기	1. 소재특성에 맞는 최적의 열처리 온도와 냉각제를 선택할 수 있다. 2. 제품의 품질규격을 만족할 수 있는 가열속도와 유지시간을 선정할 수 있다. 3. 소재 특성에 맞는 보호분위기를 선정하고 열처리 조건을 선정할 수 있다. 4. 열처리 방법을 검토하여 열처리 cycle을 확정할 수 있다.
	3. 열처리 전/후처리	1. 부품별 전/후처리 방법 설정하기	1. 고객과 협의하여 전/후처리공정을 설계할 수 있다. 2. 설계된 열처리 전/후처리공정에 따라 세척, 마스킹, 각인 등의 작업을 선정할 수 있다. 3. 전/후처리에 사용되는 물질의 물질안전보건자료(MSDS)를 숙지하여 취급요령서 작성과 작업방법을 설정할 수 있다.
		2. 전/후처리 작업하기	1. 작업표준에 따라 안전보호구를 착용하고 제품의 외관 품질을 향상시키기 위하여 전/후처리 작업을 수행할 수 있다. 2. 열처리 변형수정을 위하여 프레스, 교정 작업을 실행할 수 있다. 3. 전/후처리설비관리 매뉴얼에 따라 설비를 유지·관리할 수 있다. 4. 제품의 이동 및 취급 시 찍힘 등의 불량에 유의하여 작업할 수 있다.
		3. 전/후처리작업 상태확인하기	1. 검사기준서에 의거 전/후처리 작업결과를 검사할 수 있다. 2. 검사규격이 정성적인 항목은 표준견본과 비교하여 검사할 수 있다. 3. 전/후처리 작업결과 품질수준이 규격에 부족하면 즉시 보고, 조치할 수 있다.
	4. 일반열처리 작업수행	1. 설비의 정상상태 확인하기	1. 설비의 각종 계측기 확인 요령을 파악하여 설비의 가동상태를 확인하고, 점검·기록할 수 있다. 2. 설비 작동에 필요한 필수사항의 기초지식을 파악하고 점검·기록할 수 있다. 3. 부대설비와 보조장치 및 열원과 냉각제의 이상 유무를 확인하고 점검·기록할 수 있다.

실기과목명	주요항목	세부항목	세세항목
		2. 작업조건 관리하기	1. 작업표준서에 따라 작업조건을 확인·기록 및 유지·관리할 수 있다. 2. 설비매뉴얼에 따라 설비를 최적의 상태로 운전할 수 있다. 3. 설비의 이상이 발생되면 응급조치 후 즉시 보고, 조치할 수 있다.
		3. 열처리 작업하기	1. 작업표준서에 따라 소재를 치구에 적층하여 열처리로에 장입할 수 있다. 2. 작업표준서에 따라 사용 가스를 설정하고 투입할 수 있다. 3. 작업표준서에 따라 열처리작업 수행 및 설정된 열처리 사이클을 관리, 기록할 수 있다.
		4. 열처리설비 관리하기	1. 정확한 온도관리를 위해 주어진 주기에 따라 측정기기 및 계측제어기를 검·교정할 수 있다. 2. 설비의 내부 위치별 온도편차의 보증을 위해 주어진 주기에 따라 노내 온도분포를 측정할 수 있다. 3. 설비의 진동, 소음 상태를 주어진 주기에 따라 확인하고 관리할 수 있다. 4. 설비의 전기적, 기계적 작동상태를 확인하고 관리할 수 있다. 5. 작업 후 제품에 대한 결함 발생방지를 위하여 설비를 유지·관리할 수 있다.
	5. 표면경화열처리 작업수행	1. 설비의 정상상태 확인하기	1. 설비 및 부대설비의 각종 구동부위와 계측기가 정상상태인지 확인할 수 있다. 2. 설비 작동에 필요한 필수사항을 설비매뉴얼에 따라 점검·기록할 수 있다.
		2. 작업조건 관리하기	1. 작업표준서에 따라 작업조건을 확인·기록 및 유지·관리할 수 있다. 2. 작업에 따른 전기 및 가스 유량을 정해진 작업표준서에 따라 투입하고 기록할 수 있다. 3. 설비작동에 필요한 계측기 검·교정을 실시할 수 있다.
		3. 열처리 작업하기	1. 작업표준서에 따라 제품을 치구에 적층할 수 있다. 2. 작업표준서와 공정도에 따라 설비조작 및 열처리 작업을 수행할 수 있다. 3. 작업표준서에 따라 열처리 전/후처리 작업을 병행할 수 있다.

실기과목명	주요항목	세부항목	세세항목
		4. 열처리설비 관리하기	1. 정확한 계측관리를 위해 계측기를 정기적으로 검·교정할 수 있다. 2. 설비의 내부 위치별 온도편차의 보증을 위해 주어진 주기에 따라 설비의 온도분포를 측정할 수 있다. 3. 설비의 전기적, 기계적 작동상태를 정기적으로 점검하고 기록·유지·관리할 수 있다. 4. 열처리설비의 성능을 향상하기 위하여 설비 개선작업을 지속적으로 수행할 수 있다.
	6. 특수열처리 작업수행	1. 설비의 정상상태 확인하기	1. 설비의 주요점검 항목을 확인하여 설정할 수 있다. 2. 작동상태의 점검 결과를 작업에 반영할 수 있다. 3. 연속작업의 경우는 설비의 작동상태를 관찰한 정보를 다음 작업자에게 전달할 수 있다. 4. 부대설비의 이상 유무를 확인하고 기록, 유지·관리할 수 있다.
		2. 작업조건 관리하기	1. 작업표준서에 따라 작업조건을 확인·기록 및 유지·관리할 수 있다. 2. 전기, 가스량을 정해진 작업표준서에 따라 투입하고 기록으로 유지할 수 있다. 3. 계측기의 정기적인 검·교정으로 설비의 신뢰성을 높일 수 있다.
		3. 열처리 작업하기	1. 작업표준서에 따라 제품을 치구에 적층할 수 있다. 2. 작업공정도에 따라 최적의 작업조건에서 특수열처리 작업을 수행할 수 있다. 3. 작업표준서에 따라 특수열처리와 전·후처리 작업을 병행할 수 있다.
		4. 열처리설비 관리하기	1. 설비의 각종 계측기의 작동상태를 점검할 수 있다. 2. 설비 매뉴얼을 제정하여 설비를 조작·관리할 수 있다. 3. 최적의 작업조건을 유지하기 위하여 정기적인 점검표를 작성하여 설비를 관리할 수 있다.
	7. 각종 검사·시험 및 분석	1. Lot별 제품 샘플링하기	1. Lot별 편차가 발생되지 않도록 시료를 채취할 수 있다. 2. 고객과 별도 협의한 경우는 그 시방서에 따라 제품의 시편 부위를 선택하여 시료를 채취할 수 있다.

실기과목명	주요항목	세부항목	세세항목
		2. 검사 시편 제작하기	1. 소재의 특성과 고객의 요구에 맞는 부분을 선택할 수 있다. 2. 검사기준서에 따라 시편을 절단하고 시편을 제작할 수 있다. 3. 대형제품의 경우 고객과 별도 협의 하에 검사용 시료를 투입하여 그 제품을 절단하여 시편을 제작할 수 있다.
		3. 검사기준에 따라 시험 및 측정하기	1. 검사기준서에 따라 검사항목에 준하여 기계적 성질을 검사할 수 있다. 2. 검사기준서에 따라 금속 조직과 결함을 검사할 수 있다. 3. 검사기준서에 따라 정해진 부위의 제품치수를 측정할 수 있다.
		4. 검사결과 판정하기	1. 검사기준서에 따라 외관 검사의 합·부를 판정할 수 있다. 2. 검사기준서에 따라 금속조직검사의 합·부를 판정할 수 있다. 3. 검사기준서에 따라 경도, 경화층 깊이의 합·부를 판정할 수 있다. 4. 검사기준서에 따라 합·부를 판정할 때 부적합품이 발생되면 즉시 식별표를 발행하여 격리 조치할 수 있다.
	8. 설비 점검 및 유지·보수	1. 설비 유지·보수 실시하기	1. 설비매뉴얼에 따라 정상운전을 할 수 있다. 2. 설비이상 발생 시 응급조치요령서에 의거하여 조치할 수 있다. 3. 설비의 안전작동상태를 항상 유지하고 비정상 상태를 대비하여 안전장치를 설치할 수 있다.

17. 재료

압연기능장

출제기준(필기)

직무 분야	재료	중직무 분야	금속·재료	자격 종목	압연기능장	적용 기간	2013. 1. 1~2015.12.31

○직무내용 : 압연에 관한 최상급 숙련기능을 가지고 산업현장에서 작업관리, 소속 기능자의 지도 및 감독, 현장훈련, 경영층과 생산계층을 유기적으로 결합시켜주는 현장의 중간관리 등의 업무를 수행.

필기검정방법	객관식	문제수	60	시험시간	1시간

필기과목명	문제수	주요항목	세부항목	세세항목
압연이론, 압연조업, 금속재료 및 안전관리, 자동생산시스템, 공업경영관한 사항	60	1. 압연기초	1. 소성가공 및 압연의 원리	1. 소성가공의 특성 및 분류, 기초 2. 철강의 성질 및 압연에 의한 조직변화 3. 용어, 접촉각, 재료의 통과속도
			2. 압연의 종류와 특성	1. 온도 및 제품에 따른 분류와 특징 2. 판재, 공형, 두께 및 폭 압연의 특징
			3. 압연계산	1. 압연변형, 압연력, 압연동력 외 각종 기초계산
			4. 공형	1. 개방공형, 폐쇄 공형 2. 공형의 구성요건과 설계의 원칙 및 종류
			5. 압연설비	1. 압연기 2. 압연 롤(Roll) 3. 압연부대설비
		2. 열간압연	1. 열연강판 압연	1. 압연용 소재와 소재처리 2. 가열로 3. 조압연 4. 사상압연 5. 권취 6. 정정 7. 스케일제거작업 8. 교정 및 레벨러의 구조 9. 롤 크라운 10. 롤 교체를 결정하는 주요 요인

필기과목명	문제수	주요항목	세부항목	세세항목
			2. 중후판압연	1. 중후판 소재 및 제조공정 2. 가열, 압연 3. 교정과 냉각 4. 절단, 도장, 열처리
			3. 기타 압연	1. 강편압연, 선재 및 형강압연 2. 강관압연 및 기타
			4. 품질 관리 및 결함	1. 열연제품검사 2. 열간압연 제품의 결함원인과 대책
		3. 냉간압연	1. 냉연강판 압연	1. 산세 2. 냉간압연 3. 청정(전해청정) 4. 풀림 5. 조질압연 6. 정정 7. 냉연제품 및 표면처리강판 8. 냉연제품검사 9. 냉간압연 제품의 결함원인과 대책
			2. 전기강판 및 표면처리 강판	1. 전기강판 제조공정 및 설비 2. 표면처리강판 제조공정 및 설비
			3. 스테인리스압연 및 조질 압연	1. 스테인리스 제조공정 및 설비 2. 조질 압연의 목적 및 방법
		4. 가열 및 윤활	1. 가열 및 내화물	1. 각종 로의 종류 및 특징 2. 최적 연소 및 열 관리 3. 내화물의 종류 및 장단점
			2. 연료 및 연소이론	1. 연료의 종류 2. 연소 이론 3. 각 연료의 장·단점
			3. 윤활	1. 압연유의 종류 2. 압연유별 특성 및 장·단점 3. 압연유의 성분 조성 4. 압연유 관리

필기과목명	문제수	주요항목	세부항목	세세항목
		5. 금속재료총론	1. 금속재료	1. 금속재료의 일반적 성질 2. 금속의 결정구조 및 결함 3. 금속 및 합금 4. 철강의 종류 및 특징 5. 비철재료의 종류 및 특징
		6. 안전관리	1. 안전에 관한 전반적인 사항	1. 안전교육 및 심리 2. 작업장 환경 3. 안전보호장비 및 안전위생 4. 안전사고의 원인과 대책
			2. 작업별 안전관리	1. 조업중 안전사항 2. 후처리시 안전사항
			3. 환경관리	1. 작업장 환경관리 2. 환경개선 및 평가관리
		7. 자동화 시스템	1. 자동제어	1. 자동제어 기초 2. 자동생산라인 보존조직
		8. 공업경영	1. 품질관리	1. 통계적 방법의 기초 2. 샘플링 검사 3. 관리도
			2. 생산관리	1. 생산계획 2. 생산통제
			3. 작업관리	1. 작업방법연구 2. 작업시간연구
			4. 기타 공업경영에 관한 사항	1. 기타 공업경영에 관한사항

출제기준(실기)

직무분야	재료	중직무분야	금속·재료	자격종목	압연기능장	적용기간	2013. 1. 1~2015.12.31

○직무내용 : 압연에 관한 최상급 숙련기능을 가지고 산업현장에서 작업관리, 소속 기능자의 지도 및 감독, 현장훈련, 경영층과 생산계층을 유기적으로 결합시켜주는 현장의 중간관리 등의 업무 수행.

○수행준거 : 1. 제품의 제조 원단위를 파악하여 고객요구 조건을 만족시키는 기준 작업 공정서를 작성할 수 있다.
2. 각종 압연 스케쥴 등을 작성하여 압연 롤 단위를 편성하여 작업단위 등을 편성하고 작업의 전 과정을 이해하고 작업할 수 있다.
3. 압연기를 활용하여 수요자가 요구하는 치수로 제품을 압연하기 위한 패스 스케쥴을 작성·검토 할 수 있다.
4. 열간압연(후판, 열연, 강편, 선재, 봉·형강 등) 냉간압연(냉연, 스테인레스, 도금강판, 전기강판 등)의 각종설비의 구조, 용도 및 작동 원리를 이해하고 작업할 수 있다.
5. 각종 사고와 결함의 발생원인 및 대처 방법을 이해하여 작업자에게 숙지시키고 작업할 수 있다.

실기검정방법	필답형	시험시간	2시간

실기과목명	주요항목	세부항목	세세항목
압연실무	(열간압연 능력) 1. 공정설계	1. 제품종류 결정하기	1. 고객의 요구사항을 바탕으로 제품의 화학성분, 치수(Size) 및 치수 허용차를 설계할 수 있다. 2. 고객의 요구사항을 바탕으로 제품의 포장상태를 선택할 수 있다. 3. 제품의 식별표시를 기술할 수 있다.
		2. 제조공정 결정하기	1. 제품의 제조공정을 기술할 수 있다. 2. 제조 공정별 관리항목을 선정할 수 있다. 3. 제조 기능 부문별 협의를 통하여 제조공정 관리항목에 대한 관리기준을 설정할 수 있다.
		3. 소재 설계하기	1. 제품의 내부 품질을 고려하여 투입 소재를 결정할 수 있다. 2. 제품의 수율 및 생산성을 고려하여 투입소재의 치수를 결정할 수 있다. 3. 제품의 표면 품질의 경우 고객의 요구조건을 고려하여 투입 소재의 표면처리를 선택할 수 있다.
		4. 롤 단위 편성 설계하기	1. 제품의 치수를 고려하여 롤(Roll) 단위편성 각 부의 형상과 치수를 도면으로 표시할 수 있다. 2. 열간압연 온도와 냉간 상태의 온도차를 변환(결정)하여 롤의 치수를 선정할 수 있다. 3. 최종제품의 형상 및 치수를 고려하여 압연 패스 스케쥴을 설계할 수 있다. 4. 롤 단위편성 및 패스 스케쥴에 대한 제·개정 관리를 할 수 있다.

실기과목명	주요항목	세부항목	세세항목
		5. 검사기준 설정하기	1. 고객의 요구사항과 사내기준을 바탕으로 검사항목 및 검사기준을 도출할 수 있다. 2. 검사기준을 국내·외 기준으로 표시할 수 있다.
	2. 작업계획 수립	1. 작업단위 결정하기	1. 작업지시서에 따라 소재의 균열도 확보가 가능한 가열조건을 결정 할 수 있다. 2. 작업지시서에 따라 열간압연 조건을 설정 할 수 있다. 3. 작업지시서에 따라 기계적 성질의 확보가 가능한 냉각조건을 설정 할 수 있다. 4. 비철금속의 경우 작업지시서에 따라 균질화 열처리조건을 설정 할 수 있다.
		2. 압연순서 결정하기	1. 작업지시서에 따라 압연 가능 여부를 판단 할 수 있다. 2. 압연이 원활하게 되도록 압연할 제품의 두께 및 폭의 순서를 결정할 수 있다. 3. 제품의 품질이 확보 되도록 제품의 두께 및 폭의 순서를 결정할 수 있다. 4. 비철금속의 경우 작업지시서에 따라 합금 변경을 할 수 있다. 5. 비철금속의 경우 가열된 압연소재의 열처리 조건 검토결과에 따라 압연 가부를 결정 할 수 있다.
	3. 압연 소재 입고 및 검사	1. 압연 소재 입고하기	1. 작업표준서에 따라 용삭(면삭)량을 측정하여 용삭(면삭)의 합, 부를 판정할 수 있다. 2. 작업표준서에 따라 소재의 외관, 치수 및 형상을 검사할 수 있다. 3. 작업표준서에 따라 상하부 불량부위를 측정 할 수 있다.
		2. 소재 수입 결정하기	1. 입고된 소재가 작업지시서의 치수 및 중량과 동일한 지를 판정 할 수 있다. 2. 입고된 소재가 가열 및 압연이 가능한 외관 및 형상인지를 판정 할 수 있다. 3. 작업지시서에 따라 입고된 소재를 강종(합금)별로 분류 할 수 있다. 4. 수입검사 절차서에 따라 불합격된 소재를 분류 할 수 있다.

실기과목명	주요항목	세부항목	세세항목
	4. 가열작업	1. 장입순서 결정하기	1. 단위편성에 관한 일반적인 원칙을 기초로 하여 소재의 압연을 양호하게 할 수 있도록 장입 순서를 조정할 수 있다. 2. 연소 제어에 관한 지식을 기초로 하여 품질 확보가 가능토록 장입 순서를 조정할 수 있다. 3. 기술표준서 및 작업표준서에 관한 지식을 기초로 하여 소재 두께, 소재 폭 및 규격정보를 확인 할 수 있다.
		2. 대(Zone)별 온도 관리하기	1. 연소 제어에 관한 지식을 기초로 하여 품질 확보 및 압연이 가능한 수준까지 예열대, 가열대 및 균열대 온도를 설정 할 수 있다. 2. 기술표준서 및 작업표준서에 관한 지식을 기초로 하여 소재 가열 및 균열 목표 온도를 확인 할 수 있다. 3. 산화 및 탈탄에 관한 지식을 기초로 하여 제품의 성질에 변동을 초래하지 않도록 가열 온도를 관리할 수 있다.
		3. 가열시간 관리하기	1. 기술표준서 및 작업표준서에 관한 지식을 기초로 하여 소재 두께, 소재 폭, 강종에 따른 예열대, 가열대 및 균열대 가열 시간을 설정 할 수 있다. 2. 금속 조직의 균질화에 관한 지식을 기초로 하여 소재별 가열시간을 관리 할 수 있다. 3. 산업공학(IE)에 기초하여 생산성 향상, 원단위 절감을 할 수 있도록 소재별 가열 시간을 관리 할 수 있다.
		4. 추출 피치 관리하기	1. 기술표준 및 작업표준에 관한 지식을 기초로 하여 소재두께, 소재폭, 강종에 따른 예열대, 가열대 및 균열대 가열시간을 확보할 수 있도록 추출 피치(Pitch)를 관리 할 수 있다. 2. 산업공학에 기초하여 압연이 가능할 수 있는 범위까지 추출 피치를 조정 할 수 있다.
		5. 연소조건 관리하기	1. 연소 제어에 관한 지식을 기초로 하여 품질 확보가 가능토록 연소 조건을 관리 할 수 있다. 2. 연소 제어에 관한 지식을 기초로 하여 생산성 향상, 열원단위 절감이 가능토록 유량을 관리 할 수 있다. 3. 금속 조직의 균질화에 관한 지식을 기초로 하여 소재별 연소 조건을 관리 할 수 있다. 4. 산화 및 탈탄에 관한 지식을 기초로 하여 연소 공기량을 제어 할 수 있다.

실기과목명	주요항목	세부항목	세세항목
		6. 가열로 이상 발생시 조치하기	1. 설비매뉴얼 및 정비관리방안을 기초로 하여 설비 이상 발생 시 조치 작업을 할 수 있다. 2. 운전매뉴얼 및 운전관리방안을 기초로 하여 이상 발생 시 조치 작업을 할 수 있다. 3. 기술표준서 및 작업표준서에 관한 지식을 기초로 하여 정전, 단수, 가스(Gas) 단절 등에 대한 조치작업을 할 수 있다. 4. Gas 측정 장비를 활용하여 Gas 누출을 판단할 수 있는 수치적 자료를 측정할 수 있다. 5. 설비매뉴얼 및 정비관리방안을 기초로 하여 설비에 치명적인 문제가 발생되어 즉시 수리가 필요로 하면 가열작업을 중지하고 정비작업을 할 수 있다.
	5. 압연작업	1. 압연 스케쥴 관리하기	1. 롤 단위 편성에 관한 일반적인 원칙을 기초로 하여 소재의 압연을 양호하게 할 수 있도록 압연 스케쥴을 관리할 수 있다. 2. 기술표준 및 작업표준에 관한 지식을 기초로 하여 품질확보가 가능하도록 압연 스케쥴을 관리할 수 있다. 3. 기술표준 및 작업표준에 관한 지식을 기초로 하여 소재 두께, 소재 폭, 규격정보를 확인할 수 있다.
		2. 압연 치수 및 온도 관리하기	1. 두께 및 폭 측정 장비를 활용하여 고객이 요구하는 제품의 두께, 폭의 확보가 가능하도록 압연 치수를 관리 할 수 있다. 2. 열간압연 속도에 관한 일반적인 지식을 기초로 하여 원활하게 압연이 가능하도록 압연온도를 관리할 수 있다. 3. 압연이론에 관한 지식을 기초로 하여 제품의 품질확보가 가능하도록 압연온도를 관리할 수 있다.
		3. 스케일 제거하기	1. 고압수를 분사하는 장치를 활용하여 고객이 요구하는 양질의 제품을 생산할 수 있도록 1차 스케일(노내 발생 스케일)을 제거 할 수 있다. 2. 고압수를 분사하는 장치를 활용하여 고객이 요구하는 양질의 제품을 생산할 수 있도록 2차 스케일(압연 중 발생 스케일)을 제거 할 수 있다.

실기과목명	주요항목	세부항목	세세항목
		4. 압연 관리하기	1. 압연이론에 관한 지식을 기초로 하여 제품 치수 확보가 가능하도록 압연기를 조정할 수 있다. 2. 열간압연 속도에 관한 일반적인 지식을 기초로 하여 원활하게 압연이 가능하도록 전동기의 속도를 제어할 수 있다. 3. 압연이론에 관한 지식을 기초로 하여 제품의 품질확보가 가능하도록 압연 전면온도 및 후면 온도를 관리할 수 있다. 4. 설비관리기준에 대한 이해를 바탕으로 압연기 및 부속설비를 정상 압연이 가능할 수 있도록 기동 및 정지 할 수 있다.
		5. 형상 제어하기	1. 형상제어이론을 바탕으로 원활하게 압연될 수 있도록 형상제어를 할 수 있다. 2. 형상제어이론을 바탕으로 양호하게 권취할 수 있도록 형상을 제어할 수 있다. 3. 판 크라운 제어기술을 활용하여 고객이 요구하는 용도에 맞게 사용할 수 있도록 판 크라운을 제어할 수 있다.
		6. 냉각수 및 유압연 관리하기	1. 롤 냉각수를 활용하여 압연이 가능할 수 있는 범위 내에서 열팽창을 방지함과 동시에 마모나 표면거침을 막아 제품의 표면을 깨끗하게 할 수 있다. 2. 설비관리기준에 대한 이해를 바탕으로 제품의 품질확보가 가능할 수 있게 노즐 점검, 마모 관리를 할 수 있다. 3. 유압연이론에 관한 지식을 바탕으로 압연이 가능할 수 있는 범위 내에서 마모나 표면거침을 막아 제품의 표면을 깨끗하게 할 수 있다. 4. 설비관리기준에 대한 이해를 바탕으로 냉각능력을 확보할 수 있는 때까지 수량, 수압, 수온 등을 관리 할 수 있다.
		7. 계측기 관리하기	1. 계측기 관리기준에 관한 지식을 기초로 하여 양호한 제품의 두께를 확보할 수 있는 두께계를 관리할 수 있다. 2. 계측기 관리기준에 관한 지식을 기초로 하여 양호한 제품의 폭을 확보할 수 있는 폭계를 관리할 수 있다. 3. 계측기 관리기준에 관한 지식을 기초로 하여 양호한 제품의 온도를 확보할 수 있는 온도계를 관리할 수 있다. 4. 계측기 관리기준에 관한 지식을 기초로 고객이 요구하는 양질의 제품을 확보하도록 계측기를 관리할 수 있다.

실기과목명	주요항목	세부항목	세세항목
		8. 압연 이상 발생시 조치하기	1. 긴급 상황에 대한 대처능력을 바탕으로 긴급 상황이 원활하게 마무리 될 수 있도록 전후 공정간 압연스케줄을 조정할 수 있다. 2. 작업표준서 및 기술표준서를 기초로 하여 압연작업 중 품질이상 발생을 최소화하기 위해 이상 발생된 설비를 조치를 할 수 있다. 3. 작업표준서 및 기술표준서를 기초로 하여 부적합품이 고객에게 인도되지 않도록 차공정 처리를 할 수 있다. 4. 긴급 상황에 대한 대처능력을 바탕으로 긴급 상황이 신속하게 마무리 될 수 있도록 이상 발생시 조치를 할 수 있다.
	6. 냉각작업	1. 냉각수 온도 관리하기	1. 냉각이론에 관한 지식을 활용하여 수요자가 요구하는 양질의 제품을 확보하도록 냉각수 온도를 관리할 수 있다. 2. 설비관리기준에 대한 이해를 바탕으로 냉각수 온도를 확보할 수 있도록 냉각수 유량을 제어할 수 있다.
		2. 냉각속도 관리하기	1. 냉각이론에 관한 지식을 활용하여 품질확보 및 권취를 할 수 있는 온도까지 냉각속도를 관리할 수 있다. 2. 치수, 유량, 온도, 압연속도 등을 활용하여 한정된 공간과 압연작업 시간 내에 냉각속도를 관리할 수 있다.
		3. 냉각패턴 관리하기	1. 기계적 성질에 관한 지식을 기초로 하여 수요자가 요구하는 재질을 확보하는 범위 내에서 냉각패턴을 선택할 수 있다. 2. 냉각이론에 관한 지식을 활용하여 냉각패턴을 선택하여 제어할 수 있다.
		4. 냉각 이상 발생시 조치하기	1. 품질관리기준에 대한 이해를 바탕으로 냉각 이상 발생시 조치를 할 수 있다. 2. 기술표준서 및 작업표준서에 관한 지식을 기초로 하여 냉각 이상 발생시는 차공정 처리를 할 수 있다. 3. 설비관리기준에 대한 이해를 바탕으로 냉각 설비가 고장이나 제어 이상 발생시는 즉시 가동을 중지 할 수 있다.

실기과목명	주요항목	세부항목	세세항목
	7. 권취작업	1. 권취 스케줄 관리하기	1. 기술표준서 및 작업표준서에 관한 지식을 기초로 하여 열간압연 지시 정보상의 소재 두께, 소재 폭, 규격 정보를 확인하고 권취 난이도를 파악할 수 있다. 2. 권취 이론에 관한 지식을 기초로 하여 특수강 및 고강도재의 유무를 확인하고 권취 스케줄을 관리할 수 있다. 3. 재질 시험편의 채취 여부를 열간압연 지시 정보상에서 확인하고 채취지시를 판단할 수 있다.
		2. 장력 및 속도 제어하기	1. 권취 스피드가 권취 이론에 관한 지식에 준거하여 정상적으로 설정되는 지 파악하고 속도 FBK치를 비교할 수 있다. 2. 권취 형상 및 소재 폭 가감여부를 권취 이론에 관한 지식에 준거하여 확인하고 적정장력 설정여부를 판단할 수 있다. 3. 권취 소재의 폭 네킹(Necking) 발생여부를 고객 공차 범위를 기초로 하여 확인하고 장력 및 스피드 가감여부를 수정할 수 있다.
		3. 권취 형상 관리하기	1. 기술표준서 및 작업표준서에 관한 기준을 기초로 하여 권취 형상을 확인할 수 있다. 2. 권취 형상을 권취 이론에 관한 지식에 준거하여 적정장력 및 스피드를 수정할 수 있다. 3. 중간검사 작업표준을 기초로 하여 차공정 처리를 할 수 있다.
		4. 중간 검사하기	1. 중간검사 기준에 관한 지식을 기초로 하여 검사를 실시할 수 있다. 2. 검사장비(SDD) 및 검사에 필요한 계측기 장비를 활용하여 검사를 실시할 수 있다.
		5. 권취 이상 발생시 조치하기	1. 권취이론에 관한 지식을 기초로 하여 권취 이상 발생시 재권취를 할 수 있다. 2. 권취이론에 관한 지식을 기초로 하여 권취 이상 발생시 권취 스크랩처리를 할 수 있다.
	8. 각종 검사 및 분석	1. 공정검사하기	1. 작업표준서 및 국내·외 관련 규격에 따라 공정검사 항목을 파악할 수 있다. 2. 작업표준서 및 국내·외 관련 규격에 따라 공정검사 방법, 설비, 기준을 파악하여 검사를 실시 할 수 있다.

실기과목명	주요항목	세부항목	세세항목
			3. 작업표준서 및 국내·외 관련 규격에 따라 공정검사 결과를 토대로 합격/불합격, 기타 등급 판정을 할 수 있다. 4. 작업표준서 및 국내·외 관련 규격에 따라 공정검사 후 불합격품 및 하위 등급품 발생시 처리 방법을 파악하여 조치 할 수 있다
		2. 제품검사하기	1. 작업표준서 및 국내·외 관련 규격에 따라 제품 검사항목을 파악할 수 있다. 2. 작업표준서 및 국내·외 관련 규격에 따라 제품 검사방법, 설비, 기준을 파악하여 검사를 실시할 수 있다. 3. 작업표준서 및 국내·외 관련 규격에 따라 제품검사 결과를 토대로 합격/불합격 또는 기타 등급 판정을 할 수 있다. 4. 작업표준서 및 국내·외 관련 규격에 따라 제품 검사 후 불합격품 및 하위 등급품 발생시 처리 방법을 파악하여 조치할 수 있다.
	(냉간압연 능력) 9. 품질 및 공정 설계	1. 품질사양 검토하기	1. 고객요구 품질 사양을 만족할 수 있는지를 확인 하여 생산 가능성을 도출 할 수 있다. 2. 제조원가가 적게 소요되는 작업 공정을 설계 할 수 있다. 3. 품질 산포를 최소화할 수 있는 작업 공정을 세울 수 있다.
	10. 작업스케줄편성	1. 작업순서 결정하기	1. 작업 대상재의 작업가능 여부를 판단할 수 있도록 설비사양서를 기초로 설비 기준을 도출할 수 있다. 2. 전후 소재간 용접가능 여부를 판단할 수 있도록 용접기 사양을 기초로 용접 범위를 도출할 수 있다. 3. 설비사양서를 기초로 하여 작업 소재의 사이즈 별 투입기준을 도출할 수 있다. 4. 설비사양서를 기초로 하여 설비 조건을 도출할 수 있다.
		2. 압연롤 단위 편성하기	1. 제품 규격 및 용도를 기준으로 하여 규격 별 요구성을 도출 할 수 있다. 2. 제품 품질 특성을 고려하여 롤(Roll) 표면 조도 별 그룹화 할 수 있다.

실기과목명	주요항목	세부항목	세세항목
			3. 원활한 생산 작업이 될 수 있도록 설비 사양을 기초로 연결재의 요구사항을 도출 할 수 있다. 4. 원활한 생산 작업을 할 수 있도록 단위 편성 기준에 준하여 작업 순서를 결정 할 수 있다.
		3. 소둔로 작업단위 편성하기	1. 제품 규격 및 용도를 기준으로 온도 사이클(Heat Cycle)별 요구 특성을 도출 할 수 있다. 2. 설비 사양을 기초로 연결재의 요구사항을 도출 할 수 있다. 3. 단위 편성기준에 준하여 작업순서를 결정 할 수 있다.
	11. 산세작업	1. 소재 검사하기	1. 소재 검사기준을 기초로 작업 가능여부를 판단할 수 있도록 결함의 크기 및 종류를 도출하고 조정할 수 있다. 2. 소재 검사기준을 기초로 작업 가능여부를 판단할 수 있도록 선 공정의 소재 품질정보를 판독할 수 있다. 3. 작업지시서를 기초로 코일의 보급 순서를 알 수 있도록 작업지시서와 코일과의 일치 여부를 확인할 수 있다.
		2. 용접 작업하기	1. 금속재료의 특성을 이해하여 소재의 성분을 보고 당량을 계산하여 용접 가능 여부를 판단 할 수 있다. 2. 용접기의 설비 사양을 기초로 용접기의 셋업 구조를 파악할 수 있다. 3. 용접이 이루어진 상태에서 금속 재료시험기를 이용, 용접부를 시험하여 결과값을 도출하고 적부를 판단할 수 있다. 4. 용접기 설비사양에 따라 용접기의 절연상태를 유지할 수 있다. 5. 조업관리 기준에 따라 전극 및 쉐어(Shear)의 교환작업을 할 수 있다.
		3. 형상교정 및 스케일 브레이커 작업하기	1. 산세성과 형상개선을 할 수 있도록 형상교정기의 사양에 따라 모드별 특성을 설정할 수 있다. 2. 레벨러 이론 및 설비 사양을 기초로 하여 롤 간의 인터매시(Intermesh) 및 소재 규격별 연신값을 설정할 수 있다. 3. 조업관리 기준에 따라 롤 운영 기준 및 교환 작업을 할 수 있다.

실기과목명	주요항목	세부항목	세세항목
		4. 산세 작업하기	1. 열연의 권취 온도별 스케일층의 구조와 형성 과정을 파악하여 작업조건을 변경할 수 있다. 2. 작업표준서의 검사기준에 따라 산세후의 표면검사를 할 수 있다. 3. 산세설비의 영향 인자별 기준에 따라 적정조건을 도출 할 수 있다.
		5. 사이드 트리머 작업하기	1. 전단면의 품질을 확보하기 위하여 파단면과 전단면을 판단할 수 있다. 2. 조업기준에 따라 소재 강종별, 두께 별 갭, 랩의 설정값을 도출 할 수 있다. 3. 조업기준에 따라 나이프 교환시기와 교환 작업을 조정 할 수 있다.
		6. 산회수 작업하기	1. 반응로의 종류 및 설비의 구조를 파악할 수 있다. 2. 재생 염산 및 산화철을 만들기 위하여 설비를 조작할 수 있다. 3. 환경 관련 법규에 따라 유해물질을 관리할 수 있다.
		7. 오일링 작업하기	1. 오일 측정기를 이용하여, 수치적 자료를 도출, 분석하여 오일기의 작업조건을 조정할 수 있다. 2. 제품 및 고객 요구 사항에 따라 오일의 종류 및 오일량을 파악할 수 있다. 3. 오일기의 설비 사양을 기준으로 노즐 관리 작업을 할 수 있다.
		8. 제품 검사 및 포장하기	1. 검사기준에 따라 품질검사를 실시하여 품질을 판정할 수 있다. 2. 제품별로 포장 사양에 따라 포장할 수 있다.
	12. 냉간 압연작업	1. 압연스케쥴 설정하기	1. 소재에 따라 셋업 스케쥴을 설정 할 수 있다. 2. 작업지시서를 기초로 하여 밀 스탠드 압하 배분을 할 수 있다.
		2. 압연유 관리하기	1. 냉간 압연유 관리기준에 준하여 압연유 성상을 유지할 수 있다. 2. 냉간 압연유가 차 공정에 미치는 영향을 파악할 수 있다. 3. 관리농도에 준하여 압연유를 제조하여 보충할 수 있다. 4. 압연유에 기인한 제품 품질 항목을 판단하고 조치할 수 있다.

실기과목명	주요항목	세부항목	세세항목
		3. 압연롤 관리하기	1. 작업지시서에 준하여 롤을 선택하여 사용할 수 있다. 2. 롤에 기인하여 품질 결함이 발생할 경우 롤 교체작업을 할 수 있다. 3. 롤 마크 발생시 마크의 발생 스탠드를 추적할 수 있다. 4. 롤에 기인한 품질 결함의 종류를 알 수 있다.
		4. 압연작업 장력 조정하기	1. 연속 압연기의 경우 선진율이 안정화 되도록 장력을 조절할 수 있다. 2. 설비사양서를 기초로 하여 소재 사이즈, 규격별 장력량을 도출 할 수 있다. 3. 설비사양서를 기초로 하여 소재 사이즈, 규격별 추가 텐션(Tension)을 도출할 수 있다. 4. 형상 보호 및 코일의 좌굴을 방지하기 위하여 권취장력을 조정할 수 있다. 5. 압연기를 재 가동시 압연 밀간의 장력 조건을 설정할 수 있다.
		5. 형상 제어하기	1. 소재의 프로파일에 따른 냉연 형상을 조절할 수 있다. 2. 형상제어인자를 파악하여 형상을 조절할 수 있다. 3. 형상 정도를 파악하기 위하여 급준도를 측정할 수 있다. 4. 작업 롤의 크라운을 이용하여 형상을 조정할 수 있다. 5. 형상 제어를 위한 연신율을 계산할 수 있다. 6. 형상계측기를 이용하여 형상 품질을 조정할 수 있다.
		6. 폭 및 두께 제어하기	1. 폭 수축량이 과다히 발생되는 것을 방지하기 위하여 장력 조정을 할 수 있다. 2. 두께계의 효율적인 운영을 위하여 영점 조정을 할 수 있다. 3. 두께가 허용기준을 벗어나 제어될 시 응급조치 할 수 있다. 4. 자동두께제어(AGC: Automatic Gauge Control) 종류 및 원리를 이용하여 두께 품질을 개선할 수 있다. 5. 두께 품질 불량시 원인을 추적하여 개선할 수 있다. 6. 코일 경을 이용한 두께 검증(Wrap Count)을 위하여 두께를 계산, 도출할 수 있다.

실기과목명	주요항목	세부항목	세세항목
	13. 청정작업	1. 용접 작업하기	1. 금속재료의 특성을 이해하여, 소재의 성분을 보고 당량을 계산하여 용접 가능 여부를 판단 할 수 있다. 2. 용접기의 설비사양서를 기초로 용접기의 셋업 구조를 파악할 수 있다. 3. 용접이 이루어진 상태에서 금속 재료시험기를 이용, 용접부를 시험하여 결과값을 도출하고 적부를 판단할 수 있다. 4. 용접기 설비사양에 따라 용접기의 절연상태를 유지할 수 있다. 5. 조업관리 기준에 따라 용접 설비의 교환 작업을 수행할 수 있다.
		2. 알칼리 탈지하기	1. 탈지 원리를 이해하여 탈지 공정에 사용되는 용액 및 설비를 파악할 수 있다. 2. 작업표준서에 따라 탈지 용액 농도, 온도, 스프레이 압력을 설정할 수 있다. 3. 탈지 공정의 롤, 스프레이 등의 정상 여부를 파악할 수 있다. 4. 작업표준서에 따라 탈지 후의 표면 검사를 할 수 있다. 5. 탈지 후 표면이 불량한 경우 탈지액 농도, 온도, 전류 밀도, 탈지액의 오염도, 롤 표면 청정도 등을 체크하여 조건 변경을 하거나 롤 표면을 재가공 및 교환 할 수 있다.
		3. 전해 탈지하기	1. 탈지 원리를 이해하여 탈지 공정에 사용되는 용액 및 설비를 파악할 수 있다. 2. 작업표준서에 따라 탈지 용액 농도 및 온도, 스프레이 압력, 전류밀도를 설정 할 수 있다. 3. 탈지 공정의 롤, 스프레이 및 전극 등의 정상/비정상 여부를 파악할 수 있다. 4. 작업표준서에 따라 탈지후의 표면 검사를 수행할 수 있다. 5. 탈지 후 표면이 불량한 경우 탈지액 농도, 온도, 전류 밀도, 탈지액의 오염도, 롤 및 전극 표면 청정도 등을 체크하여 조건을 변경하거나 롤 및 전극을 교환 할 수 있다.
	14. 풀림(소둔)작업	1. 단위편성 및 소재 수입하기	1. 설비사양서에 따라 투입소재를 검사하고 투입 가능여부를 판단 할 수 있다. 2. 설비사양서에 따라 최적의 열처리조건과 작업조건이 이루어지도록 작업지시서를 검토하고 조정할 수 있다. 3. 작업지시서를 확인하여 고객의 특별주문을 확인하여 사전에 대비할 수 있다.

실기과목명	주요항목	세부항목	세세항목
		2. 풀림(소둔) 작업하기	1. 작업표준서에 따라 용접을 실시하고 용접부 검사를 실시할 수 있다. 2. 표면 품질이 확보될 수 있도록 작업표준서와 조업관리 기준에 따라 전해 탈지를 실시하고 잔유 압연유를 제거 할 수 있다. 3. 조업기준에 따라 강종에 따른 열처리 사이클을 조절할 수 있다. 4. 최적의 열처리 온도를 설정하여 연료소모량을 최소화할 수 있다. 5. 표면 품질이 확보될 수 있도록 작업표준서에 따라 노(Furnace) 내부 가스분위기를 조절할 수 있다. 6. 조업기준에 따라 노 내부 장력을 조절하여 치수 품질을 확보하고 버클 발생을 제어할 수 있다. 7. 노 내부 구조가 품질과 생산성에 미치는 영향을 파악할 수 있다.
		3. 연소 조정하기	1. 설비사양서에 따라 버너의 종류를 파악·조작할 수 있다. 2. 최적의 연비 및 환경을 보호하기 위해 설비사양서에 따라 연료의 종류를 파악하여 공연비를 조정할 수 있다. 3. 설비사양서에 따라 연소온도를 정확하게 측정하기 위해 온도계의 영점을 조정할 수 있다.
	15. 조질 압연작업	1. 압연 스케쥴 편성	1. 작업지시서를 확인하여 생산성 및 품질에 미치는 영향을 고려하고 작업순서를 변경 및 조정할 수 있다. 2. 소재검사 기준을 기초로 선 공정의 소재 품질정보를 판독하고 작업 가능 여부를 판단할 수 있다. 3. 작업지시서를 기초로 코일의 보급 순서를 알 수 있고 작업지시서와 코일과의 일치 여부를 확인할 수 있다.
		2. 압연롤 관리하기	1. 조업 관리기준에 따라 롤 조도, 프로파일(Profile), 롤 경을 확인하는 등 롤 연마 상태를 확인할 수 있다. 2. 작업지시서에 따라 롤 단위를 계획하고 판 표면 조도를 확인하여 롤 교환시기를 판단할 수 있다. 3. 판 표면 검사를 실시하여 롤에 의한 품질불량이 발생할 시 롤 교환을 통하여 품질결함을 제어할 수 있다.

실기과목명	주요항목	세부항목	세세항목
		3. 형상 제어하기	1. 조질압연기 사양을 파악하여 조질 압연기를 조작할 수 있다. 2. 조업기준에 따라 형상제어 시스템을 파악하여 고객이 요구하는 형상으로 교정할 수 있다. 3. 품질관리지침에 따라 판 형상을 측정하여 형상 결함이 발생하는 원인을 판단·제거할 수 있다. 4. 조업기준에 따라 설비사양을 파악하여 연신율 및 판 조도를 제어 및 관리할 수 있다.
		4. 조질 압연유 관리하기	1. 작업표준서에 따라 조질 압연유의 성능을 파악하여 조질 압연유를 제어할 수 있다. 2. 설비사양서에 따라 조질 압연유 관련 설비를 파악하여 각 단위설비가 최적의 성능을 발휘토록 정비, 관리할 수 있다. 3. 공학적인 지식에 따라 조질 압연유의 종류를 파악하고 성능이 우수한 조질 압연유를 사용하기 위한 개선 작업을 할 수 있다.
	16. 정정작업	1. 교정 작업하기	1. 냉간 교정이론에 관한 지식을 기초로 하여 제품의 형상교정, 조도부여 및 기계적 성질 개선 작업을 할 수 있다. 2. 제품의 재질 및 치수에 따라 권취 형상을 교정할 수 있다.
		2. 전단(슬리팅) 작업하기	1. 전단면의 품질을 확보하기 위하여 파단면과 전단면을 판단할 수 있다. 2. 조업기준에 따라 제품의 양호한 절단작업을 위하여 나이프 면 교체 및 클리어런스(Clearance) 및 랩(Lap) 조정 작업을 할 수 있다. 3. 조업기준에 따라 소재 강종별, 두께 별 갭 및 랩의 설정값을 도출 할 수 있다. 4. 절단면의 상태에 따라서 나이프 교체시기를 결정하여 나이프를 교체하여 양호한 전단면을 유지 관리할 수 있다. 5. 전단이론에 관한 지식을 기초로 하여 불량부를 전단할 수 있다.
		3. 오일 작업하기	1. 오일 측정기를 이용하여, 수치적 자료를 도출, 분석하여 오일기의 작업조건을 조정할 수 있다. 2. 제품 및 고객 요구 사항에 따라 오일의 종류 및 오일량을 파악할 수 있다. 3. 오일기의 설비 사양을 기준으로 노즐 관리 작업을 할 수 있다.

실기과목명	주요항목	세부항목	세세항목
		4. 제품 검사하기	1. 냉연제품 검사기준을 이해하고 기준에 따라서 품질검사를 실시하여 제품을 판정할 수 있다. 2. 고객사 요구사항을 이해하며 요구에 의해 제품을 검사하여 판정할 수 있다. 3. 검사에 필요한 계측기(두께 및 폭 게이지) 장비를 활용하여 제품을 검사 판정할 수 있다. 4. 검사정보에 필요한 압연품질 트랜드 차트 및 검사장비(SDD) 화면을 판독하여 검사시 운용할 수 있다. 5. 불량부 처리에 합부 판정 및 전단 여부를 운용할 수 있다.
		5. 포장 및 표시 작업하기	1. 라벨 발행 부착에 대해서 이해 및 관리할 수 있다. 2. 제품 포장에 대해서 이해 및 관리할 수 있다. 3. 제품 중량 평량 및 정보처리를 수행 할 수 있다. 4. 제품별로 포장 사양에 따라 포장할 수 있다.
		6. 정정 이상 발생시 조치하기	1. 정정라인 결함 발생시 냉간압연 제품 결함 발생 원인 및 대책에 관한 지식에 의거하여 인지하고 문제를 해결할 수 있다. 2. 라인설비 트러블 발생시 설비매뉴얼 및 정비 관리방안을 기초로 하여 긴급 조치를 할 수 있다. 3. 이상 제품 발생시 냉간압연 제품 결함 발생 원인 및 대책에 관한 지식에 의해 조치 및 해결할 수 있다.
	17. 도금작업	1. 단위 편성 및 소재 수립하기	1. 설비사양서를 기초로 작업 대상재의 작업가능 여부를 판단할 수 있도록 소재 기준을 도출 할 수 있다. 2. 설비사양서를 기초로 하여 제품의 품질을 확보할 수 있도록 사이즈, 도금량 등을 복합적으로 고려하여 작업 순서 및 단위 편성을 할 수 있다. 3. 설비사양서를 기초로 하여 원활한 생산작업과 작업조건의 변화로 인한 불량 발생 방지를 위해 설비조건을 도출 할 수 있다.

실기과목명	주요항목	세부항목	세세항목
		2. 청정 작업하기	1. 탈지 원리의 이해를 바탕으로 탈지 공정에 사용되는 용액 및 설비를 파악할 수 있다. 2. 작업표준서에 따라 탈지 용액의 농도와 온도, 스프레이 압력, 및 전류밀도(전해 탈지)를 설정 할 수 있다. 3. 탈지 공정의 롤, 스프레이 및 전극 등의 정상 여부를 파악할 수 있다. 4. 작업표준서에 따라 탈지후의 표면검사를 실시하고 검사보고서를 작성할 수 있다. 5. 탈지 후 표면이 불량한 경우 표면검사 항목을 체크하여 작업 조건을 변경하거나 롤, 전극 등을 교체할 수 있다.
		3. 산세 작업하기	1. 산세 원리를 기초로 산세 공정에 사용되는 용액 및 설비를 파악할 수 있다. 2. 작업표준서에 따라 산세 용액의 농도와 온도, 스프레이 압력 및 전류밀도(전해 산세)를 설정 할 수 있다. 3. 산세 공정의 롤, 스프레이 및 전극 등의 정상 여부를 파악할 수 있다. 4. 작업표준서에 따라 산세후의 표면검사를 실시하고 검사보고서를 작성할 수 있다. 5. 산세 후 표면이 불량한 경우 표면검사 항목을 체크하여 작업 조건을 변경하거나 롤, 전극 등을 교체할 수 있다.
		4. 소둔 작업하기	1. 소둔 원리의 이해를 토대로 온도관리, 작업순서 등 소둔 공정 설비 작업에서의 주안점을 사전에 파악할 수 있다. 2. 작업표준서에 따라 소둔 온도를 설정 할 수 있다. 3. 작업표준서에 따라 냉각 타이밍, 냉각 팬(Fan), 환기 밸브의 조작 방법 및 순서 등 냉각 및 기타 설비에 관한 설정을 할 수 있다.
		5. 도금 작업하기	1. 도금 원리의 이해를 바탕으로 도금 공정에 사용되는 용액, 부자재, 설비 등을 파악할 수 있다. 2. 작업표준서 및 도금 종류(용융 도금, 전기 도금)에 따라 도금 조건을 설정 할 수 있다. 3. 도금 표면에서 발생되는 불량의 원인(원료성 불량, 도금성 불량 등)을 파악하여 필요한 조치를 할 수 있다. 4. 작업표준서에 따라 도금량을 측정 할 수 있고 정상여부를 파악할 수 있다.

실기과목명	주요항목	세부항목	세세항목
		6. 냉각 작업하기	1. 작업표준서에 따라 품종 및 사이즈를 고려하여 냉각 팬의 적정 냉각 설정 작업을 할 수 있다. 2. 작업표준서에 따라 냉각수(Quench Water)의 냉각설정 작업을 할 수 있다.
		7. 조질 압연 및 형상 교정하기	1. 조질 압연 및 형상 교정의 원리를 이해하여 설비특성을 파악할 수 있다. 2. 작업표준서에 따라 압하율, 인터매시(Intermesh) 및 연신율 등을 설정 할 수 있다. 3. 작업표준서에 따라 롤 운영 기준 및 교환 작업을 할 수 있다. 4. 조질 압연 및 형상 교정 작업 후 제품의 표면 및 형상 상태를 판단하여 조질 압연 롤의 표면 상태, 압하율 등을 재조정할 수 있다.
		8. 후처리 작업하기	1. 후처리 원리를 이해하여 후처리 공정에 사용되는 용액, 부자재, 설비 등을 파악할 수 있다. 2. 작업표준서에 따라 후처리 용액 농도, 온도, 스프레이 압력, 전류밀도(전해 후처리)를 설정 할 수 있다. 3. 후처리 공정의 롤, 스프레이 및 전극 등의 정상 여부를 파악할 수 있다. 4. 작업표준서에 따라 후처리 후 표면에서 발생되는 불량의 원인(후처리 용액의 농도, 온도, 전류 밀도등)을 파악하여 롤 표면, 전극 등에 대한 조치를 할 수 있다.
	18. 각종 시험 및 검사	1. 공정(자주) 검사하기	1. 작업표준서 및 국내·외 규격 기준에 의거 두께, 폭, 형상, 표면품질 등의 공정검사 항목을 파악할 수 있다. 2. 공정검사 방법에 의거 검사를 실시 할 수 있다. 3. 공정검사 결과를 근거로 합격/불합격 판정을 할 수 있다. 4. 공정검사 후 불합격품 및 하위 등급품 발생시 처리절차에 따라 조치 할 수 있다.
		2. 제품 검사하기	1. 작업표준서 및 국내·외 규격 기준에 의거 재질, 물성 등의 제품 검사 항목을 파악할 수 있다. 2. 제품검사 방법에 의거 검사설비를 숙지하여 검사를 실시 할 수 있다. 3. 제품검사 결과를 근거로 합격/불합격 판정을 하고 검사결과서를 작성할 수 있다. 4. 제품검사 후 불합격품 및 하위 등급품 발생시 처리절차에 따라 조치할 수 있다.

17. 재료

제선기능장

출제기준(필기)

직무분야	재료	중직무분야	금속·재료	자격종목	제선기능장	적용기간	2013. 1. 1~2017.12.31

○직무내용 : 제선에 관한 최상급 숙련기능을 가지고 산업현장에서 작업관리, 소속 기능자의 지도 및 감독, 훈련, 경영층과 생산층을 유기적으로 결합시켜주는 현장의 중간관리 등의 업무 수행

필기검정방법	객관식	문제수	60	시험시간	1시간

필기과목명	문제수	주요항목	세부항목	세세항목
제선이론, 제선조업, 금속재료 및 안전관리, 자동생산시스템, 공업경영에 관한사항	60	1. 제선원료	1. 제선원료와 예비처리	1. 철광석 2. 제선 부원료 3. 철광석 예비처리
			2. 소결 및 펠레타이징	1. 소결원료 2. 소결설비 3. 소결조업 4. 소결성품 5. 펠릿원료 6. 펠릿제조설비 7. 펠릿제조 8. 펠릿성품
			3. 코크스제조 및 성형탄	1. 코크스원료 2. 코크스제조설비 3. 코크스제조 4. 코크스성품 5. 성형탄 원료 6. 성형탄 제조
		2. 고로제선 설비	1. 고로 및 고로 부대설비	1. 고로노체 및 구조 2. 고로용 내화물 3. 노체 냉각설비 4. 풍구 및 부대설비 5. 원료 권양장치 6. 원료 장입장치 7. 출선구 개공기 및 폐쇄기 8. 주상설비 9. 용선 및 슬래그 처리설비 10. 배가스 청정 및 처리 설비

필기과목명	문제수	주요항목	세부항목	세세항목
			2. 열풍로 및 기타 설비	1. 열풍로 설비 2. 열풍로 조업 3. 고로조업 제어설비 4. 기타 부대 설비
		3. 고로제선 조업	1. 원료장입 및 조업	1. 원료배합 2. 원료장입량 계산 3. 노내가스량 및 속도 등 계산 4. 원료장입 5. 노내 장입물 및 가스분포 6. 송풍 7. 화입 및 종풍 8. 출선 및 출재 9. 노체점검 10. 고로조업의 이상 원인과 대책
			2. 고로의 노내 반응 및 제품	1. 고로 내 반응 2. 고로 내 현상(가스, 온도 등) 3. 고로 열정산 4. 고로 노황 판정 및 제어 5. 온도 및 성분관리 6. 고로법의 특징 및 제품 특성 7. 선철 및 슬래그 등 부산물 8. 용선 예비처리
		4. 신 제철법	1. 코렉스 제선법	1. 코렉스 설비 및 원료 2. 코렉스 조업 3. 코렉스법 특징 및 제품 특성
			2. 파이넥스 제선법	1. 파이넥스 설비 및 원료 2. 파이넥스 조업
			3. 기타 제철 신기술	1. 특수제철법 2. 합금철 제조
		5. 금속재료총론	1. 금속재료	1. 금속재료의 일반적 성질 2. 금속의 결정구조 및 결함 3. 금속 및 합금 4. 철강의 종류 및 특징 5. 비철재료의 종류 및 특징
		6. 안전관리	1. 안전에 관한 전반적인 사항	1. 안전교육 및 심리 2. 작업장 환경 3. 안전보호장비 및 안전위생 4. 안전사고의 원인과 대책

필기과목명	문제수	주요항목	세부항목	세세항목
			2. 작업별 안전관리	1. 조업중 안전사항 2. 후 처리시 안전사항
			3. 환경관리	1. 작업장 환경관리 2. 환경개선 및 평가관리
		7. 자동화시스템	1. 자동제어	1. 자동제어 기초 2. 자동생산라인 보존조직
		8. 공업경영	1. 품질관리	1. 통계적 방법의 기초 2. 샘플링 검사 3. 관리도
			2. 생산관리	1. 생산계획 2. 생산통제
			3. 작업관리	1. 작업방법연구 2. 작업시간연구
			4. 기타 공업경영에 관한사항	1. 기타 공업경영에 관한 사항

출제기준(실기)

직무분야	재료	중직무분야	금속·재료	자격종목	제선기능장	적용기간	2013. 1. 1~2017.12.31

○직무내용 : 제선에 관한 최상급 숙련기능을 가지고 산업현장에서 작업관리, 소속 기능자의 지도 및 감독, 훈련, 경영층과 생산층을 유기적으로 결합시켜주는 현장의 중간관리 등의 업무 수행

○수행준거 : 1. 제선원료가 제선조업에 미치는 영향을 이해하고 양질의 제품을 생산할 수 있는 원료의 선택과 배합비를 계산할 수 있다.
2. 제선에 필요한 설비의 특성이나 설비작동을 이해하여 안정적인 조업이 되도록 설비를 관리할 수 있어야 하며 설비이상 발생시 조치를 취할 수 있다.
3. 소결이나 코크스 제조에 대하여 알고 있어야 하며, 이것들이 제선조업에 미치는 영향을 이해하고 적정한 원료를 로 내에 장입할 수 있다.
4. 제선에 필요한 조업 정보나 조업상황을 이해하고 원활한 제선조업 수행과 양질의 제품을 생산할 수 있다.
5. 제선조업의 이상이 발생할 경우 조치할 수 있어야 하고 조업상황에 따른 특수 조업을 할 수 있다.

실기검정방법	작업형	시험시간	2시간

실기과목명	주요항목	세부항목	세세항목
제선실무	1. 원료 처리작업	1. 원료 수입하기	1. 원료를 운전실 제어 시스템을 이용하여 선박 하역작업진행 및 작업 방법을 선정 할 수 있다. 2. 원료 하역, 수입 및 수송설비를 조작하여 이상 여부를 판단할 수 있다. 3. 원료수입 야적지를 확인하고 광종과 물량이 일치하는지를 판단 할 수 있다. 4. 광종을 확인하고 그에 따른 적치기준을 숙지하고 효율적인 야적지 활용을 할 수 있다. 5. 원료 하역 작업 중 발생하는 오염물질이 근해역에 유입된 경우 신속하고 효율적인 방제조치로 오염물질의 확산, 축적을 방지 할 수 있다.
		2. 원료 선별하기	1. 파쇄기 및 스크린을 운전하여 원료를 기준에 맞는 크기로 파쇄할 수 있다. 2. 파쇄기의 일상점검을 통해 맨틀(Mantle)및 라이너(Liner) 교체시기를 판단할 수 있다 3. 파쇄기 및 스크린의 일상점검을 통해 구동장치(V-Belt)를 교체 할 수 있다. 4. 파쇄기 어큐물레이터(Accumulator) 장치를 이해하고 이물질 혼입에 의한 설비고장을 예방할 수 있다. 5. 스크린의 일상점검을 통해 이상 여부를 판단할 수 있다. 6. 파쇄된 원료의 입도를 보고 스크린 망 교체 시기를 판단할 수 있다.

실기과목명	주요항목	세부항목	세세항목
		3. 원료 배합하기	1. 원료 정량절출장치(Constant Feed Weigher)의 구조를 숙지하여 절출량의 이상여부를 판단할 수 있다. 2. 배합작업 관련 장비(Stacker, Reclaimer, Belt Conveyor)를 숙지하고 이상여부를 판단할 수 있다. 3. 품질편차가 큰 파일(Pile) 단두 및 단미부의 재배합 시점을 판단할 수 있다. 4. 원료 제어시스템에서 적치 파일의 실적과 데이터를 관리할 수 있다. 5. 혼합광(Blending Ore) 성분 이상치를 판단하여 원인분석 및 재발 방지를 위해 조치할 수 있다.
		4. 원료 불출하기	1. 원료 불출 설비의 구조를 숙지하고 운전 및 이상여부 판단을 할 수 있다. 2. 불출 BC(Belt Conveyor) 및 수송물 연결장치(Tripper, Damper, Shuttle)의 구조를 숙지하고 이상여부를 판단할 수 있다. 3. 저장시설(Bin, Hopper)의 내·외부 이상 상태를 점검하여 저장량을 관리할 수 있다. 4. 각종 기후 조건에서도 원료의 상태를 최적으로 유지, 수송할 수 있다. 5. 각 원료 종류별 불출 경로 및 저장 위치를 숙지하여 오 입조를 방지 할 수 있다.
		5. 원료 야드 관리하기	1. 효율적인 파일 적치로 야드를 효율적으로 운용 할 수 있다. 2. 기상 이변 시 조치기준을 수립하여 설비 보호와 인적 및 물적 피해를 최소화 할 수 있다. 3. 원료에서 발생되는 분진이나 이송설비 또는 설비주변 바닥에서 발생되는 비산먼지를 방지할 수 있다. 4. 원료야드 입구의 세륜세척설비의 적정 관리로 환경오염을 방지할 수 있다. 5. 원료공장 야드(Yard)에서 발생되는 오탁수를 우수조와 저류조에 임시 저장 및 침전시켜 해양수질 오염을 방지할 수 있다.
	2. 소결광 제조작업	1. 소결 연·원료 혼합, 조립하기	1. 소결용 연·원료가 기술표준서에서 정한 물리적 성상 및 화학적 성분의 연·원료 구비조건에 맞는지 확인할 수 있다.

실기과목명	주요항목	세부항목	세세항목
			2. 소결용 연·원료 정량절출장치(Constant Feed Weigher)의 구조를 숙지하여 절출량을 보고 이상여부를 판단할 수 있다. 3. 소결용 연·원료의 혼합장치(Mixing Drum)의 구조를 숙지하고 배합원료 첨가수의 이상여부를 판단할 수 있다. 4. 소결용 연·원료의 조립장치(Rerolling Drum)의 구조를 숙지하여 구동부 냉각수 순환과 각종 롤러(Roller)상태를 보고 이상여부를 판단할 수 있다. 5. 셔틀 컨베이어(Shuttle Conveyor)의 구조 및 원리를 숙지하고 이상 시 조치할 수 있다.
		2. 원료 장입하기	1. 수공구를 이용하여 원료장입기(Drum Feeder) 절출 게이트(Gate)의 부착광 제거작업을 할 수 있다. 2. 원료장입기의 분할 게이트를 운전하여 소결기에 장입되는 배합원료의 좌·우 편석을 방지할 수 있다. 3. 층후 검출봉을 조작하여 소결기에 장입되는 배합원료의 장입밀도를 조정할 수 있다. 4. 층후조절기(Cut Off Plate)를 조작하여 소결기에 장입되는 배합원료의 층후를 조정할 수 있다. 5. 통기봉을 조작하여 소결기에 장입되는 배합원료의 통기도를 조정할 수 있다.
		3. 소결하기	1. COG(Coke Oven Gas)를 연료로 하여 점화로에 착화하고 화염을 보고 유량을 조정할 수 있다. 2. 점화로 내 온도의 Setting값 유지를 확인하고 정상적인 연소 여부를 화염을 보고 판단할 수 있다. 3. 각종 소결 진행 데이터를 보고 현재의 조업 상황을 파악할 수 있다. 4. 소결기 배광부를 관찰하고 최적의 소결 조업을 위한 연료 과부족, 소결기 속도 등을 작업표준서에 의거 판단할 수 있다. 5. 소결 배 가스온도 편차 발생 시 장입 설비 운전을 통해 해결할 수 있다. 6. 소결기 대차표면에 구멍이 발생할 경우 해당 대차를 수리할 수 있다. 7. 소결기 대차의 휠(Wheel)탈락 시 해당대차를 예비대차로 교체할 수 있다. 8. 소결 조업 중 연료의 입도의 이상여부를 기술표준서에 의거 판단 및 조치할 수 있다.

실기과목명	주요항목	세부항목	세세항목
		4. 소결광 냉각하기	1. 소결기 운전속도에 맞게 냉각기(Cooler)의 운전속도를 조정할 수 있다. 2. 냉각송풍기(Cooler Fan)의 일상점검을 통해 이상여부를 판단할 수 있다.
	3. 코크스 제조작업	1. 원료탄 선탄(불출, 파쇄, 배합)하기	1. 원료탄 야드맵을 활용하여 운전실에서 지시한 해당파일에서 정량불출을 수행할 수 있다. 2. 파쇄기의 간격 조정할 시 목표 파쇄입도에 의거하여 간격을 조정할 수 있다. 3. 함마 교환작업 시 작업표준서에 따라 교환할 수 있다. 4. 배합비 변경 시 배합지시서에 의거하여 정량불출기를 조정할 수 있다. 5. 원료탄의 운전메뉴얼을 활용하여 선탄공정을 제어하기 위하여 운전실 업무를 할 수 있다.
		2. 코크스 제조하기	1. 장입차를 운전하여 원료탄을 작업스케쥴에 따라 오븐(Oven)에 장입할 수 있다. 2. 압출기 설비를 이용하여 작업스케쥴에 따라 제조된 코크스를 압출할 수 있고, 장입된 원료탄의 레벨을 조정할 수 있다. 3. Transfer Car를 운전 시 작업스케쥴에 따라 전차의 적치대에 코크스를 적치할 수 있다. 4. 건식 소화 작업시 작업 표준서에 따라 적열 코크스를 버켓(Bucket)에 담아 건식소화설비(CDQ : Coke Dryer Quenching)본체에 장입하여 냉각할 수 있다. 5. 습식 소화 작업시 적열 코크스를 소화차에 받아 소화탑에서 소화 시킬수 있다.
		3. 코크스 노체 관리하기	1. 코크스 온도 측정기를 이용하여 열내 온도를 측정할 수있고, 온도를 시스템에 등록할 수 있다. 2. 가동율 변경에 따라 주연료인 Mix Gas의 연비를 가동율 표준 온도에 맞도록 조정 할 수 있다. 3. 코크스 로체 관리 작업표준서를 활용하여 로체 관리를 할 수 있다.
		4. 코크스 선별 및 수송하기	1. 코크스 수송 작업표준서에 따라 코크스 수송설비를 운전할 수 있다. 2. 코크스 선별 설비인 벙커(Bunker) 내부의 스크린 설비를 점검 기준에 따라 점검 할 수 있다.

실기과목명	주요항목	세부항목	세세항목
			3. 코크스 Bunker Hopper의 괴, 분 코크스를 수동 불출기를 이용하여 차량으로 불출할 수 있다. 4. 코크스 Bin의 Tripper Car를 작업표준서에 따라 수동운전 할 수 있다. 5. 코크스 Hopper내의 재고를 목측으로 측정 할 수 있다.
		5. 화성 부산물 정제하기	1. 작업표준서에 따라 Tar 분리 설비 점검 작업을 할 수 있다. 2. 작업표준서에 따라 경유 공정 설비 점검 작업을 할 수 있다. 3. COG 정제공정을 작업표준서에 따라 운전하여 후공정에 공급할 수 있다. 4. 부산물인 유안, 조경유, 타르 및 중질타르 생산공정을 작업표준서에 따라 운전할 수 있다.
	4. 고로 조업작업	1. 고로 화입하기	1. 고로건조작업으로 노내에 열풍과 공기(Air)를 송풍하여 연와 및 모르타르(Mortar)의 수분을 제거시켜 내화물 접촉강도를 증대시킬 수 있다. 2. 고압 누설시험(Leak Test) 기술로 고로 본체 및 부대설비의 Air 누풍 개소를 확인 할 수 있다. 3. 침목적 기술로 노상온도를 조기에 상승시키고 코크스에 점화를 용이하게 하며 풍구 및 노벽을 낙하되는 장입물로부터 보호할 수 있다. 4. 장입물 충전시 고로 내 장입물 분포조사를 실시하여 초기 장입 모드(Mode)를 설정하고 정상조업도를 판단 할 수 있다. 5. 화입조업계획서에 따라 운전 작업을 수행할 수 있다.
		2. 연·원료 장입하기	1. 각 빈(Bin)에 저장된 연·원료를 평량하고 이송설비를 이용하여 노정설비로 이송할 수 있다. 2. 노정 장입설비를 운전하여 연·원료를 고로 내부로 장입할 수 있다. 3. 광석 및 코크스의 평량설비를 운전할 수 있다. 4. 고로에 장입되지 않는 분광 및 분 코크스(Coke)를 처리 할 수 있다. 5. 고로내의 조업 지수로 장입물의 적정 분포를 예측할 수 있다. 6. 고로의 휴풍 송풍시의 연·원료 장입을 할 수 있다.

실기과목명	주요항목	세부항목	세세항목
		3. 열풍 취입하기	1. 열풍로 연소 준비 및 필요한 온도로 연소작업을 할 수 있다. 2. 송풍기로부터 냉풍을 받아 고온으로 전환된 열풍을 고로로 송풍할 수 있고 열풍로의 교체운전, 운전Mode 별 운전, 정상 운전 여부를 판단할 수 있다. 3. 조습 및 산소 부화 송풍과 더불어 풍구전에서 복합 송풍을 할 수 있다. 4. 열풍로 폐열을 회수, 활용하여 에너지를 절감할 수 있다. 5. 고로의 휴풍 송풍시의 열풍로 운전 및 비상시 운전을 할 수 있다.
		4. 노황 관리하기	1. 풍량 및 산소 조정 작업을 할 수 있다. 2. 노열 및 성분 제어 작업을 할 수 있다. 3. 고로 내 안정된 가스류를 형성하기 위하여 장입물 분포제어를 할 수 있다. 4. 조업의 안정화를 위해 이상시 조치 작업을 할 수 있다. 5. 미분탄을 고로에 공급하기 위하여 미분탄 설비 운전작업을 할 수 있다. 6. 조업 지수를 보고 노황의 진행상황을 예측할 수 있다.
		5. 가스 청정 설비 관리하기	1. 고로내의 정제되지 않은 가스 청정 설비를 운전할 수 있다. 2. 수봉 및 해봉 작업을 통하여 고로 내 가스를 안전하게 컷트(Cut) 또는 통입할 수 있다. 3. 청정설비에 공급되는 분사수량 및 수위를 관리할 수 있다. 4. 청정설비를 제어하는 유압설비를 숙지하여 운전할 수 있다. 5. 수질을 관리하여 청정설비 부식을 방지할 수 있다.
		6. 고로 종풍하기	1. 클리닝(Cleaning) 조업을 통하여 고로 벽부에 부착된 부착물을 용해시킬 수 있다. 2. 감척조업을 통하여 고로 내 장입물 레벨(Level)을 안전하게 풍구 레벨까지 낮출 수 있다. 3. 고로 노저부에서 출선구까지 남아있는 잔량의 용선을 배출시킬 수 있다. 4. 고로 내에 남아있는 적열 Coke, 내화물, 잔선 등을 충분히 냉각 시킬 수 있다.

실기과목명	주요항목	세부항목	세세항목
	5. 고로 출선작업	1. 출선 및 출재하기	1. 래들 수선작업을 원활하게 하기 위해 대탕도 및 소탕도를 관리할 수 있다. 2. 출선구 상태를 사전에 파악하여 출선작업과 폐쇄작업을 할 수 있다. 3. 출선 중 용선과 슬래그 유도작업을 할 수 있다. 4. 출선 후 차기 출선을 대비하여 출선 준비작업을 할 수 있다. 5. 설비 트러블을 대비 및 보수작업을 위하여 대탕도 잔선 제거 작업을 할 수 있다. 6. 용선의 제강 이송을 위해 래들 차입 및 인출 작업을 할 수 있다.
		2. 슬래그 처리하기	1. 슬래그 괴재 및 수재 처리작업을 위해 슬래그 런너(runner) 변경작업을 할 수 있다. 2. 수재설비를 운전하여 슬래그를 수재 처리할 수 있다. 3. 수재처리 불가 시 드라이 피트(Dry Fit)로 슬래그를 처리할 수 있다. 4. 슬래그 유출사고를 방지하기 위해 슬래그 탕도 상태를 점검할 수 있다. 5. 슬래그 분리를 원활하게 하기 위해 배재구와 2Block 높이를 관리할 수 있다.
		3. 주상설비 운전하기	1. 개공기를 운전하여 출선구를 개공할 수 있다. 2. 머드건(Mud Gun)을 운전하여 출선구를 폐쇄시킬 수 있다. 3. 용선을 래들에 담기 위해 경주통 운전작업을 할 수 있다. 4. 대탕도 스프레쉬 커버(Splash Cover)를 덮기 위해집(Jib) 크레인(또는 메니풀레이터) 운전작업을 할 수 있다. 5. 주상자재 및 중량물을 이동시키기 위해 천정 크레인 운전작업을 할 수 있다.
		4. 노체 관리하기	1. 고로 노체의 냉각 효율을 유지하기 위해 노체설비 점검 및 수도설비 운전 작업을 할 수 있다. 2. 고로 노저 연와 관리를 위해 노저 수 계통 점검 및 운전작업을 할 수 있다. 3. 고로내 원활한 열풍 공급을 위해 송풍지관류 점검 및 관리작업을 할 수 있다. 4. 풍구 냉각 효율 및 조업의 안정을 위해 풍구 급배수 관리를 할 수 있다. 5. 노체 냉각 관련 데이터를 보고 이상여부를 판단할 수 있다. 6. 노체 연와의 온도계를 판독하여 노저 및 노벽 잔존 연와두께를 계산 할 수 있고 수명 연장을 위한 관리 대책을 수립 시행 할 수 있다.

실기과목명	주요항목	세부항목	세세항목
		5. 공해 방지 설비 운전하기	1. 대기중의 비산분진 포집을 위해 집진 설비 운전 및 설비관리를 할 수 있다. 2. 분진(Dust)을 가스와 분리, 배출하기 위해 Dust Catcher(건식제진기) 운전 작업을 할 수 있다 3. 고로가스 중의 미세 Dust를 제진하기 위한 습식제 진기(비숍 스크레바)를 운전 할 수 있다. 4. 분진과 물을 분리하기 위해 Thickener(습식제 진기)및 진공 탈수 장치(Drum Filter)설비를 운전할 수 있다.
	6. 제품 품질관리	1. 정립광 품질관리하기	1. 스크린(Screen)망 조정 및 교환으로 채밑광 및 정립광의 스크린 효율을 높여 입도품질을 유지할 수 있다. 2. 크러셔 맨틀 갭(Crusher Mantle Gap)을 조정 하여 정립광과 채밑광을 생산할 수 있다. 3. 파쇄 크러셔 및 스크린 설비 구동장치(V-Belt)에 대한 점검, 교환작업을 수행할 수 있다. 4. 조광 호퍼(Hopper)에 입조된 원료를 파쇄공정에 공급하여 정립광 및 체밑광을 생산할 수 있다.
		2. 소결광 품질관리하기	1. 성품 소결광의 대립이 고로에서 요구되는 기 준을 초과할 시 콜드크러셔(Cold Crusher) 간 격을 조정할 수 있다. 2. 성품 소결광의 분율이 기준을 초과할 시 스 크린 사목 관리 및 연료첨가량과 소결기 속 도를 조절할 수 있다. 3. 성품 소결광 중 화학성분이 고로에서 요구하 는 기준치를 벗어날 경우 부원료의 사용량을 조절할 수 있다. 4. 성품 소결광의 물리적 성상이 고로에서 요구 하는 기준치를 벗어날 경우 조치(연료첨가량 조절, 소결기 속도 조절, CaCl2 첨가량 조절 등)를 할 수 있다.
		3. 코크스 품질관리하기	1. 고로에서 요구하는 수준(Coke D.I, Warf D.I, CSR(열간강도), CRR(반응율)에 맞추어 품질 을 관리할 수 있다. 2. 코크스(Coke) 입도관리를 위해 스크린 사목 을 관리할 수 있다. 3. Bin Level을 적정하게 유지시켜 고로에 분 코 크스 장입을 억제시킬 수 있다. 4. 고로에서 요구하는 기준에 벗어난 코크스를 별 도의 야드(Yard)에 적치시켜 관리할 수 있다. 5. Bin Gate 개도를 조정하여 스크린 효율을 관 리할수 있다.

실기과목명	주요항목	세부항목	세세항목
		4. 용선 품질관리하기	1. 코크스 Ash 성분 및 PCI 취입 소결광 염기도 관리 등 장입물의 성분을 고려한 장입 계산으로 용선 성분을 안정시킬 수 있다. 2. 급격한 노열 변동을 방지하여 용선 성분을 안정적으로 관리할 수 있다. 3. 연·원료성분 급변동시 신속한 조치로 성분 변동을 최소화 시킬 수 있다. 4. 코크스, 광석 오장입 방지로 노열 급 변동을 사전예방 할 수 있다. 5. 출선재 배출시기를 적절히 관리하여 용선품질을 안정시킬 수 있다. 6. 품질 이상 발생시는 품질 부적합품 조치기준에 의거 조치할 수 있다.

17. 재료

제선기능사

출제기준(필기)

직무분야	재료	중직무분야	금속·재료	자격종목	제선기능사	적용기간	2013. 1. 1~2017.12.31

○직무내용 : 철광석 및 기타 원료를 예비처리한 후 용광로에 넣어 각종 부대시설을 활용하여 철광석을 용해, 환원시켜 용융선철을 생산하는 작업 수행.

필기검정방법	객관식	문제수	60	시험시간	1시간

필기과목명	문제수	주요항목	세부항목	세세항목
금속재료일반 금속제도 제선법 소결법	60	1. 금속재료 총론	1. 금속의 특성과 상태도	1. 금속의 특성과 결정 구조 2. 금속의 변태와 상태도 및 기계적 성질
			2. 금속재료의 성질과 시험	1. 금속의 소성 변형과 가공 2. 금속재료의 일반적 성질 3. 금속재료의 시험과 검사
		2. 철과 강	1. 철강 재료	1. 순철과 탄소강 2. 열처리 종류 3. 합금강 4. 주철과 주강 5. 기타 재료
		3. 비철 금속 재료와 특수금속재료	1. 비철 금속재료	1. 구리와 그 합금 2. 경금속과 그 합금 3. 니켈, 코발트, 고용융점금속과 그 합금 4. 아연, 납, 주석, 저용융점 금속과 그 합금 5. 귀금속, 희토류 금속과 그 밖의 금속
			2. 신소재 및 그 밖의 합금	1. 고강도 재료 2. 기능성 재료 3. 신에너지 재료
		4. 제도의 기본	1. 제도의 기초	1. 제도 용어 및 통칙 2. 도면의 크기, 종류, 양식 3. 척도, 문자, 선 및 기호 4. 제도용구

필기과목명	문제수	주요항목	세부항목	세세항목
		5. 기초 제도	1. 투상법	1. 평면도법 2. 투상도법
			2. 도형의 표시방법	1. 투상도, 단면도의 표시방법 2. 도형의 생략(단면도 등)
			3. 치수기입 방법	1. 치수기입법 2. 여러가지 요소 치수 기입
		6. 제도의 응용	1. 공차 및 도면해독	1. 도면의 결 도시방법 2. 치수공차와 끼워맞춤 3. 투상도면 해독
			2. 재료기호	1. 금속재료의 재료기호
			3. 기계 요소 제도	1. 체결용 기계 요소의 제도 2. 전동용 기계 요소의 제도
		7. 제련기초	1. 제련의 종류 및 특징	1. 제련의 종류 2. 제련의 특징
			2. 내화물의 종류 및 용도	1. 내화물의 종류 2. 내화물의 성질 3. 내화물의 용도
		8. 제선원료	1. 제선원료와 예비처리	1. 철광석 2. 제선 부원료 3. 철광석 예비처리
			2. 소결 및 펠레타이징	1. 소결원료 및 특성 2. 소결원료 배합 3. 소결설비 4. 소결조업 5. 소결반응 6. 소결성품 7. 펠릿
			3. 코크스제조 및 성형탄	1. 코크스 원료 및 장입 2. 코크스 제조설비 3. 코크스 제조 4. 코크스 압출 및 소화 5. 코크스 성품 6. COG 정제 및 부산물 회수 7. 성형탄

필기과목명	문제수	주요항목	세부항목	세세항목
		9. 고로제선 설비	1. 고로 및 원료장입설비	1. 고로노체 및 구조 2. 노체 냉각설비 3. 풍구 및 부대설비 4. 원료 권양 및 장입장치
			2. 출선구 및 열풍로 등 부대설비	1. 출선구 개공기 및 폐쇄기 2. 주상설비 및 용선 처리설비 3. 배가스 청정 및 처리 설비 4. 열풍로 및 조업 5. 고로조업 제어설비
		10. 고로제선 조업	1. 원료장입 및 조업	1. 원료배합 및 장입물계산 2. 원료장입 3. 송풍 4. 화입 및 종풍 5. 출선 및 출재 6. 노체점검 7. 고로조업의 이상 원인과 대책
			2. 고로 노내반응 및 제품	1. 고로내 반응 2. 고로내 현상(가스, 온도 등) 3. 고로 열정산 4. 고로 노황판정 및 제어 5. 고로법의 특징 및 제품 특성 6. 선철 및 슬래그 등 부산물 7. 온도 및 성분관리 8. 소결반응 9. 소결성품 10. 펠릿
		11. 신 제철법	1. 코렉스 제선법	1. 코렉스 설비 및 원료 2. 코렉스 조업 3. 코렉스법 특징 및 제품 특성
			2. 파이넥스 제선법	1. 파이넥스 설비 및 원료 2. 파이넥스 조업 3. 파이넥스법 특징 및 제품 특성
		12. 안전관리 및 환경관리	1. 안전 관리	1. 산업안전이론 2. 공정별 위험 요소
			2. 환경 관리	1. 냉연 공정 관련 환경 법규 2. 환경 관련 관리 요소

출제기준(실기)

직무분야	재료	중직무분야	금속·재료	자격종목	제선기능사	적용기간	2013. 1. 1~2017.12.31

○직무내용 : 철광석 및 기타 부원료를 사전 처리하는 작업과 이를 용광로에 넣어 설비를 운전하고 제어함으로써 철광석을 용해 환원하여 선철을 제조하는 작업 수행.
○수행준거 : 1. 양질의 선철을 생산하는데 적합한 제선원료의 선별과 배합을 할 수 있어야 하며, 원료사용량을 계산할 수 있다.
     2. 제선설비와 부대설비의 특성이나 설비작동을 할 수 있어야 하며, 설비이상 발생시 조치를 취할 수 있다.
     3. 소결조업이나 코크스 제조를 할 수 있어야 하며, 제선조업에 적정한 원료를 로 내에 장입할 수 있다.
     4. 제선의 기본적인 작업을 할 수 있어야 하며, 조업이상이 발생할 경우 조치를 취할 수 있다.

실기검정방법	작업형	시험시간	30분정도

실기과목명	주요항목	세부항목	세세항목
제선실무	1. 원료 처리작업	1. 원료 배합하기	1. 원료 정량절출장치(Constant Feed Weigher)의 구조를 숙지하여 절출량의 이상여부를 판단할 수 있다. 2. 배합작업 관련 장비(Stacker, Reclaimer, Belt Conveyor)를 숙지하고 이상여부를 판단할 수 있다.
		2. 원료 불출하기	1. 원료 불출 설비의 구조를 숙지하고 운전 및 이상여부 판단을 할 수 있다. 2. 불출 BC(Belt Conveyor) 및 수송물 연결장치(Tripper, Damper, Shuttle)의 구조를 숙지하고 이상여부를 판단할 수 있다.
	2. 소결광 제조작업	1. 소결 연·원료 혼합, 조립하기	1. 소결용 연·원료가 기술표준서에서 정한 물리적 성상 및 화학적 성분의 연·원료 구비조건에 맞는지 확인할 수 있다. 2. 소결용 연·원료 정량절출장치(Constant Feed Weigher)의 구조를 숙지하여 절출량을 보고 이상여부를 판단할 수 있다.
		2. 원료 장입하기	1. 통기봉을 조작하여 소결기에 장입되는 배합원료의 통기도를 조정할 수 있다.
		3. 소결하기	1. COG(Coke Oven Gas)를 연료로 하여 점화로에 착화하고 화염을 보고 유량을 조정할 수 있다.

실기과목명	주요항목	세부항목	세세항목
	3. 코크스 제조작업	1. 코크스 제조하기	1. 장입차를 운전하여 원료탄을 작업스케줄에 따라 오븐(Oven)에 장입할 수 있다. 2. 건식 소화 작업시 작업 표준서에 따라 적열 코크스를 버켓(Bucket)에 담아 건식소화설비(CDQ : Coke Dryer Quenching)본체에 장입하여 냉각할 수 있다. 3. 습식 소화 작업시 적열 코크스를 소화차에 받아 소화탑에서 소화 시킬수 있다.
		2. 코크스 선별 및 수송하기	1. 코크스 선별 설비인 Bunker 내부의 스크린 설비를 점검 기준에 따라 점검할 수 있다. 2. 코크스 Bin의 Tripper Car를 작업표준서에 따라 수동운전 할 수 있다.
		3. 화성 부산물 정제하기	1. 부산물인 유안, 조경유, 타르 및 중질타르 생산공정을 작업표준서에 따라 운전할 수 있다.
	4. 고로 조업작업	1. 고로 화입하기	1. 고로건조작업으로 노내에 열풍과 공기(Air)를 송풍하여 연와 및 모르타르(Mortar)의 수분을 제거시켜 내화물 접촉강도를 증대시킬 수 있다. 2. 장입물 충전시 고로 내 장입물 분포조사를 실시하여 초기 장입 모드(Mode)를 설정하고 정상조업도를 판단 할 수 있다.
		2. 연·원료 장입하기	1. 각 빈(Bin)에 저장된 연·원료를 평량하고 이송 설비를 이용하여 노정설비로 이송할 수 있다. 2. 노정 장입설비를 운전하여 연·원료를 고로 내부로 장입할 수 있다. 3. 광석 및 코크스의 평량설비를 운전할 수 있다. 4. 고로에 장입되지 않는 분광 및 분 코크스(Coke)를 처리 할 수 있다. 5. 고로내의 조업 지수로 장입물의 직징 분포를 예측할 수 있다. 6. 고로의 휴풍 송풍시의 연·원료 장입을 할 수 있다.
		3. 열풍 취입하기	1. 열풍로 연소 준비 및 필요한 온도로 연소작업을 할 수 있다. 2. 조습 및 산소 부화 송풍과 더불어 풍구전에서 복합 송풍을 할 수 있다.

실기과목명	주요항목	세부항목	세세항목
		3. 열풍 취입하기	1. 열풍로 연소 준비 및 필요한 온도로 연소작업을 할 수 있다. 2. 조습 및 산소 부화 송풍과 더불어 풍구전에서 복합 송풍을 할 수 있다.
		4. 노황 관리하기	1. 고로 내 안정된 가스류를 형성하기 위하여 장입물 분포제어를 할 수 있다. 2. 미분탄을 고로에 공급하기 위하여 미분탄 설비 운전작업을 할 수 있다.
		5. 가스 청정 설비 관리하기	1. 수봉 및 해봉 작업을 통하여 고로 내 가스를 안전하게 컷트(Cut) 또는 통입할 수 있다.
		6. 고로 종풍하기	1. 감척조업을 통하여 고로 내 장입물 레벨(Level)을 안전하게 풍구 레벨까지 낮출 수 있다.
	5. 고로 출선작업	1. 출선 및 출재하기	1. 래들 수선작업을 원활하게 하기 위해 대탕도 및 소탕도를 관리 할 수 있다.
		2. 주상설비 운전하기	1. 개공기를 운전하여 출선구를 개공할 수 있다. 2. 머드건(Mud Gun)을 운전하여 출선구를 폐쇄시킬 수 있다. 3. 용선을 래들에 담기 위해 경주통 운전작업을 할 수 있다.
		3. 공해 방지 설비 운전하기	1. 고로가스 중의 미세 Dust를 제진하기 위한 습식제 진기(비숍 스크레바)를 운전 할 수 있다.

17. 재료

축로기능사

출제기준(필기)

직무 분야	재료	중직무 분야	금속·재료	자격 종목	축로기능사	적용 기간	2013. 1. 1~2017.12.31

○직무내용 : 정형 내화물이나 부정형 내화물을 축로용 장비 및 수공구를 사용하여 각종 요로를 축조 또는 관리·보수하는 업무 수행

필기검정방법	객관식	문제수	60	시험시간	1시간

필기과목명	문제수	주요항목	세부항목	세세항목
금속재료일반, 금속제도, 축로법, 금속제련	60	1. 금속재료 총론	1. 금속의 특성과 상태도	1. 금속의 특성과 결정 구조 2. 금속의 변태와 상태도 및 기계적 성질
			2. 금속재료의 성질과 시험	1. 금속의 소성 변형과 가공 2. 금속재료의 일반적 성질 3. 금속재료의 시험과 검사
		2. 철과 강	1. 철강 재료	1. 순철과 탄소강 2. 열처리 종류 3. 합금강 4. 주철과 주강 5. 기타 재료
		3. 비철 금속 재료와 특수금속재료	1. 비철 금속재료	1. 구리와 그 합금 2. 경금속과 그 합금 3. 니켈, 코발트, 고용융점금속과 그 합금 4. 아연, 납, 주석, 저용융점 금속과 그 합금 5. 귀금속, 희토류 금속과 그 밖의 금속
			2. 신소재 및 그 밖의 합금	1. 고강도 재료 2. 기능성 재료 3. 신에너지 재료
		4. 제도의 기본	1. 제도의 기초	1. 제도 용어 및 통칙 2. 도면의 크기, 종류, 양식 3. 척도, 문자, 선 및 기호 4. 제도용구

필기과목명	문제수	주요항목	세부항목	세세항목
		5. 기초 제도	1. 투상법	1. 평면도법 2. 투상도법
			2. 도형의 표시방법	1. 투상도, 단면도의 표시방법 2. 도형의 생략(단면도 등)
			3. 치수기입 방법	1. 치수기입법 2. 여러가지 요소 치수 기입
		6. 제도의 응용	1. 공차 및 도면해독	1. 도면의 결 도시방법 2. 치수공차와 끼워맞춤 3. 투상도면 해독
			2. 재료기호	1. 금속재료의 재료기호
			3. 기계 요소 제도	1. 체결용 기계 요소의 제도 2. 전동용 기계 요소의 제도
		7. 제도의 응용	1. 공차 및 도면해독	1. 도면의 결 도시방법 2. 치수공차와 끼워맞춤 3. 투상도면 해독
			2. 재료기호	1. 금속재료의 재료기호
		8. 축로용 재료	1. 내화재료 종류 및 분류	1. 화학조성 및 광물에 의한 분류 2. 내화재 형상에 의한 분류 3. 내화재료 특성 및 시험방법
			2. 내화모르타르 및 기타재료	1. 내화모르타르의 종류와 성질 2. 캐스타블 및 기타재료의 성질
		9. 공업용로	1. 철강공업로	1. 제선, 제강로 및 정련로
			2. 비철 금속 정련로	1. 동제련, 전해정련, 반사로 2. 유도로, 아크로, 금속용해로 등
		10. 축로작업	1. 축로일반	1. 공구 및 기계 2. 몰탈 및 캐스타블의 준비 3. 몰탈 및 캐스타블의 준비 4. 벽돌가공 및 먹줄내기 5. 기초공사 및 관련공사 등

필기과목명	문제수	주요항목	세부항목	세세항목
			2. 작업방법	1. 가설설비 2. 부정형 내화물 시공방법 3. 벽돌쌓기 4. 아치연와적 등
			3. 노체손상 원인 및 보수	1. 노체 손상 요인 2. 손상 용인별 대책 3. 손상부위별 보수방법 등
		11. 안전 관리	1. 축로 안전관리	1. 안전에 대한 인식 2. 표준작업 및 안전관리 교육 3. 작업전 안전장치 점검 등
			2. 사고시 안전 대책	1. 위험, 유해요소(고온, 대기, 수질) 2. 축로 치공구, 원재료에 대한 취급방법 3. 보호구 및 안전표지 4. 사고시 응급조치 등
		12. 연료	1. 연료 분류	1. 연료종류(고체, 액체, 기체) 2. 연료 종류별 장·단점 3. 연료특성 및 시험방법 등
		13. 연소 및 열전달	1. 연소이론 및 열전달	1. 연소이론 2. 열전달기구(전도, 대류, 복사) 3. 열효율 향상(폐열회수 및 단열) 등
		14. 제련	1. 제선법	1. 습식 및 건식제련법(고로) 2. 새로운 제철법(COREX, FINEX)
			2. 제강법	1. 전로, 전기로 및 연속주조방법 2. 미니밀, 스트립 캐스팅 신제강법 3. 용강 특수정련법 등
			3. 비철 제련	1. 알루미늄 2. 동, 아연 및 니켈 등

출제기준(실기)

직무분야	재료	중직무분야	금속·재료	자격종목	축로기능사	적용기간	2013. 1. 1 ~ 2017.12.31

○직무내용 : 정형 내화물이나 부정형 내화물을 축로용 장비 및 수공구를 사용하여 각종 요로를 축조 또는 관리·보수하는 업무 수행

○수행준거 : 1. 고객의 제시자료를 통하여 설비 및 기술사양을 근거로 제품 개발 및 제품생산에 소요되는 일정을 계획할 수 있다.
2. 축로작업 전 도면을 충분히 이해할 수 있어야 하며, 사용용도에 따른 로의 내화를 선택해야 할 수 있다.
3. 축로작업시 요구되는 표준작업(안전, 치공구 사용법, 내화재 시공방법 및 보수 방법에 대한 이해 및 작업을 수행할 수 있다.
4. 작업계획수립, 연와가공하기, 축조작업하기, 부정형 내화물 믹싱하기, 평틀 작업하기, 팽창대 및 줄눈 작업하기, 형틀 해체하기 등을 할 수 있다.
5. 축조 후 노의 치수, 내화물침식, 불량원인 및 성능을 평가하며, 작업안전전반에 대한 이해를 할 수 있다.

실기검정방법	작업형	시험시간	5시간 30분 정도

실기과목명	주요항목	세부항목	세세항목
축로작업	1. 작업준비	1. 축로작업의 이해하기	1. 도면을 이해할 수 있다. 2. 작업내용을 이해할 수 있다. 3. 치공구 및 내화재의 축조 방법을 이해할 수 있다.
	2. 축로용 내화재 관리	1. 시공 전·후 점검 항목 및 방법 선정하기	1. 수립된 시공계획에 따라서 축로용 공구와 장비를 점검하고 준비할 수 있다. 2. 축조에 필요한 시공방법, 시공장비 및 시공물량 등에 대한 내용을 사전에 판단할 수 있다.
	3. 축조(축로) 작업	1. 작업계획 수립하기	1. 축조를 위한 준비 및 조건을 숙지하여 축로작업에 소요되는 공구 및 장비를 선정하고 시공 전 사용가능 여부를 판단할 수 있다. 2. 시공장소의 기기 사용전원(Power)과 공급되는 물의밸브(Valve)위치를 사전에 파악 할 수 있다. 3. 시공에 필요한 인원을 산정하고, 노의 재가동 시간에 맞추어 시공되도록 적정인원의 숙련 작업자를 배치할 수 있다. 4. 부위별 내화재료를 정형과 부정형으로 분류하여 물량을 산정하고 작업장소로 운반을 계획할 수 있다. 5. 사용로의 냉각과 파쇄를 위한 장비와 도구를 설치하고 시공준비에 관한 모든 플랜을 계획하고 적용할 수 있다.

실기과목명	주요항목	세부항목	세세항목
		2. 연와 가공하기	1. 내화벽돌의 종류와 부위별 내화도를 파악하여 규격에 맞게 가공할 수 있다. 2. 연와의 가공은 도면에 명시된 규격에 따라 정확한 치수로 절단할 수 있다. 3. 연와의 가공 중 취급에 주의하고 절단기에 의한 안전위험에 대비하여 안전장구착용을 판단할 수 있다.
		3. 축조 작업하기	1. 축조에 필요한 도면, 축조순서 및 방법과 필요에 따라 열팽창계수를 계산할 수 있다. 2. 노바닥을 평활하게 내화벽돌을 쌓고 이물질이 들어가지 않도록 청결하게 관리할 수 있다. 3. 바닥의 수평도를 점검하고 벽돌쌓기를 하고 줄눈사이에 모르타르(Mortar) 채우기 작업을 이해할 수 있다. 4. 노벽 축조시 영구장과 내장연와를 판단할 수 있다.
		4. 부정형 내화물 믹싱하기	1. 내화 모르타르는 미세한 입자이므로 고르게 풀어지도록 물배합과 교반에 대해 파악할 수 있다. 2. 내화벽돌에 맞는 재질의 모르타르 및 믹서기를 선정하여 배합할 물량을 산출할 수 있다. 3. 배합에 중요한 모르타르의 알맞은 점도와 믹싱(Mixing)시간을 판단할 수 있다.
		5. 부정형 시공하기	1. 도면에 따라 만들어진 형틀내 부정형내화물의 틈이 있는지 확인하고 시공방법을 적용할 수 있다. 2. 시공부위에 재료가 골고루 유입될 수 있도록 알맞은 배합과 내부의 기포의 발생이 없게 시공을 판단할 수 있다. 3. 충분한 양생시간과 강도를 확인하고 형틀의 세거를 판단할 수 있다.
		6. 형틀 작업하기	1. 도면에 따라 형틀을 설치하고 형틀의 내면이 부정형 내화물이 고착지지 않도록 판단할 수 있다. 2. 형틀내부의 틈새유무와 틈새를 조치유무를 예측할 수 있다. 3. 형틀과 지그에 대한 유지와 점검을 판단 할 수 있다.

실기과목명	주요항목	세부항목	세세항목
		7. 팽창대 및 줄눈 작업하기	1. 시공체에 맞는 팽창대를 설치할 수 있다. 2. 축조시 줄눈작업을 수행 할 수 있다. 3. 축조시 팽창대를 설치할 수 있다.
		8. 형틀 해체하기	1. 형틀 해체시 해체방법에 따른 부정형내화물의 탈락유무를 파악할 수 있다. 2. 해체 순서 및 방법에 따라 형틀 해체를 수행 할 수 있다. 3. 형틀의 보관, 유지 관리를 할 수 있다.
	4. 축조 후 점검 및 유지관리	1. 외관 및 치수 확인하기	1. 시공품의 외관형상과 치수가 적당한지 평가 할 수 있다. 2. 도면과 시방서에 제시된 규격에 맞게 축조되었는지 연와의 축조 단수와 부정형 내화물의 램링(Ram-Ring) 작업의 두께가 정확한지 확인할 수 있다. 3. 시공 후의 변형과 틀림 방지를 위하여 적정한 버팀목을 설치를 판단할 수 있다. 4. 팽창 등으로 인한 변형부위나 탈락부위 유무를 점검하고 보수유무를 평가할 수 있다.
		2. 건조 및 예열하기	1. 시공후 내화재료의 양생을 위한 건조 및 예열을 실시 할 수 있다. 2. 시공내용에 따라 건조작업 및 예열작업으로 분류하고 대응할 수 있다.

17. 재료

광고도장기능사

출제기준(필기)

직무 분야	재료	중직무 분야	도장·도금	자격 종목	광고도장기능사	적용 기간	2013. 1. 1 ~ 2017. 12. 31

○직무내용 : 광고의 효율성과 공공성, 안전과 미관을 고려한 광고물제작을 통해 쾌적한 생활환경 및 도시미관을 조성하고, 옥외광고물 등 관리법에 맞는 광고물을 제작, 시공하는 직무

필기검정방법	객관식	문제수	60	시험시간	1시간

필기과목명	문제수	주요항목	세부항목	세세항목
공예디자인, 광고도장재료, 광고도장	60	1. 디자인일반	1. 디자인의 개요	1. 디자인의 의미, 성립 2. 디자인의 조건 3. 디자인의 분야
			2. 디자인의 요소	1. 점, 선, 면, 입체, 질감, 색채 등
			3. 디자인의 원리	1. 조화, 통일과 변화, 균형, 율동, 강조
			4. 디자인사	1. 근대디자인사 2. 현대디자인사
		2. 색채일반	1. 색의 기본	1. 색을 지각하는 기본 원리 2. 색의 분류 및 색의 3속성
			2. 색의 혼합	1. 가법혼합 2. 감법혼합 3. 중간혼합
			3. 색의 표시방법	1. 색체계의 분류 및 특징 2. 색명
			4. 색의 감정적인 효과	1. 온도감, 중량감, 흥분과 침정, 색의 경연감 등 색의 수반감정
			5. 색채의 조화	1. 색채의 조화와 배색
		3. 디자인제도	1. 제도의 기본	1. 도면의 분류, 제도용구 및 표준 사용방법 2. 제도재료의 종류 및 성질
			2. 제도의 표시	1. 선의 종류와 용도 2. 기호 및 치수, 제도 문자, 제도의 순서

필기과목명	문제수	주요항목	세부항목	세세항목
			3. 평면도법	1. 원, 타원, 다각형 그리기 등 평면도법
			4. 투상도법 및 투시도법	1. 투상도법의 종류 및 특성, 표준작도법 2. 투시도법의 종류 및 특성, 표준작도법
		4. 문자	1. 문자 디자인	1. 각종 서체의 종류 및 특징 2. 문자 디자인 방법
		5. 가공소재	1. 목재	1. 목재의 종류 및 특성 2. 목재질 재료의 종류 및 특성
			2. 종이 및 섬유 재료	1. 종이의 종류 및 특성 2. 섬유의 종류 및 특성
			3. 합성수지	1. 합성수지의 종류 및 특성 2. 광고물 제작용 합성 수지류의 제품규격, 특징 3. 광고용 플랙스 및 시트 재료
			4. 금속	1. 금속의 종류 및 특성 2. 광고물 제작용 금속류의 제품규격, 특징
			5. 유리, 점토, 석재, 석고, 시멘트 등	1. 유리의 종류 및 특성 2. 점토, 석고, 시멘트 등의 종류 및 특성 3. 석재의 종류 및 특성
			6. 왁스, 광택제, 연마제	1. 왁스, 광택제, 연마제 등의 종류 및 특성
		6. 접착제	1. 접착제의 개요	1. 접착제의 조건과 분류 2. 접착제의 종류와 특성
		7. 조명소재	1. 조명소재의 종류와 특성	1. 형광램프 2. 네온램프 3. LED
		8. 도장재료	1. 도료	1. 도료의 종류 및 특성 2. 안료, 전색제, 첨가제, 용제의 종류 및 특성

필기과목명	문제수	주요항목	세부항목	세세항목
		9. 광고일반	1. 광고	1. 광고의 목적, 특성, 계획, 기능, 영향 2. 광고의 종류 및 특징 3. 광고매체의 종류 및 특성과 효과
			2. 옥외광고	1. 옥외광고의 정의 2. 옥외광고의 종류 3. 옥외광고의 특성
		10. 광고 경관	1. 도시경관	1. 도시의 이해 2. 도시의 경관
			2. 광고경관	1. 옥외광고물과 경관 2. 광고물과 형상 및 색채 3. 광고물의 배치 4. 광고물의 안전과 미관 5. 도시경관과 광고물의 영향
		11. 컴퓨터그래픽스	1. 컴퓨터그래픽스 일반	1. 컴퓨터그래픽스 역사 2. 컴퓨터그래픽스 개념 및 특징 3. 컴퓨터그래픽스 시스템
			2. 컴퓨터그래픽 응용	1. 컴퓨터그래픽스의 원리 2. 컴퓨터그래픽스의 색채 3. 그래픽 이미지의 종류
		12. 광고물 제작	1. 도장작업별 특성, 방법, 결함, 보수	1. 금속 도장 2. 목재 도장 3. 플라스틱 도장 4. 기타 재료의 도장
		13. 법규 및 안전사항	1. 법규	1. 옥외광고물등관리법 2. 옥외광고물등관리법 시행령
			2. 안전사항	1. 광고물 제작 작업안전 2. 일반안전

출제기준(실기)

직무분야	재료	중직무분야	도장·도금	자격종목	광고도장기능사	적용기간	2013. 1. 1 ~ 2017. 12. 31

○직무내용 : 광고의 효율성과 공공성, 안전과 미관을 고려한 광고물제작을 통해 쾌적한 생활환경 및 도시미관을 조성하고, 옥외광고물 등 관리법에 맞는 광고물을 제작, 시공하는 직무
○수행준거 : 1. 디자인 원고에 적합한 작업계획을 세울 수 있다.
             2. 작업내용에 맞는 작업준비를 할 수 있다.
             3. 컴퓨터와 그래픽 프로그램을 이용하여 광고물을 설계할 수 있다.
             4. 컴퓨터 주변기기를 운용할 수 있다.

실기검정방법	작업형	시험시간	5시간정도

실기과목명	주요항목	세부항목	세세항목
광고도장작업	1. 시안작업	1. 스케치하기	1. 콘셉트에 맞는 시각 소재를 찾을 수 있다. 2. 표현기법 및 전반적인 제작과정을 파악할 수 있다.
		2. 디자인 및 색채계획하기	1. 경제적, 시간적, 기술적으로 실현가능한 디자인할 수 있다. 2. 선정된 시각요소를 실용성과 조형성을 고려하여 디자인할 수 있다. 3. 가장 효과적인 광고물의 크기 및 그래픽 요소, 레이아웃할 수 있다. 4. 마감재료 및 색채디자인의 이미지를 일관성 있게 적용할 수 있다.
		3. 설계하기	1. 시간적, 기술적, 경제적으로 문제가 생기지 않도록 정확히 설계할 수 있다. 2. 설계도면은 KS 규격에 의거 작성할 수 있다. 3. 평면도, 정면 입면도, 측면 입면도, 단면도, 상세도의 작성과 함께 공간배치도를 작성하여 제작 및 시공할 수 있다.
		4. 시안작업 및 출력하기	1. 부연 설명 없이도 광고주가 쉽게 이해할 수 있는 완성도 높은 시안을 제작할 수 있다. 2. 콘셉트에 맞는 표현이 되었는지 점검하고 확대될 광고물을 예상하여 문제점 및 차이점을 보완할 수 있다. 3. 컴퓨터 작업의 경우 모니터상에서 보이는 것과 출력시의 색상, 폰트 등의 문제가 있을시 문제점 및 차이점을 보완할 수 있다. 4. 결정된 시안을 보드작업할 수 있다.

실기과목명	주요항목	세부항목	세세항목
	2. 제작	1. 프레임 제작하기	1. 제작 전 설계도면을 검토할 수 있다. 2. 재료를 설계도면에 맞춰 절단, 절곡 등 가공할 수 있다. 3. 필요한 경우 가공재료에 맞추어 도장재료를 선택하여 도장할 수 있다. 4. 광고물의 크기와 무게, 구조계산을 하여 시공 후 위험요소가 발생하지 않도록 제작할 수 있다. 5. 작업별 안전사항에 유의하여 작업할 수 있다.
		2. 광고면 작업하기	1. 결과물에 필요한 이미지 요소를 산출하고 재료에 따라 달리하여 표현할 수 있다. 2. 광고면의 최종 출력물 재료의 특성에 따른 작업방법을 선택할 수 있다. 3. 드로잉 및 합성, 편집의 과정이 결과물에 부합되는지 검토할 수 있다. 4. 결과물에 대한 문제점을 파악하여 수정 및 보완할 수 있다.
		3. 조립하기	1. 각 작업에서 제작된 광고물의 일부를 설계도를 참조하여 조립할 수 있다. 2. 작업별 안전사항에 유의하여 작업할 수 있다.
	3. 시공	1. 설치하기	1. 설치 전 설계도면을 검토할 수 있다. 2. 시공 장소의 구조와 재료에 적합한 고정부 제작 및 앵커를 선택하여 광고물을 설치할 수 있다. 3. 작업별 안전사항에 유의하여 작업할 수 있다.
		2. 마감하기	1. 광고물의 표면과 주변을 청결이 할 수 있다. 2. 고정부와 광고물의 공간이 생기는 등 상황에 따라 미흡한 사항이 발생하면 적절히 대응하여 조화롭게 마무리할 수 있다 3. 안전사항에 유의하여 작업할 수 있다.

17. 재료

금속도장기능사

출제기준(필기)

직무 분야	재료	중직무 분야	도장·도금	자격 종목	금속도장기능사	적용 기간	2013. 1. 1~2017.12.31

○직무내용 : 산업현장에서 도장하고자 하는 금속구조물과 금속의 특성을 이해하고 피도물의 보호와 미관 및 특수용도에 적합한 기능을 연마하고 도장장비를 사용하여 도장하는 직무

필기검정방법	객관식	문제수	60	시험시간	1시간

필기과목명	문제수	주요항목	세부항목	세세항목
색채, 금속도장 재료, 금속도장	60	1. 색의 기본원리	1. 색의 기본원리	1. 색을 지각하는 기본원리에 관한 일반지식
			2. 색채 지식	1. 색의 분류 2. 색의 3속성 3. 색상환 4. 색입체
		2. 색의 혼합	1. 색의 혼합	1. 원색과 본색 2. 혼색
		3. 색의 표시	1. 색명법	1. 관용 색명, 일반색명
			2. 표색계	1. 먼셀 표색계 2. 오스트발트 표색계
		4. 색의 지각적인 효과	1. 색의 대비	1. 색 대비의 종류
			2. 색의 지각효과	1. 색의 동화, 잔상 2. 명시도와 주목성 3. 진출성, 후퇴성 4. 수축성, 팽창성
		5. 색의 감정적인 효과	1. 색의 감정	1. 온도감, 중량감, 흥분과 진정, 색의 경연감 등 색의 수반감정에 관한 사항
			2. 색의 연상과 상징	1. 색의 공감각 2. 색채의 이미지
		6. 색채응용	1. 색채의 조화와 배색	1. 색채의 조화

필기과목명	문제수	주요항목	세부항목	세세항목
			2. 조색방법	1. 조색방법에 관한 사항 2. 전체 색조 및 면적에 의한 배색 효과
		7. 소지재료	1. 철금속과 비철금속의 특징	1. 철금속, 비철금속의 종류 및 성질, 도장과의 특성관계
		8. 도료일반	1. 도료의 기능	1. 도료의 일반 기능
			2. 도료의 분류	1. 도료의 분류와 종류
		9. 도료의 구성	1. 도막형성의 주요소	1. 도막형성의 주요소 종류 및 특성
			2. 도막형성의 부요소	1. 도막형성의 부요소 종류 및 특성
			3. 도막형성의 조요소	1. 도막형성의 조요소 종류 및 특성
			4. 안료	1. 안료의 종류 및 특성
		10. 전처리제	1. 전처리의 목적	1. 전처리와 도장과의 관계
			2. 전처리의 종류	1. 탈지제의 종류 및 특성 2. 제청제의 종류 및 특성 3. 피막처리제의 종류 및 특성
		11. 도료의 종류	1. 하도용 도료	1. 하도용 도료의 종류 및 특성
			2. 중도용 도료	1. 중도용 도료의 종류 및 특성
			3. 상도용 도료	1. 상도용 도료의 종류 및 특성
		12. 특수도료	1. 특수도료의 종류	1. 특수도료(전착도료, 분체도료 등)의 종류 및 특성
		13. 도장보조 재료	1. 도장 보조재료의 종류	1. 연마용 재료의 종류 및 특성 2. 광택제의 종류 및 특성 3. 실링제, 박리제, 마스킹용 재료의 종류 및 특성
			2. 기타 도장과 관련된 재료의 특징	1. 기타 도장과 관련된 재료의 종류와 특징
		14. 도장일반	1. 도장목적, 도장 설계	1. 도장목적, 도장 설계에 관한 사항

필기과목명	문제수	주요항목	세부항목	세세항목
			2. 도장 지식	1. 도장과 관련된 일반지식
		15. 전처리작업	1. 탈지, 탈청	1. 탈지, 탈청의 개념 및 기공구 사용에 관한 표준작업방법
			2. 화성피막처리	1. 화성피막처리의 개념 및 기공구 사용에 관한 표준작업방법
		16. 바탕조정작업	1. 하도, 퍼티, 중도	1. 하도 및 하도연마 작업방법 2. 퍼티 및 퍼티연마 작업방법 3. 중도 및 중도연마 작업방법
		17. 상도도장	1. 상도 도장방법	1. 상도의 개념 및 표준작업방법
			2. 광택작업	1. 광택작업
		18. 건조작업	1. 건조와 건조방법	1. 건조의 개념과 건조방법의 종류 및 특성
			2. 건조기	1. 건조기의 사용과 표준작업방법
		19. 도장방법	1. 붓도장 및 롤러도장	1. 붓도장 및 롤러도장의 관련 지식과 용구의 종류 및 특성, 표준작업방법
			2. 분무도장과 압무도장	1. 분무도장(air spray)의 관련지식과 기기의 종류 및 특성, 표준작업방법 2. 압무도장(airless spray)의 관련 지식과 기기의 종류 및 특성, 표준작업방법
			3. 정전, 분체도장	1. 정전도장의 관련지식과 기기의 종류 및 특성, 표준작업방법 2. 분체도장의 관련지식과 기기의 종류 및 특성, 표준작업방법
			4. 전착도장	1. 전착도장의 관련지식과 기기의 종류 및 특성, 표준작업방법
			5. 기타	1. 플로우도장, 디핑도장 등과 관련된 지식과 기기의 종류 및 특성, 표준작업방법

필기과목명	문제수	주요항목	세부항목	세세항목
		20. 도장설비와 부스	1. 자동화 도장의 표준작업	1. 자동화 도장의 관련 지식과 표준 작업방법
			2. 도료 순환장치 및 공해 방지설비	1. 도료 순환장치 및 공해 방지설비에 관한 사항
			3. 부스의 특징	1. 부스의 종류 및 특성
		21. 도막시험	1. 도막시험기기	1. 도막시험기기의 종류 및 특성
			2. 도막시험	1. 도막시험의 종류 및 시험방법
		22. 도장결함	1. 도장결함의 종류	1. 도장결함의 종류 및 그 원인에 관한 사항
			2. 도장결함 대책	1. 도장결함에 대한 대책
		23. 안전과 위생	1. 도장 작업안전	1. 금속도장 작업안전 (도료 및 기공구의 취급 등)에 관한 사항
			2. 일반안전	1. 일반안전(전기, 화재, 유해물질, 보호구 등)에 관한 사항
			3. 위생	1. 중독 및 예방

출제기준(실기)

직무 분야	재료	중직무 분야	도장·도금	자격 종목	금속도장 기능사	적용 기간	2013. 1. 1~2017.12.31

○직무내용 : 피도물의 보호와 미관 및 특수용도에 적합한 기능을 연마하고 도장장비 및 공구를 사용하여 도장하는 직무를 수행
○수행준거 : 1. 작업공정을 이해할 수 있다.
          2. 작업 순서에 준하여 시공할 수 있다.

실기검정방법	작업형	시험시간	5시간 30분 정도

실기과목명	주요항목	세부항목	세세항목
금속도장작업	1. 작업내용	1. 준비작업하기	1. 지시된 지참물을 준비할 수 있다. 2. 적합한 기공구 및 재료를 사용할 수 있다. 3. 장비 매뉴얼에 따라 도장장비를 시운전하여 이상유무를 점검할 수 있다. 4. 작업에 필요한 보호구를 착용하고, 안전조치를 취할 수 있다.
		2. 도면 이해하기	1. 도면을 보고 제품의 형태를 파악하여, 그에 맞는 설비 및 치공구를 결정할 수 있다. 2. 도면을 보고, 해당 작업에 대한 문제점을 예상하여, 사전조치를 취할 수 있다.
		3. 작업공정 이해하기	1. 요구도면에 의한 작업공정을 이해할 수 있다.
		4. 도장(Spray)작업 수행하기	1. 탈지 및 제청작업을 할 수 있다. 2. 하도작업을 할 수 있다. 3. 퍼티작업을 할 수 있다. 4. 중도작업을 할 수 있다. 5. 중도연마작업을 할 수 있다. 6. 상도작업을 할 수 있다. 7. 상도조색을 할 수 있다. 8. 문양 또는 문자의 각인 작업을 할 수 있다. 9. 스프레이 폭을 작업구획에 따라 설정하고, 일정간격을 균일하게 유지할 수 있도록 작업자세 및 태도를 준수 할 수 있다. 10. 도장(Spray)작업 시, 잔량의 도료가 발생하지 않도록 조절할 수 있다.